最強のナンバー2
坂口征二

佐々木英俊

イースト・プレス

坂口征二 PHOTO HISTORY

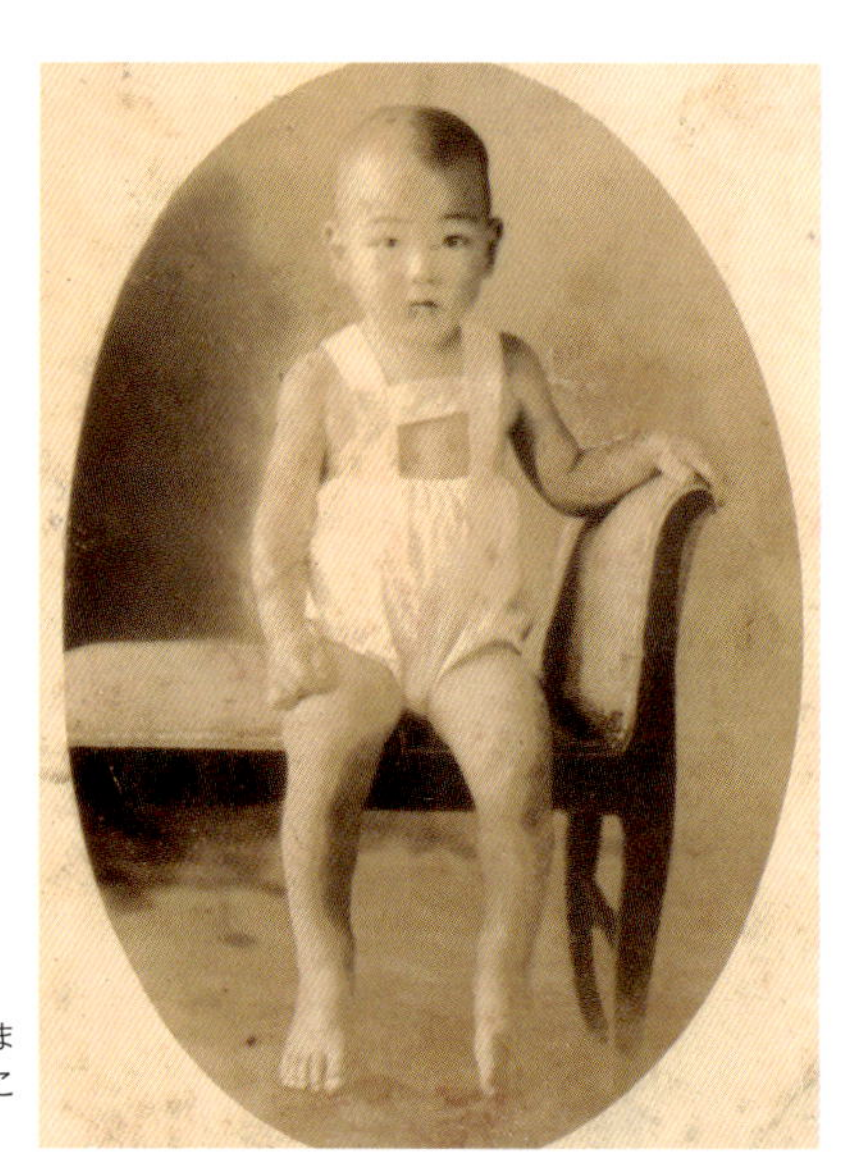

1942年2月17日生まれ。坂口征二2歳のころ。

久留米市立南薫小学校2年生のころ。後ろから2列目、先生の左隣にいるのが征二少年。

久留米市立櫛原中学に入学した征二は工作部に所属していた（上段左）。

久留米市立南筑高校柔道部の集合写真。前から2列目右から4人目が坂口。身体が大きく精悍な顔つきだ。

明治大学時代。東京オリンピック強化合宿時のもの。左から村井、中谷、関、坂口。

1964年6月21日、東京体育館で行われた第13回全日本学生柔道優勝大会で、明治大学柔道部が4連覇。坂口（後列右から2人目）は優秀選手に選ばれた。後列左端で優勝旗を持っているのが関勝治。前列真ん中は1年後輩の上野武則。

旭化成時代。1965年5月2日、全日本柔道選手権大会。松阪猛を破り悲願の初優勝。

1965年10月14日、ブラジル・リオデジャネイロ・マラカナジーニョ体育館で行われた世界選手権で、オランダのアントン・ヘーシンクと対戦。惜しくも判定で敗れる(最終順位は3位)。

1967年2月17日、日本プロレス入りを発表後、ジャイアント馬場とともに米国へ飛び立つ。

1967年8月5日、米国カリフォルニア州サンバナディーノ市スポーツアリーナでのデビュー戦。スティーブ・コバックを4分51秒体固めで破る。（写真:東京スポーツ新聞社）

1969年4月5日、東京・蔵前国技館での日本デビュー戦。「第11回ワールドリーグ」開幕戦で吉村道明と組み、メディコ2号、3号組を破る。この写真は「東京スポーツ」の1面トップを飾った。（写真：東京スポーツ新聞社）

1971年11月1日、東京体育館で行われた「第2回NWAタッグリーグ戦」決勝でアントニオ猪木と組み、キラー・コワルスキー、バディ・オースチン組を破り初優勝。プロレス転向後、最初の勲章だった。

1971年12月12日、東京体育館で行われたアジアタッグ王座決定戦で吉村道明と組み、ドリー・ファンク・ジュニア、ディック・マードック組を破り、第26代王者となる。日本ではじめてチャンピオンベルトを巻く。

1972年、日本プロスポーツ大賞授賞式。プロゴルファーのジャンボ尾崎、読売ジャイアンツの長嶋茂雄と。

1973年春、新日本プロレスへ移籍し、アントニオ猪木とドッキング。これで新日本プロレスにNET(現テレビ朝日)のテレビ放映がついた。(写真:ベースボール・マガジン社)

1973年10月14日、東京・蔵前国技館で行われた世界最強タッグ戦、「アントニオ猪木、坂口征二組対ルー・テーズ、カール・ゴッチ組」の一コマ。キャリア6年2か月でのビッグイベントだった。

1974年8月16日、米国ロサンゼルス・オリンピック・オーデトリアムで、アントニオ猪木とともにNWA北米タッグ選手権を獲得（対戦相手はカール・フォン・ショッツ、クルト・フォン・ヘス組）。新日本プロレス移籍後の初タイトル。このタイトルは1981年4月に返上するまで、坂口の代名詞となる。

1974年4月26日、広島県立体育館でアントニオ猪木と初対決。30分時間切れの名勝負となった。(写真:東京スポーツ新聞社)

1976年10月30日、南アフリカ共和国ヨハネスブルグ市ウェンブリー・スケートセンターで、ジャン・ウィルキンスを破り、EWU世界スーパーヘビー級選手権を獲得。

1978年4月21日、東京・蔵前国技館でのアントニオ猪木戦。「第1回MSGシリーズ」予選トーナメント1回戦でいきなりの頂上対決となった。得意のスリーパーホールドで猪木を締め上げる。(写真：原悦生)

1977年3月31日、東京・蔵前国技館でマスクド・スーパースターを破り、「第4回ワールドリーグ戦」優勝。前年の第3回とあわせ2年連続優勝となった。(写真:原悦生)

アンドレ・ザ・ジャイアントとの対決はいつもスリリングだった。(1980年6月5日、東京・蔵前国技館)

1981年10月、初の映画出演。チャック・ノリス主演の『地獄の復讐』撮影時の一コマ。

憧れのレスラー、フリッツ・フォン・エリックと。1985年ころのもの。新日本プロレスの渉外担当としてプロモーターのエリックと交渉し、エリックの息子のケビン、ケリーを招聘した。

1990年2月10日、東京ドームで開催された「'90スーパーファイトIN闘強導夢」のメイン終了後。タッグを組んだ猪木、対戦相手の蝶野＆橋本や、AWA世界ヘビー級王座を奪取したマサ斎藤らと大会の成功を祝う。

1990年3月23日、東京・後楽園ホールで行われた引退記念エキシビジョンマッチの試合後。長男征夫、次男憲二が花束を贈呈した。

2003年10月13日、東京ドームのメインで、「新日本軍」の総大将として「真猪木軍」との5対5イリミネーションマッチに柔道着で登場。ボブ・サップを払い腰で投げ、会場を沸かせた。（写真：東京スポーツ新聞社）

現在も相談役として新日本プロレスに籍を置き続けている。まさにプロレス界の重鎮である。

最強のナンバー2　坂口征二

どうして私は坂口征二のことを書きたいと思ったのか。それは、書くことが私の使命だと思ったからである。

ちなみに私はプロのライターではない。一人のプロレスファンである。

私は一九七八（昭和五三）年一〇月一〇日に新日本プロレスの興行をはじめて生で観戦した。砂利が敷き詰められたスーパーマーケットの駐車場にリングを設置し、ブルーシートで周囲を囲った屋外興行だった。いわゆる特設リングというものだ。当時は駅前にコンビニなどなかった時代。母が握ってくれたアルミホイルで包まれた梅干し入りのおにぎり二個と麦茶を入れた水筒を持参しての観戦だったことを思い出す。

試合終了後、大型の外車が何台か並んでいた選手用駐車場で、ファンに気軽にサインをしている坂口征二を目の当たりにした。何かが心に引っ掛かった。

気がついたらファンになっていた。

友人たちが、「どうして坂口なの？」と聞いてきた。それもそうである。当時は周りの誰もがアントニオ猪木か藤波辰巳（現・辰爾）のファンだったのだから……。

大学受験は坂口征二の誕生日である二月一七日に合格発表があり、無事に終わった。高校の同級生二人と坂口征二ファンクラブ「荒鷲（あらわし）」を立ち上げた。一九八三（昭和五八）年五月一五日、はじめて手掛けたファンクラブ会報が完成した。手書きでコピー印刷の袋綴じ。友人の父親が「会社のコピーを使いなさい」と言ってくれた。その会社には、偶然にも坂口征二と同じ町内会だという社員がいて、できあがった会報を坂口征二本人へ届けてくれた。

同年一二月一四日、坂口征二はアポなしで事務所を訪れた私の取材申し込みを受けてくれた。二〇分という限られた時間であったが、ひとつひとつの質問に丁寧に答えてくれた。物怖じしない私とは裏腹に、同行したカメラ担当の友人は緊張のあまり写真を撮ることすら忘れてしまっていた。この日、私たちのファンクラブは坂口征二「公認」となった。

一九九〇（平成二）年三月二三日、東京後楽園ホールのエキシビジョンマッチを最後に坂口征二は現役を引退した。社会人となっていた私は、お得意先の営業部長さんがプロレスファンだったこともあり、お得意先様と同行というかたちで、幸運にも引退試合を観に行くことができた。

プロレス記者で最古参の門馬忠雄は言った。

「坂口征二は爆発的な人気はなかったからね」

たしかに、ジャイアント馬場やアントニオ猪木と比べるとそこまでの人気はなかったかもしれない。プロレスマスコミからは一冊の引退記念誌も発売されなかった。新日本プロレスが会場で販売した『黄金の軌跡』という一部五〇〇〇円の写真集だけだった。

だから、自分が引退記念誌を作らなくてはいけないと思った。

一九九二（平成四）年二月一七日、坂口征二の五〇回目の誕生日、すなわち坂口征二プロレス生活二五周年の記念すべき日に『黄金の荒鷲』という全一五二ページの冊子を自費出版した。「週刊プロレス」がグラビアページで取り上げてくれたこともあり、全国各地から約一〇〇件の問い合わせがあり、買ってくださった。

二〇〇八（平成二〇）年四月九日、坂口征二の歴史を振り返る連載企画『格斗半世紀』が「東京スポーツ」でスタートした。当時、東京都狛江市にあった坂口道場にご挨拶に伺った時、「こうやって毎週原稿チェックしているんだよ。『全部終わったら本にしたらどうだ』って話をしているんだ」と語っていた。しかし、二〇〇九（平成二一）年一一月二五日、連載八一回目を最後に連載は突然終了した。理由は紙面の都合ということだった。

「坂口さんの本が出たら、二冊購入して一冊にはサインをもらって永久保存。もう一冊は閲覧用にしよう」という夢は叶わなくなってしまった。

二〇一一年二月下旬、坂口から「そっちにも送っておくから」と『格斗半世紀』を二冊の冊子にしたものが送られてきた。

「せっかくいただいたけど、新日本プロレスに移籍するまでで終わりだものなあ……」

また思った。「自分がやるしかない」と。

「坂口さんの本を書かせてください」と言ったら、どういう答えが返ってくるだろうか。

「いいよ、今さら（笑）。俺なんかよりよ、今、頑張っている若い奴のを書いてやってよ」

どうせ、こう答えるに決まっている。そこで考えた。絶対に断られることがないようなことをやろうと。

それから六年後の二〇一五（平成二七）年二月一七日、『黄金の荒鷲 熱戦譜』という冊子を作って、坂口征二のもとへ持参した。国内全戦績と現状で分かり得る国外の試合記録を一冊にまとめたものである。全二〇〇ページ。

「よく調べたなあ」と坂口征二が言ってくれた。すかさず、私は次のように言った。

「今度は坂口さんの本を書かせてください。これでファンクラブとしてやり残したことはなくなります」

「一度、『東スポ』で連載しているやない」

「ただ、途中で終わってしまっています。新日本プロレス入りされるまでは自分なりに書き直します。

新日本プロレス入り以降の話を中心に取材させてください」

「じゃあ、いつのどのあたりのことを聞きたいかをまとめて送ってきて」

坂口本執筆について本人の了承を得られたかに見えた。

しかし、一か月後、新日本プロレスの広報担当者にメールしたところ、返ってきた返事はつれないものだった。

「相談役が乗り気じゃないようなのですが、いかがいたしましょうか……」

私は次のように返信した。

「お時間を取らせるのもご迷惑だと思いますので、手持ちの資料などを参考にして書けるところまで書いてみます」

坂口征二の生涯をまず原稿用紙二〇〇枚程度にまとめた。そして、手持ちの資料を参考にして、肉付けした。

二〇一六（平成二八）年二月一七日、新日本プロレスへ移籍するまでのパートを原稿用紙四〇〇枚程度にまとめて、坂口征二宛に送った。

週間後、私の携帯電話が鳴った。登録していない電話番号からの着信だったが、仕事の要件だろうと思い、そのまま出た。

声の主は坂口征二だった。

「坂口です。読んだよ。よく調べているなあ。ここまでやってくれたのならば協力するよ。先週火曜日に出社した時に届いていたから、その後、一日で読んでしまったよ（笑）。必要ないところとか、赤線引いたりしてあるからよ。写真とかも探しておくから。いろいろ取材もやったほうがよいだろうから、一度スケジュール整理して連絡ちょうだい」

二〇一六（平成二八）年二月二三日、本プロジェクトが正式に「世界の荒鷲」によって承認されたのである。

坂口征二は日本のプロレスを創った力道山、ジャイアント馬場、アントニオ猪木ら昭和のスーパースターたちの誰もがなしえなかった偉業を達成した唯一のレスラーである。

その偉業とは、「プロレス団体に一度も中断することなく籍を置き続けている」ということ。本人がよく使うフレーズだが、「どっぷりとプロレスの世界に浸かっている」のだ。

力道山はプロレス生活一二年で現役のままこの世を去った。

ジャイアント馬場も現役のままプロレス生活三九年でこの世を去った。

アントニオ猪木は新日本プロレスのオーナーの座を二〇〇五年一一月に降りているので、プロレス生活は四五年で一旦終結している。

デビュー五〇周年を迎えたレスラーは複数名いるが、日本人のレスラーでプロレス団体に半世紀以上籍を置き続けたのは坂口征二しかいないのである。

坂口征二という一人のレジェンドレスラーを歴史に残しておきたい。そのために、私は本書を綴ろうと思う。

目次

プロローグ　「俺が俺が」じゃない男

坂口征二。一九六五（昭和四〇）年度全日本柔道選手権者であり、第四回世界柔道選手権大会第三位という柔道界での輝かしい実績を引っ提げ、一九六七（昭和四二）年にプロレス入りした昭和を代表するレジェンドレスラーである。

これまで、坂口征二についての本は一冊も出ていない。

一九九〇年三月に坂口征二郷土後援会が発刊した引退記念誌、一九九二年二月に坂口征二公認ファンクラブ「荒鷲」が発刊した『黄金の荒鷲』、そして二〇〇四年四月にベースボール・マガジン社が発刊した『やっちゃるけん！』というムック本だけが存在している。

二〇〇三年秋に二度にわたって行われた坂口征二の復帰戦を仕掛けた元新日本プロレス営業部長、上井文彦は言う。

「坂口さんも本がないけど、ラッシャー木村さんも本がないじゃないですか。結局、いい人は本にならないんですよ。何かスキャンダラスなことがないと……」

一九六七年二月のプロレス入りから半世紀にわたって付き合いのあるプロレス記者の最古参・門馬忠雄は言った。

「坂口征二に暴露は似合わない」

新日本プロレスの広報担当も次のように語っている。

「裏話とかの取材は応えていなかったというのが印象的でしたね。マイナスになるような、人に迷惑がかかるようなことには一切応えない。『粗探しをしていても何も生まれないじゃん』みたいなところ。前向きな取材なら応じていましたけど、そういう印象が強いですね」

坂口征二とはそういう男なのだ。

「もう今さらよ、いいじゃない」

取材中、何度も本人から聞いた言葉である。いわゆる暴露話は出てこないのだ。
坂口征二に関する取材で二〇名以上のレスラー、関係者に話を聞いたが、結局、上井が言うように「いい人」なのである。
「坂口征二がアントニオ猪木と合体して、ここまで来られたというのは『俺が、俺が』という性格じゃなかったからですよ。柔道日本一になったら、普通、胸を張りますよ」（元「東京スポーツ」記者・門馬忠雄）
「女房役は坂口さん、ちゃんとできたよね。『俺が、俺が』というタイプではない。彼の性格が新日本プロレスの歴史を作った。猪木さんも大きいけど、支える者がいたからできた」（元新日本プロレス所属レスラー・木村健悟）
「猪木さんの時代。坂口さんがいなかったら新日本は潰れているかもしれないですよね。それくらい女房役というか、兄貴分的な存在で大きな人ですよね」（元新日本プロレス所属レスラー・山崎一夫）
「坂口さんは一部上場企業の総務部長が務まるような人でしたよ。部下が上司に対して好き嫌いはすごくありますよね。猪木さんには無条件でついていく。そういう人たちの矛先、はけ口は坂口さんへ向かっていく。坂口さんは苦情受付係であり、自分はその苦情を処理しなければならない。猪木さんを神格化させるという状況に坂口さんが持って行ったからね」（元新日本プロレス営業本部長・新間寿）
「自分を抑えたところあるでしょ。ナンバー2に徹する。それこそ武道家だと思いますけどね。目立つことを意図しない。反対に言えば、スターになることを一生懸命考えているのは武道家ではないですよね」（リアルジャパンプロレス・佐山聡）
「新日本プロレス黄金時代は、破天荒で壮大な夢を持っている猪木さんと、裏方に回って、しっかり懐を締める坂口さん。家で言えばお父さんとお母さんみたいな。坂口さんはお母さん役」（獣神サン

ダー・ライガー）

「坂口さんは堅実派だから、坂口さんが社長になったら銀行も『坂口さんだったらよいよね』って貸してくれた。会社の信用じゃない。坂口さんの信用ですよ」（元新日本プロレス営業部長・上井文彦）

一九七三（昭和四八）年四月、新日本プロレスに移籍後は、坂口自身が「NET（現テレビ朝日）でのテレビ放映」という当時の新日本プロレスにとっては願ってもない条件を持って来たのにも関わらず、あえて一歩退いて、アントニオ猪木を支え続けた。

坂口は言う。

「いつも言っているじゃない、（ナンバー2は）『上も見れるし、下も見れる』って。ナンバー1になろうという目標もあるしね、ナンバー2に甘んじるんじゃないけど」

蝶野正洋は坂口征二のことを「ビッグナンバー2」と呼んだ。

新日本プロレス時代、アントニオ猪木が負傷欠場した際などは、坂口がメインを張った。

そして、猪木が参院選に出馬することが決定してからは現役をきっぱりと引退し、猪木を継いで社長に就任。今度は組織のナンバー1として会社の業績を好転させた。当時、一〇億円以上あったといわれる借金を七年で完済させている。

いつでもナンバー1の代役を務めることができた「最強のナンバー2」坂口征二。

彼はどのような人生を送り、その時々に何を考え、どう行動してきたのか。上と下をつないで組織を成功に導くキーマンであるナンバー2の理想の姿を探し求めてみたいと思う。

第一章　人生のはじまり

征二の「征」は征服の「征」

坂口征二は一九四二（昭和一七）年二月一七日、福岡県久留米市螢川町に生まれた。

当時、陸軍の憲兵として満州に出征していた征二の父である雅義は「男の子が生まれた」という知らせを受け取ると、電報で「征二」と命名して送ってきたという。

征二が生まれた二月一七日火曜日の「東京日日新聞」（毎日新聞の前身）の一面見出しは、「シ港攻略、大東亜戦の序幕」

前年の一九四一（昭和一六）年一二月八日、日本の海軍の航空部隊によるアメリカ・ハワイの真珠湾奇襲攻撃から七〇日目のことである。「シ港攻略」とは日本軍が英国軍を破り、当時、英国に植民地支配されていたシンガポールを陥落させたことを意味する。二月一五日のことであった。

征二の父である雅義は当初、「男の子だったら、憲兵の二男坊だから、『憲二』とつけよう」と思っていたが、日本がシンガポールを陥落させたことにちなんで「征服」の「征」の字をとって、「征二」としたのであった。憲二という名は後に坂口征二自身に二男が誕生した時、命名している。

雅義は一九〇〇（明治三三）年、長崎県壱岐島（現在の長崎県壱岐市）で農家をしていた辻口家の二男として生まれている。一一歳の時、若くして主人を亡くした隣家の坂口美江の養子となり、一九二〇（大正九）年、二〇歳の時、陸軍に徴集され、壱岐島を離れた。

その後雅義は、福岡にあった歩兵第二四連隊第一中隊に派遣され、自ら志願して憲兵となった。そして三年後の一九二五（大正一四）年、久留米憲兵隊に配属されたのだった。順調に昇進していた雅義はこの時、軍曹になっている。

当時、久留米憲兵隊は久留米市の螢川町にあった。螢川町は江戸時代、「鉄砲小路」と呼ばれ、久留米有馬藩の鉄砲を扱う武士たちが住んでいた地域だったという。

兵舎の隣には憲兵隊の隊長がしょっちゅう遊びに寄っていた田中豆腐店という豆腐屋があり、勝子という娘（養女）がいた。勝子は豆腐店を営む田中寅吉とその嫁タケの一人娘で、久留米高等女学校を卒業してからは新聞店の事務員として働きながら、時折、家業を手伝っていた。

ある日、憲兵隊長が勝子に言った。

「憲兵隊のなかで）誰かよいと思う人がいたら、俺が世話するよ」

すると勝子は、火の見櫓を指さし、

「隊長さん、私、あの人がいい」と言ったという。

火の見櫓に立っていたのは坂口雅義だった。

後日、憲兵隊長は勝子に言った。

「彼は、坂口雅義という男で、長崎県壱岐の出身だ。養子に行った坂口の家を継がないといけないので　田中家には養子に入れない」

婿養子として田中家に入ってくれる男を探していた勝子だったが、逆に雅義が勝子のことを気に入り

「俺がお父さん、お母さんの面倒をみるよ」

と勝子が坂口家に嫁入りするかたちで、雅義は勝子の両親と同居することとなった。こうして、一九二〇（昭和五）年一月、二人は結婚した。

雅義と勝子は五人の子宝に恵まれた。一九三〇（昭和五年）に生まれた長女の昌子をはじめとして、次女暢子、長男恵孝、三女利子、そして二男の征二である。雅義も勝子も当時としては大柄だったためか、坂口家の子どもたちはみな大きく育った。

一九三二（昭和七）年に行われた陸軍特別大演習で天皇の御付きである供奉という役目を命じられるほど優秀な軍人だった雅義は、太平洋戦争中は陸軍中佐として満州に出征し、その後、中国北京の西三〇〇キロにある大同憲兵分隊に派遣されている。雅義をはじめとした大同憲兵分隊は一九四五（昭和二〇）年八月一五日の終戦後も現地に残り、残された数千人の日本人を帰国させるために尽力した。

そして終戦から約九か月が過ぎた一九四六（昭和二一）年五月、雅義は長崎県の佐世保に復員した。しかし、雅義は戦地での過酷な任務で胸の病に侵されていたのだった。

母なる筑後川

征二が生まれた福岡県久留米市は江戸時代には久留米有馬藩二一万石の城下町として栄え、幕末には海軍を創設。七隻の蒸気船を有し、軍容は薩摩、長州、肥後に次ぐほどといわれていた。

久留米市の北東部から西部にかけて九州一の大河である筑後川が市全体を抱くように流れている。あたりに広がる筑紫平野は米の産地であり、清らかな水にも恵まれていることから、久留米は伏見、灘とともに「日本三大酒どころ」と呼ばれている。

明治維新後、久留米は商業の街として栄えた。その背景には戦争との結びつきがあった。

井上伝が創始した久留米絣は西南戦争を機に需要が拡大した。出征した兵士が土産品に買い求めたのである。こうして全国に広がった久留米絣は需要に対応するため、一八九一（明治一四）年に篠山町に工場が建てられ、大量生産をスタートさせている。

一八七三（明治六）年に槌屋足袋店（株式会社ムーンスターの前身）を創業した倉田雲平も足袋工場を作った。こうして徒弟制度から脱却した日本の商業をさらに進化させようと久留米には工業学校、

父雅義の出征時。右端の軍服姿が雅義。左隣は母勝子。前列の子ども三人は右から長女昌子、長男恵孝、次女暢子。

商業学校が開校された。一八九六（明治二九）年、福岡県初の久留米簡易商業学校が設立され、多くの著名なビジネスマンを輩出している。

　翌一八九七（明治三〇）年、久留米の隣の国分村（現在は久留米市国分町）に大日本帝国陸軍第二四旅団司令部が開庁され、歩兵四八連隊が置かれた。日露戦争後の一九〇七（明治四〇）年には第一八師団司令部歩兵第五六連隊（現在の久留米駐屯地陸上自衛隊）が置かれ、馬具、兵隊の靴の需要が高まっていった。

　こうした背景から先述した現ムーンスターの槌屋足袋店、現アサヒコーポレーションの日本足袋株式会社が生産量を拡大し、久留米はゴム産業の街として有名になった。今や世界的なタイヤメーカーであるブリヂストンは日本足袋株式会社のタイヤ部門が独立したものである。

　実は、坂口は幼少期のことをあまり語ってくれなかった。

「物心ついた時、親父はちょっと病気気味でね。おふくろが商売やっていたから、婆さんに育てられたようなね。五人兄弟の末っ子だったから、躾とかはそんなに言われなかったね。親父はやかましかったけどよ。遊んで遅く帰ったら怒られたとかはあったけど、厳しくはなかったな」

「お婆さんはお母様方のお婆さんですか？」

「いやあ、わからない。あんまり覚えてない」

「……」

「小さい時のこと書かないで、いきなり（南筑で柔道をはじめた）というわけにはいかないだろうから、（中学までのことは）サラッと書いて南筑という入り方がいいんじゃないの」

　ご本人が語ってくれないならば、周辺取材をするしかない。

二〇一六年九月二一日、台風一過で久々の晴天に恵まれたこの日、私は福岡県久留米市を訪れた。

坂口征二の姉である最所利子に取材をするためである。

最所利子は坂口征二の兄弟のなかでももっとも坂口と関わりが深い。利子の夫である最所保徳（故人）は一九七九（昭和五四）年二月に発足した「坂口征二郷土後援会」の事務局長を務めていた。また、利子は坂口が父雅義の地元、壱岐島でプロレス興行を行う際は同行して親戚、後援者たちとの宴会などのセッティングを手伝ったりもしている。一九三八（昭和一三）年一〇月生まれという利子は七十代後半とは思えぬほど、凛とした長身の女性であった。

「あの人いつまでおらっしゃっと？」

「壱岐島はまだまだ小さな島ですよ。弟も故郷ちゅうことで三回ぐらい行きました。フェリーとかで。選手乗せて飛行機でも。（地元の方に）宴会してもらってお世話になって。壱岐もお医者さん、船主、船舶修理工場の人が立ち上がって、『坂口さんが見えるから』って準備してくれて。あちらこちらの人に助けてもらいました」

利子は父である雅義が復員してきた時のことを今でも鮮明に覚えているという。

「父は復員してきた時、いろいろなものを毛布にくるんで持ってきました。巻物とか掛け軸とかがあったんですけど、最後に金平糖が出てきたんです。とてもおいしかったですね。お土産のつもりで持ってきてくれたんだと思います。

父が帰って来て二日ほどたった時、私は母に『あの人、いつまでおらっしゃっと（いらっしゃるの）？』と聞いたんです。そうしたら、母が、『あんたたちのお父さんよ』って（笑）。

兄姉はある程度、父と会っている時間があったと思いますけど、私（昭和一三年一〇月生まれ）と弟（昭和一七年二月）は、（家に父の）写真はあったけど、実際に思い出というものがなかったから……」

征二にとっては、この時が父親との初対面であった。

利子は征二と一番仲がよい。歳が近いというだけではなく、物心つくころに父親の思い出が擦り込まれていなかったという共通の境遇から親近感がお互いにあったのだろう。

病に侵されていた雅義は公職追放もあって、入退院を繰り返していたうえに定職につくこともできない毎日だった。そこで、働くことのできない雅義の代わりに母の勝子が陶器店を開業し、生計をたてていた。

「戦後すぐですね。それまでは軍人の奥さんはほかの人からうらやましがられるくらい、物資は偕行社から留守家族に届いて裕福だったのに、何もなくなってしまったから。

母の弟が陶器会社に勤めていたので、『姉さん、陶器屋するなら、商品出しちゃるけん』ってことだった。商売なんかしたこともなかったけど、食べていかなくちゃならないからはじめたんですね」

また、勝子は自分の着物を質に入れてはお金を工面して、生活の足しにしていたという。

父雅義と母勝子について利子が思い出を語ってくれた。

「母は父とは反対。それこそお芝居好きだし、映画も好きだし、時間があると映画ばかり観ていた（笑）。母がやわかったから、私たちも間違いなく育った（笑）。父は厳しかった。口には出さないけど態度に威厳があるんですよ。テレビでキスシーンとかあると、私たちは目を伏せていた（笑）。本当堅かったですね。でもよい父親でしたよ。病気がちだったから『すまない、すまない』っていつも思っていたし。お母さんに仕事させて、自分は何もできないと常に思っていたから」

こうして利子と征二は厳格な父と柔軟で寛容な母に育てられていったのである。

時間を守る

一九四八（昭和二三）年四月、六歳になった征二は久留米市立南薫(なんくん)小学校に入学する。幼少期は戦後間もない混乱期でモノがない時代。近所の友だちと草原で相撲をとったり、螢川で魚を捕ったりして遊んでいたという。魚捕りはつい夢中になり、近所の螢川で飽き足らないと家から一キロほど離れた筑後川まで出かけた。夏は真っ黒に日焼けし、夕方も遊びからなかなか帰って来ない俗にいうワンパク坊主であった。

姉の利子はそんな征二を厳格な父が厳しく叱った日のことを今でも覚えているという。

「征二が近所の小川でハヤとかフナとかを捕って真っ黒になって帰ってきて、夕飯の時間に遅れた時、父に怒られてお風呂場の横の柱に括りつけられたことがあったんです。征二が六歳くらいの頃だったかしら……。その時、お隣のお嬢ちゃんが、母に『おばちゃん、セイジお兄ちゃんを助けてあげて、おじちゃんに縛られている』と涙流して懇願に来られた。それぐらい時間とかに関しては厳しかったですね」

征二は両親、祖母、四人の姉兄に囲まれ、伸び伸びと育てられた。七人の親族の愛情を受け、ワンパク坊主の一面がありながら、優しくおとなしい子に育った。

一九八六（昭和六一）年一〇月、当時、健在だった征二の母である勝子にインタビューさせていただいた時の録音テープが残っている。

「子どもの頃の坂口さんはどんなお子さんでしたか」

「おとなしかったですね」

「坂口さんはプロレス界のなかでも常識人と言われていますが」

「やっぱ几帳面ですね。お父さんがとても几帳面でしたもんね。ノート出しては書くという。お父さんに似とうですね。今でもちょっとノートに書きよるもんですね。やっぱ血統でしょうね。自分できちんとしとかんと好かんように」

「今、お子さんとしてご覧になられて」

「親孝行はしてくれますね。親思いで電話もよく『変わりはなかね』と試合会場からかけてきてくれます。福岡に来れば福岡から、熊本に来れば熊本から。安心しきっております」

征二の几帳面さについては、姉の利子も同じように語っている。

「あの人は時間とか、約束ごととかは本当にまめでしたね。あの大きな手で手帳に小さな字でダーッと書いていました。几帳面というか堅いというところは父似ですね。お母さんも亡くなった後、遺品を整理したら、弟の新聞の切り抜きなんか全部取っていましたよ」

坂口の几帳面さは両親譲りであったのだ。話を征二の少年時代に戻す。

征二が小学校三年の年である一九五〇（昭和二五）年、プロ野球の二リーグ制がスタートし、征二の地元福岡県にもセントラル・リーグの西日本パイレーツとパシフィック・リーグの西鉄クリッパーズという二つの球団が誕生している。両球団は同年九月に西鉄が西日本を吸収合併し、西鉄ライオンズとしてパシフィック・リーグに加盟することとなる。

一九五一（昭和二六）年、征二が小学校四年の年、西鉄ライオンズは監督に巨人軍を優勝させた「智将」三原脩（みはらおさむ）を迎え、五三勝四二敗で七球団中二位の成績を残す。征二は当時の福岡県の少年たちが皆そうであったように西鉄ライオンズファンであった。兄の恵孝に連れられて西鉄電車で一時間強かけて福岡市の平和台球場に観戦に出かけたという。

新日本プロレス「一九八三年サマーファイトシリーズ」のパンフレットに次のような記述がある。

《中学生のとき、プロ野球の大スター、中西太選手（西鉄ライオンズ）のサインを、友だちからもらい、宝もののように大事にしていた。自分がサインをするようになるなんて、夢にも思わなかった。サインをするようになってからも、最初のうちは、恥ずかしかったねぇ。今じゃどうってことないけど、色紙を出されたりすると、ドキドキ、ソワソワして、顔が赤くなったりしたもの》（『闘魂スペシャルVOL.2』）

そして、征二が小学校を卒業する直前、征二の生涯の仕事となるプロレスが日本に本格的に上陸している。一九五四（昭和二九）年二月一九日、東京・蔵前国技館において歴史的なプロレス初の国際試合「力道山、木村政彦対シャープ兄弟」が行われた。人々は街頭テレビに群がり、外国人の大男たちを得意技の空手チョップでなぎ倒す力道山の雄姿に熱狂した。

坂口は当時を次のように振り返る。

「小学校の終わり頃かな、街頭テレビが出てね。金曜夜八時になったら、テレビがある家に上り込んで観ていた。あの頃はシャープ兄弟の時代だからね。力道山って英雄で、『すげえなあ』って思ったよね。相撲は興味なかったけど、（プロレスは）『すげえなあ』って子どもながらに見ていたよね」

征二少年もこのプロレスに魅了されていく。

力道山の雄姿

一九五四（昭和二九）年三月、皆勤賞で小学校を卒業した征二は、四月から市立櫛原(くしはら)中学校に入学する。小学校時代、征二の身長はぐんぐん伸び、中学校入学時点で一八〇センチほどになっていた。身体の大きな征二を運動部が放っておくはずがなかった。

まず柔道部に誘われた。しかし、この時は長身ではあったが筋肉がなくヒョロヒョロだったこともあり、本人曰く、「遊び」で終わった。そのことについて姉の利子は次のように語っている。

「柔道をやることになれば、柔道衣など一揃え買わなくてはならないし、できるかできないかわからないのにそこまでする勇気がなかったのではないでしょうかね」

その後、陸上部、バレーボール部、バスケットボール部などからも声がかかったが、結局、バレーボール部に入り、前衛をやっていた。しかし、クラブ活動には熱が入らず、中途半端な毎日を送っていたという。実際は機械いじりが大好きだったからであった。姉の利子は言う。

「工作部に入っていました。ラジオの真空管の組み立てとかずっとしていましたよ。近所に電気器具の組み立てや、写真機の修理とかを仕事にしている人がいて、しょっちゅうその人のところに行っていましたものね」

一方で姉兄が県立の久留米高校や久留米商業に進学していたこともあり、勉強もやらされていた。周囲が本人に期待することと、自身がやりたいことの不一致から、どこか煮え切らない中学校生活だったようである。

征二が中学校三年の春、ついに九州に力道山一行が興行に来ることとなった。一九五六（昭和三一）年四月二四日、蔵前国技館で開幕し、六月七日まで全国各地で全三〇戦をこなす「プロレスリング国際大試合」であった。NWA世界タッグチャンピオンチームのベンとマイクのシャープ兄弟が来日し、主要会場で力道山とそのタイトルを争うというものであった。

力道山、シャープ兄弟ら一行は五月二九日から九州に入り、大分、熊本を経て、五月三一日、征二の地元久留米にやってくることとなった。プロレスが大好きになっていた征二はその日のために親に二〇〇円の入場料をもらって友人たちと初のプロレス観戦を心待ちにしていた。映画一本、一〇〇円で観ることができた時代である。

しかし、そんな征二に思わぬ出来事が起きてしまう。幼少のころから可愛がってくれていた祖母が亡くなったのだ。よりによってプロレス興行当日が祖母の通夜と重なってしまったのである。

「楽しみにしていたプロレスに行きたか！」

征二は通夜をこっそり抜け出し、友人とともにプロレス会場の小頭町公園に走った。会場は野外。今のようにパイプ椅子ではなく、ゴザの上に車座座りでの観戦だった。

真っ暗な屋外の公園でリングだけが光り輝いていた。そのリングには英雄の力道山がいた。鍛えられた肉体と大きな外国人選手相手に繰り出される空手チョップの迫力に、ただただ「すごい！」と感じたという。

当日の試合記録が昭和三一年六月一日付の「西日本スポーツ」に掲載されている。征二がプロレス入りする際にお世話になる芳の里（よしのさと）が駿河海と三〇分一本勝負で対戦し勝利。セミファイナルは遠藤幸吉がラッキー・シモノビッチと四五分三本勝負で一対一の引き分け。メインイベントは力道山が東富士と組んでシャープ兄弟とタッグマッチ。二対一で力道山組が勝っている。

興奮冷めやらぬまま帰宅した征二を待っていたのは、晩酌をしながら烈火のごとく怒っていた父雅義だった。

「征二、そこに座れ！」と正座をさせるとしばらく無言。

「お前、こんな時に一体どこに行っていたんだ！」

雅義が征二を一晩中叱りつけたのは言うまでもない。

好きだったプロレスの初観戦。可愛がってくれた祖母の通夜を抜け出してまでも観に行ったのだった。そして、この時点ではプロレスが将来の仕事になろうとはまったく思ってもいなかった。

「そこからですよ、あの人の人生がはじまったのは」

一九五七（昭和三二）年の冬。征二は姉、兄と同じ道を歩むべく県立高校を受験した。しかし、まさかの不合格。滑り止めの高校も受けていなかったため、当時としても珍しい高校浪人となってしまったのである。征二はしばらく家業を手伝いながら、半ばぶらぶらした日々を過ごしていた。そんなある日、運命的な出会いが訪れる。一人の柔道家が征二のもとを訪ねてきたのであった。

講道館八段で「筑後の虎」とうたわれた深谷甚八（ふかがいじんぱち）その人であった。

深谷甚八は一八九九（明治三二）年六月生まれ。五五歳の時、講道館八段に昇段していた。かつて、深谷は久留米の柔道名門校久留米商業の柔道部師範をしていたが、数年前に退任し、久留米市原古賀町で町道場を運営するかたわら、柔道部が創部されて間もない市立南筑高校の柔道部師範をしていた。

深谷は南筑高校柔道部を強くするために各地で逸材を探しており、久留米でひと際身体が大きい浪人中の坂口征二に白羽の矢を立てたのであった。深谷は坂口に次のように言った。

「坂口君、その身体を活かして柔道をやってみないか。強くなったら南筑高校へ入れてやる」

柔道部を新設して間もない当時の南筑高校の柔道にかける意気込みは半端ではなく、本気で九州一の柔道校となることを目指していた。当時のことを坂口は次のように語っている。

「深谷先生はじめ後援会がものすごく熱心だったしね。スカウトみたいなのがいて、よその町で強いのがいれば引っ張って来てね。深谷先生の道場の二階で皆寝泊りして、そこから学校へ通っていたよね。今は当たり前のようにやっているけど、その頃としては珍しいやり方だった」

征二が深谷先生にスカウトされた当時のことを姉の利子は次のように語っている。

「久留米商業の柔道部の先生に友だちが、『利子さんとこの弟が大きいけん、柔道で採ったらどう？』

と言ったんだけど、あまり問題にならなかった。そうしたら、石井光次郎先生と親戚の南筑高の深谷先生が（征二に）来いと誘った。後援会の小財金網店の社長とかが力入れてくれていた。

口的ができたから『やっちゃる！』ってなったでしょ。そこからですよ、あの人の人生がはじまったのは。本当、深谷先生のおかげだし、柔道のおかげです。深谷先生はお歳だったけど、恰幅よくて、立派な方でしたよ。奥様は助産婦さんでうちの子もとりあげてもらいました。大きな身体でカルメラ焼きを作ってくれました。まめで、いい先生でしたね」

利子が実感のこもった声で言ったフレーズが今でも頭のなかに残っている。

「そこからですよ、あの人の人生がはじまったのは」

坂口征二と深谷甚八の出会いの瞬間である。

身体が大きいというだけで、自分の意志とは裏腹に周囲がいろいろなものを押しつけてくる。そのどれも好きになることができなかった。しかし、高校受験に失敗し、ぶらぶらしていた時、この身体を活かしてチャレンジできるものにやっと出会えたのであった。

征二が本格的に柔道をはじめることについて、母の勝子も「ぶらぶらしているよりは何か目標があったほうがいいから頑張りなさい」と背中を押してくれたという。

征二はこの後、南筑高校、明治大学、旭化成と柔道を続けていくことになる。姉の利子が言っていたとおり、征二の格闘技「人生」がはじまったのであった。

深谷道場での猛特訓

私は、深谷道場で出会った坂口を慕って「南筑高〜明大〜旭化成」とまったく同じルートを進んだ柔道家、上野武則七段を訪ねた。坂口の一年後輩にあたる上野は、母校の南筑高校柔道部で師範をしている。現役時代、一七七センチ、九五キロだった上野は今でも一目で柔道家とわかる立派な体格をしていた。

「ウチの親父が柔道しておったんですよ。中学校の時は野球をしながら、柔道をしながらということで。親父も深谷先生から柔道習ったことありますよ。そのつながりで柔道にはまりこんだという流れですね。

坂口先輩は高校に入る前にはじめられて、だから僕のほうが柔道はじめたのは早いんですよね。道場でお会いして、そこから付き合いがはじまりました」

上野は征二が深谷道場に入ることとなった経緯を話してくれた。

「南筑のスポンサーの小財金網店、その社長が坂口先輩の姿を見て、柔道に勧誘したという話を聞いたことがありますよね。そして深谷先生のところで教えていただいて、ああして成長したわけですよ。相当きつかったと思いますよ」

身体が大きいとはいえ、まったくの柔道初心者がいきなり全国トップレベルの柔道部の練習を課せられたわけである。その大変さは想像に難くない。例えが適切かわからないが、野球で言えば、野球初心者がいきなり甲子園大会常連校の練習に参加させられるようなものであろうか。

深谷道場に誘われた当時のことを坂口は次のように振り返っている。

「中学卒業してから、予備校みたいなところに行きはじめた。近所の人が町道場行かないかちゅうことでね。深谷先生の町道場があったのね。当時、深谷先生が南筑高校の師範で、昼は南筑で教えて、夜は自分の道場で教えていたから、南筑の生徒も来られる者は夜、道場に来ていた。

その当時は自分も受け身程度しか知らなかった。身体が大きかったから何しろ強引に突然やらされて、どんどんどんどん鍛えられた」

深谷は征二を徹底的に鍛え上げた。

一九七〇（昭和四五）年に発刊された「月刊ゴング」に掲載された短編小説には、当時の特訓の様子が克明に綴られている。

《深谷氏は征二をなかなかはなさなかった。毎日午後、征二が来るのを待っていて、マンツーマンの特訓をやった。腕立て腹筋、五〇回――受け身取り二時間、乱取り二時間――少年坂口には想像を絶する特訓がつづいた。

――ある日、巨大な坊やの征二が、蒼白になって深谷先生の背におぶわれ螢川町の家へ帰ってきたことがある。あまりの猛ゲイコに、征二は立てなくなったのだ。

征二が深谷先生の背中からおり、よろめきながら玄関の戸をあけたとたんに父の雅義の怒声がふってきた。

「なんちゅう情けないやつだ。お師匠さんにおぶさって帰ってくるとは……このバカ者ッ」

父は庭から征二が先生におぶさって帰ってくるのを見ていたのだ。

「柔道を習うことはよか。だが人におぶさって帰ってくるとは、何のために身体を鍛えとるん――。ケイコで動けなかったら道場へ泊ってきたらよか……わかったか」

父の気合は凄まじかった》（原康史「カラー小説 黄金の若鷲」「月刊ゴング」一九七〇年五月号）

柔道を本格的にはじめたものの、本人も「強引に突然やらされた」と語っているとおり、当時は半ば嫌々やっていたのであった。

坂口が昭和四〇年度全日本選手権を獲得したことを報じる当時の新聞には次のように書かれている。《柔道をはじめたのは南筑高校に入学してから。それもただ体格がよいからといって人にすすめられたのが動機。本人はいやいやながらはじめたそうだ。相撲の時津風部屋から勧誘を受けたのもこのころ》(「サンケイ新聞」一九六五年五月三日)

《中学時代はバレーをやっていた。高校一年から柔道をはじめたがあまり好きではなかった》(「毎日新聞」一九六五年五月三日)

最初の頃は嫌々はじめた柔道であったが、「強くなる」という目標ができた征二は柔道にどんどん熱中していく。「強くなって南筑へ来い」と深谷に誘われた征二は、「自分には柔道しかない！」と自身の人生を柔道に賭けることを決意したのであった。

第二章　九州に坂口あり

南筑高の柔道修行

一九五九（昭和三三）年二月、南筑高校を受験した征二は予定どおり合格。同年四月、一年遅れの高校入学を果たし、柔道部に入部した。

「自分が入った時はね、ちょうど、（創部）三、四年目かな。第一回目の卒業生が出たくらいでね。久留米には久留米商業というものすごい名門柔道校があったんですよ。よい目標にするような高校があったから。向こう（久留米商業）は創立何十年という名門校だし、こっちはまだできたばかりだし、向こうに追いつこうちゅうような気持ちでみんなやっていた」

記録によると征二の公式戦デビューは同年六月二二日、福岡県八幡市（現北九州市）八幡製鉄体育館で行われた全国九州高校柔道大会福岡県予選。当時一級で白帯だった征二は補欠として出場している。征二の逸材ぶりを当時の「柔道新聞」が次のように伝えている。

《それにしても久留米地区予選において、久商、大牟田北についで三位の南筑高が、五名の選手中初段は岡、高山の二名他は全部無段者でありながら、決勝リーグに勝残り、優勝校嘉穂に1―0と喰い下り、修猷を3―1と降した健斗振り。実力プラスファイトは見習うべきところであろう。殊に坂口は補欠であったが戸上に代って出場。六尺二寸五分の長身から繰り出す大外刈はまだまだ荒けずりではあるが京都の小田五段の再来を思わせ、一年生であるのでおおいに期待される》（「柔道新聞」一九五八年七月一日）

続いて南筑高は七月二一日、二二日の両日、福岡スポーツセンターで行われた九州近県高校柔道大会（金鷲旗高校柔道大会）でも健闘し、準決勝に進出した。強豪の嘉穂高と対戦し惜しくも敗れてしまったが、初段に昇段していた坂口はこの嘉穂高戦に先鋒として出場している。

戦後の全日本柔道選手権大会で三回優勝（昭和二七年、二八年、三〇年）の実績を持つ吉松義彦八段が寄稿した大会総評に、坂口についての記述があるので紹介する。

《チームとしてよかったのは福商、南筑などでこの両校は大会に新風を吹き込んだほどのダークホースぶりを発揮したが、こうしたチームが出て来ることによって全体のレベルも向上するわけで今後に期待が持てた。（中略）また南筑の巨漢坂口も練習しだいでは未来の器で来年が楽しめる》（『金鷲旗70年史』西日本新聞社）

当時の南筑高校柔道部の部員数は約四〇名。レギュラーになれるのはそのうちわずか五名だ。当時の練習メニューを坂口の後輩である上野武則七段は次のように振り返った。

「準備運動からはじまって、寝技の基本、打ち込み。立ち技もあれば寝技の打ち込みもあるんですよ。畳をはって歩くとか。終わってから、高良山を登ったり。（高良山の）石段は一〇三段くらいありますからね。あそこをダッシュしたり、車道登ったり、歩道登ったりして。反復練習ですね。学校時代は足腰鍛えるために高良山、腕を鍛えるのは道場の隣にロープがあったんでそれを登ったり」

征二は南筑高校時代から、新日本プロレス道場にもあるロープクライミングを連日行っていたのだった。

高良山とは、久留米市街を見渡せる標高三三〇メートルほどの山で、筆者も実際に歩いてみたが柔道場から石段までは一キロほどある。

毎日約二時間の部活。柔道二年目の征二にとっては、これらのメニューについていくだけでも大変だったのだが、名門久留米商業に追いつき追い越せというからには、これだけでは足りない。

「終わってウチ帰って飯食って、夜、深谷道場行っていたものね。最後なんか二階に住んでいたよね。そこから学校行っていた。

あの当時は親父も元気だったしね。朝なんか起こされて走ったよね。三年間ウチから学校まで片道三〇分、バスはあるけど、あの頃、田舎はみんな自転車だったしな。

『毎日、自転車で通って足腰鍛え！』ちゅうてね。一年で自転車一台がダメになるくらいだったね。あと自分の場合、合宿は一年の時だけだったけど、夏の暑い日に畳の上で寝泊まりし、朝昼晩と練習させられてね。自分にとっては苦しいちゅう思い出だけだった」

柔道漬けの毎日。この柔道修行の成果が翌年花開くこととなる。

金鷲旗とインターハイ

一九五九（昭和三四）年は南筑高柔道部にとっても坂口にとっても、忘れえぬ年となった。

七月二八、二九日に福岡スポーツセンターで行われた金鷲旗大会でダークホース南筑高は順当に勝ち進み、準々決勝で鹿児島商、準決勝では名門の久留米商を破り、初の決勝進出を果たした。

決勝は熊本の山鹿高との対戦。双方譲らず大将同士の一騎打ちとなった。坂口は南筑高の大将として出場し、山鹿高の大将である在原義徳三段と対戦している。坂口は一九四センチ、一〇一キロの巨体を利した大内刈りなどで攻め続け、在原三段を判定で破った。

《ついに大将同士となる。南筑大将坂口は一メートル九四（六尺四寸）の巨躯を利して大内刈り、内股、払い腰を連発すれば山鹿大将在原はふところに飛び込んでの背負いをねらう。時間切れ直前、在原乾坤一擲（けんこんいってき）の背負投げに出たところを坂口うしろから抱え込むように右足を飛ばして、小外刈りを返し、両者重なってドッと倒れ、久永主審技ありを宣する。そのまま寝技に入ったがついに時間切れ、優勢勝ちとなり南筑側はワッとわいた》（「西日本新聞」一九五九年七月二九日夕刊）

当時の思い出を坂口は次のように述べている。

《我々のころの金鷲旗大会に出場できたのは九州・山口の百数校。しかし、だれもが全国大会より金鷲旗だ、と闘志を燃やしていた。「九州を制するものは全国を制す」といわれた時代。レベルが高く、全国唯一だった勝ち抜き戦の魅力が、全国大会のそれを上回ったのは当然だった。

南筑の優勝は、私が2年のとき。1日目は私が出ないままで終わった。山鹿、大濠、久留米商、嘉穂など強敵ぞろいだったが、決勝の相手は山鹿。大将同士になって、私が小外刈りのワザありで判定勝ちした。その決勝戦で、先鋒として唯一の白星を残したのが、一級上の市岡さん。技が切れる人で、たしか背負い投げの一本勝ちだった。柔道は強かったが、普段は温厚な、いい先輩だった。

会場の福岡スポーツセンターには冷房がなく、7、8千人の超満員の中、各校挙げての応援合戦。それはすさまじい盛り上がり方だった。控室の氷柱で首筋を冷やして試合場に出て行ったのを覚えている》（『金鷲旗70年史』西日本新聞社）

続くインターハイでは福岡県から二校が出場できることとなっていた。南筑高は予選で敗れ三位となってしまったが、直前に沖縄の代表校が都合により欠場したことから繰り上げで出場が決まった。

八月九日、地元福岡の福岡スポーツセンターで行われた決勝トーナメントで南筑高は一回戦で東北高、二回戦で日大二高、準決勝で名門天理高を破り、初出場ながら決勝戦へと進んだ。決勝戦では広島の盈進高と代表戦三回という接戦の末、最後は南筑の市岡英人主将が合わせ技一本勝ちで堂々と初優勝を果たした。

坂口はこの大会で全試合副将として出場し、決勝戦では二回目の代表戦にも出場して南筑の大黒柱的存在となりつつあった。

《南筑高は先鋒の市岡、次鋒の戸上とも大きくはないが、すばらしく良く、中堅村田も安定。副将に

1メートル94、101キロの巨人坂口（二年生）を据え、大将を柿原、古賀と交代に使い、とくに決勝戦では南筑、盈進の両チームとも稀にみる好試合を展開した。（中略）それにしても南筑高は柔道をはじめて三年という短期間で、全国制覇をとげた偉業はコーチの深谷甚八八段をはじめ選手諸君のたまものと絶賛に価する》（「柔道新聞」一九五九年八月一〇日）

南筑高は金鷲旗大会初優勝に続き、インターハイでも初優勝。これで高校二冠となった。このチームを率いた師匠の深谷のことを坂口はこう語っている。

「深谷先生は俺の結婚式の時の仲人でもあったしね。高校三年まで一から柔道を教えてくれてね。一番俺が埋もれていたちゅうかな、ただのあれだったのを見つけてくれて、本当怒られたしね。怒られたけど一生懸命やったら褒めてくれたし、いい先生だったですね」

この後、坂口は夏休みを利用して単身奈良県の天理大学の合宿に参加している。二年に進級し実力が上昇してきたこの頃、坂口の練習相手が不足しはじめていたのである。

高校三冠達成

坂口は先輩の市岡と秋の国体に参加している。一九五九（昭和三四）年一〇月二六日から二九日まで東京の日大講堂で行われた第一四回国民体育大会高校の部である。一回戦和歌山県、二回戦鳥取県、三回戦静岡県と順当に勝ち進み、準々決勝では広島県と対戦した。坂口の相手はインターハイ決勝で二度対戦した盈進高の真谷研二。両者譲らず三度目の対戦も引き分けで終わるがチームとしては三対一で勝利。続く準決勝で東京都を、決勝で千葉県を倒し、福岡県が高校の部で優勝を飾った。

この年、南筑は金鷲旗、高校総体（インターハイ）、国体と優勝し、高校三冠を達成した。

南筑高等学校柔道部員が練習後に登っていた高良山の石段。

秋の国体の後、坂口は一か月ほど東京に残り、明治大学柔道部で練習している。南筑高の先輩は明治大学柔道部に在籍していなかったが、久留米商の先輩である高田博厚がいたことで坂口は特別に稽古させてもらうことができたのであった。この時、坂口は一九五八（昭和三三）年、全日本選手権、世界選手権で優勝した曽根康治、世界選手権二位で後に東京オリンピックでアントン・ヘーシンクと対戦した神永昭夫、一九五九（昭和三四年）全日本学生選手権優勝で同郷の重松正成らの錚々たる先輩たちに鍛えられた。

坂口は神永にはじめて稽古をつけてもらった時の思い出を次のように記している。

《はじめてお会いしたのは高校二年、一七歳になったばかりの東京国体終了後、明大の道場で稽古をつけていただいた時でした。九州の田舎から上京し西も東もわからぬ私にとっては、夢のような稽古だったことを鮮やかに記憶しております。なんと強い方だろう！　ひたすら感心するばかりでした。まさに側に近寄ることさえ怖いくらいの方でした》（『ガンバレ柔道　ニッポン――神永昭夫の軌跡』）

このように坂口は柔道をはじめてからわずか三年で全日本クラスの柔道家たちに稽古をつけてもらうほどに急成長を遂げていたのである。それには周囲のサポートが欠かせなかった。まず指導者の深谷甚八のコミットメントだ。「久留米商業に追いつけ追い越せ」と部活で師範役をするにとどまらず、自身の道場を解放して夜も稽古をつけた。深谷の指導法でやる気にさせられたと坂口は述懐する。

「長所を伸ばしてくれるようなそういう指導法だったね。『今のよかったからもう一回やれ！』とかね。ひとつ褒められたら『次も頑張ろう！』ってなるじゃない」

また、大事な試合前には「相手が強いちゅうことは苦しか。しかし、相手が強い方が面白か。思いきってやるたい」と選手たちを鼓舞していたという。試合で勝てるようになってくると自分が強くなっていることを実感できる。すると選手たちは「もっともっと上を目指そうという欲が出てくる」と坂口は言う。

そして、後援者の力も大きかったと坂口は語る。

「後援会みたいな、小財さんね。みんな学校応援してくれるようなのがあったし、小財金網の社長さんなんか、いつも来てくれて、差し入れしてくれたり、食事連れて行ってくれたり、精神的、物質的に応援してくれた」

まわりの人々のサポートを受けながら、柔道漬けの生活を送っていた坂口は、さらに上を目指そうと柔道に熱中していくのであった。

九州に坂口あり！

南筑高柔道部主将となった一九六〇（昭和三五）年は坂口征二がはじめて個人のビッグタイトルを手にした年だった。

団体戦では前年に比べ成績はふるわなかったものの個人戦では圧倒的な強さを見せつけた。

七月二四日、佐賀市城東中学校体育館で行われた第一〇回全九州高校柔道大会において、南筑高は団体戦決勝で久留米商に敗れたが、個人戦には坂口が出場し、大外刈りなどの得意技で決勝までほとんど一本勝ちで進んだ。決勝戦では長崎東高の白山を横捨身技有で破り、圧倒的な強さを見せ優勝した。

その後につづく金鷲旗大会では五回戦で鹿児島商に敗れベスト一六止まり。南筑高一勝三敗一分けの不利の状態から大将として出場するも鹿児島商中堅の白石に引き分けに持ち込まれ、無念の敗北となった。さらに前年優勝した高校総体も福岡県予選決勝で久留米商に敗れ、全国大会の出場すらならなかった。

この頃は、地元久留米では稽古相手が不足しており、試合前には学校や後援会などの全面的バックアップのもと、授業を午前中で切り上げて西鉄電車で一時間ほどかけて福岡市の県警道場へ出かけ、毎日、二、三時間の稽古に励んでいた。

一方で腰を痛めだしたのもこの頃で、今のようにテーピングなどなかった当時、自動車屋で古タイヤをもらい、それを切ってボンドでつないでサラシ状にし、サラシの上から巻いて自転車のチューブで縛って試合出場していたほどだった。

前年制覇した金鷲旗大会、高校総体をいずれも勝てなかった事実に茫然となった坂口は、さらに強くなるための行動に出る。高校の夏合宿を終えると秋田県男鹿市で合宿中の明治大学柔道部にいた久留米出身の先輩に連絡を入れ、出稽古に向かったのだ。お盆の帰省ラッシュのなか、当時二三時間かけて博多から上野まで移動し、その後約一〇時間かけてさらに秋田までの移動だ。高校三年で大学トップクラスの明治大学柔道部に出稽古に向かうというバイタリティは「とにかく強くなりたい！」という一心からであった。

「自分はね、二年の夏休みから大学の合宿に参加するようになったんだよね。三年の春休み、夏休みは明治大学の合宿に行った。自分一人で東京まで、あの頃は急行の二等車だね、ベンチのシートの。二九時間ぐらいかかったかな（実際は三三時間）。一人で行ったよ。学校が『行って来い。お前はここにいても練習にならないから』って。南筑から明治に入ったのは自分が最初だったけど、久留米商業の先輩が明治にいて、いろいろ面倒見てくれてね。曽根さんとか、神永さんとかが現役の頃、よく鍛えられたね」

このアグレッシブな出稽古の成果は秋に実った。国体での優勝は叶わなかったものの、九月一八日久留米市石橋文化センターで行われた第三回九州高校柔道選手権大会において、坂口は評判どおりの大活躍。当時すでに三段に昇段していた坂口は一回戦向洋高の竹内初段を大外刈りで一蹴。二回戦、鹿児島実業の永吉二段を優勢で破り、準決勝、長崎東高の白山二段に横四方固めで一本勝ち。そして決勝では九州学院の土山宝三段との対戦となった。

《選手権決勝では予想通り坂口、土山両三段の決勝となったが、坂口の大外、内股、土山の背負、大内刈ともに効かず延長二回（十五分間）の末、坂口が判定を得て初優勝をとげた》（「柔道新聞」一九六〇年一〇月一日）

こうして坂口は名実ともに九州チャンピオンの座につき、「九州に坂口あり」を全国に印象づけた。当時の九州地区は全国レベルから見ても抜群に強く、九州を制したということは全国一の高校チャンピオンになったと言っても過言ではなかった。

大学柔道界がこの逸材を放っておくはずがなく、柔道の名門といわれる大学からスカウトを受けていた。結局、坂口は二年時から合宿に参加させてもらっていた明治大学進学を目指すこととなる。

明治大学へ

年が明けて一九六一（昭和三六）年、坂口は一月から東京都北区赤羽にある明治大学柔道部合宿所「澄水園（ちょうすいえん）」に入り、御茶ノ水道場での練習をスタートさせている。体育の特待生らを募集する入部セレクションを受け、二月の入試に向けて合宿所で受験勉強に励んだ。結局、法学部、商学部、経営学部を受験し、法学部法律学科に無事合格した。

年明け早々から上京し、明治大学柔道部合宿所暮らしをスタートさせていた坂口は、南筑高校の卒業式にも出席せず、そのまま大学での柔道生活に突入するのだった。

この時の経緯を坂口は次のように語る。

「結構あちこちの大学から声かけられていたんですよ。でもやるんだったら東京の大学ちゅうことでね。天理大の合宿にも行ったことあったけど、明治は当時全盛時代だったからスンナリ決めた。試験もあの頃は今と違って楽だったたし、推薦だったから気楽だった。入部セレクションというものがあって、全国から錚々たる連中が百名ぐらい来て、試合させられてね。俺は推薦されていたから試合なかったけどね。それで一〇〇名の中から三〇名くらいピックアップされて、その連中が入学試験受けて、通った者が柔道部に入れるというね。一年で入った時、四〇人くらいいたかな」

明治大学体育会柔道部は一九〇五（明治三八）年四月に創部された。明治大学の前身である明治法律学校が一八九一（明治一四）年に創立されてから二四年後のことである。

一九一三（大正二）年、「空気投げ」で知られる三船久蔵（当時五段、昭和二〇年に一〇段昇進）が師範に就任してからは部員の技術が飛躍的に向上し、有段者数は創部の早かった早稲田、慶応をしのぐほどになったという。

戦後しばらくの間、GHQの占領下で学校柔道が禁止されていたが、一九五〇（昭和二五）年秋、学校柔道禁止令が解除されると、翌一九五一（昭和二六）年より明治大学体育会柔道部は師範・姿節雄、監督・葉山三郎、部員四二名で活動を再開することとなる。同年秋より、全日本学生柔道選手権大会（個人戦）が復活すると明治大学の金子泰興がいきなり優勝。坂口が入学する一九六一（昭和三六）年までの一〇大会で、曽根康治（昭和二七年）、末木茂（昭和二八年）、石橋穀次郎（昭和二九年）、神永昭夫（昭和三三年）、重松正成（昭和三四、三五年）と七回の優勝（正確には昭和三三年の神永昭夫は決勝戦引き分けで優勝預り）を遂げていた。

明治大学1年。新人ながらレギュラーとして活躍した。

一方、一九五二（昭和二七）年よりスタートした全日本学生柔道優勝大会（団体戦）では、第一回大会から第三回大会まで三連覇、第六回、第七回と二連覇を達成し、全九大会中五度の優勝を遂げている。

全日本柔道選手権でも明治勢は実績をあげており、曽根康治が一九五八（昭和三三）年、神永昭夫が一九六〇（昭和三五）年、一九六一（昭和三六）年と優勝。世界選手権でも昭和三三年に行われた第二回大会で決勝を曽根と神永が争っており、先輩の曽根が初優勝している。まさに当時の最強軍団であった。

坂口が入部した一九六一（昭和三六）年当時の監督は葉山三郎八段。翌一九六二（昭和三七）年からは世界選手権、全日本選手権二冠の曽根康治が監督に就任した。富士製鐵（新日鐵住金の前身）に勤務していたOBの神永昭夫も毎日のように道場に稽古をつけに来てくれており、部員たちが連日行列を作って神永の道場入りを待っていたという。

また、坂口の同期には、高校生としてはじめて全日本選手権に出場し、以後同大会に一〇年連続出場、後に明治大学柔道部監督を務めた関勝治、東京国際スポーツ大会無差別級優勝、昭和三八年、四四年、四六年全日本選手権三位の村井正芳、昭和三七年、三八年、四〇年度全日本選手権出場の山本忠史、東京オリンピック軽量級金メダリストの中谷雄英、昭和四〇年度全日本選手権出場の積田勝らがいた。

坂口は名門明治大学で柔道にさらに磨きをかけていく。

第三章　柔道日本一への道

澄水園

坂口が大学受験前から入寮した澄水園(ちょうすいえん)の母体は社会福祉法人黎明会(れいめいかい)。敗戦後の混乱期に東京都からの委託を受けて戦災者、引揚者、戦災孤児などの救済を目的として、上野池之端に収容施設を開設した。のべ一〇〇〇万人以上もの人々に衣食住を支給したほか、診療活動も行っていた。

一九五一(昭和二六)年、母子家庭の厚生施設として澄水園は開設され、坂口が明治大学柔道部へ入部した頃には明治大学柔道部とレスリング部の合宿所となっていた。学生たちから「おやじさん」と呼ばれていた理事長の鵜目栄八は柔道とレスリングに情熱を注ぎ、全国の優秀な選手たちを集めて面倒をみていた。柔道部OBの曽根康治、神永昭夫、レスリング部の霜鳥(しもとり)武雄(ヘルシンキ・オリンピック六位)、笠原茂(メルボルン・オリンピック銀メダリスト)阿部一男、青海上(ローマ・オリンピック代表)らも澄水園出身である。

ここ澄水園が明治大学柔道部、レスリング部の合宿所となっていたのには意外な理由があった。母子家庭の厚生施設であった澄水園の収容者のなかには酒や賭け事に溺れる人々もいたそうで厳しい生活指導が時として必要であったという。「黎明会の歩み」にはその時の経緯が次のように記されている。

《社会福祉事業としては異例なことではあったが、生活指導員に明治大学出身の同大学柔道部OB助教授の久米、斉藤両氏のほか、同大学レスリング部学生の霜鳥氏を採用し職務体勢を整え、機能の強化を行なった》(『黎明会三十年の歩み』明治大学レスリング部ホームページより引用)

要は屈強な格闘技者としての強さを買われて明治大学柔道部、レスリング関係者が同施設の生活指導員として採用されたことがはじまりだったということである。

澄水園には管理棟、居住棟、炊事場、保育所、診療所があり、生活保護を必要とする母子世帯や独身女性があわせて常時三〇〇名ほど居住し、鵜目理事長はじめ、事務職員、指導員、寮母、調理員、保母、医師、看護婦らが配置されていた。柔道部、レスリング部の選手たちは母子寮の一角にある二〇畳ほどの大部屋で共同生活をするかたわら、部の雑用のほか、母子寮の宿直、併設されている病院の事務などを一、二年時にアルバイトとしてこなしていた。

当時の坂口の生活は朝五時に起床して、まず食事の準備。園児たちが食事をしている最中に荒川土手でランニング。その後、先輩の食事中に布団の上げ下ろしと部屋の掃除をすませてから、やっと朝食。早々に食事を済ませると道具をそろえて赤羽駅へ。赤羽から国電（現ＪＲ）板橋線で池袋まで行き、山手線に乗り換えて新宿へ。続いて京王線で明大前まで行き授業を受けると、再び京王線に乗って新宿へ戻り、総武線に乗り換えて御茶ノ水駅で下車。小川町にある大学の道場へ行き、午後三時半から練習となる。疲労でビルの五階にある柔道場への階段がとてもきつかったという。

同級生部員だけで四〇名、部員総数百名。二、三〇名程度しか練習できないスペースに毎日、五、六〇名の部員が来ており、目をかけられていない学生はほとんど何もできずに終わった者もいたという。同級生も卒業するころまでには半分になっていた。

練習後は疲れた体で赤羽の合宿に戻り、夕食の準備。風呂では先輩の背中を流し、その後、掃除、洗濯などの雑用をこなす。柔道漬けの生活に先輩の世話などが加わり、まさにプロレスでいう新弟子時代のようなハードさで、一日が終わるとぐったりだったという。

明治大学一年の時の坂口の目標はまず、名門明治大学柔道部でレギュラー選手になることであった。

盟友・関勝治

明治大学時代の坂口について語ってくれるのは、この人しかいない。私は坂口の親友で明大同期の関勝治（せきかつじ）に取材をした。二〇一七年一月二一日午後三時半。ＪＲ総武線の指定された駅で待っていると、ダウンジャケットに身を包んだ恰幅のよい関が現れた。

「お茶でも飲みましょう。どこか喫茶店でも」と駅前の喫茶店を先頭に立って探してくれた関は、「普段は酒ばっかり飲んでいるから、喫茶店わからないんだよね」と笑った。結局、取材はファミリーレストランで行った。

関は明治大学卒業後、日本中央競馬会（ＪＲＡ）に進み、明治大学柔道部監督を務めた。

全日本柔道選手権優勝七回の実績を持ち、現役引退後に総合格闘家、プロレスラーへと転向した小川直也を育てている。今では千葉県柔道連盟会長と明治大学柔道部ＯＢ会である明柔会会長を務めている（二〇一八年現在）。喜寿を迎えているとは思えないほど、元気な男であった。

「ジムに毎日行っていますよ。土日は柔道が忙しいから、そっちのほう行っちゃうけど。近くのスポーツジムでね、ゴルフ打ったり、ゲートやったり、ダンスとかヨガなんか。結構いいですよ。大学では週二回ぐらい（柔道の稽古に）行っていますよ。指導にね。アゴ柔ですよ（笑）」

豪快に笑う姿を見ると、こちらまで元気になってしまう。年齢を重ねたら、こうなりたいと素直に思った。

関勝治は一九三九（昭和一四）年五月一日、千葉県市川市に生まれている。坂口と同級生であるが、年齢は二つ上で、中学校三年の時、柔道をはじめている。

「加藤道場というのがあったんですよ。中学三年から高校生の時までずっと、そこで鍛えられたんで

明治大学同期の関勝治（左）と。2人とも東京オリンピック候補選手だった。

す。加藤幸夫先生は、木村政彦先生や山口利夫先生と共にプロレスの第一号。ブラジルに行ってプロレスやって、それで講道館破門になったんです。その加藤先生に鍛えられたんで、寝技も立ち技もやります」

関の師匠は加藤幸夫。日本のプロレス創世記に力道山のタッグパートナーを務めた柔道家の木村政彦、大阪で全日本プロレス（現在のものとは別）を立ち上げた山口利夫とともにブラジルに渡り、プロ柔道家としてグレイシー柔術の創始者であるエリオ・グレイシーと対戦している。エリオ・グレイシーは四〇〇戦無敗の男として日本でも有名なヒクソン・グレイシーの父である。

関は加藤道場に三年間居候し、柔道の基本を徹底的に叩き込まれた。また、加藤は関に柔道整復師の勉強もするようにすすめたという。中学卒業後、柔道と柔道整復師の修行をしてから千葉商大付属第一高校に進学した関は高校三年時ですでに二〇歳になっていた。この時、関は高校生としてはじめてとなる全日本柔道選手権出場を決めている。

「（高校生として全日本選手権出場は）最初ですよ。関東で（代表選手が）二名だったですから。（関東大会の）決勝まで出ないと出られないんですよ。東京抜いて七県全部。そのなかで二名ですから大変だったですよ。でもそのまま一〇年ずっと出ましたからね。だから最初、高校生で出て表彰されて、それから一〇回連続出場も僕がはじめてだったんですよ」

身長一七二センチ、体重七〇キロと決して大柄ではなかったが、関勝治という男は稀代の柔道家であった。関は柔道のみならず柔道整復師についても明治大学在籍中、夜間学校に通い国家資格を取得している。

「昔は結構努力家だったんだよ。考えられないでしょ」と再び豪快に笑った。

関は明治大学入学前に坂口征二と対面している。

「高校の時ね、行きましたよ。大会あった時、南筑に帰り寄ってね。早くから明治大学に来るのわかってましたからね、南筑から明治入るから。山本（忠文）のところも行ったし、よく同期に会いに行きましたよ。山本のお母さんに『関さん、小さいですね』って。そんなに『小さい』と言われたことないんだけどさ（笑）。

俺は山本のお母さんより小さい。坂口のお母さんも僕より大きいですよ。すらっとしていて」

それから二人は昭和三六年春、揃って明治大学柔道部に入部する。関は坂口とひときわウマが合った。高校受験に失敗し、一年浪人していた坂口。一方の関も中学三年から三年間、加藤道場で修行したため、中学卒業後二年間、浪人生活を送っている。お互い浪人生活経験者ということもあって、親近感を感じたのかもしれない。関は二年のハンディを克服しようとしていた当時の気持ちを次のように語った。

「（同期の）連中よりも年は二つ上なんですよ。整骨の勉強とかしていたから。ちょっと人よりは年食っていたから、その分一生懸命やりました」

同期ながらすでに全日本選手権出場経験のあった関は一年からレギュラー入りを決めた。

明治の荒稽古

こうして、揃って明大柔道部入りした関と坂口の二人は明治の荒稽古の洗礼を受ける。

「僕らの時、道場狭かったんですよ。今の主婦の友社があるビルの真ん前の五階でね。道場の幅なんて百畳ないですから、それで他の道場行ったら月とすっぽん。

でも、すごくOBが来てくれましたね。曽根さんが監督です。神永さん、重松さん、あと博報堂にいる明大OBが来てくれてた。博報堂が柔道部作って、明治大学の近くだったから、OBで埋まっちゃうんです。あと百人ぐらい選手もいたし、前は柔道強かったから、いろんなところから来たんですよ。実力で入って。だから一年で百名ぐらいいたんですよ。辞めていきますけど。狭くて稽古できないからね、曽根先生が『早く辞めさせろ！』、『ぶん投げて、辞めさせろ！』って。そんな感じだから猛稽古なんですよ」

繰り返しとなるが、当時、全日本王者、世界王者を輩出していた明治大学は最強であった。その猛稽古とは、弱い者を淘汰し、強い者だけを残すというやり方であった。世界レベルの神永昭夫らOBと稽古ができる者を選抜し、その選手を徹底的に強くなるように鍛え続ける。それが常勝軍団、明治のやり方であった。坂口も明治の荒稽古を次のように振り返る。

「田舎の大将が東京行ってよ、一年の時は、どっちかと言うといじめられるくらい鍛えられたものね。締め落とされたりよ、回されたりよ、『この野郎！』と思ったけど、伝統的なのよ。そういうの昔はやっていたよ」

高校時代は「お客さん」扱いしてくれた先輩たちも、正式に柔道部員となってからは容赦なかった。明大柔道部のレギュラー候補選手の練習は「元立ち」であった。一人の選手を相手にいろいろな選手がどんどんぶつかって行く練習方法である。関は述懐する。

「選手候補は元立ちになるんですよ。僕なんか一年の時にレギュラーになったんですけど、元立ちになると一五本ぐらい続けてやれるんです。五分なら五分、六分なら六分でどんどん相手が代わるんです。それで一五本ぐらい立てるんですよ。僕なんかは一年から全日本選手権出たりして、優遇されたから結構できたんです」

一本五分の稽古を一五本、すなわち七五分間、人を代えて稽古をし続けるということである。

「これぐらいやればね、実力ある連中だから力つくんですよ。あと寝技をやればね、二時間半から三時間ですよ。どんなスポーツでも同じ、マラソンでも格闘技じゃなくとも。スタミナがないと絶対勝てませんせん。スタミナとスピード、それから技！」

練習にはOBが毎日のように道場を訪れ、現役の選手たちに稽古をつけてくれていた。特に神永昭夫には鍛えてもらったという。

「神永さんはやってみせるほうですね。会社終わってから来て、皆並んでいるんですよ、神永さんにぶつかるためにね。それで神永さんは最初から最後まで一〇本ぐらいやる。稽古をきっちりやるんですね。やってみせる。曽根先生は現役を終わっていましたから、遊ぶ程度で、本格的にはやりませんでした。神永さんは来たらずっとやりっ放し」

母校の後輩たちのために仕事が終わると毎日、道場に顔を出し、一時間以上もの間、後輩の相手をし続ける。並みの体力では務まらない。しかし、これが先輩から代々受け継がれてきた明治大学柔道部の伝統であったのだ。

曽根康治と神永昭夫

坂口が二年生に進級してから柔道部の監督となったのは曽根康治。曽根は一九二八（昭和三）年一一月、埼玉県大里郡寄居町出身。三五歳の若さで亡くなった父徳治が六段、叔父幸蔵は警視庁師範で昭和一〇年代の強豪の一人で九段、戦死した長兄は一八歳で四段と柔道一家に生まれた。小学校一年生から柔道をはじめ、戦後、学生柔道は禁止されたままであったが明大入りし、GHQが学生柔道禁止令を解除するまでは「第二レスリング場」の看板を出して細々と練習を続けていた。

一九五一（昭和二六）年、明大柔道部が復活すると、翌一九五二（昭和二七）年、主将となり部を率いて団体戦優勝、そして個人戦でも優勝を勝ち取った。卒業後は《柔道で体得したものは一般社会でも立派に通用する》と富士製鉄に進み、一九五八（昭和三三）年には全日本選手権と世界選手権の両方を獲得している。豪放磊落で面倒見のよい性格は後輩の神永が、《人生の目標は先輩のような人物になろうとひそかに決意した》と述べるほどであった。神永が面白いエピソードを記していたので紹介したい。

《一方生活面では少ない給料を割いては、後輩たちをたびたび食事に誘っていただいたが、恐らくエンゲル係数は１００％以上の生活が数年間続いたはずである。あるとき、そば屋に入り、かけそば10杯を注文したので、私は当然5杯はごちそうに預かるものと思っていたところ、「お前は何を食べるのか、早く注文せい」と言われ、ビックリしたことがある。そばを食べるスピードの早いこと、私が5杯食べているころは、すでにそば湯を飲んでいる状況であった》（『ガンバレ柔道ニッポン——神永昭夫の軌跡』より）

そんな曽根を慕っていた神永昭夫は昭和一一年宮城県仙台出身。高校一年から柔道をはじめ、三年生の時、県大会の個人戦で優勝するほど力をつけた。しかし、地元の道場の師範から「講道館の初段と田舎初段とでは力が違うよ。君は田舎の初段なのだから、本場の講道館で力試しをしてきてはどうだ」と言われ、講道館の秋の紅白試合に参加することとなる。講道館の道場の広さと強そうな人間がごろごろいるのに威圧されたものの破竹の一九人抜きを成し遂げ、三段に抜群昇段したという。その翌日、「せっかく東京まで来たのだから、明治大学柔道部に稽古をつけてもらおう」と行ったところ、前日の活躍が嘘のようにコテンパンにやられ、「明治で修行したい」と明治大学入りしたという逸話を持つ。

関は懐かしそうに振り返る。

「非常に後輩を可愛がったですよね。他の大学では、先輩がぶん殴るという話も聞きますけど。明治は先輩が後輩殴るということはしないですね。神永さんみたいに稽古でどんどんぶつかっていく。だから、本当に先輩に恵まれましたね、可愛がってもらいました。

僕らは三時半くらいからやるんですね、神永さんは仕事終わってすっとんできて、五時半くらいから一五本くらいやる、ぶっ続けて。それが終わってから、第二道場で『関！　第二道場行くぞ！　集合！』って、俺や坂口なんか行って鍛えられました。酒も（笑）」

道場がある小川校舎の下に横山酒店という酒屋があった。店頭で販売したお酒を立ち飲みさせる「角打ち」をやっており、神永はそこで練習後に後輩にビールを振る舞ったという。

「昔はサッポロジャイアンツってあって。カッ、カッ、カッ、カッっていった。あと神永カクテルってのがあるんですよ。焼酎をワインで割っちゃうんですよ。そうすっとね焼酎の味がしないんですよ。キューっといっちゃうんですよ。冷して。『神永カクテル乾杯！』って二、三杯（笑）。あの当時、四合瓶ね。それとウイスキー。ウイスキーはトリス！　効くんだよ、これ！　『神永カクテル』は効いたね」

坂口も当時のことを同じように記憶していた。

「練習が終わってからビール箱をイスにしてよ、その店でね。あの頃、サッポロジャイアンツってあったやない。これを神永さんがご馳走してくれて。『もう行くぞ！　征二！』って、関とかね、学生五人ぐらいでね。御茶ノ水駅前のライオンとかで（大きなジョッキのかたちを手で作って）こんなジョッキで飲ましてくれたよね。一杯飲んで終わりだけど、夏の暑かった時はおいしかったよね」

第二道場では、神永が酒を通じて、社会人としてどうあるべきか、人への気配りはどうすべきかを教えてくれたという。「気配り、目配り、体捌き」という神永がよく言っていたフレーズがある。

「それはね、神永さんが、よく教えてくれました。『関！　油断しないで、先に行って用意しておけ！』あの人は総務部の課長で、上役の接待とかやっていましたから、すごく神経使うんですよ。だからね、後輩も可愛がるし、自分の社会でやっていることを指導してくれましたよね。あの先輩は素晴らしかったよな。うん。誰もが『神永先輩、神永先輩』って。タケちゃん（一年後輩の上野武則七段）なんかもそう言っていたと思う」

タケちゃんこと上野武則も同様にこのことを覚えていた。

「よく練習した者だけ神永先輩が呼んで、『おー、ちょっとキャバレー行くぞ！』って。そこでそういう話（気配り、目配り、体捌き）をするんですよ。例えば、『箸持って来い』と言われんでも持って来いということですね」

坂口も神永のことについて次のように述懐する。

「神永さんというのはやっぱ、柔道だけじゃなく社会人としてもすごい人だと思うよね。卒業したら神永さんのようになりたいって思っていたよね」

神永が「曽根先輩のようになりたい」と思うと、今度は坂口が「神永先輩のようになりたい」と思う。明治大学柔道部には武道家精神が代々受け継がれていたのである。

サブロク会

当時の明治大学はレスリングでも強豪。同級生にいたのが後にプロレスで共に戦うこととなるマサ斎藤（斎藤昌典）である。斎藤は坂口とはじめて対面した時のことを次のように語っている。

《ろくな練習もしないで全国三位になった俺の自信は、明治大学体育会の新入生歓迎会の日に早くもぐらついた。体格、体力に関しては絶対の自信を持っていた俺の目の前に、見上げるような大男の新入生が立っている。口もきけず呆気にとられて見ていた相手、そいつが後に柔道日本一になる坂口征二だった。（中略）

「やっぱり日本は広いな」

生まれてはじめて、そう実感させられた。高校時代は「柔道なんかに負けっこない」と思っていたが、坂口を見たら正直言ってわからなくなった。

のちに坂口がレスリング部を訪ねてきてスパーリングをやったことがある。レスリングでグラウンドになったらこっちのものだが、柔道着を着たら逆に俺などひと捻りだ。あの巨体から生まれる腕力、懐の深さは恐ろしいほどだった》（マサ斎藤『プロレス「監獄固め」血風録』）

一方の坂口は次のように振り返っている。

「俺も（大学）二年の頃、アマレスの練習行ったことあったよ。そのときマサ（斎藤）と（サンダー）杉山さんがやっていた。アマレスの監督が、『お前だったらヘビー級で出られるから、（柔道と）両方出ろよ』って（笑）

俺もその気になって、早めに行ってレスリングの練習をして。関もやってたんかな。そうしたら、（柔道部監督の）曽根さんにバレてね、『どっちかにしろ！』とものすごく怒られて、やめたけどね」

坂口がレスリングの練習をやったというのは一九六二（昭和三七）年の大学二年当時の話である。前年の一九六一（昭和三六）年一二月、フランスのパリで開催された第三回柔道世界選手権で曽根、神永、古賀の日本トリオがオランダの怪物、アントン・ヘーシンクに揃って敗れた時、マスコミが『日本柔道パリに死す』と書き立てた。ヘーシンクはレスリングでもグレコローマンでオランダ王者、世界選手権第六位の実績をもち、他の格闘技の要素を柔道に取り入れていた。明治大学レスリング部の笠原監督がヘーシンクのバックグラウンドを知ってか、「レスリングを練習に取り入れたほうがいい」と坂口にすすめたのだった。

レスリング部と柔道部の練習時間が異なっていたので、坂口は柔道部の練習に行く前にレスリングジャージを借りて、ブリッジやタックルなどの基本動作を教わっていた。しかし、柔道部の曽根監督に知れ渡り、わずか二週間でレスリング体験は強制終了となった。

関はこのレスリング修行は自分がきっかけだったと言う。関の師匠は加藤幸夫だ。ブラジルでグレイシー柔術のエリオ・グレイシーと戦った男だ。身長は一六〇センチ、体重七〇キロと小柄ながら、二〇歳で柔道五段にスピード昇段するほどの実力者であった。そんな師を見ながら、自らも身体がそれほど大きくない関は、強くなるためになんでも吸収しようとしたのだった。

「(レスリングの練習は)僕が連れて行ったんですよ。サンボもソ連に行きました。グルジア共和国(現ジョージア)。僕はレスリングもやったし、重量挙げのところ、地下の道場で相撲、レスリング全部一緒にあったんですよ。三、四年は授業がない暇な時がありますからね、いろんな練習をやりに行くんです。相撲も出稽古に行ったし、格闘技全部やらないとだめですよ。柔道は打撃競技じゃないから、やらなかったのは空手くらいかな。レスリング、ウェイト、相撲、このあたりは各部の同級生の連中と仲良くして、それでサブロク会ができたんですよね」

サブロク会というのは昭和三六年入学の同期生で作った運動部横断的な同窓会。今でも毎年集まっているという。

「サブロク会は昭和三六年に入学した人たちですよ。卒業年度じゃ、卒業できなかったのもいっぱいいるから(笑)。可哀そうだから、入った年で体育会の奴を集めてやろうと。卒業が一年遅れようが二年遅れようが、結構いますからね。いまでも集まると昔の学生時代にもどってワーワーやっています」

関は、さまざまなスポーツから柔道に取り入れられることを学び、自身の柔道を極めていく。

柔道は無差別

関は身体が大きい選手についても「大きいとは思うけど、強いとは思わない」と言い切る。関の柔道に対するプリンシプルは「柔道は無差別」である。

「僕は人見知りしないし、大きい相手にも慣れちゃってるからね。高校の時から知ってる連中もでかいとは思っても、強いとは思わなかった（笑）。まともに組んだらポンといかれちゃうんですよ。でも、投げられないように動きで相手を崩すことを知っていますから、そんなに怖くはなかった。

普段の回り稽古で必ず当たりますから、平気なんですよ、大きいのは。年中やっているから。慣れちゃう、慣れですよ。全然大きいとは思わない。もう『負けるか！』と闘志燃やして動くから、相手がみんなスタミナなくなるんですよ。（相手が）一歩歩いたら、僕は二歩歩く。先に先に行って相手を崩しますから。ウェイトやっているから、力も負けません。あの頃一三〇キロぐらい挙げていましたから」

こうして明治の荒稽古に揉まれながら成長する坂口と関は、道場の稽古だけでは飽き足らず、もっともっと強くなりたいと警視庁や講道館に授業をさぼっては練習に行く毎日であったという。

「昔の講道館はね、寒稽古、暑中稽古は全国から来たんですよ。今は警察にも道場がありますけど、昔はよく警察も来たんです。だから、いい練習になるんです。僕は必ず、寒稽古、暑中稽古は講道館に行きました。

それから警視庁が近かったんですよ、今の武道館のところにあって。三、四年の時の午前中は警視庁によく行きましたね。校舎が駿河台でしたから、毎朝行っていました。やっぱり、いろんな相手とやらなきゃだめですね。強いのにどんどんぶつかっていって、お願いして。本当に稽古は好きだったですね。やらなきゃ強くならんもんね。征ちゃんは案外引っ込み思案だから、『おい、行くぞ！ 征ちゃん』って言うと、『おぅ、おぅ』と言ってくっついて来る。のんびりだから。『今日も行くどぉ』って言うと、征ちゃんもあんまりいい顔しないんだけど（笑）」

坂口が柔道の稽古をするところには、必ず関勝治がいた。関勝治がある意味、坂口征二をリードしてくれていたのだ。こういう話を聞くと、つくづく関勝治という男は坂口征二の盟友であると感じる。「関勝治なくして、坂口征二なし」と言っても過言ではないだろう。

一方の坂口も当時のことを次のように語っている。

「俺はやっているつもりだったけど、先生には『征二はもっと練習すれば、もっと強くなるんだけどなあ』と言われたことあったよ。それだけみんなハードにやっていたんだよね。大学終わって、午前中は警視庁、午後は大学で練習。そのあとは講道館に行ってよ。部活だけじゃ満足できなくてね、よそ行ってそういう練習した奴は強くなったよね。関とよく行ったよな」

坂口の大学一年時の目標、レギュラー入りは達成できた。

「そうしたら次はまず一つの結果を出す。結果が出たら、その次は全日本（選手権）に出る。それから（全日本で）優勝」

一年時から関とともにレギュラー選手となった坂口は二年の春についに全日本選手権に初出場を果たす。一九六二（昭和三七）年三月二一日、講道館で行われた関東近県体重別選手権三段の部で優勝し、四月一日に千葉市警察学校道場で行われた全日本選手権関東地区予選でも優勝し、埼玉代表として全日本選手権への初出場が決まったのである。坂口は「身長一九〇センチ、体重一〇二キロ明大で期待される新進」（「朝日新聞」一九六二年四月二四日）と紹介されている。

同期の関とともに全日本選手権出場を果たした坂口は全日本の洗礼を浴びることとなる。

初の全日本選手権

一九六二（昭和三七）年四月二八日、二九日の両日、東京体育館において全日本柔道選手権大会が行われた。初出場となる坂口は予選で指定選手の辻井一男に優勢勝ち、近畿代表の岩崎元（富士製鉄）を一分八秒左払い腰で連破し、決勝トーナメント進出を果たす。

しかし、決勝トーナメントでは指定選手の村田利行（徳島県警）に四七秒で左小外掛けを決められて一本負けし、ベスト一六で終わる。全日本の壁は厚かった。

しかしながら、翌四月三〇日に発表された第一次東京五輪候補選手四九名に坂口は選ばれている。身長一九〇センチ、体重一〇〇キロを越す大型選手だった坂口は前年の世界選手権で日本柔道を破ったオランダのアントン・ヘーシンク打倒のためのホープとして注目されはじめていたのである。

全日本選手権の後、五月に行われた東京学生柔道で明治大学は優勝。六月に行われた第一一回全日本学生柔道でも明治大学は優勝し、二連覇を達成した。坂口は優秀選手に選ばれている。当時を坂口本人は次のように振り返る。

「俺は二年生の時から東京オリンピックの重量級候補になったんだよな。あれで二か月に一回ぐらい候補選手の合宿をやってたんよ。天理行ったり、熊本行ったり。その合宿でずいぶん鍛えられたからね。普段は大学で練習して、合宿の時は地方に行って練習して、練習はやったほうだよね。やらされたんだよ、あの頃は（笑）」

部活の荒稽古に耐え、講道館や警視庁での自主練習、そしてオリンピックの強化合宿。錚々たる面々に鍛えられた坂口の実力はどんどん上昇していく。

坂口は一一月四日、大阪府立体育会館で行われた第一四回全日本学生選手権に出場した。一回戦で南筑時代の先輩、市岡（天理大）に優勢勝ち。二回戦は九州選手権で対戦した長崎東高の白山（関西大）に内股で一本勝ち。その後、三回戦で関西大の北野、四回戦で東洋大の八木平、準々決勝で天理大の前島、準決勝で中央大の岡野を連破し、決勝進出。明大の先輩、朝田紀明と決勝を争うこととなった。同門対決となると、いつも後輩の分が悪いものだが、この時も後輩の坂口が判定で惜しくも敗れ準優勝となった。以下は決勝戦を伝える新聞記事である。

《朝田（明大）は慎重なとり口で駒を進め後輩坂口と決勝を争ったが坂口の大外をひねりつぶして「技有り」をとり、楽々と判定を握り初の選手権を獲得した。関西勢では松坂（近大）、藤原（同大）など東京では坂口（明大）、岡野（中大）など新人の進境は目覚しいものがあった》（「柔道新聞」一九六二年一一月二〇日）

同門対決で惜しくも敗れ準優勝となったが二年時で学生第二位に到達した。その後、一一月一一日のオリンピック柔道強化委員会で決定された第二次候補選手重量級一二名のなかに坂口は残り、一一月二四日から一二月五日までの一二日間に及ぶ第二次五輪強化合宿に参加することとなった。

坂口がブレイクした昭和三八年

明治大学入りしてから、一年生でレギュラー入り、二年生で全日本学生選手権（個人戦）準優勝、東京五輪候補選手入りと次々と目標をクリアし、成長してきた坂口征二がブレイクしたのは昭和三八（一九六三）年と言われている。近くで見ていた一年後輩の上野武則は次のように振り返る。

「力を発揮されたのは三年生頃だと思う。二年の時はそうでもなかったと思うが、三年の時は成長されたなという気がした。学生のなかでも抜けるようなかたちで、試合でもいい戦歴を残された。その頃のオリンピック候補だった神永先輩といい練習をされていたという記憶です」

九六三（昭和三八）年、全日本選手権に出場した坂口は一次リーグ第四組で今大会にて二度目の優勝を遂げた指定選手の猪熊功、近畿の遠脇信一（天理大）と一緒になった。全日本優勝経験者の猪熊功に果敢に挑んだが試合は惜しくも引き分け。遠脇とも引き分けに終わり、結果的に第二次リーグへ駒を進めることができず、予選敗退となった。

しかし、六月一五、一六日に東京体育館で行われた第一二回全日本学生柔道では明治大学は圧倒的な強さを見せ、三連覇を達成。坂口は二年連続で優秀選手に選ばれている。特に予選トーナメント三回戦での拓大戦では坂口が出るまでは双方譲らず二勝二敗二分。引き分けの場合、一本勝ちの多い拓大が決勝リーグ進出という場面で坂口は登場し、拓大の浜地を試合時間残り三秒というぎりぎりのタイミングで得意の大外刈りで破っている。「明大はさすがに地力あり」と言わしめるほどの大活躍であった。

続く六月二八、二九日の両日、オリンピックの第四次選考会が講道館で行われた。坂口は初日の重量級二組Cグループで三戦一勝二分の一位。二日目は重量級B組五戦三勝一敗一分で再び一位となり、総勢一二名に絞られた第四次五輪候補選手に残った。これで無差別級および重量級候補は神永昭夫、猪熊功、長谷川博之、松永満雄、村井正芳、坂口征二の六名となった。

八月、坂口は当時のソビエト社会主義連邦のサンボ偵察の目的で実現した「訪ソ学生選抜柔道」のメンバーに選ばれ、天理大の興田、遠脇、伊藤、村田、明大の村井、関西大の松田らとソ連遠征に行っている。坂口はキクナーゼ、シャポシニコフ、シュリッツらを相手にすべて一本勝ちで勝利し、三戦全勝で帰国している。

訪ソ学生柔道の中心選手として活躍した坂口は帰国後、さらに実力を発揮する。

九月二九日、静岡市駿府会館で行われた第一三回全日本東西対抗に出場した坂口は破竹の三人抜きを敢行し、MVPに選ばれた。まず明大の先輩、神屋興介（富士製鉄）に右払釣込足で一本勝ち。続く天理大の興田光男を右大外刈り二連発がいずれも技有となり、合わせ技で勝利。そして東レの西部形外を左払腰で一本勝ち。四人目の中野顕治（東レ）とは引き分けに終わったが三人抜きを達成した。

当時、坂口は副主将として主将の関とともに、柔道部を率いている。常に積極的で明るい関と、控えめな坂口はよいコンビであった。関は次のように振り返る。

「征ちゃんはね、僕なんかが言うことも全部オーケーで逆らうということはないね。喧嘩したことないからね。彼はデカいけど器用で、細かいことに気がつくし。僕にないところがありますよ。阿吽の呼吸だよ。ツーと言えばカーだよ。酒も飲んだしさ。たまに遊びに来ると横山（酒店）で飲んでさ。電車でも荷物置くところあんでしょ、あそこに酔っぱらうとこんなことして（網棚にもたれかかって寝る真似をして）。本当にびっくりするよ、普通じゃ考えられない」

一方、後輩として「関・坂口体制」を見ていた上野は次のように語る。

1963年、全日本学生柔道優勝大会で明治大学3連覇。坂口（前列右端）は優秀選手に選ばれている。

「あの方はですね。多くを語らない。自分が表に出ない。遠慮がち……。関先輩は人を引っ張っていく。坂口先輩はその補佐役。『男は黙って』ではなく、聞く耳もってやる。聞き上手。関先輩の厳しい言葉を『うん、うん』と聞いておられた。よい意思疎通ができていたんじゃなかろうかと。その役目はあの方が一番似合っている」

「俺が、俺が」と前に出ることなく、それでいて存在感があるという坂口のリーダーシップスタイルはこの頃から培われていたのであろう。

一〇月一二日、一三日は東京・両国日大講堂で行われた東京国際スポーツ大会に出場。坂口は重量級A組で山本彰一（新三菱重工）に優勢勝ち、G・L・ハリス（米国）に不戦勝で一位通過したが、準決勝で重松正成（旭化成）に一本負けを喫し、第三位で終了。続く一〇月一七日、北九州市発足記念国際親善柔道大会でも決勝で重松に判定で敗れ二連敗となった。

一一月九日、一〇日の二日間、大阪府立体育会館で前年準優勝した全日本学生柔道優勝大会に出場。初日の予選リーグでは四戦全勝で一位通過したが、準決勝で拓殖大の岩釣兼生に大外刈りを返され無念の敗北となり、ベスト四で終了。「柔道新聞」には「五輪候補総崩れ」の見出しが躍った。岩釣は坂口が二〇〇五年秋にオープンした坂口道場で柔道の師範をしていた。当時のことを次のように語っている。

《自分が勝ちました（笑）。坂口さんは先輩なんですけど、学生時代に三年間しょっちゅうやってたんですよ。で、坂口さんもおそらく立ち技であれだけ見事に投げられたことないだろうってぐらいにね、自分に投げられてるんです。背負い投げで。坂口さんが大外刈りを掛けてきたのを返してね。自分でもビックリするぐらい見事に一本で勝ったことありますよ》（「Gスピリッツ」VOL9）

しかし一一月二四日に決定した第五次五輪候補選手一二名に坂口の名は残り、翌年三月二一、二二

胸に日の丸をつけて臨んだソ連遠征。3連勝で帰国した。

日の両日行われる第六次選考会を目指すこととなる。この時点での重量級候補選手六名は坂口、村井、刀禰、猪熊、神永、古賀であった。

全日本選手権準優勝

一九六四（昭和三九）年、東京オリンピックイヤーがいよいよ到来した。

二月一七日、全日本柔連連盟は四月二五、二六日に東京体育館で開催される全日本柔道選手権大会指定選手八名を発表。神永、猪熊、村井、刀禰、古賀、長谷川、重松に加え、坂口征二も指定選手となった。坂口、二二回目の誕生日のことであった。

三月二〇日、二一日の両日に講道館で行われた第六次オリンピック候補選手選考会で坂口は重量級C組で黒住、長谷川、前島を破り第一位となり、神永、猪熊、重松らの先輩と共に四人の候補選手枠に残った。神永二七歳、猪熊、重松は共に二六歳であり、二二歳の坂口は最年少であった。東京五輪は半年後に迫っていた。

四月二五日、二六日の両日、東京体育館で開催された全日本柔道選手権は「事実上の五輪選考会」とマスコミも注目していた。三度目の出場となった坂口は、一日目の第一次リーグ戦一組で山本彰一に優勢勝ち。続いて西部形外に三分二四秒、払い腰で一本勝ちし、第一次リーグ戦を突破。

二日目の第二次リーグAブロックでは、奥田義郎に五八秒払い釣り込み足を決め、合わせ技で勝利。続く岡野功に三四秒得意の払い腰で一本勝ち。次いで大内賢一に判定勝ちで決勝トーナメントに駒を進めた。

決勝トーナメント準決勝で坂口は前年の優勝者である猪熊功に判定勝ちの大殊勲。試合経過は当時

1964年4月26日、全日本柔道選手権決勝戦。先輩の神永昭夫に惜しくも敗れ、準優勝となった。

の新聞より抜粋する。

《試合の迫力からいって事実上の決勝戦といってもよい準決勝の坂口と猪熊は坂口まず左の足払いで猪熊に両手をつかせ攻勢に出た。

猪熊は組み手争いに力を傾けながらじっくり構え、機をみて右からの一本背負い、坂口一回転したがこれが場外。なお終盤近く猪熊の攻勢がつづいた。ところが終了間際にかけた背負いは坂口がこれを返し猪熊どっとくずれたところで時間、最後の坂口の返しがものをいって猪熊を破る殊勲となった。

どちらかというと後半受け身だった坂口に対し、猪熊には例年のシリ上がりの迫力と調子がなかった。組み手の争いで大半の時間を費やしたため技の応酬までいかず、たった二回の背負い投げだけで終ってしまった》（「朝日新聞」一九六四年四月二七日）

初の決勝進出。相手は明治大学先輩の神永昭夫であった。これで勝てば五輪代表の座が一気に近づくが、明大の先輩たちにはいつも分が悪い坂口は、神永の大内刈り、体落としに対し、左内股、大外刈りで応戦するも時間切れ寸前に小内刈りで技有をとられ、惜しくも判定負けとなった。

《決勝は明大の先輩、後輩の間柄である神永と坂口の顔合せとなった。過去に曽根、神永の顔ぶれで同じようなことがあったが、この種の対戦はともすると後輩がちぢこまりがちである。決勝はヤマ場というものもなく終了間際、神永の小内刈り技ありを除いてタンタンと十五分がすぎ去った。内容にもうひとつ迫力が欲しかった。

予選リーグで地力をみせ準決勝で猪熊を倒した坂口の積極的、ひたむきな闘志を決勝に期待したからにほかならない。坂口には気分的にのまれたところがなかっただろうか》（「朝日新聞」一九六四年四月二七日）

ただ、今大会で坂口の評価は上がった。

《坂口はたしかに強くなった。四十八選手のうちでもっとも安定しているのは彼だ。先輩がいなければ順当には彼が優勝したであろう》（「柔道新聞」一九六四年五月一日）

後輩の上野武則はこの試合について次のように語っている。

「先輩を蹴落としてでも代表になるんだという気持ちが少しでもあったら絶対に（オリンピック代表に）なれたと思うんですよね。神永さんは大先生ですからね。心の隅に、かわいがってもらった、食事に誘ってもらった、指導してもらった、そういうのがどこかにあったはずですよ。

練習状況見ても、（坂口先輩が）四年の時の神永先輩は平行線、坂口先輩はこれからということで日の出の勢いでしたし、自分の気持ちもあったろうし。そういう感じを受けました。人がよすぎ」

一方の坂口本人は次のように述懐している。

「自分では『よくやった』って思っていた。準決勝で猪熊さんに勝って、まわりのみんなも先輩たちも『よくやった！　よくやった！』って言ってくれて。決勝戦がはじまる前にだよ。

神永さんは俺が高校の時から一番鍛えてもらった先輩だしね、そこまで強くなったし、神永さんと（決勝戦を）やることで恩返しができるんじゃないかなという気持ちで戦った」

夢と消えたオリンピック

その後、東京学生、全日本学生の団体戦で優勝した坂口は、オリンピック前の最終合宿に臨む。無差別級、重量級の代表の座は神永、猪熊、坂口のうち二人となる最終局面であった。

八月、奈良県の天理大学で行われた合宿で張り切った坂口だったが、高校時代からの古傷の腰を再び故障してしまう。これまで騙し騙し試合と練習を続けてきたが、足が麻痺するほどの状態になってしまい、戦線離脱を余儀なくされる。

山岸コーチと急遽京都の大学病院に向かった坂口に医師が発した言葉はあまりにも強烈だった。

「このままでは柔道どころか、日常生活にも支障をきたします」

坂口は急遽大分県の別府に治療に行くこととなった。先輩たちは口々に、

「征二、まだ若いんだ。次を目指せ」

「征二、今はしっかり腰を治せ」

と言うものの、目標をあと一歩のところで失ってしまった坂口は大きな挫折を味わうこととなる。

大学二年時からオリンピック候補選手として鍛錬してきた頃の思い出を坂口は次のように語る。

「二年生の頃から（全日本柔道連盟で）オリンピック候補というのをやりだして、自分は最初から名前が挙がっていてね、最終選考まで行ったんだけどね。最後は行けなかった。それまで選考試合とか合宿とかがあって、ひどい時は月のうち半分くらい、オリンピックの合宿だ、春と夏は大学の合宿だ。年間の半分くらいは合宿、合宿で授業も行けない時代だった。

三年の時にソ連遠征に選ばれて全勝で帰って来てから力がついてきて、四年の時の全日本選手権は決勝で神永さんに負けて準優勝だった。その後、東京オリンピックということでかなり鍛えられた。ただ、もうあまりにもハードすぎて、腰をケガしてしまって、無理するなってコーチから止められてね。忘れもしないけど、八月の最終候補選考合宿を天理大学でやっていて、一番暑い時に朝二時間走らされて、午前と午後と練習させられてね。それでついて行ったけど、とうとう腰を悪くして。病院に行ったらコーチも一緒に来て、『このままいったら柔道できなくなるぞ』って脅かされてね。

『まだ若いんだから無理するな』ってまわりのみんなも心配してくれてね。それでも自分は納得しきれなくて、練習だけはと思ってね。腰にサラシ巻いてタイヤのチューブを切ってそれで腹を締めて、

試合の時は医者から麻酔の注射を打ってもらって、何分かしか効かない痛み止めの注射打って試合していたけど、最後はとうとう脱落してね。猪熊さんと、神永さんに九月に決まったんだよね」

この腰のケガがなかったら、果たしてどうなっていたのであろうか。坂口自身は次のように語っている。

「神永さんに負けて二位だったからね、神永、猪熊、坂口の三人のなかから重量級と無差別級に二人だすちゅうことだったけど、安心のため、キャリアのある先輩が出ることになった。坂口はまだ若いからというのがあったんだろうね」

つまり、腰のケガがあってもなくても、坂口は出ることができなかったということである。その理由はキャリアの差であったというのだ。日本チームは重量級に猪熊を、大会一か月前からヘーシンクがエントリーを豪語していた無差別級には神永を、それぞれ選出している。神永が無差別級に出場した理由を当時の日本チーム総監督の浜野が次のように述べている。

《なぜ神永だったのか。

その理由を、後に当時の日本チーム総監督・浜野正平がこう漏らしたことがある。

「ヘーシンクとの相性を考えると、猪熊のほうが分があることはわかっていた。けれど神永を重量級に廻すと、最悪の場合二階級の金メダルを逃す可能性がある。猪熊を重量級に廻せば金メダル一個は確実だ。だから無差別級は猪熊ではなく神永になった――」》（井上斌・神山典士『勝負あり――猪熊功の光と陰』）

ヘーシンクは当時、とてつもなく強かった。ヘーシンクが出場する無差別級を嫌って各国の大型選手たちがこぞって重量級にエントリーしてくると考えた場合、満身創痍の神永よりも猪熊のほうが確実だということだったのであろう。いずれにせよ、坂口は三年時から目を見張るような成長を遂げていたものの、負けることが許されない東京五輪の日本チームとしては、キャリアのある神永を選んだということである。

アントン・ヘーシンク

坂口のオリンピック候補脱落について、自身も中量級の候補選手でいながら、出場が叶わなかった坂口の同期、関勝治が次のように語っている。

「若いからね。僕も征ちゃんと同じなんだよね。神永先輩は大先輩だし、コーチ連中も神永さんを出すというムードがあったから。僕から見たら、ヘーシンクとやっても今の征ちゃんじゃ勝てないと思ったよ。神永さんでも難しいだろうけど、まず先輩に譲って、一歩退いて二歩出りゃいいんだとそういう気持ちはあったよね。神永先輩もベストじゃなかったよ。オリンピックの時はアキレス腱切ったり、膝もあんまり良くなかったし、ベストじゃなかった。だから征ちゃんが出ても神永さんが出ても同じだと思った。それはなぜかって言うと、ヘーシンクが強すぎた」

ヘーシンクは東京オリンピックの前の四年間、天理大学で修行していたという。世界選手権で曽根、神永、古賀の三人を破った時からである。当時の天理大学の監督は松本安市。松本はオリンピック日本チームの監督でもあった。したがって、ヘーシンク対神永の対決は教え子同志の対決であったのだ。

最後の強化合宿を腰のケガでリタイアした坂口は治療に専念することとなった。大分県別府での治療が身体に合っていたこともあり、本番の五輪前には快方に向かっていた坂口は「仮想ヘーシンク」として、無差別級でヘーシンクと戦う神永の練習台となった。

一〇月一〇日、東京オリンピックが開幕。柔道無差別級、重量級の補欠だった坂口であったが、心の打ち込みはひどく、選手村に入ることも開会式を見ることもしなかったという。

柔道競技は一〇月二〇日から二三日まで、東京北の丸に新設された日本武道館において行われた。まず二〇日、軽量級で明大の同級生、中谷雄英が金メダルを獲得すると、続く二一日は中量級で岡野功が金メダルを獲得。二二日の重量級では猪熊功が順当に金メダルを獲得し、最終日二三日の無差別級本番を迎えることとなった。

二三日、当日、日本武道館入りした坂口は、地下二階の練習場で村井と共に神永の打ち込み相手を務めた。

午後一時、試合が開始された。日本柔道の期待を一身に背負った神永昭夫は予選リーグ一組でいきなりアントン・ヘーシンクと当たることとなった。

ヘーシンクはイギリスのペサーブリッジをわずか七秒で払い釣り込み足で一蹴し幸先よいスタート。二試合目で神永はそのヘーシンクを迎え撃つ。しかし、試合開始早々、ヘーシンクの得意技である右支え釣り込み足でポイントを取られ無念の判定負け。気を取り直してイギリスのペサーブリッジを一分四八秒大内刈りで降し、一組の二位の座を確保し、敗者復活戦に進んだ。

敗者復活リーグ戦は全三組の二位選手同士で総当たり戦を行うもので、神永は二組二位のライアン（アイルランド）を一分一〇秒合せ技、三組二位のキャンベル（米国）が棄権したことで繰り上がったオン（フィリピン）を四秒体落としでそれぞれ降し、順当に決勝トーナメントに勝ちあがる。

決勝トーナメントでは一組一位のヘーシンクと二組一位のボロノブスキス（オーストラリア）、三組一位のグラーン（ドイツ）、敗者復活四組一位の神永が準決勝を争うこととなった。ヘーシンクはわずか一二秒でボロノブスキスを支え釣り込み足で破った。一方の神永は四分一〇秒、得意の体落としでグラーンを降した。決勝はヘーシンクと神永のこの日二度目の一騎打ちとなった。

神永以外を秒殺してきたヘーシンクは内股などでチャンスを伺う戦法。一方の神永は初戦でポイントを取られた右支え釣り込み足を警戒し、左に行かない動きとなり、試合開始五分は膠着状態となった。しかし、五分過ぎ、ヘーシンク得意の右支え釣り込み足が神永を捕らえ、そこから横四方固めに繋いで一気に抑え込む。もがきにもがいてなんとか抑え込みを解いた神永は、六分過ぎから体落としで攻める。八分半ば過ぎ、神永の左からの内股がヘーシンクにがっちり抱えられ、潰されてしまい、そのまま左の袈裟固めに押え込まれてしまった。九分二二秒、ヘーシンクが勝った。場外でタオルを握りしめ応援していた坂口の前で、先輩神永は完敗した。

坂口はこの後のシーンを見て、ヘーシンクのすごさを実感したという。

ヘーシンクの勝利の瞬間、一人のオランダ人の男性が喜びのあまり、畳の上のヘーシンクのもとに駆け寄ろうとしたのだった。ヘーシンクは右手をかざして、その男性を制した。ヘーシンクは神永を破っただけでなく、本物の武道家であるということを日本中に見せたのである。

神永は畳を下りて、

「征二、次はお前だ。頼んだぞ」

コーチも、

「征二、次はお前が取れる」と叫んだ。

オリンピックに出場できなかった当時の挫折を坂口は次のように振り返った。

「逆にほっとしたのと、『えーっ』というか、なんか目標がなくなったちゅうかな、両方あったよね。これで解放されたというのと、『ああ……』というのと。

(その後は)武道館に毎日行っただけ。補欠という扱いされたけどね、目の前でヘーシンクもちゃんと観たし。みんなから『次は征二』と言われて。その後、学生選手権があったんだけど、その頃にはあまり気落ちもしていなかったんだよね。一旦は（手を下に下げて）こうなっただろうけど、次の目標ちゅうのがあるし、来年には世界選手権も日本選手権もあったし、次のオリンピックとかそういう気持ちがあったから」

　まだ当時二二歳だったこともあり、「俺にはまだチャンスがある！」と気持ちを切り替えることができたのだった。

全日本学生優勝

　東京オリンピックで日本柔道がヘーシンクに屈した一週間後の一〇月二九日、坂口は地元、福岡県の福岡九電記念体育館でヘーシンクと対戦することとなる。オリンピック参加外国人選手との国際親善柔道福岡大会であった。会場には約五〇〇〇人の観衆が集まった。

《ヘーシンクを坂口（明大）がどこまで苦しめるかが注目されたが、それはあわい期待にすぎなかった。ヘーシンクの身長１メートル96、体重１２０キロにたいし坂口は１メートル94、体重１０５キロ。ウェイトではやや劣る坂口だが、いずれも巨漢同士。それだけに神永のあとに一度は坂口をぶつければ　矢を報いることができるのではないかと思われたが、やはり王者ヘーシンクの堅城はびくともしなかった。

　試合運びも一方的。ヘーシンクの重心を落とした自然体に比べ、坂口はおよび腰といかないまでも、そこには余裕すらみられなかったようだ。ただ坂口としては右足をとばしてヘーシンクの足を払い、足わざを警戒するのが精いっぱい。たまには内またや大外刈りにいこうとする動きをみせたが、それもヘーシンクには通じない。ヘーシンクは坂口の動きを腕を伸ばして突っ張るようにして封じ、スキを与えなかった。

坂口としてはヘーシンクの足わざ、加えて寝わざをマークしたのだろうが、それも甲斐なく五分すぎヘーシンクの支え釣り込み足にたまらず横転した。先輩神永が喫したわざだけにそれを防ぐ方策が研究され、注意もしていたに違いないが、それはとりもなおさずヘーシンクの〝支え釣り込み足〟がいかに強烈なものかを物語っているといえよう。けっきょく、この支え釣り込み足が〝わざあり〟となって坂口は敗れたわけだが、それにもましてヘーシンクの柔軟性にとんだ試合運びが目についた。

坂口も試合後『まるで大木に向かっているような感じだった』ともらしていたが、それからもヘーシンクの強さが察せられる》（「西日本スポーツ」一九六四年一〇月三〇日）

「いっちょうやっちゃるか！」と臨んだ一戦であったが、場外をめぐる攻防で時間切れ寸前に右支え釣り込み足で技ありをとったヘーシンクが、小差の判定勝ち。坂口の打倒ヘーシンクはならなかった。坂口はヘーシンクに投げられなかった一方で、自身も相手を投げることはできなかった。

本人は後日、この試合を「貫録負けだった」と述懐している。ヘーシンクについては、関も「強すぎた」と述べていたが、坂口も当時のヘーシンクについて次のようにコメントしている。

「ヘーシンクは練習してたよ。すごいよ、あちこち行ってね。天理（大学）だけじゃなく、他の大学にも行ったりよ。かたやサラリーマン（神永）、かたや学生（坂口）で、ヘーシンクはどっちかと言うとプロだもんな。それ一本でオリンピックに向かって、二、三年日本に来てね。天理大学で練習してたじゃない。東京来て警視庁で練習したり、すごかったよ」

例え柔道漬けだったとは言え、神永も坂口も一〇〇パーセント柔道一本であったとは言えなかった。しかし、ヘーシンクはプロの如く一〇〇パーセント柔道一本で、しかも本場日本で修行していたからすごかったというのである。一九八センチ、一二〇キロの雄大な体格のみならず、柔道に対して、真摯に誰よりも時間をかけて練習していたからこその強さだったということである。

後輩の上野はこの試合について次のようにコメントしている。

「あの時はあっさり負けたような感じです。ヘーシンクとは練習したことありますけどね、体幹というか、普通の日本人の力でなく、全体的な強さが違う。彼はアマレスもやっていた。

職業か何かで木材を扱っていて、木を切ったり、担いだり、それをトレーニングかわりにしていたと聞いたことがあります。

曽根さんの話によると、袈裟固めが普通とは違った袈裟固めだったと。人ができんような抑え込み方。手で胴を巻いて、自分の手で帯にはさんで、抑えられたって。『動いたら骨が折れそうだった』って。

前から抱きついてバックをとるような細かな技を見せる。一番の強さというのは移動しながら、人を支え釣り込み足をする。坂口先輩のはスッスッと払うんですけど、彼のは身体がぐっと浮いてしまう。力を感じましたね。

『末恐ろしい選手やなあ』と思って練習しておりましたから。明治の合宿に来とっても、先輩たちはヘーシンクと乱取りすればよいのにやらん。オリンピックの前なんかは、われわれが稽古相手して、それで先輩たちは彼の技をずっと研究されておった。神永先輩も猪熊さんも『自分で相手やればいいのに』と学生ながら思っておりましたね。堂々と敵陣に足を運んでという精神力の強さは、『この男は化けもんバイ』という感じでした」

ヘーシンクとの初対決の後、坂口は一九六四（昭和三九）年一一月七日、八日の両日、大阪市立中央体育館で行われた全日本学生柔道大会に出場している。

過去決勝まで出場しながら優勝を逃している坂口は、初日、無差別級予選B組で三勝一分の一位通過。二日目、準決勝で同志社大学の松波博治に一八秒、得意の払い腰で一本勝ち。決勝では法政大学の青井肇と対戦した。

《昨年優勝の岩釣（拓大）を大内刈の技有りで破ったダークホース青井（法大）が決勝で坂口（明大）と相対し、坂口の出バナを狙った左体落しで技有りをとったが、そのままつけ入った坂口に抑えられて優勝を逸したが、青井の極端な左変形には、対戦した選手ことごとくが悩まされ、青井の長身から繰り出す大内体落に手を焼いていた》（「柔道新聞」一九六四年一一月二〇日）

結果は坂口が六分、崩れ袈裟固めでおさえ、見事優勝を遂げた。全日本学生チャンピオンになったのだった。後輩の上野が重量級で優勝し、南筑ＯＢのアベック優勝となった。

大学四年で東京五輪も終わり、各種公式戦も終わった坂口は、練習への参加もゆるくなり、悠々自適の生活に入る。髪を伸ばし、パチンコや麻雀を覚えたのもこの頃だ。一方で実業団スポーツ全盛のこの頃、三年の時から東レ、富士製鉄、帝人、旭化成などから誘いを受けていた坂口は、前年春に旭化成入りを決め、四年の春に有楽町の旭化成本社で人事部長と会食し、入社内定を得ていた。明大の先輩は富士製鉄入りする人が多かったが、坂口はお世話になった先輩がいること、九州に工場があることから旭化成に決めた。

課題は卒業である。柔道漬けで授業をさぼってまで練習に費やしていた坂口は出席日数も足りず窮地に陥っていた。友人に食事をおごりながら、ノートを借り、秋口から授業、追試に専念していた坂口はなんとか単位を取得し、明治大学法学部法律学科を卒業する。

坂口はお世話になった澄水園の鵜目栄八先生にご挨拶し、四年住んだ東京を離れ、旭化成柔道部の本拠地である宮崎県の延岡へ向かった。

次の目標である全日本選手権優勝を目指して。

第四章　天皇杯とプロレス

悲願の天皇杯

坂口征二は一九六五（昭和四〇）年四月、旭化成工業株式会社（現・旭化成株式会社）に入社し、延岡工場人事勤労課配属となった。宮崎県延岡市は旭化成の発祥の地である。

旭化成柔道部は坂口をはじめとして上村春樹、中村三兄弟（佳央、行成、兼三）、篠原信一らを輩出した実業団の名門であるが、創部のきっかけは中興の祖といわれる宮崎輝（一九六一年七月に社長就任後、一九九二年四月に会長のまま亡くなる）だ。戦後、民主化の波で多くの会社が労働争議に見舞われたが、一九四八（昭和二三）年の大労働争議の際、若い社員のエネルギーをデモやストライキ以外のことで発散させようと考えたのだという。そこでシャツと靴があればできる陸上競技と柔道着があればできる柔道に力を入れはじめるようになった。

坂口は四月一日の入社式に出席した後、新人研修も受けないまま東京へ向かい、四度目の全日本選手権への調整をはじめるのであった。

四月四日、講道館において開催された東京都選手権決勝で前田行雄（警視庁）に敗れ、準優勝した坂口は、五月一日、二日の両日、日本武道館で開催される全日本柔道選手権に東京都代表として出場資格を得た。

従来あった指定選手制が廃止となり、出場選手が三二名に絞られた今大会では、東京五輪代表の二人、猪熊、神永がシード選手となった。しかし、神永は棄権、猪熊も右膝を負傷しており前日に棄権を発表、坂口が優勝候補の筆頭に上がった。

五月一日、予選リーグ一組で出場した坂口は山地隆雄をわずか十一秒、払い腰で一本勝ち。加藤雅晴と引き分け。翌五月二日、明大、旭化成の先輩である重松正成に大外返しで判定勝ちし、決勝トーナメントに進出。まず準々決勝で明大同期の積田勝と対戦した。

《明大同期生の対戦でやや迫力を欠く。坂口右襟左脇をとって組み右大外刈、大内刈、積田奥襟ふかくとった右自然体から内股ともに単調に攻め合い、八分経過。延長、坂口積極的に内股、大外、大内、払腰、払釣込足と攻勢、積田の掛け技少なく共に有効技なきも、坂口の攻勢認められて判定勝ち（僅差）》（「柔道新聞」一九六五年五月一〇日）

準決勝では先に行われた東京都選手権で苦杯を喫した前田行雄が相手だった。

《坂口は右内股に入ろうとするが前田がっちりと左に組んで坂口の右袖をしぼって入らせず体落を狙う。坂口は左の組手を右脇下から少しづつ上げて両襟をとり、左払腰を狙いながら右内股へ支釣込足を繰り出したが効かず八分経過。延長戦に入り、前田の体落、坂口の大内刈、右の大腰は惜しくも場外、前田の出バナを坂口捻り倒しわずかに優勢。坂口の右内股に前田左一本背負をかけたが不十分。判定は坂口の僅差の優勢勝ち》（「柔道新聞」一九六五年五月一〇日）

こうして二年連続決勝進出を果たした坂口。決勝戦の相手は試合前に「いやな相手です……」と語っていた松阪猛だった。

《決勝は力と力の23分の対決だった。巨人坂口に対し、松阪は慎重なスタート。坂口の大技に対し松阪も右の内また、体落し、大外刈りの大技で懸命な食下りをみせた。

延長三回。坂口が長身を生かした左からの払い腰に松阪の身体が再度浮いてこれが坂口の攻勢点となった。

延長二回ごろから両選手完全にほぐれ、真赤に興奮した表情でぶつかりあった。坂口の攻勢を食止めつづけてきた松阪もさすが疲れはて守勢に回るかたちとなった。松阪の善戦はけいい古に次ぐけいい古の基礎の上に積みたてた気力を発揮したものといえよう。坂口はこの春卒業し、社会人となり、四月の東京選手権では環境の変化にコンディションをくずしていた。このため決勝で前田に敗れたが、短期間にここまで調整したのはさすがである》（「朝日新聞」一九六五年五月三日）

坂口優勢で試合が終わった。浜野主審が上げたのは赤旗。坂口は松阪に勝った。

坂口征二は昭和四〇年度全日本柔道選手権決勝戦に勝利し、悲願の柔道日本一となった。

一九六五（昭和四〇）年一二月に発刊された『柔道名鑑』によると、一九六四（昭和三九）年末時点における講道館の入門者数は約六六万人。坂口征二はその六六万人の頂点となったのである。高校浪人中の一五歳の時に本格的に柔道をはじめてから八年後のことであった。

ちなみに前年の東京オリンピックで代表の座を争った神永昭夫が柔道歴七年四か月、猪熊功が八年で柔道日本一の座についている。

優勝インタビュー

試合を終えた坂口を報道陣が取り囲む。大粒の汗がしたたり落ちる。

「おかげさまで……。もう何といったらいいか」

坂口のくちびるが震えていた。言葉にならない。バスタオルで顔の汗だけでなく、目も拭いていたという。感激で体中が熱くなり、生まれてはじめて感じる達成感だった。

表彰式で大優勝旗を手にした瞬間、坂口は心のなかで師匠である深谷甚八先生の名を叫んでいた。

「深谷先生、ついにやりました！」

本格的に柔道をはじめてから、苦しい稽古に耐え続けてきた苦労が報われた瞬間だった。

以下、当時の新聞に掲載された坂口の試合後の談話だ。

1965年5月2日、全日本柔道選手権で念願の初優勝。日本一に輝き、インタビューに応える。

《練習不足で一戦一戦が全部苦しかった。だいたい決勝に残れる自信はあったのですが、相手が松阪さんだとは……。村井か古賀さんと思っていました。ボクはポカが多いからがむしゃらに出ると返される危険がある。だからポイント主義でやった。体力には自信がありますから……》（「朝日新聞」一九六五年五月三日）

《昨年全日本学生選手権無差別級で優勝したが、全日本で勝てるとは思わなかった。神永先輩にこまかいアドバイスを受け、ジックリ相手の動きをみて落ち着いてやったのがよかったのだと思う。ヘーシンクとやれるかどうかわからないが、世界選手権に行けるようがんばりたい》（「毎日新聞」一九六五年五月三日）

明大監督の曽根康治も坂口の成長ぶりをほめている。

《人間は実にすなおで、コーチの命令はあくまで守る。とにかく、からだがいいのが最大の武器だが、その反面イージーになって楽に勝とうとする傾向があった。学校を出てから全然本格的な練習をしていないので、実力としては昨年の方が上だろう。しかし、ことしの坂口は精神的に大きく成長した。ポカを絶対やらないというのは彼の場合たいへんな進歩だ》（曽根勝治「読売新聞」一九六五年五月三日）

本人も曽根康治も語っているように、この時の坂口の練習不足は否めなかった。しかし、練習不足でも日本一を獲れるだけの実力を兼ね備えていたピークの時期だったといえる。明大同期の関が次のように述懐する。

「一、二年の時はちょっとね、柔いところありましたけど、四年になったら、やっぱりね、僕らも『征ちゃん、任せた』というような感じでね、すごい迫力ありましたしね。征ちゃんは絶対一本取ると常に思っていました。力強かったですよ。基礎ができていたからね、しっかりと。征ちゃんに任せれば大丈夫！ 自信持ってやっていましたよね」

坂口本人も次のように述べている。

「松阪さんとやってね、相手は身体があまり大きくなかったし、オリンピック合宿で何回か稽古したし、卒業したすぐ後だから、体力的にも少しは貯金があるしね」

前年、坂口と決勝を争った神永昭夫も坂口の優勝をことのほか喜んだ。祝賀会の席で、神永は坂口の肩を叩いてひと言、「征二、おめでとう！」と言葉をかけてくれたという。

「一七歳の時から、ここまで六年間ご指導いただいたご恩返しをやっとできた！」

と坂口は心のなかで叫んでいた。

坂口征二、柔道における目標をクリアした瞬間である。

天皇杯を獲得してから五〇年以上が経過するが、坂口征二が三二年の格闘技生活で獲得してきた数々のトロフィーや優勝カップのなかで今でも自宅に唯一飾っているのがこの天皇杯だ。理由を尋ねると笑顔交じりで次のように答えてくれた。

「場所も取らないし、一番よい思い出で取っていたんじゃないかな。今でも、引っ越した時、あれだけは持って来たけどね」

そして、いよいよ次の目標である打倒ヘーシンクに坂口征二は挑むこととなる。

打倒ヘーシンク——世界選手権へ

昭和四〇年度全日本選手権で見事優勝を飾り天皇杯を宮崎に持ち帰った坂口は、宮崎県延岡市の旭化成延岡独身寮入りする。本来ならば競合集う東京で練習できる環境が望ましかったが、実業団の選手はそうはいかない。バレーボール、マラソンでも強かった旭化成の選手たちは、試合がない時は通常勤務があたりまえだった。

当時の坂口は、毎朝六時起床で標高二五一メートルの愛宕山の頂上までランニングをこなし、朝食後、七時半から一五時半まで工場で勤務。一七時から夜まで道場で練習というのが日課だった。しかしながら世界選手権で打倒へーシンクの切り札となっていた柔道日本一の坂口に対して会社も協力姿勢を見せ、何かと理由をつけては東京へ出張扱いで行かせてくれた。東京出張時は時間を惜しんで母校明治大学の道場や九段の警視庁道場で稽古に励んだ。

七月二八日、同年一〇月一四日からブラジル・リオデジャネイロ市マラカニージョ体育館で開催される第四回世界選手権の代表が発表となり、無差別級は猪熊、重量級は坂口、松永と三名になった。前年のオリンピックで重量級金メダルを獲得した猪熊が無差別、今年度全日本選手権者の坂口と松永が重量級でへーシンクを迎え撃つこととなった。これはへーシンクが重量級と無差別級の両方にエントリーしてくるという予想からだった。

一〇月六日、講道館において代表選手団は壮行会を行った後、翌一〇月七日午後一〇時発の日航機で空路、ロサンゼルス、メキシコ経由にてブラジル・リオデジャネイロへ向かった。

一〇月一四日午前にマラカニージョ体育館で行われた抽選の結果、坂口は重量級予選トーナメントA組に出場することとなる。同日午後八時から行われた重量級予選トーナメントA組一回戦で坂口はフランスのレイモンを袖釣込腰で降す。続く二回戦では台湾のリン・チ・クイを払い腰で破り、三回戦でいよいよへーシンクと対戦することとなった。へーシンクは一回戦でニュージーランドのウースターマンをわずか二秒、内股で降し、二回戦で西ドイツのヘルマンを横四方固めで抑え込んで順当に勝ち上がってきた。前年の東京五輪明けの初対決から約一一か月ぶりの対戦である。

1965年10月、ブラジルで開催された世界選手権でのスナップ。左から猪熊功、松永満雄、坂口征二。

《（ヘーシンクは）ボクシングの構えをして坂口をおどかす格好で試合がはじまった。組んですぐ坂口の足払いでガクンとヒザをつく、次には場外へ出る。約五分経過しても何も技をかけない。その後巴をみせたが引込むのが目的、そのうち再三〝引込み〟を繰り返す。これは審判が注意を与えなければならないところだった。坂口も引込まれたとき積極的に攻めて行けばよかった。受けてばかりいたから判定をとられた》（「柔道新聞」一九六五年一一月一日）

打倒ヘーシンクに燃えた坂口であったが、二度目の対決はまたしても坂口の判定負けであった。

坂口の師匠格であった曽根康治はこの試合を次のように振り返っている。

《予選トーナメントで坂口が早くもヘーシンクにあたったが、試合開始三十秒位で坂口の足払が出てヘーシンク膝と手をついて逃れる。これに気をよくして前半二分過ぎまでは完全に坂口のペースで試合が進められたが立技における効果がないと見たヘーシンクは作戦を変え巴投の連発で寝技にさそう。巴、引込みをきらって坂口は場内隅に逃れ試合のペースも消極的となる。後半三分間は完全にヘーシンクのペースになった。前半のポイントを足がかりに坂口がもう少し積極的な試合をしていたならば判定は坂口にあがったものと思われるが、後半ヘーシンクのペースに巻込まれ何らなすことのできなかった事は六分の試合時間を思うと今さらながら惜まれる》（曽根康治「世界選手権を終えて」／「柔道」一九六五年一二月号）

また世界選手権で団長を務めた浜野正平は次のようにこの試合を振り返っている。

《オリンピックで神永との対戦では、サア来いとばかり両手を高く挙げたが、今日は違う。拳闘の構えである。おそらく誰もが柔道の試合であるのに変な格好をするものだナと思ったに違いない。坂口はかまわず前に進んで右自然体に組んだ、彼も拳闘の構えを解いて同じく右自然体に組んだ。坂口はすぐ二三歩左に追い込んでピッシッと勢いよく足払をかけた。意外にもヘーシンクは大きく左膝をついた。そして立上るや満面紅潮して中央に戻った。坂口は前と同じように左に追い込んで右の足払をかけた。今度は左手を強く突いてようやく逃がれた。彼は一度も技をかけない。坂口の一方的攻勢である。これが一年前までは無敵を誇ったヘーシンクだろうかと、いくら考えても不思議である。やがて試合の前半は過ぎた。彼は立っては不利と思ったのか、それからは巴投の連発である。しかし強いて寝技に誘い込むというのでもない。ただ巴投の連発である。時には自分だけ転がることもある。坂口はこれをきらってあくまでも立って勝負に出ようとする。立つとまた巴である。審判はこの引き込みに対して指導も注意も与えない。そして時間。判定はヘーシンクの勝。四回目の巴投の時坂口がゆるく小さく廻ったのでこれを採ったか、あるいは引き込みを寝技の攻勢とでも見たのか、又は選手権者たから負かしてはならぬと思ったのか、審判の心境は知るよしもない》（浜野正平「世界選手権大会より帰って」／「柔道」一九六五年一二月号）

新聞報道や曽根、浜野のコメントを見る限り、前半は足払いを繰り出した坂口のペースだったが、後半は巴投げを連発したヘーシンクのペースとなり、坂口がもっと積極的に後半攻めていれば勝てたかもしれない試合だったと見てとれる。一方で前半の坂口の攻勢に対してヘーシンクが精彩を欠いていたこと、ヘーシンクの執拗な引き込みに審判が注意を与えなかったことも事実であった。

ヘーシンクに敗れた坂口は敗者復活戦で西ドイツのヘルマンに払い腰で一本勝ち、ソ連のチクビラーゼに優勢勝ちをそれぞれ収め、決勝トーナメント準決勝に進出。ヘーシンクとロジャース（カナダ）、坂口と松永の対戦となった。松永とは去る七月二九日に講道館で行われた世界選手権選考試合重量級準決勝で対戦し、大外返しで苦杯を喫していた。

日本人同士の対決となった準決勝では坂口の膝車、松永の内股の攻防から三分すぎ、坂口の内股を松永がつぶし、横四方固めでおさえて松永が勝利した。決勝で打倒ヘーシンクを託された松永は互角の戦いを見せたが、結局はヘーシンクの貫録勝ちとなり、ヘーシンクが重量級優勝を飾る。

その後、日本チームに衝撃が走る。ヘーシンクが次の言葉を残して無差別級出場を棄権したのだった。

《私が今大会に参加した目的は、日本のチャンピオンを破ることで、それを果たしたので引退する。柔道は私の生命だから、今後とも柔道教師として働きたい》（「読売新聞」一九六五年一〇月一六日夕刊）

昭和四〇年度全日本選手権者の坂口を破ったことで目的達成というわけだ。これで日本チームは永遠に打倒ヘーシンクを達成することができなくなった。

ヘーシンクに自身の引退の理由で名指しをされた坂口は当時の心境を次のように振り返った。

「ピンとこなかったね。まだ若かったし、負けても次あるぐらい思っていたからね。俺に勝ったからって無差別級出なかったんだよな。ヘーシンクってそれだけ偉大なあれだったよ。東京オリンピックで神永さんに勝ったから、こいつはすごいなと思ったよね。ブラジルでも自分は一本負けしなかったけど、その時は逆にヘーシンクもトーンダウンしてたんじゃないかな。オリンピック終わってね」

この世界選手権で日本チームは四階級中三階級で優勝を果たしたが、打倒ヘーシンクを達成できなかった敗北感に包まれていた。

帰国後、坂口は一〇月二五日から岐阜国体に宮崎代表として出場したが、三回戦で千葉県に敗北。また、一一月一四日から名古屋で行われた全日本選抜団体柔道優勝大会では所属する旭化成が一回戦敗退。世界選手権で全日本王者としての責任を果たせなかった思いが胸に残り、気持ちが晴れることのなかった坂口はその後の公式戦で思うような成績を残せずに終わってしまった。

こうして坂口征二の人生のターニングポイントとなる一九六六（昭和四一）年を迎えることとなる。

全日本選手権連覇ならず

一九六六（昭和四一）年は全日本選手権連覇に向けて延岡で練習に励む。入社二年目で早くも旭化成工業柔道部の主将に就任していた坂口は責任を感じていた。

前年の世界選手権重量級で二位の松永と三位の坂口がともに優勝候補と予想された今大会は四月三〇日に開幕した。坂口は第一次予選リーグBゾーン六組に出場。坂口は天理大学の毒島憲二をわずか一二秒大外刈りで降し、宮城県警の三浦栄には不戦勝、三菱重工の山本彰一と引き分け。二勝一分けで終了し、翌五月一日の第二次予選リーグ進出を決めた。

第二次リーグ戦B組で坂口は世界選手権で苦杯を喫した松永満雄と対戦する。

《松永組んで押して出るを坂口南西隅で払腰は場外に出る。松永抱えて投げ出す。三分坂口の右内股は松永抱きついて場外。松永の右内股も効かず四分服装を直して立つ、坂口の左払腰、松永抱きついて場外へ。坂口さらに右内股は足が入らず。松永の顔真赤。坂口紅潮せず。時間すれすれ松永の右内股は坂口に押し潰される。引分け》（「柔道新聞」一九六六年五月一〇日）

優勝候補同士の対決はまずは引き分けとなった。続いて坂口は佐藤治を四分五四秒、合わせ技で降し、村井正芳と引き分けて一勝二分で終了。B組の一位決定戦で松永とこの日二度目の対戦となった。

《四分頃、松永支釣込足で技有りをとる。そのあと松永は消極的に受けに回わり、坂口積極的に右払腰、大外、大内、釣込腰と攻めたが、松永受けつけず時間切れとなる》（「柔道新聞」一九六六年五月一〇日）

この日二度目の対戦は技有りをとった松永の優勢勝ち。B組の一位は松永、二位が坂口。A組の一位は前島、二位が前年準優勝の松阪となった。

準決勝はA組一位の前島とB組二位の坂口。A組二位の松坂とB組一位松永の対戦となった。坂口は前島を五分四六秒小外掛一本勝ちで破り、松永は二回延長二四分で松阪を判定で降し、決勝で坂口対松永が実現する。この日、三度目の対戦だ。

坂口は準決勝で五分四六秒、松永は延長二回で二四分闘っている。疲労の点からいえば坂口有利は明らかだった。決勝戦も三〇分近くに及び大熱戦となった。

《坂口が一メートル九四、一一五キロなら、松永は一メートル八四、一一一キロ。決勝は巨漢の対決となり、力のこもった29分16秒だった。

「はじめっ」。白井主審の声が、緊張で静まり返った館内に大きく響いた。まず、坂口が右の足払い、小内刈りでけん制。すると、松永はその返しをねらう。が、優勝戦を意識してか互いに目立った動きもなく、試合時間の8分がすぎた。引分け。

8分間の延長、開始して間もなく、坂口の右足がサッと飛んで大外刈り。一一一キロの重量を誇る松永も、ふわりと浮き、そして、場外へもんどりうって落ちた。ところが、このとき、技をかけた坂口の左足のツマサキが、場外ぎわの赤い境界線からはみ出ていた。松永は九死に一生を得たのだ。

顔面を朱に染めた二人の激闘はつづく。14分、坂口はまた右大外刈り。松永はそれを坂口の腰にだきついてかわす。こんどは、松永の内また。だが、一一五キロの坂口を浮上がらすほど強烈なものではなかった。攻勢の坂口も決め手をとれず、また引分け。

二度目の延長もたんたんとすぎ、いよいよ天皇杯を手にする最後の8分間。だが、この試合を開始する前、坂口の右腕がけいれんした。強い引きつけのあまり、右手がなまったのだ。主審にもみほぐしてもらう坂口をじっとにらみつける松永。「チャンスだ」。内心そう思ったに違いない。

「さあ来い」。「ヨーシッ」。ともに気合十分。右内またを失敗した坂口は、機をみて、再度内またをかけた。その瞬間をとらえた松永は得意の支えつり込み足。バランスを失って、坂口はどっと横転。「技あり」心の動揺が静まらないうちに、坂口はつづいて強引な右大外刈り。素早く読みとった松永は、それを小外掛けでかえした。二人は同時に倒れたが、坂口が下。また松永の「技あり」。
みごとな松永のかえし技が坂口を倒したのだ。
坂口は不運だった。右腕のなまりがわざわいし、得意の大外刈り、払い腰が引きつけの弱さ半減していた。敗れたとはいえ、松永にまさった坂口の攻勢はたたえられる》（「朝日新聞」一九六六年五月二日）
松永が初優勝。坂口の二連覇はならなかった。
《坂口は九分九厘まで試合に勝っていたが、勝負に負けてしまった。もっとも松永は世界選手権を含め、坂口には一度も負けたことがなく、その自信が根気よく待つ作戦となり、成功した》（「読売新聞」一九六六年五月二日）
坂口と松永の対戦は世界選手権、全日本選手権などで計六回実現しているが、戦績は坂口の一勝四敗一分だった。唯一の勝ち星は世界選手権後に行われたサンパウロ模範柔道重量級決勝で坂口が払い腰で松永を破った試合だけである。
試合後、松永はこう語っている。
《坂口君とはまともにいってては分がないので、最後の8分に勝負をかけた。前半は意識的にわざをかけず満を持していたのがよかった。マークしたのはやはり坂口君。ぼくももう年なのでことしが最後と思い、一月から練習をしてきただけにこの優勝はうれしい》（松永満雄「読売新聞」一九六六年五月一日）
一方の坂口も松永を意識しており、大会前のインタビューで以下のように語っている。

《別にこれといって作戦はないが、松永さんの返し技は特に注意しなくてはならない。昨年の世界選手権の予選で大外刈りを見事に返されたことを忘れることはできない。といって消極的な柔道はやりたくない》（「朝日新聞」一九六六年四月三〇日）

坂口はインタビューで語った通り、積極的な柔道で真正面からぶつかり、試合内容では勝ったが勝負に負けたのだった。

貯金がなくなる

坂口は松永との試合について次のように振り返っている。

「長かったんだよね。俺が待ちきれず自分から仕掛けて行って裏取られたんだよ。近頃は技をかけなかったら注意だけど、昔は注意とかなしで力比べで。オリンピックの合宿とかで練習している相手だから、お互い知り尽くしているんだよね。何が得意とか。あの技かけたら裏取ってやろうというのがあったんだよね。今だったら、止まっていると注意されるじゃない。昔なんか、『掛け逃げ』って言ってよ、投げるふりして、パッと外行って休んだりとかやっていたよね。だから二〇分くらいできるんだよ」

さらに全日本二連覇を阻まれたことについて、坂口は次のように語っている。

「世界選手権でヘーシンクに負けて、翌年は松永さんに負けて、この時は貯金がなくなっていたよな。練習量でな。この時が一番よい時だったから、練習量が落ちると実力的にも落ちていったんだろうね。貯金は一年はどうにかなったけど、皆そうよ。アマチュアってね、練習している時はいいけど、練習量落ちるとだんだん駄目になってくる」

関も旭化成時代の坂口について、次のように苦言を呈している。

「ある程度現役ずっとやるまではね、やっぱり延岡あたりじゃ練習にならんしね。あの当時は。旭化成もそんなによい選手を採っていなかったから、練習にならんですよ。これはいかんなと思って」

実際に、明治大学柔道部と旭化成柔道部の練習量の違いがどれだけあったかのエピソードを坂口の一年後輩の上野が語ってくれている。それは、坂口が入社二年目で旭化成柔道部主将を務めていた一九六六（昭和四一）年夏、熊本で行われた明治大学柔道部の合宿に坂口と上野が揃って参加した時のことであった。

「明治の合宿に参加した時、全身痙攣を起こして病院に行ったことがあります。僕も一緒に坂口さんと、学生の練習と旭化成の練習は全然違いますんでね、練習不足と言いますか、朝から階段登ったり、真夏に脱水症状みたいなかたちで痙攣した覚えがあります。『情けなかったなあ』と二人で……」

関勝治もこの時のことを記憶していた。

「夏の合宿は走り込んでいる奴じゃないともたない。あの時は四人くらい痙攣したな。だから、『休み中、走ってなかったからだよ』って言った覚えあるよ。あそこの階段でね。長いのあんのよ。そんなのやったら、すぐ痙攣起こしちゃうよ。ダッシュで一〇回ぐらい。一〇〇段くらいあるんじゃないかな。すごいんだよ。道場の練習と両方だから、たまらないよ」

本人も「あの時は貯金がなくなっていた」と述懐しているように坂口の柔道の実力は練習不足と稽古相手不足もあって、徐々に落ちていった。そこに追い打ちをかけるような出来事が次々と起こっていく。

寝技で一本負け

全日本選手権の連覇を断たれた坂口は柔道をこのまま続けていくべきか悩むこととなる。まず一つ目の出来事が八月二八日、地元福岡で出場していた全日本招待選抜体重別選手権大会での重量級準決勝での敗戦だ。無名に近かった佐藤宣践四段に柔道生涯で初の寝技からの一本負けを喫す。投げて一本とる立ち技の柔道で突き進んできた坂口は寝技に引き込むスタイルの練習をしたことがなく、むしろ嫌悪感すら感じていたという。坂口は自身の柔道スタイルを次のように語っている。

「自分は、寝技ってあまりやらなかった。立ち技ばっかりだった。最初習ったのは大外とか払い腰とか体落しとか、まあ大きい者がやる得意技だよね。払い腰とか大外とか左右両方できていた。主に右だったけど。左右できるちゅうのは一番の強味だしね、今でも覚えているけど、誰かに返し技みたいので負けたら、今度当たった時は同じ返し技で勝ったとか、結構そういうのがあんのね。

プロレスと違うけどね、柔道の時は案外なんでもこなしていたよね。今みたいに、倒れたらポイント制とかじゃないからね、イチかバチかでビャーって行けたからね、昔は大技で行ったよね」

しかし当時は打倒ヘーシンクを目指していた時代。日本人の小さな身体でいかにしてヘーシンクを破るかの戦法のひとつとして寝技の研究がされていたのだった。坂口を破った佐藤は猪熊功の教え子。ヘーシンク用の戦術を仕掛けられ敗れたというのはあまりにも皮肉だった。

「福岡でね、佐藤さんにはじめて寝技で抑え込まれて。これだけなんだよ（寝技で）負けた試合って。高校時代から寝技で負けたことないんだよ。みんな寝技やるから耳が潰れる。俺は立ち技で勝負つけるほうだったから寝技までやる必要なかったんだよ。

こいつも頭いいから、古賀武さんとかに勝って、松阪にも勝ってよ。準決勝でやったら、いきなり引っ込んで、『来い！』って言うんだよ。今なら注意されるけど、引っ込んで寝技に持っていく。嫌だから拒否してて、思いきって蹴ったくったんだよ。そうしたら審判に注意されて、丸め込まれたかなんかで負けたんだよ。『この野郎！』と思ってよ。『なんでこれが柔道かよ』って思ったんだよね」

姉の利子はこの佐藤戦での敗戦後の坂口の様子を今でも覚えているという。

「征二が負けた時、九電体育館まで主人と観に行ったんですよ。この時にね、（負けた後）体育館の外に大きな木があって、その木の根っこのところに征二が座っていたんです。私は『残念やったね』って言って……」

柔道も国際化の流れのなかにあり、闘い方が変化しつつもあった。坂口は「自分の柔道はこれからも通用するのだろうか」と自問自答していた。そして、自分自身で見つけた指導者になる道も明柔会の先輩方の反対に合ってしまった。坂口は物事が自分の思うとおりにならず、悶々とする日々を過ごす

そして二つ目の出来事は同年一二月に正式決定することとなったのだが、一九六八年に開催されるメキシコ五輪における柔道除外であった。この件は一九六三年一〇月一七日に西ドイツで行われた第六〇回ＩＯＣ総会で投票によって一度決定したものだった（バレーボール、ハンドボール、洋弓とともに除外）。

しかし、国際柔道連盟総会は一九六五年一〇月の総会でＩＯＣに対し再考を求めることを決定するなど、ぎりぎりまで働きかけをしていた。しかし、日本柔道界の願いはかなわなかった。当時の坂口は二四歳。一九六七年にアメリカで開催される世界選手権超重量級の強化選手六名のなかに選ばれていたが、メキシコ五輪の後のミュンヘンで柔道が種目に戻ったとしてもその時はすでに三〇歳になっている。そもそもそこまで現役でいられるか？　また打倒すべきへーシンクも今はいない。目標を失

ってしまったのだ。

また、柔道を引退した後の社会人生活も考えてみた。当時の心境を坂口はこう語る。

「アマチュアというものは現役の時は胸に日の丸つけて、マスコミの扱いもいいよね。でも何年も現役を続けられないし、自分の場合でも卒業してぜいぜい四、五年だよね。その後、監督やコーチにおさまるのだけど。自分の前途というものに疑問を感じてね。会社で働くにしても同期入社した奴らには勝てっこないし、みんな早稲田、東大なんかを卒業した奴ばかりだし。現役を四、五年続けてから仕事をしてもそれだけハンディキャップを背負うことになる。将来的なものは漠然とだけどわかっていた」

変化していく柔道のスタイル、次の目標であったメキシコ・オリンピックにおける柔道競技除外、引退後の社会人生活……。そして会社勤務の片手間にスポーツをやっているという中途半端な状態が性格的に我慢できなかったこともあり、「思いきって好きな格闘技を職業として自分の限界を極めてみたい」と徐々に考えるようになっていた。

日本プロレスからの誘い

痛めた腰を徹底的に治療しようと別府の帯刀電気治療所に通いはじめた頃、坂口は改めて自分の将来をじっくり考える時間ができたのであった。腰の具合がよくなり、ロードワークなどトレーニングを再開しはじめた頃、一人の男性が坂口のもとを訪ねてくる。その人の名は末安祐介といった。

末安は日本プロレス協会の芳の里代表取締役の秘書をしており、九州久留米出身。南筑高校のOBで県会議員だった人を介して坂口を訪ねてきたという。

当時の日本プロレスは力道山亡き後、ジャイアント馬場、大木金太郎、吉村道明らが中心選手として隆盛を誇っていた。馬場は力道山の後継者としてインターナショナル選手権を保持し、その人気が頂点に達していた時期だった。しかし、アジアタッグ選手権を保持していた吉村道明は大正生まれで当時、四一歳。大木金太郎は「いずれは韓国に戻ってプロレス団体を興したい」と語っていた。

同年、若手のホープとして次の時代での活躍を期待されていたアントニオ猪木が退団し、競合団体の東京プロレスを立ち上げていたこともあり、当時の日本プロレスでは、馬場の後継者となり、猪木の対抗馬となるネームバリューのある若手レスラーのスカウトに奔走していた。

末安はいきなりこう切り出した。

「坂口君、プロレスをやってみないか」

坂口は中学校三年の春、祖母の葬儀を抜け出してプロレス観戦に行ったほどのプロレス好きである。明治大学レスリング部出身で先輩のサンダー杉山、同級生のマサ斎藤らもプロレス入りしていたこともあり、プロレスは本人にとっても身近な存在だった。また、坂口の耳には入らず、監督、関係者が断っていたのだが、実は学生時代に坂口本人がプロレスにスカウトされたこともあったのである。

当時の状況について坂口はこう語る。

「柔道を続けるならアメリカにコーチとして来ないかという話もあって。コーチをやるなら日本よりも海外でやりたかったので、会社を休職してアメリカで勉強しようとして会社のOKもとりつけた。しかし大学のOBに反対され、板挟みになっていた。その時、ちょうどプロレスの話があり、一回話を聞きましょうということで東京に出た」

末安から坂口のことを聞いた芳の里は、

「本人にその意思があり、つらい修行を覚悟でくるならば歓迎する」

と坂口に対して返事をした。

一九六六年一二月二九日、坂口は末安との面談時に渡されていた航空券で上京している。日本プロレスの芳の里社長にホテル・ニュージャパンで挨拶した坂口はプロレス入りに前向きな姿勢であることを伝えた。

芳の里はそんな坂口に対して、

「プロレス入りしたいという気持ちはうれしい。我々としては歓迎だが、会社関係など身辺の整理をして筋を通し改めて出てきてくれ」と返答した。

翌一二月三〇日、ジャイアント馬場が後楽園ホールでの試合後、六本木のしゃぶしゃぶ店「瀬里奈」で会食をセッティングし、馬場の他、芳の里代表、芳の里の運転手をつとめていた林牛之助（ミスター林）、そして坂口、末安の五名が参加した。当時の坂口の印象を馬場は次のように語っている。

《柔道日本一を鼻にかけるようなところはなく、人間的にも素直な、好感の持てる好青年だった》（ジャイアント馬場『王道十六文』）

一方、坂口はこう語っている。

「テレビで観ていたしよ、俺より大きいの見たことなかったしね。第一印象はおっとりした人でよ、優しいちゅうかな。ちょっと入りやすかったよね。『来いよ、いいぞプロレスは』って、そういうことと言われた」

プロレス界の事情、修行のきびしさ、そしてその魅力について芳の里、馬場が説明しながら会食は進んだ。しゃぶしゃぶを生まれてはじめて食べた坂口はその味に魅了された。結局五人で百人前をたいらげたというのは有名な話である。

そして翌一二月三一日大晦日、坂口は再び、芳の里に連れられ銀座末広でステーキを食べる。

「どうだ、もう一枚いくか」

「はい」

おいしいステーキを食べながら、

「プロレスラーになれば、毎日こんなものが食べられるのか」と思ったという。

今回の上京で日本プロレスの幹部たちは熱心にプロレス入りをすすめたが、結局、「しばらく考えさせてください」と答えるにとどめ、坂口は宮崎に戻った。

プロレス転向

年が明けて一九六七（昭和四二）年、坂口は念には念を入れてとばかり、一月九日から休暇を取得して、別府の帯刀電気治療所で古傷の腰の検査を行い、医者から「大丈夫」という返事をもらってから、しばらくトレーニングを続けた。そして一月二五日、久留米の自宅で家族会議を行い、父雅義にプロレス入りについての決意を打ち明けた。

その時点で坂口は決断していた。

「自分でどれだけできるかわからないけど、これしかないな。やるんだったらこれだな」

当時の心境を坂口は次のように振り返っている。

「馬場さんなんかの話を聞いていてね、面白そうだなというのと今の柔道よりは新しい道に賭けてみようというのがあったんじゃない。冒険かわからないけど、ちゃんとしたところに行くんだからね。その頃は柔道界が大変だとかそういうの考えなかったんだよ。簡単に考えてよ、アメリカ行きを断られて、一生サラリーマンで終わるかとか考えたよな。歳も二四、五になってな。馬場さんたちと会って、やってみようかなという気持ちが起きたよね。何人か相談したけど、重松さんとかには『やれよ！』って言われてね。反対しそうな人にはあまり相談しなかったから（笑）」

父雅義は、

「おまえの人生だから、おまえのよいようにしてよいけん。男は自分が決めたことをやり遂げることが大切なんだ」

と背中を押してくれた。母、姉兄も賛成してくれた。

「家には迷惑かけないから」と家族に言い切った坂口はプロレス入りのために動きはじめた。

しかし、当時、プロレスと柔道の関係は非常に険悪なものであった。プロレス入りを自分自身のことと捉えていた坂口は柔道関係者から予想以上に反対されることとなる。

一九六七（昭和四二）年当時、柔道界はプロレス界に対し、強いアレルギーがあった。それはその当時から一三年前にさかのぼる。一九五四年（昭和二九）年一二月二二日の出来事であった。プロレスファンにとってはプロレスの父である力道山が木村政彦を破って日本選手権を獲得した日として記憶されているが、柔道家たちにとっては、「木村の前に木村なし、木村の後に木村なし」とうたわれた不世出の柔道家、日本選手権一〇連覇とまさに昭和最強、いや柔道史上最強ともいわれた木村政彦が力道山に敗れ去った日として記憶されているのだ。

しかも、この試合はマスコミをにぎわせた泥仕合となり、柔道界からすれば、プロレスの力道山にだまし討ちされた等、後々まで遺恨となっていたのだった。坂口は自身のプロレス入りを自分自身だけの問題として捉えていたが、柔道関係者はそう捉えていなかった。これは柔道界全体の大問題であったのだ。

「反対されることはわかっていた。よし、自分がいっさい責任をもてばいいいんだ」

と坂口は思いきって二月九日に上京した。

まず坂口は母校明治大学柔道部のOBで構成されている明柔会の重鎮、曽根康治六段、神永昭夫六段のもとを訪れた。

「プロレスに入ろうと思います」

「征二、何考えてんだ？　お前はバカか？」

「……」

「お前は、次の時代を背負っていかなくちゃならんのだ」

「いや、プロレスに入ります」

「ためだ、すぐ断れ！」

こんなやりとりで物別れとなった。

明柔会はこの年の世界選手権における超重量級の強化選手にもなっている坂口の引き留めに奔走する。

翌二月一〇日、東京は朝から大雪。明柔会は後楽園ホールでの日本プロレスの興行、新春シリーズ最終戦に坂口が顔を出すことを聞きつけ、姿師範、曽根監督、関勝治、高田博厚両五段の四人で「坂口を返せ」と後楽園ホールに乗り込んだ。坂口は実際、同所に来ていたが、所用を済ませ裏口から出てしまっていた。

押しかけた四人は試合後、芳の里、平井会長、遠藤幸吉らと話し合い、改めて坂口を交えて会談の場を持つことでその場は収まった。しかし、一足先に抜けだしていた坂口はその後、馬場、芳の里と合流し、永田町グランドパレス内の自民党の川島正次郎コミッショナーのもとへ挨拶に行く。しかし、その場を「産経新聞」の記者に見られ、翌二月一一日の朝刊で「坂口がプロレスへ」と報道されてしまう。坂口の年齢表記が間違っていたが、原文のまま引用する。

《40年度〝柔道日本一〟の坂口がプロレスへ

四十年度柔道日本一の坂口征二五段（二六）＝福岡県出身、明大出、旭化成勤務＝は10日プロレス入りを表明した。

同選手はジャイアント馬場らとともに同日よる東京・永田町のグランドホテルで日本プロレスコミッショナー川島正次郎氏（前自民党副総裁）に会い、正式にプロレス入りを決心したもの。

坂口選手は身長1メートル94、体重110キロの柔道界きっての巨漢であり、日本柔道界のホープだった》（「産経新聞」一九六七年二月一一日）

この記事を見た明柔会は「話が違う」と激怒。さらに、翌二月一二日発売の「東京スポーツ」に「坂口馬場巨人コンビ実現」と雪だるまに空手チョップを放つ姿とともに一面トップを飾るなど各マスコミが一斉にとりあげた。

明大同期で親友の関はこの当時のことを次のように振り返る。

「征ちゃんとは（東京と延岡で）離れ離れだったから、相談とかはない。でもね、あの時の僕はそんなにプロレスが悪いとかなんとかっていうのはなかった。ただ、彼がプロレス入りした時はマスコミにやられたね。『東京スポーツ』がバーンと出しちゃって。それで征ちゃんも行かざるをえなくなっちゃったんだよね。

だから曽根先生もね、かんかんに怒ってね、『あの野郎、なんの相談もなく行きやがって！　明柔会も除名にしろ！』って怒ったんですよ。俺は理事になっていましたから、『職業選択の自由ってあると思います。相談しようと思ったけど彼も来れなかった。マスコミが先行して出したんで勘弁してください』って、そうしたら除名は解いてくれましたけどね。マスコミが悪かったんだよ」

雪だるまに空手チョップ。この写真が「東京スポーツ」1面を飾り、「馬場坂口巨人タッグ実現」と報じられた。

坂口はこの頃、日本プロレスの後援者である東村山市の中村屋産業株式会社が経営するグリーンウッドというロッジにかくまわれていたが、大学、会社とすっきり話をつけてプロレス入りしたいという希望を達成するために再び動き出す。

二月一四日、富士製鉄本社の曽根氏を芳の里とともに訪ね、挨拶。曽根は「反対する筋合いではないが筋を通せ」と忠告した。

翌二月一五日午前九時羽田発の日航機で芳の里とともに宮崎の旭化成へ赴き、正式に辞表を提出。

「残念だが……」と柔道部の八田義一部長、田中監督が応じ、円満退社となった。

翌二月一六日に坂口は帰京し、改めて曽根監督、神永氏、澄水園の鵜目先生に挨拶に赴いた。神永は無言で涙していたという。坂口はこのとき、「絶対に失敗できない。柔道界の名誉にかけてプロレスの世界でもトップ選手になる」と誓った。

こうして、約九年間にわたる柔道生活に別れを告げ、坂口征二はプロレス界へ身を投じることとなった。坂口は今、柔道について次のように語る。

「柔道ちゅうのは中学出てから九年しかやらなかったけど、『柔道やったからこそ今の自分がある』ということを常に忘れまいと思っている。柔道でいろんなことを教わったちゅうかな。だから多分プロレスもできたし、今自分がこうしているというのを忘れまいと思うよね」

こうして坂口征二の半世紀以上にわたるプロレス生活がはじまった。

第五章　日本プロレスの金の卵

日本プロレス入団発表

二月九日から上京して一週間。旭化成、明大柔道部関係者と話をつめた坂口は、二月一六日、日本プロレス幹部会の決定を受け、晴れてプロレスラーとなる。自ら、「二五歳の誕生日に発表し、新たなスタートを切りたい」と希望していたとおり、二月一七日午後四時、ホテルニューオータニの一六階・雲梅の間において正式に日本プロレス入りを発表した。

「とにかく、この身体を活かすのには、プロレスが一番いいと思い、この道を選んだ。馬場さんを目標にどんなことにも耐えてやり抜く」と坂口は力強く語っている。

その後、坂口は馬場とともに羽田空港へ移動し、その日の午後一〇時一五分発のBOAC機でそのままハワイのホノルルへ旅立っている。表向きは馬場とともに「ハワイ特訓」というものであったが、実際は芳の里が気を利かせて、柔道界とのあつれきから坂口を放す親心だったと言われている。

プロレス界では、入団発表の後、日本国内での新弟子時代を経験せずに米国武者修行、米国デビューという破格の扱いは坂口征二が最初である。後にレスリング・ミュンヘン五輪代表の鶴田友美（ジャンボ鶴田）、大相撲・元前頭筆頭の天龍（天龍源一郎）、大相撲・元横綱の輪島大士、レスリング・モントリオール五輪代表の谷津嘉章らにもこのような特別待遇は受け継がれるものの、マスコミが長期間にわたって特派員を派遣して海外修行の様子を逐一報道し続けたという点では後にも先にもこの坂口征二しかいないであろう。

二月九日に上京してからこの日まで柔道界とプロレス界を行き来しながら自身のプロレス転向実現に奔走した坂口は着の身着のままの状態だった。旭化成の独身寮に荷物は置いたままで、ほとんど夜逃げ同然の状態。結局、日本プロレスが用意した数十万円の支度金の一部を旭化成柔道部の後輩であ

1967年2月17日、日本プロレス入りの記者会見。この後、ジャイアント馬場とともにハワイへ飛んだ。

る上野に送金し、飲み屋のツケの精算と独身寮の荷物を久留米の実家へ送付してもらうよう頼んでいる。坂口を慕って南筑高、明大、そして旭化成へと後をついてきた上野は当時を振り返って次のように語った。

「『上野、プロレス行くからな』って。私はそれを聞いて『ワーッ』となりまして。僕も先輩を慕って旭化成に入ったのに、『なんでプロレス行くかなあ』って。よく旭化成時代も練習終わったら飲みにつれていってもらいましたのでね。延岡というところはツケで飲めたんですよ。そして、その時に、『俺はもう辞めるから』ちゅうことで、支度金で飲み屋に借金があったから、『上野、どこどこの店にいくら払っておけ。残った分はおまえとっていいから』って。

先輩が（旭化成を）辞められて、ぼくも何か目標なくしたような感じになってですね、それで二、三年、旭化成におりまして、福岡県警の方に話をして（一九六九年より福岡県警入り）。先輩は、『おまえは柔道に残ったんだから後輩の指導にあたれ』とか言って」

ジャイアント馬場と逃げるようにしてハワイへ向かった坂口だったが、その後は、母校明治大学の柔道部ＯＢ会の明柔会も除名されてしまう。

ハワイに到着すると馬場とともに二月二〇日からスタートしたＮＥＴ（現テレビ朝日）の「木島則夫モーニングショー」〝常夏の島、ハワイからおはようございます〟のハワイ〜東京間宇宙衛星による生中継（当時は宇宙中継といった）に登場した後、三日ほどの滞在でハワイを後にすると、坂口は馬場とともに二月二三日にロサンゼルス入りしている。ロスでは馬場が自ら、当時の日本プロレスのブッカーで坂口のコーチ役となるミスター・モトとロス地区のプロモーターのジュールス・ストロンボーを紹介してくれた。

ミスター・モト

坂口のコーチ役となるミスター・モトはアメリカ生まれの日系二世で本名はマサオ・チャーリー・イワモト。一九六三（昭和三八）年一二月一〇日、「韓国の虎」こと大木金太郎とのコンビでＷＷＡ世界タッグ選手権を獲得したことがある。当時は「銀髪鬼」として日本でもお馴染みだったフレッド・ブラッシーと抗争を展開しており、現役選手としてリングに上がっていた。

馬場はロスのキングサイズショップに坂口を連れて行き、必要最低限の衣類、靴などを買わせると、「じゃあ、俺は帰るから」と早々に帰国してしまった。馬場の帰国の日、リトルトーキョーでミスター・モトを交えて三人で会食した際、馬場は坂口に「坂口、死ぬ気で頑張れよ」と言ったという。

馬場の渡米は痛めた膝の治療と三月二日に控えていた「人間発電所」の異名を持つブルーノ・サンマルチノとのインターナショナル選手権戦に向けたトレーニングが目的となっていたが、右も左もわからない坂口の教育係を買って出てくれたのが真相だった。馬場が坂口の人柄を気に入り、弟のようにかわいがったというエピソードである。

単身ロスに残った坂口は、ミスター・モトの紹介でカリフォルニア州アマチュアレスリング協会へッドコーチの傍ら不動産業を営むミスター・富士宅に下宿することとなった。

毎朝七時になるとミスター・モトが愛車の六一年型クライスラーで坂口を迎えにきて、八時にはモト、富士、坂口の三人でＹＭＣＡジムに到着。水曜日と金曜日はレスリングのマット練習でミスター・フジから技術指導を受ける。それ以外の日はもっぱら肉体改造とスタミナ養成のメニューだった。

当時のメニューは「東京スポーツ」の報道によると、サイクリング（現在でいうエアロバイク）で最高時速五五キロまでこぎ続けて一時間。その後は三〇ポンドのダンベル、ベンチプレス、ボート台。

モトと富士の二人が毎日三時間から四時間、坂口を徹底的に鍛えていた。

二月二八日、ミスター・モトははじめて坂口をオリンピック・オーデトリアムへ試合観戦に連れて行っている。リングサイド三列目の席で坂口は「殺人鬼」ことキラー・カール・コックス、「狂犬」の異名を持ったマッドドッグ・バションの実弟であるブッチャー・バションら本格派のラフファイターを目の当たりにした。その時の様子を坂口は次のように「東京スポーツ」に寄稿している。

《キラー・カール・コックスとドン・サベージが戦ったのだが、コックスがやりたい放題の残虐ファイトをやってのけ、サベージをメッタ打ちに痛めつけて場外へほうり出した。ダダダ……とサベージが血まみれになってボクの前へころがってきた。〝かわいそうに……〟とボクは顔をしかめた。ボクの目の前50センチぐらいのところでコックスはのびたサベージを踏みにじった。ボクの顔色が変わっていたのだろう。コックスはボクを突き飛ばした。「このヤロウ」ボクは立ち上がった。ぶん殴ってやろうと思った。だがモトさんが「坂口すわれっ」とどなったので手が出なかった。

だが、このときボクははっきりと思った。〝一発殴られたら二発殴り返してやる。ボクはこんなサベージみたいな弱いレスラーにはならんぞ。目には目、悪には悪のリングの暴れん坊になってやる……〟と》（「東京スポーツ」一九六九年三月二六日）

実際に目の前で見たキラー・カール・コックスの迫力あるファイトが坂口の理想のレスラー像を決めた。

プロレスの洗礼

ミスター・モトが日本プロレスの「ＭＳＧシリーズ」参戦で留守をすることになった三月一日から

ロサンゼルス空港で出迎えてくれたミスター・モト（左）。いよいよプロレス修行がはじまる。

は、ミスター・富士に加えて、三名のレスラーがコーチ役を買って出てくれることとなった。後に日本デビュー戦で戦うこととなるルイス・ヘルナンデス、新日本プロレスでワールドリーグ戦決勝を争うペドロ・モラレス、そして力道山時代の第一回ワールドリーグ戦に来日し、世間にマスクマン人気を定着させた「赤覆面」ことミスター・アトミック（クライド・スティーブス）であった。

三月八日からはプロレスの基本練習もメニューに加わった。サイクリングでみっちり一時間しぼられた後、プロレスの基本動作、すなわち受け身、ケガを防ぐムーブ、相手との組み方などを教わる。練習相手はミスター・アトミックや後に本格的な米国修行中に共に汗を流すこととなるビクター・リベラなどが務めた。

この時、坂口はプロレスの洗礼を受けている。プロレスラーとして新入りと言えども、全日本柔道チャンピオンになった男。坂口には格闘家としての自信があった。しかし、それがプロのレスラーによってピシャリとやられてしまったのだった。

《僕はプロレスラーに転向したとき、ある一つの自信を持っていた。〃俺は一度は柔道チャンピオンになった男だ。プロレスラーといえども、俺が投げて投げて投げまくり、締めあげてやればどうっていうことはあるまい。体力でも俺は決して負けない〃と思っていたが、これはとんだ間違いだった。はじめてロサンゼルスでプリチュア（ミスター・アトミック）を相手に練習したとき、裸の相手がいかに投げにくいものであるかがはっきりとわかった。

それはアトミックを背負い投げで投げようとして逆に引きつけられアトミックドロップでいやというほど尾てい骨をたたきつけられたときからである。

そしてモトさんがはじめて僕に言った。

「サカグチよ、柔道をすべて忘れろ。そしてレスリングの最初から覚えていけ。レスリングと柔道はまるっきり違うんだ。おまえがレスリングを覚えて一人前になれば自然に柔道がレスリングに生きてくる。そのときおまえが柔道チャンピオンだったことがものをいう」》（「東京スポーツ」一九六九年四月四日）

それから、坂口は一からプロレスを覚えようと練習に臨むようになった。坂口のプロ入り当時を知る現・大日本プロレス会長のグレート小鹿も次のように語る。

「坂口選手はね、柔道という世界で日本一になったことがあるでしょ。プライドがある。柔道で日本一になったらてっぺんでしょ。プロで新しい世界に入ったら一からでしょ。ここの一からスタートするのは難しい。でも彼は素直な人間だから一からできた」

たしかに鳴り物入りでプロレス入りした選手のなかにはこれまでの実績を捨てきれず、一からプロレスを受け入れることができなかった選手も何人かいた。しかし、坂口は素直に「郷に入れば郷に従え」でプロレスの「中」に入ることができたのである。

一時帰国命令

ロサンゼルス入りしてから三週間ほど経過した三月中旬のある日、ミスター・モトが坂口に言った。

「ユー、明日、日本に帰りなさい」

坂口の今回の渡米は観光ビザでの入国だったが、「東京スポーツ」の特派員のリポートが日本で記事になっているのを見た米国大使館の職員から日本プロレスに連絡が入り、「練習といえどもそれが日本で記事になっているということはプロモーションの一環にとることができる。ワーキングビザでなくては駄目だ」と指摘を受けたのであった。日本プロレスサイドはもめごとを避けようと坂口に緊急帰国を命じた。

坂口は三月二一日午後八時羽田着の日航機で帰国したが、その前にハワイに立ち寄り、「プロレスの神様」と呼ばれたカール・ゴッチのもとを訪ねている。その時、ゴッチは「柔道を忘れて、レスリングの基本を覚えろ」と坂口に告げている。坂口は改めて、柔道時代の輝かしい実績をかなぐり捨て、プロレス修行にコミットすることを決意した。

帰国した翌日の三月二二日、坂口は日本プロレス興業応接室で記者会見に応じている。

《柔道とプロレスの根本的な違いをどう感じたか？

「柔道の受け身は小さくとるが、レスの受け身は大きくとるので最初はすごくとまどった。こんなにむずかしいとは思わなかった」

ズバリ、今後の課題を自分でどう思うか？

「完全に柔道を捨てきることと、上半身を鍛えることとです。下半身はロスのレスラーがみんなほめてくれたほどで、足腰の強さには自信がある。これからは上半身をガッチリ鍛えて胸囲、腕力をつけることに専心します」

「ワザのうまい人それに悪党でも悪に徹した人の試合は魅力がある。自分はあくまでも正統派として成長したいが、相手によっては悪になることも辞さない。とにかく魅力があって、ゼニのとれるレスラーになりたい。クリーンだが悪党にスイッチのきくレスラーが狙いです」》（「東京スポーツ」一九六七年三月二四日）

ロサンゼルスでミスター・モトに、ハワイでカール・ゴッチに言われたとおり、改めて「柔道を捨てきること」と述べている。

坂口はとりあえずホテル住まいをしながらワーキングビザ取得に必要な書類をそろえて領事館に提

出した。しかし、いつまでたってもビザが発給されないことから、青山にあった日本プロレス合宿所に移り、近くの青山レスリング会館でトレーニングをはじめることとなる。

そして、坂口は青山レスリング会館で運命の男と初対面することとなる。その男の名は猪木寛至。アントニオ猪木であった。

アントニオ猪木

アントニオ猪木は坂口征二にとって運命の男である。

そもそも、坂口征二が日本プロレスにスカウトされたきっかけを作ったのがアントニオ猪木であったと言われている。この時からちょうど一年前の一九六六（昭和四一）年四月、猪木は米国遠征から「第八回ワールドリーグ戦」への凱旋帰国途上のハワイで日本プロレスを退団した豊登に誘われ、新しいプロレス団体である東京プロレスの設立に参加している。

同年一〇月一二日、東京・蔵前国技館で行われた東京プロレスの旗上げ第一戦で猪木はジョニー・バレンタインと歴史に残る名勝負を戦った。成長した猪木の戦いぶりを見た日本プロレス社長の芳の里が「対猪木用」に坂口征二を柔道界からスカウトしたと言われているのがその真相である。

《坂口をスカウトした時、僕はちょっと芳の里の本心に触れたことがあるね。昭和41年に猪木が旗揚げ（東京プロレス）したでしょう。旗揚げする前までは、みな猪木を甘く見てたよね。それまでの猪木のファイトを見たことがないんだから。とにかく蔵前の旗上げ一戦の後、『猪木はあなどれない』と吉村とか芳の里が、見方を変えたもの》（櫻井康雄『リングの目激者』）

歴史に残る名勝負でスタートした東京プロレスだったが、旗上げからわずか四か月で興行不振に陥り、豊登と猪木は告訴合戦をして団体崩壊となった。猪木はその後、日本プロレスに電撃復帰を決め、「第九回ワールドリーグ戦」開幕前の四月六日、青山のレスリング会館での合同トレーニングに顔を出したのであった。坂口征二とアントニオ猪木の初顔合わせであった。

当時のことを今は亡きプロレス評論家の竹内宏介と櫻井康雄が次のように述べている。

《坂口が入って来て、公開練習で、コーチがゴッチだったでしょう。坂口が終った後で、すぐに猪木がゴッチに組みかかっていったもの。これは、いかに猪木が坂口を意識してたか、ということだね》（竹内宏介『リングの目激者』）

《坂口も、それを吹きこまれているからね。やっぱり感じていたんだろうね。自分がこれから猪木と競争していかなければいけないことをね。猪木が戻って来た時、馬場は普通に接してたけれども、坂口は距離を置いてピリピリしてたものね。猪木もコノヤローという感じで見ていたしね》（櫻井康雄『リングの目激者』）

坂口に当時のことを覚えているか聞いたところ、次のような答えが返ってきた。

「猪木さん、日本プロレスにいたのか、その時。一緒に練習した覚えあるよな。俺はまだ試合できなかった。練習したり、猪木さんが試合するのをセコンドで見たりしていたよね。でも馬場さんと違って近寄り難かったよね。猪木さんは年齢も近かったし、お互い意識する部分があったんだろうね。

猪木さんが昔馬場さんと練習しててよ、馬場さんが一〇キロのダンベルでやってたら、猪木さんが二〇キロのダンベルで、『今、馬場は何キロでやってたんだ』って言ってたから、ライバル心は持ってたよね。今度はそのライバル心を俺に向けたんじゃないかな、年齢的にも一緒だしな。猪木さんはなにもなく転向してきたから、自分の位置を取られても嫌だろうしね。いつか俺に抜かれるぐらいに思っていたんじゃないかな」

この後、日本プロレスは馬場と猪木の「ＢＩ砲」の時代となっていく。猪木の対抗馬としてスカウトされた坂口は、その猪木とともにその後のプロレス人生を歩んで行くことになろうとは、当時はまったく思ってもいなかったことであろう。

短い新弟子時代

就労ビザの取得には思った以上に時間がかかった。坂口は四月九日に開幕した「第九回ワールドリーグ戦」から巡業に帯同し、当時の若手選手であった永源遥、戸口正徳（タイガー戸口）、轡田友継（サムソン・クツワダ）らと先輩の世話、リング清掃、タクシー配車などの雑用をこなす毎日をスタートさせている。汽車での移動も二等車で、宿舎でも大広間に五、六人での雑魚寝。まさに新弟子時代である。

「楽しくやっていたよね。特別扱いもされなかったし、特別扱いしてほしいとも思わなかったし。巡業について行って、その時、ミスター珍さんたちからよ、『ちょっと、部屋掃除しろ』とか言われても、平気だったもんね。リングサイドでセコンドついたり。みんなと一緒に練習したり、そういう感じでプロレスの世界に入っていったね」

「プロレスの世界でトップ選手になる」という目標を掲げていた坂口は、一からプロレスを修行しようと心に決め、どんな境遇も受け入れ、その日々を楽しく過ごすように順応していたのだった。坂口と同年代だが、プロレスでは五年先輩だったグレート小鹿（当時・小鹿雷三）も次のように振り返る。

「日本プロレスの合宿所が青山でな。そばに事務所があった。その前に芳の里さんから話あったよ。『来るから頼むぞ』、『そうですか、分かりました』って。その当時、自分は日プロのなかで若かったけど、結構リーダー的な存在だったからね」

小鹿は坂口の教育係のような存在としていろいろと指導したのだった。

「ワールドリーグ戦」が五月一七日に閉幕し、続く「アイアンクローシリーズ」が五月二〇日から開幕した。坂口は「憧れ」のレスラーとなるフリッツ・フォン・エリックをはじめて目の当たりにする。その時の衝撃を坂口は次のように振り返った。

「『将来はエリックみたいになりたい』という目標をもったよね。彼は俺がまだデビュー前に日本に来たことがあるんだよね。馬場さんとやってね、すげえなぁって。アイアンクローでリングの外に引っ張り出してよ。多彩な技を使うわけじゃなく、殴って、蹴飛ばしてアイアンクローね。貫録もあったしね」

坂口は現役時代、フリッツ・フォン・エリック本人と対戦する機会には恵まれなかったが、米国修行時代、エリック本人がプロモーターとして仕切っていたテリトリーでサーキットしたほか、新日本プロレスで渉外担当となった際は、エリックの息子たちを招聘している。

父雅義逝去

巡業帯同中の五月二六日、札幌中島スポーツセンターでの興行の日、坂口のもとに父雅義の訃報が届く。心臓弁膜症で六六歳の生涯を閉じたのだった。坂口は会社の取り計らいで千歳から空路、福岡へ飛び、久留米で営まれた葬儀に参列し、雅義と最後のお別れをしている。

雅義は自身がこの世を去る二年四か月ほど前の一九六五（昭和四〇）年一月三〇日、遺言状をしたためている。坂口の姉の最所利子が実家の仏壇の奥に保管されていたものを偶然見つけたことでその

晩年の父雅義と母勝子（久留米の実家で）。父は、プロレス入りの際、背中を押してくれた。

存在が最近明らかになった。遺言状は封筒に入っており、さらに赤字でうっすらと「遺言状在中」と記された白い箱のなかに保管されていた。利子は次のように語った。

「『遺言状在中』というのは母が書いたのだと思います。封筒の傷み方から、虫などに喰われたというより、母が後から何度も何度も読み返していたのだと思います」

遺言状には家族ひとりひとりに対してメッセージが綴られている。坂口に対しては、「征二へ」と題して、次のように書かれていた。

征二へ
大学を出たことを以て遺産を貰ったものと思い了承して呉れ。病身で貧乏であった父を許して貰いたい。お前の将来には幸福があると信じて居る。業務に精励し真面目な信用ある社会人となって呉れ。

この遺言状が記されたのは坂口が大学卒業する二か月前であった。そしてこの時から二年後、「プロレスラーになりたい」と相談してきた息子に対して、雅義は、

「男は自分が決めたことをやり遂げることが大切なんだ」

と背中を押したのであった。

優秀な軍人として日本国のために身体を張って業務に精励してきた雅義は、数多くの国民を救った代償として戦後は病に苦しむこととなってしまった。人一倍真面目だった雅義は一家の大黒柱として働き続けることができない自身の境遇に悩み苦しんだことであろう。

雅義の坂口に対するメッセージにある「業務に精励し真面目な信用ある社会人となって呉れ」には、

戦後、自分が思うようにできなかった「仕事」というものについて、息子に託した部分があったのではないかと思う。

雅義の遺言状は次の文章で締め括られている。

不甲斐ない私をよくいたわり、よく看て呉れ楽しい老後を送らせて呉れた皆の好意孝心に心から嬉しく永久に眠らせて貰います。有難う有難う、さようなら

昭和四〇年一月三〇日　　坂口雅義

こうして雅義は一九六七（昭和四二）年五月二六日、永遠の眠りについたのであった。

「チャンピオンになる自信がありますか？」

フリッツ・フォン・エリックという自身が目標とするレスラー像の確立と、父雅義との永遠の別れから一か月半ほど経過した一九六七（昭和四二）年七月上旬、ようやく米国における就労ビザが発給された。アメリカの領事館に呼び出された坂口は女性の担当官に個室に連れていかれている。

担当官は坂口に言った。

「あなたはレスラーということだけど、チャンピオンになる自信がありますか？」

坂口はとにかくビザを貰わなければならないので、自信をもって次のように答えた。

「イエス！」

ワーキングビザを受け取った坂口の帰り際に、この女性担当官がニッコリと笑顔で次のように声を

かけた。

「Mr. SAKAGUCHI, I HOPE YOU WILL BE A WRESTLING CHAMPION！」

坂口は再び、「ＹＥＳ」と答えて、その担当官としっかりと握手したという。

今回、晴れて海外修行に向かうことが決まった坂口、そして日本プロレス社長の芳の里は、当時の心境をそれぞれ次のように語っている。

《ここ二か月間ちょっと遠回りしたような気になりましたが、よく考えてみるといろいろ知ることができたのはプラスになっています。アメリカへ行ったら負けてもともとといった気持ちで試合に出るし、ヒマをみてはからだづくりをやりますよ。自信ですか？　思いきってやるだけです》（坂口征二「東京スポーツ」一九六七年七月一二日）

《まだまだタマゴだが、一日も早く成長してもらいたい。坂口は金のタマゴだし、スジもいい。素直な気持ちと闘志を捨てないこと。アメリカに行けばいろんなレスラーがいるから毎日毎日が勉強になるだろう》（芳の里「東京スポーツ」一九六七年七月一二日）

こうして、日本プロレスの期待を一身に受けて、坂口は七月一三日、夜九時羽田発のＪＡＬ六二便にてハワイ経由でロサンゼルスに向かった。

ゴッチ教室

ロサンゼルスで坂口を出迎えたミスター・モトが坂口に一言、「おまえのコーチはカール・ゴッチだ」と告げた。

カール・ゴッチ。日本のプロレスファンには「プロレスの神様」として知られている。

一九六一（昭和三六）年五月、カール・クラウザーのリングネームで「第三回ワールドリーグ戦」に初来日。来日第一戦で吉村道明を相手に「プロレス必殺技の芸術品」といわれるジャーマン・スープレックスホールド（原爆固め）を日本のファンに初公開した。

一九六六年七月の「第一次サマーシリーズ」にカール・ゴッチとして再来日。インターナショナルヘビー級選手権者として日本プロレスのエースとなっていたジャイアント馬場との一騎打ちが目玉となっていたが、八月五日の愛知県一宮大会終了後、名古屋市内の宿舎で四〇度を超す高熱を出し、市内の病院に緊急搬送されてしまう。八月七日の静岡県掛川大会で欠場の挨拶をした後、そのまま掛川市立総合病院に入院することとなった。「右足が蜂窩織炎を起こしている」と診断され、九月九日に退院するまで約一か月の療養を余儀なくされた。これが日本プロレスでゴッチ教室が開校されるきっかけとなる。当時を知るグレート小鹿が次のように語っている。

「たしか新潟の佐渡に行った時に蚊に刺されて大きな病気になった。あのシリーズは三週間だったと思うけど、アメリカに帰るに帰れなかった病気で、それで日本プロレスの幹部の人が帰したら大変だから、若手のコーチとして雇って病院に通わせた」

以後、カール・ゴッチは長期日本滞在し、ゴッチ教室を開校し、若手の育成を手掛けることとなる。

坂口のゴッチ教室初日は翌七月一五日午前一〇時、オリンピック・オーデトリアムであった。

ゴッチは坂口に「プロレスラーにとって一番大事なのはスピリット（精神）だ。ガッツ（根性）だ。おまえにはジャパニーズスピリット（大和魂）はあるか？」と言い、初日から鍛えた。

自ら裸になったゴッチは、腕立て伏せをはじめた。

「俺がやめない限り、やめるな」

坂口もゴッチと一緒に腕立て伏せをはじめる。

一〇〇回、二〇〇回になってもゴッチはやめない。腕がしびれ、腕の骨が肩を突き抜けそうな感覚が坂口を襲うなか、坂口は必死についていく。腕立て伏せは二五〇回で終了した。

続いて足の運動、日本のプロレスラーにはお馴染みのヒンズースクワットだ。同じようにゴッチについていく坂口。スクワットは一五〇〇回で終わった。足は棒のようだ。滝のように汗が流れてくる。ゴッチは、「オーケー。いい根性だ。明日から毎日これを続ける。ボディビルはやる必要がない。レスラーはこうやって身体を作るんだ」と言ったという。

初日のメニューは、腕立て伏せ、足の運動、柔軟体操と休みなしに二時間のトレーニング。一一時頃から「原爆男」の異名をもつウィルバー・スナイダー、ザ・プリチュア（ミスター・アトミック）らが続々と現れて集団指導に変わった。午後からはゴッチとスナイダーがレスリングの基本技と動きを指導。初日から約五時間しごかれた。

トレーニング生活

翌日、坂口はハリウッドの山に近いバーモントの丘陵地帯のマグノリア地区のアパートに入居し、腰を落ち着けて本格的なトレーニング生活に入った。

毎朝六時に起床し、シャワーを浴びて朝のロードワークを一時間。その後、三〇分ほど庭で柔軟体操をこなしてから朝食。朝食後はブルワーカー（一九六〇年代初頭に発売されたトレーニング器具）で筋トレをしながらひと休みすると、一〇時になったらバスでダウンタウンに向かい、ゴッチを特別講師としたトレーニングがはじまる。

月曜日から水曜日はオリンピック・オーデトリアムのジムでプロレスの基本動作の反復練習。木曜、金曜はＹＭＣＡ。土曜はアトランティッククラブでトレーニング。月曜から水曜のオリンピック・オーディトリアムでの練習は集中できるようにと場内に囲いをつくり、そこにリングを設置して午前一〇時半から午後四時までの六時間に及んだ。練習後は練習場の清掃を行い、その後はミスター・モトの車で試合見学だ。ベーカースフィールド、サンバナディーノ、サンディエゴとロサンゼルス地区の試合会場へ向かう。遠いところはフリーウェイを飛ばしても三時間近くかかるところもあった。

ＬＡ地区の試合開始はだいたい二〇時頃からなので、試合終了後にＬＡに戻って夜食をとっていると就寝時刻は深夜一時頃になる。そんな毎日だった。

当時スパーリングパートナーを務めたのは、ビクター・リベラ、ラモン・オルテガなど。リベラとは後に日本で何度となく戦うこととなるが、修行時代の坂口にとって兄弟子のような存在だった。リベラのことを坂口は次のように語っている。

《毎日午前十時三十分までにジムへ出かけて行くのだが、リベラは必ず先にきている。頭へきて一時間早く行ったら、やっぱりリベラがきていたのには驚いた。こいつと朝起きの競争はやめた。ゴッチ先生がきびしいので、ジムはすみからすみまできちんと清潔にしておかなくてはおこられる。練習開始前の掃除番は早起きのリベラで、練習後の掃除番は僕だった。

（中略）リベラほど研究熱心な男はいない。一つのワザをマスターするのに毎日それればかりやっている。メシを食いにいっても、そのことを考えている。僕もリベラの影響をものすごく受けた》（「東京スポーツ」一九六九年三月二八日）

ゴッチとのトレーニングは先述のように二五〇回の腕立て伏せと一五〇〇回のヒンズースクワットなど器具を使わない筋トレからはじまる。当時の取材できつくないかとの問いに、坂口は、「南筑高から明治大学に入った時の荒稽古に比べたらまだまだ軽い」と答えている。

当初、プロモーターのジュールス・ストロンボーは一か月でリングに上がれるように鍛えてほしいとゴッチに依頼していたが、予定が大幅に早まった。

一九六七（昭和四二）年八月四日の午後、ミスター・モトが坂口に告げた。

「いよいよ試合に出すぞ。明日、サンバナディーノ・スポーツアリーナだ」

坂口征二のプロレスラー生活がいよいよスタートする。

プロレスデビュー戦

坂口征二のプロレスデビュー戦は一九六七（昭和四二）年八月五日土曜日、米国カリフォルニア州サンバナディーノ・スポーツアリーナに決まった。渡米してからわずか二三日目のことであった。

ロス市街より約一二〇キロ離れたサンバナディーノ市で初陣が決まった坂口は急遽、黒タイツ、黒のレスリングシューズを注文し、当日に備えた。当時のロサンゼルス地区は、まだ人種差別が残っていた一九五〇年代から活躍していた黒人レスラーの総帥的な存在で「黒い魔神」と呼ばれたボボ・ブラジル、一九六五年三月一二日、若干二二歳でザ・デストロイヤーを破ってWWA世界ヘビー級王座を奪取した「ラテンの魔豹」ペドロ・モラレス、WWA世界ヘビー級王座を巡って力道山と抗争を展開した「銀髪鬼」フレッド・ブラッシー、昭和三七年の「第四回ワールド大リーグ戦」に来日し、必殺のドリル・ア・ホール・パイルドライバーで二人の選手を死亡させたというエピソードを持つ、「狂犬」バディ・オースチンらがトップスターで、一万人収容のオリンピック・オーデトリアムで毎週金曜日にビッグマッチが行われていた。また、その合間に周辺都市で二〇〇〇人規模の興行が行われていた。

デビュー戦の相手はキャリア五年目で「無法者」と呼ばれていたスティーブ・コバックというラフファイター。当日、朝六時に目が覚めた坂口はマグノリアゴルフ場でロードワークを行い、夕方、モトの車で会場に向かう。

坂口は会場までの移動車中、緊張のあまりまったくしゃべらない。そんな坂口に対し、モトは、「俺もサンフランシスコでデビューした時、朝から何も食えなかった。とにかく落ち着き、相手に一発やられたら二発殴り返せ」とアドバイスしたという。

会場はプロモーターが「日本の柔道チャンピオン来る！」と宣伝していたこともあり、黒人暴動の余波で黒人は入場禁止となったのにもかかわらず、七年ぶりに超満員となった。しかも坂口のデビュー戦はセミファイナル三〇分一本勝負と破格の扱いを受けた。

モトのアイディアでガウンの代わりに柔道着を羽織って入場する。師匠のカール・ゴッチも会場に駆けつけ、

「よし！　行って来い！」と坂口の尻を叩いて送り出した。

試合前、相手のコバックが坂口のボディをいきなり蹴飛ばすと、闘志に火がついた坂口は、クワッと口を見開いた。いよいよ決戦のゴング！　試合はコバックの激しいパンチ攻撃でスタート。リングサイドの「サカグチ、行け！」というモトとゴッチの声に呼応して坂口は反撃。コバックをロープに振って豪快な払い腰で投げ飛ばすと観衆がドッと沸いた。

コバックの片足タックルをキックでかわし、往復の張り手からロープにつめて空手水平打ち七連発。ダウンしたコバックを引きずり起こして腰投げ、左跳ね腰を連続して決め、そのままフォール。時間にしてわずか四分五一秒でデビュー戦を勝利で飾った。

リングサイドで見ていたミスター・モトは、

「空手水平打ちは腕もよくのびフルスイングで腰もはいっていたから文句ない。まだ本物とはいえないが95点の水平打ちだ。空手チョップと柔道の投げワザで勝ったようなものだが、立派なデビュー戦であり、さすがに元柔道チャンピオンだと感心した」

カール・ゴッチも、

「坂口はすばらしいデビュー戦をやった。わたしがデビューした時よりいいできだ。元柔道チャンピオンらしく、柔道のワザを使ったが、うまく決まった。正直いって攻めるときは文句ないが、ディフェンスに研究の余地がある。90点をつけたい」とそれぞれコメントしており、高評価だった。（いずれも「東京スポーツ」一九六七年八月八日）

この坂口のプロレスデビュー戦は「東京スポーツ」が八月八日付（七日発行）と八月一〇日付（九日発行）の二度にわたって一面トップで報じている。八日付の見出しは「坂口米国血戦第一戦に快勝」、一〇日付は「坂口デビュー戦詳報」だった。一九五一（昭和二六）年にはじまった日本のプロレス史において、新人のデビュー戦が二度にわたってスポーツ新聞の一面トップを飾ったというのは後にも先にも坂口征二しかいないであろう。

この時、「東京スポーツ」から特派員として芳本栄記者が派遣されており、坂口の試合について回り連日報道していた。

「芳本さんのクルマで試合会場行っていたよ（笑）。試合が終わったら、ロサンゼルスの飛行場の貨物の窓口まで行って、フィルムを袋に入れて送っていたよ。俺もそこまで付き合っていたよ。この頃ないだろ？　電送とかよ」

調べてみると写真電送は当時すでに存在していた。当時の「東京スポーツ」をよく見ると「写真：UPIサン特約電送」と記載がある。一九世紀中頃から写真電送は研究が開始され、一九二〇年代に

1967年8月5日、プロレスデビュー戦。相手はラフファイターのスティーブ・コバックだった。

海外でさまざまな写真電送機が開発されている。ただ、いずれにしても今のようにデジタルカメラで撮影した画像を電子メールで送信して瞬時に海外でカラー出力できるという手段はなかったわけで、坂口のコメントから当時の海外におけるスポーツ報道の大変さがうかがえる。

坂口にデビュー戦について聞いてみると、「いよいよ来たか！ ちゅうのがあった」と一言コメントしている。さすがに試合自体を組みたてる余裕もなかったという。

こうして坂口征二のプロレスラーとしての生活が始動した。

米マット界

先述のとおり、「東京スポーツ」は坂口の動向を追いかけるために特派員を派遣しており、連日、坂口の活躍が日本へ報道されることとなる。
当時の一週間のスケジュールは概ね次のようなものであった。
月曜日　ロングビーチ市ミュンシバル・オーデトリアム
火曜日　休み
水曜日　ロサンゼルス・オリンピック・オーデトリアム（テレビマッチ）
木曜日　ベーカースフィールド市シティアリーナ
金曜日　ロサンゼルス・オリンピック・オーデトリアム（ビッグマッチ）
土曜日　サンバナディーノ市スポーツアリーナ
日曜日　サンディエゴ市スポーツアリーナ
このロサンゼルス地区においては金曜日のオリンピック・オーデトリアムのビッグマッチを中心と

して、ほぼ毎日、周辺の都市でプロレスの興行が行われていた。当該エリアはWWA（ワールド・レスリング・アソシエーション）という団体が取り仕切っていた。

坂口が武者修行をしていた当時のアメリカマット界は大きく四つの団体が牛耳っていた。中西部と南部地区のNWA（ナショナル・レスリング・アライアンス）、北部地区のAWA（アメリカン・レスリング・アソシエーション）、西海岸のWWA、東海岸のWWWF（ワールド・ワイド・レスリング・フェデレーション、WWEの前身）である。これら団体が当時のアメリカ国内の各地区を取り仕切り、地区ごとでほぼ毎日のようにプロレスの興行が行われていた。レスラーは三か月を一つの目安としてさまざまな地区へ転戦し、自分の商品価値を上げていったのである。

当時、もっとも権威のあるチャンピオンベルトと言われていたのはNWA世界ヘビー級王座で、坂口がロス地区で武者修行していた頃はジン・キニスキーがNWA世界王者であった。NWA世界王者はNWAに加盟したプロモーターが取り仕切るエリアを転戦し、防衛戦を行った。セントルイス（ミズーリ州）、デモイン（アイオワ州）、コロンバス（オハイオ州）、カンザスシティ（イリノイ州）、オマハ（ネブラスカ州）、ミネアポリス（ミネソタ州）の六つの地区に加えて、一九六〇年代後半にはデトロイト地区（ザ・シーク＝エド・ファーモット）、ダラス地区（フリッツ・フォン・エリック）、アマリロ地区（ドリー・ファンク・シニア）、ジョージア地区（ポール・ジョーンズ）、フロリダ地区（エディ・グラハム）なども加わり、日本プロレスもNWAに加盟していた。

ゴッチ教室卒業

一九六七（昭和四二）年九月二〇日、坂口征二はロサンゼルス・オリンピック・オーデトリアムでであった。

師匠のカール・ゴッチと初の師弟対決を迎えている。いわば、ゴッチ教室の卒業テストのようなもの

試合は腕の取り合いからリストロックの応酬でスタート。坂口はゴッチのグラウンドレスリングに必死についていき、キック攻撃できっかけをつかんでから一本背負い、払い腰と投げ技を決め、活路を見出す。試合は結局、坂口が袈裟固めで動きを止めてからスリーパーホールドで締め上げたところで三〇分時間切れのゴングが鳴った。

試合後、

「きょうほどやりにくかったことはない。ボクが柔道のワザを使わず純粋にレスリングの基本ワザだけで勝負していたら五分持たずに負けていたでしょう」と坂口が言うと、ゴッチは「坂口は強くなった。やられて満足……うれしいよ」と合格点を与えている（いずれも「東京スポーツ」一九六七年九月二三日付）。

この頃、日本プロレスの先輩であるグレート小鹿と大熊元司が揃って米国遠征に出て、ロサンゼルスにいる坂口のもとを訪ねてきている。日本で五年ほどキャリアを積んでいた二人が、アメリカンスタイルのプロレスとはどんなものかを事前に確認するのが目的であった。そこで小鹿が見たのは崇拝するカール・ゴッチが一〇分一本勝負の前座試合に出場している姿であった。

グレート小鹿は言う。

「ゴッチは毎試合一〇分一本勝負なんだ。最初はわからなかった。いろいろ話を聞いてみれば、プロだから客にアピールしなきゃならない。お客さんが喜ぶパフォーマンスをしなきゃならない。でも彼はできない。だから一〇分一本勝負なんだ。

アマチュアというのは自分が勝てばいいいんだよ。お客さん関係ないんだよ。プロは勝った、負けた

1967年9月20日、カール・ゴッチと初対決（ロサンゼルス・オリンピック・オーデトリアム）。まさにゴッチ教室の卒業試験だった。（写真：東京スポーツ新聞社）

じゃ駄目。勝つにしてもお客さんが納得する勝ち方をしなきゃならない。相手のかっこよいところも見せて、最後は自分が勝つ」

当時の日本のプロレスは団体が運営し、外国人レスラーを毎回、七、八名程度招聘し、一か月半程度のシリーズ（ツアー）を行う。あの頃であれば、外国人レスラーのエースが日本側のエースであるジャイアント馬場が保持するインターナショナルヘビー級選手権にシリーズのクライマックスとなる大会場で挑戦する。そのビッグマッチに向けて、開幕戦から最終戦までのテレビマッチでさまざまな試合が組まれていく。若手・中堅選手は毎日、その日のメインイベントの空気を最高潮に持っていくために自分の役割を果たすのだ。したがって、会場の集客に関係なく、一定のファイトマネーが支払われる。

しかし、アメリカのプロレスは違っていた。まず、メインイベンターと前座試合に出る選手のギャラには一〇倍くらいの開きがある。試合に出場した選手のギャラはすべてその日の集客によって配賦される。したがって、プロモーターはメインイベンターに自分のビジネスのすべてを賭けている。メインイベンターはお客さんを呼ぶことができればプロモーターからも他の出場選手からも感謝されるが、お客さんを呼べなかったら、次からメインイベンターを外されるのだ。実力の世界である。アメリカでトップヒールとして活躍したザ・グレート・カブキは語る。

「お客さんが一〇ドルのチケットを買って来たら、一〇ドル分楽しませて帰さなきゃというのがありましたよね。お客さんの声を聞きながら試合をしていました。お客さんは多分、次はこうなってこうなるだろうと考えているとしたら、それを裏返しにする。ひっくり返す。ひっくり返さないと背もたれから前のめりになって見てくれない」

日本のプロレスは若手レスラーの場合、ギャラは保障されているが、試合だけではなく、トップ選手の付き人をこなさなくてはいけない。一方のアメリカは自分自身のレスラーとしての仕事に集中すればよい。ただ、実力がなければ淘汰されてしまう。日本での試合経験なしにアメリカへ行かされた坂口征二について、カブキは言う。

「苦労していましたよね。すぐアメリカ行かされたでしょ。だから右も左もわからないで行っちゃったから大変だったと思いますよ。そういうところはつらいですよね。英語も喋れないし」

ゴッチから「卒業証書」をもらった坂口は約二か月後の一一月一六、一八日と米国遠征でロサンゼルスへやってきた兄貴分のジャイアント馬場と初タッグを結成している。「馬場・坂口巨人タッグ実現」と報道されてから、九か月後のことであった。馬場は坂口に次のように声をかけている。

「おまえも強くなった。お世辞ではなく本ネだよ。こんな短い間に、こんなに成長しているとは思わなかったよ。からだもうらやましいほどよくなったし、ワザもうまくなった。もう一人前だよ……。いつ日本へ帰ってきても大丈夫だ」（「東京スポーツ」一九六七年一一月二三日）

一一月下旬にフロリダへの転戦が決定した坂口は、一二月一七日のサンディエゴにおけるペッパー・ゴメッツ戦を最後にロサンゼルス地区における武者修行を六〇戦四八勝一二引き分けと無敗の戦績で終了した。

約五か月にわたるロサンゼルス地区修行時代を坂口はこう語っている。

「ミスター・モトさんはプロレス転向してから最初に会った人だからね。結構厳しかったけど、カール・ゴッチとかビクター・リベラとか紹介してくれてね。

モトさんには試合の後、怒られたり、注意されたりしたね。ある程度のポジションになっても、モトさんとゴッチさんには頭が上がらなかったよ。直立不動だったね（笑）。

七か月ぐらいいたけど、まあ楽しかったな。日本人の商社の人たちと知り合いになって、食事に呼ばれたり、夜マージャンしたりしていた。翌日が休みの時は車でラスベガスまで行って遊んだりしたよね。今でも付き合っている人いるよ。一ドルが三六〇円の時代。商社の人たちの月給ぐらいを一週間で稼いでいたよ」

ギャランティについてはオリンピック・オーデトリアムのビッグマッチで客入りによって三〇〇〜四〇〇ドル。周辺部では一試合あたり三〇〜五〇ドル稼いでいたという。商社マンの月給が四〇〇〜五〇〇ドルの時代、週平均三〇〇ドル程度を稼いでいた。

柔道もいきなり全国トップクラスの練習を課せられてスタートしたが、プロレスもいきなり本場のアメリカンプロレスからのスタート。言葉の壁もあったが、プロレスという新しい世界への強いコミットメントと「郷に入れば郷に従え」、高校時代から積極的に周囲とは違う環境に飛び込んで行った経験が生きたのだった。

フロリダ修行

坂口の育成方針を協議していたミスター・モト、カール・ゴッチらは、「いろいろなレスラーと戦わせて経験を積ませるべき」とロサンゼルス以外の地区の転戦先を検討していた。実際にシカゴ、ミネソタ、テネシー、ニューヨーク、ポートランド、オクラホマ、セントルイスなど各地のプロモーターから坂口への誘いもあったという。

一一月下旬、坂口の転戦先はデューク・ケオムカがいるフロリダ州タンパと決まった。ケオムカはモトの従弟。一九五〇年代から六〇年代にかけてアメリカで活躍した日系レスラーで本名はヒサオ・マーティン・タナカ。一九六六年にアメリカ修行中だったアントニオ猪木と世界タッグ王座を獲得している。

二月のクリスマス前、日本から来たマティ鈴木とロスで合流した坂口は一路フロリダへ。タンパ空港でヒロ・マツダ、ケオムカの出迎えを受け、翌年一月より、フロリダ修行がスタートした。当時のフロリダは現役レスラーで昭和四一年に初来日したエディ・グラハムがプロモーターで、そのグラハムとのコンビでフロリダ地区の看板タッグチームを結成していたサム・スティムボート、昭和四一年、東京プロレス旗上げ戦に来日し、アントニオ猪木と名勝負を展開した「妖鬼」ジョニー・バレンタイン、一九六七（昭和四二）年に来日した「密林王」ターザン・タイラー、当時プロフットボーラーし二足のわらじを履いていたワフー・マクダニエルらが中心選手だった。

ヒロ・マツダは荏原高校野球部のエースとして鳴らし、一九五六年に日本プロレス入門。しかし一九六〇年に力道山のワンマン体制に反発し、単身ペルーに渡り、メキシコを経て米国入りした。一九六四年七月、フロリダ州タンパで「鳥人」ダニー・ホッジを破り、NWA世界ジュニアヘビー級王座に日本人としてはじめて就き、トップの仲間入りを果たす。一九六六年に凱旋帰国し、翌年、吉原功と国際プロレスを旗揚げするも意見の相違で離脱し、当時、再び米国に戻っていた。

一方のマティ鈴木はマツダと高校の同級生で同じ野球部だった。同じく日本プロレス入門後、マツダらと国際プロレス旗上げに参画するもTBSが主導権を握ったことに反発し、一九六七年一二月より米国入りしていた。

フロリダマットは、NWA世界ジュニアヘビー級王者として鳴らしたダニー・ホッジをはじめとした小柄な選手が多く、気が強いテクニシャンで正統派タイプを好む傾向にあった。客も南部気質で活気があり、テリトリーもマイアミビーチ、オーランド、タンパのみならずバハマ、プエルトリコ遠征まで含み、活動エリアが広いのも特徴だった。

坂口はタンパ市のマンハッタン・メーナーアパートでマティ鈴木と同居し、団体オフィスそばのジムでコーチを務めたケオムカ、マツダに徹底的に鍛えられた。休日はケオムカの邸宅で食事をごちそうになり、キャットフィッシュ（なまず）釣りなどを楽しんだという。

一九六八年一月六日、レークランドでダン・シラノを破ってフロリダ第一戦を勝利で飾った坂口を同年一月一六日付の「東京スポーツ」が「坂口フロリダ特報」として報じている。坂口は国際電話での取材でフロリダでの修行について語っているので抜粋する。

《ロサンゼルスではクリーンファイト……クリーンなストロングスタイルを心がけていたんです。ゴッチ先生やモトさんにも、きびしくそういわれたんですが、こっちでは悪党修行です。反則でもなんでも使って思いきったラフファイトをやっています。靴をはかずにハダシで、上だけ柔道衣をきて黒帯を締めてリングに上がるんです。ケオムカさん、マツダさんスタイルの踏襲ですが、郷に入れば郷に従え……このスタイルで今後思いきり暴れてみるつもりです。

オーランド、ウエストパームビーチ、タンパ、サラソタ、エバグレーズ、ジャクソンビル、バハマ島（ナッソ）、ラングランド、レークランド、サンファン（プエルトリコ）などを交代で2コースに別れて回るわけで、日曜日にも試合があり、一週に七試合やる》（「東京スポーツ」一九六八年一月一六日）

ロサンゼルスを基点にサーキットするエリアが遠くても二〇〇キロ圏内であったロサンゼルス地区と異なり、飛行機での移動もある広範囲なエリアでの修行となった。

フロリダの遠征事情

週七試合の強行軍のうえに、プエルトリコやバハマ島など飛行機での移動も必要となるテリトリーだったフロリダ時代の遠征事情を、坂口は次のように語っている。

《タンパで試合があって翌日はマイアミで試合……フロリダの泥たん地に作られたフリーハイウエーを吹っ飛ばして行くわけだが、片道約三百七十キロある。タンパ市にあるプロモーター、カウボーイ・ルットロールとエディ・グラハムのオフィスに午後一時ごろ行くと、仲間のレスラーたちが必ず五、六人はきている。「オウ、だれか頼むぜ」車を持たない僕は毎日だれかに頼む。アメリカ人はビジネスライクだから、だれでも金さえ払えばのっけていってくれる。乗せてくれるレスラーにガソリン代と車の損料を払って便乗する。車を買えといわれて運転免許もとったが、とうとうめんどうくさくて買わなかった。僕はもっぱら便乗だ。（中略）

試合が終わると、おそくまでやっているマーケットでローストチキンとかカンビール、ソーセージ、ハンバーガーなどをいっぱい買い込み、それを食いながら深夜のフリーウエーを吹っ飛ばして帰ってくる。大変な重労働だ。タンパからマイアミを往復すると約七百キロ。時間にして片道約三時間だが、くたびれること、大変なものだ。それを毎日、きょうはパームビーチ、あすはジャクソンビルと一週間休みなしに繰り返すのだから強烈だ。フロリダでは二週間に一度、日曜に休むだけで、あとは毎日試合、ひどいときは昼間タンパのテレビスタジオで試合をやって、それから車を飛ばしてジャクソンビル（タンパから約三百五十キロ）へ行くこともある。三百五十キロを往復しながら一日二試合だ》（「東京スポーツ」一九六九年三月二九日）

マティ鈴木とのコンビでレスラーになってからはじめてのタイトルマッチ（南部地区認定世界タッ

グ選手権試合）を経験した坂口は、オクラホマへ転戦する鈴木と別れ、日本人レスラーとして単身、フロリダ地区をサーキットする。あくまでシングルマッチ中心でケオムカとマツダが掲げた大きな目標に向かって突き進むこととなる。その目標とは当時のＮＷＡ世界へビー級王者ジン・キニスキーへの挑戦だった。

コーチ役のデューク・ケオムカは三月一二日付の「東京スポーツ」で当時の坂口の様子を次のように評している。

《坂口は本当のプロレスラーになった。ロサンゼルスからきたばかりの時は、ヘッドもからだも動作も堅く、まだプロレスラーとはいえなかったが、いまは本当の意味でのプロレスラー、セイジ・サカグチだといえる。

坂口のカラーは〝ベリーストロング〟つまり力強さだ。そして豪快な荒ワザ、豪快な殺人技にある。そのカラーを生かすようわたしはフロリダにきてからコーチしたのだが、どうやら最近、坂口はわたしの希望した通りのレスラーになった。きたばかりの時はなんでも早く勝負とあせった気持ちがありフォールを急いだ。勝てばいいという考え方が頭にあったようだ。

しかし、プロレスは〝プロセスを見せる〟ことも重要な要素であり、わたしはできるだけ見せ場を作り、お客さんの期待通り、いろいろなスタイルで相手を痛めつけてみせる。それができるようになったのは、それだけ坂口が余裕と実力を身につけたからだ》（「東京スポーツ」一九六八年三月一二日）

五月にはＮＷＡ世界王者になる前のドリー・ファンク・ジュニアと二〇分一本勝負で戦い引き分け、またフロリダ地区のトップ選手であったサム・スティムボートとも好勝負を展開するようにまでなっていた。

その頃、ケオムカが坂口へテキサス州ダラス行きを告げた。ダラスのプロモーターであり、当時のトップレスラーであったフリッツ・フォン・エリックが坂口を欲しがっていたのだった。当時、週二回テキサスに遠征しているケオムカと現地のレスラー兼プロモーターであったエリックの強いパイプから実現した話であった。憧れのレスラーから請われた坂口は「エリック王国」といわれたテキサスへ転戦する。

坂口自身はここまでの米国修行を「ロサンゼルスは入門編、フロリダは基礎編」と振り返っていたが、基礎編のフロリダ修行の思い出を次のように語っている。

「マイアミからプエルトリコのサンファンやバハマ島のナッソに四人乗りの自家用機でエディ（グラハム）さんやデューク（ケオムカ）さんによく連れていかれたね。飛行機では一人でもよく行ったな。『ビザが切れているから、試合が終わったあくる日、アメリカ領事館に行って取って来い』ってデュークさんが教えてくれて、一人でビザ取りに行ったりね。不自由を感じなかったね。

ケオムカさんは家庭的だったから、食事だとかものすごくお世話になってね。こっちも子どもたちの相手をしたり。フロリダ行くとデュークさんのところに行くのが楽しみになってね」

いよいよ、坂口自身が「応用編」と位置付けていたテキサス修行がはじまる。一日も早く一人前のプロレスラーとなるべく、坂口は日々の実戦と身体作りにフォーカスしていた。この当時、柔道時代一〇五キロだった体重は一二五キロと二〇キロほど増加していた。

テキサス・エリック王国

一九六八年八月三日、テキサス入りした坂口はダラス郊外の住宅街ウエッジエリアドライブの高級アパートを拠点にして、テキサスデビューに備えた。このアパートは一二階建ての高級レジデンスで専用プールとゴルフ場を併設し、一、二階にレストラン、バー、ボディビルジム、理容店、ドラッグストアを完備。毎朝七時に起床してゴルフコースを二周するロードワークにはじまり、ボディビルジムでのウェイトトレーニングと最適な環境であった。プロモーターのエド・マクレモアとエリックが「ここならトレーニングにも絶好」と安く借りてくれたという。

そしてテキサスで憧れのレスラーであるエリックと対面した時、緊張のあまり直立不動で挨拶したと坂口は後に語っている。

テキサスのデビュー戦は八月一三日と伝えられていたがビザの書き換えに時間がかかり、試合のプログラムまでできあがっていたにもかかわらず、延期となってしまう。そこに日本プロレス社長の芳の里から電話が入る。八月一六、一七日に開催されるNWA総会でラスベガス入りしていた芳の里が急遽、坂口を呼び出したのであった。

坂口は八月一八日、ラスベガスで芳の里、遠藤幸吉、ミスター・モト、デューク・ケオムカと合流した。翌一九日にはオクラホマから上田馬之助もやってきた。芳の里、遠藤、モトの三人は力道山時代に来日経験のあるレスラーのダニー・プレチェスがコーチをしているというジムに坂口を連れて行き、エキスパンダー、バーベルを使って特練をさせた後、上田と芳の里がパートナーを務めてスパーリングをやらせた。

ジムでの特訓でたっぷり汗を流した後は近くのゴルフ場でウサギ跳び、スクワット、ランニングとトレーニングは続く。このテストに耐えた坂口は日本帰国の合格点をもらった。

スパーリングパートナーを務めた芳の里は「いつ日本へ帰すかは、こっちが帰国したうえで決める」と、上田は「この世界は相手になめられたら終わりだ。坂口君、絶対にアメ公（アメリカ人）になめられるなよ。それにいい子になろうと思うなよ、悪党になれよ」とそれぞれ坂口に言ったという。

ラスベガスにおける日本帰国テスト特練をこなした坂口はテキサスへ戻り、八月二七日、メキシコ人レスラーのラモン・バルデス相手にテキサスデビューを勝利で飾った。当時のテキサスマットは超大物の「鉄の爪」フリッツ・フォン・エリック、「電撃男」ワルドー・フォン・エリック、身長二一三センチの巨漢グリズリー・スミス、「荒馬」テリー・ファンク、後に「アメリカンドリーム」として人気を博すダスティ・ローデスらが活躍していた。

このエリアのプロレススタイルは「一発殴られたら二発返す！」というもので、坂口も「性に合っていた」と述懐している。

サーキットはフロリダに負けず劣らずの強行日程だった。月曜がフォートワース、火曜がダラス、水曜がサンアントニオ、木曜コーパスクリスチー、金曜は一週おきにヒューストンとジョージア州アトランタ、土曜は一週おきにオースチンとバーモント。移動は自動車での長距離移動が主となるが、よく「殺人鬼」ことキラー・カール・コックスに同乗させてもらっていたという。またヒューストンには久留米出身の料理人がいる日本料理店があり、週一回通い、郷土の味に舌鼓を打っていた。

八月二七日、ラモン・バルデス戦の後、一〇月二二日フォートローズにおけるゲーリー・ハート戦でリングアウト勝ちするまでテキサス遠征を無敗の二二連勝で終了した。

テキサスでの契約期間は二か月だったが、坂口は一〇月二〇日にプロモーターのエド・マクレモアに「一〇月いっぱいの契約期間が終わったらジョージアへ行かせて欲しい」と告げる。そもそものきっかけは九月二七日、ダラスでエリックとNWA世界戦を行ったキニスキーが前座でダスティ・ローデスに快勝した坂口のファイトを見て、改めて坂口にほれ込み、ジョージアのプロモーターであるポール・ジョーンズに坂口を推薦してくれたのだった。ダラスのエリックらは執拗に引き留めたが、

《自分は修行中の身、ひとつところにとどまって、同じタイプの相手と戦っているのは不本意だ。思いきって米国のあっちこっちを飛び歩き、いろんな相手と戦いたい》（「東京スポーツ」一九六八年一〇月二五日）と坂口の決意も堅く、一一月からのジョージア転戦が正式に決定した。

ジョージア転戦

坂口はジョージアマットに転戦する前にフロリダに立ち寄り、デューク・ケオムカ宅に寄宿し、一〇日間、タンパ海岸をたっぷりと走らされて気合いを入れられている。この間、二試合をこなし、タンパでサム・スティムボートと引き分け、フォートローダーデールではティミー・ジョーハーゲンという選手に勝利している。

ちょうどこの頃、日本では「東京スポーツ」が「坂口の柔道殺法　世界の強豪との決戦秘話」というコラムを一五回にわたって連載している。裸締め、空手水平打ち、頸動脈締め、波乗り固め、後ろ岩石落とし（ショルダースルー）、回転足固め、殺人パンチと喧嘩ファイト、絞首つり、殺人キック、殺人投げ、必殺胴締め、高角度殺人投げ、怪力フルネルソン、地獄の腕殺しなど、一五種の技について海外修行中のエピソードを交え解説している。

当時はＹｏｕＴｕｂｅなどもなかった時代。日本のファンの誰も坂口の実際のファイトを観たことがなく、紙面の活字を読むだけでファンの坂口に対する期待は膨らむ一方であったと推察される。

一一月一〇日、坂口はジョージア入り。ケオムカがプロモーターのポール・ジョーンズと話をつけ、ダンディ・ジャックという男を坂口のトレーナー兼マネージャーにつけることとした。当時のジョージアマットには、「妖鬼」ジョニー・バレンタイン、「白覆面」ミスター・レスリング、「地獄の料理人」

ハンス・シュミット、アルバートとラモンのトーレス兄弟らがいた。テキサスの無法なラフファイターと異なり、ラフとストロングスタイルの両面を使いこなすタイプが多かった。

一月一六日、アトランタ市で坂口のジョージア血戦はスタートした。第一戦の相手はタンク・モーガン。プロモーターのポール・ジョーンズとマッチメーカーのレイ・ガンケルは「坂口はもはや一人前のレスラー」といきなりセミファイナルで試合を組んだ。

《いきなりタンク・モーガンとシングルでしかもセミファイナルといわれたときには驚いた。しかし、驚いたってしかたがないし、やれるだけやってやれ、当たってくだけろと度胸をすえてモーガンにぶつかって行った》(「東京スポーツ」一九六八年一一月二九日)

初戦のモーガン戦は一対一から三本目、大乱闘の末両者リングアウトで引き分けたが、この一戦でファンにしっかりと自身を印象づけた坂口は、トニー・ネロ、ラバーメン・ジョニー・ウォーカー、サイレント・ロドリゲス、ジム・ウィルソンらを連破している。

一一月二四日にはブランズウィックでハンス・シュミットとプロレスデビュー後初となる流血試合を展開。一六分の死闘の末、両者ドクターストップで引き分けている。

ジョージアマットではミスター・レスリングとジョニー・バレンタインがUSタイトルを争っており、当時はミスター・レスリングがタイトルホルダーであった。坂口のマネージャーであるダンディ・ジャックは坂口をミスター・レスリングに挑戦させるべく動いていた。一二月にはそのミスター・レスリングと二勝一分け、バレンタインとも一敗二分けとトップ選手として堂々たる星を残す。

その頃、日本プロレスの幹部会は「翌年三月に坂口を帰国させ、第一一回ワールドリーグ戦に参加させる」と決定。「東京スポーツ」は一二月二四日付一面に「坂口、三月に凱旋帰国」の見出しをつけた。この決定はミスター・モト、デューク・ケオムカを通じて坂口本人に伝えられ、坂口も「ジョージアマットの戦いを米国修行の仕上げ」と捉え、日本デビュー前に少しでも実績を積もうと週八試合をこなしていた。

年が明けて一九六九（昭和四四）年二月一一日、坂口のもとにショッキングなニュースが入る。ジン・キニスキーがNWA世界へビー級王座から転落し、ドリー・ファンク・ジュニアが新王者となったのだ。キニスキーが推薦してくれたジョージアでUS王者をつかんで、ゆくゆくはキニスキーに挑戦するという青写真を描いていた坂口だったが、実現不可能となってしまったのだ。

日本に戻れば、馬場、猪木、大木と選手層が厚いので自分にNWA世界王座への挑戦機会は巡って来ない。なんとしてもチャンスが訪れやすい米国でNWA世界王座にチャレンジしたい、と坂口は強く思った。坂口はこの時、三月に帰国した際、「ワールドリーグ終了後、再度米国修行に行き、ドリー・ファンク・ジュニアのNWA世界王座に挑戦させてほしい」と芳の里に直訴する決意を固めていた。

二月二三日、日本プロレスの参謀役の吉村道明がフロリダ入りしている。日本デビューを迎える坂口の最終調整役として坂口の成長度合いを見に来たのである。

吉村は坂口とともにフロリダ地区で数試合をこなし、「この調子ならば大丈夫」と坂口に合格点を与えた。米国での日程を終了した二人はロス経由でハワイへ立ち寄り、ワールドリーグ戦参加前の最終トレーニングを行った。その模様を連日、「東京スポーツ」は報道している。いよいよ、坂口征二が日本マットにデビューする。

一年八か月の米国修行

一九六七（昭和四二）年七月から、約一年八か月に渡った米国修行を坂口は次のように振り返っている。

《無我夢中で練習と実戦の毎日でしたけど、まあ当時の日本プロレス界からも期待されていたし、自分としてはああいう形で柔道を辞めてプロレスに転向したんで『なにクソ！　一人前になってやるゾ！』という精神を持っていたし、またある程度、一人で全然違った世界に入れたという解放感みたいなものもあったし、まあこの一年八か月の海外修行時代というのは苦しいこともあったけど楽しくやってこれましたネ》（『黄金の荒鷲』一九九二年二月）

無我夢中だったが結果的には楽しくやってこれた。これがこの一年八か月の結論であった。異国での修行は人によっては大変だ。言葉の壁、異なる食事・文化。自分らしさを出せない人もいる。実際、グレート小鹿とともに初の米国遠征に出た大熊元司はホームシックと慣れない生活で二〇キロも痩せてしまい、小鹿を一人米国に残して帰国したという。

逆に坂口は二〇キロも増量し、現地で友人を作っては食事に呼ばれたり、麻雀をしたり、ラスベガスでカジノを楽しんだりと私生活もエンジョイしてきた。やはり、高校時代から単身、明治大学の合宿に飛び入り参加して揉まれていたという大胆さのなせる技であろう。

米国修行中、坂口はさまざまなプロの世界の洗礼を受けている。まず、熱狂的な米国のファンである。フロリダでは、ヒールに転向したばかりの頃、相手選手をメチャクチャに痛めつけすぎて、ナイフを持ったファンに刺されそうになっている。またテキサスでは地元のベビーフェースを空手チョップで失神させてしまったことで、ドレッシングルームへ引き上げる際、何十人もの女性ファンにハイヒールで身体を叩かれ、全身アザだらけになるという経験をしている。

そして、対戦相手からの「仕掛け」だ。「日本から来たジュードーチャンピオン」として各地で紹介された坂口が果たしてどれだけの実力があるのかを試そうと対戦相手が時として仕掛けてきたと言うのだ。アマチュアレスリングや柔道の選手は寝技の練習をするので耳がカリフラワーのようになっていることが多い。しかし、坂口の耳はきれいだ。寝技がもともと好きではなかったこともあるが、立ち技で勝負をつけてしまうほど強かったのがその理由だ。

「こいつ、ジュードーチャンピオンというのに耳がきれいだ。本当にジュードーやっていたのか。いっちょう試してみるか」とレスリング出身の選手などが仕掛けてきたという。

「俺は寝技もやらなかったし、やるほどでもなかったから。カリフラワーになるのがいやだったし、腫れたら冷やしていたからきれいな耳をしているけどね（笑）。よく仕掛けるちゅうんだけど、何回かあったよ。アマレスの連中とか。こっちも『そうはいかない』ちゅうのがあったしね、喧嘩じゃないけど、ちょっとこう固く決めるんだよ。あとすぐスイッチしてひっくり返してね、一回そういうことあれば、『あいつはすごいよ』って。外国人なんかだと『あいつは生意気だから、ちょっと痛めてやろうか』とか、そういうのが時々あるんだよね」

格闘家は相手と組んだ瞬間に相手の力量がわかるという。坂口もアームロックをかけた時、「やるなこいつは」と感じたりすることがあったという。最近はこうしたレスラー同志の仕掛けはなくなったというが、当時、なぜこうした「仕掛け」があったのかについて坂口は次のように語っている。

「今は誰でもレスラーになれるような時代だけどよ、昔はそうじゃなかったし、ある程度選ばれた人しかなれなかったから、そういうのがあったんじゃないの。自分のテリトリーを荒らされたくないから、出てくるヤツは釘打たなきゃならないしね」

こうして、坂口征二はプロレス界で日々成長を遂げ、いよいよ母国、日本のマットでデビュー戦を迎えることとなる。

第六章　坂口ブームからビッグ・サカへ

凱旋帰国

坂口征二は一九六九年三月一八日、午後四時五八分羽田国際空港着のＪＡＬ七一便で帰国した。一年八か月ぶりの帰国であった。

羽田空港では二〇〇人のファン、平井義一日本プロレス協会会長、芳の里社長、ジャイアント馬場、アントニオ猪木、山本小鉄、母勝子、兄恵孝、甥の古賀太、明大先輩の石原賢信、明大同期の関勝治らが出迎えた。身体は真っ黒に日焼けし、体重は渡米前の一一〇キロから一七キロ増の一二七キロ。首回りも五センチ増えて四八センチ。腕回りは五四センチとレスラーらしくパワーアップした。

記者会見での主なコメントは次のとおりだ。

「(自分のタイプは) ラフファイター。アメリカでは勝敗を考えずメチャクチャに暴れてきました。生意気なようだが小細工はしたくない。どんな相手でも真っ向から勝負する。すご味と迫力を大事にしたい」

「いろいろ苦しいこととやつらいことがあったが、最後は戦うのが楽しくてしようがなかった」

「アメリカ滞在中に三五〇試合ぐらいファイトし、私なりに自信はありますがワールド戦は私のデビュー戦でもあり、満足できる試合内容を目ざしてファイトします。アメリカでは、自分の好きなようにラフファイトをやってきました。決めワザとしては、空手チョップ、柔道流のエアプレーンスピン、ネックハンギングなどがありますが、実戦のなかでもっとレパートリーをふやし、ファンの皆様の期待にそうようがんばるつもりでおります」

「参加する以上は全力を尽くし初優勝を狙う」

とたのもしいところを見せた。(いずれも「東京スポーツ」一九六九年三月二〇日)

九六七年七月から一九六九年三月まで約一年八か月の米国修行で坂口はロサンゼルス、フロリダ、テキサス、ジョージアと四つのテリトリーをまわった。新しい世界に入り、母国でデビューする前に単身海外での修行をこなしたのである。言葉の問題は大丈夫だったのか？　ホームシックにならなかったのか？　といった疑問がわくところであるが、坂口はどうしてこうも逞しく帰ってきたのだろうか。

当時の「東京スポーツ」に次のような記述がある。

《だいたい、僕は順応性があり、どんな環境にも溶け込んでいけるし、食事なども好ききらいはなく、雑食性だから何を食っても平気。生来のんびりした方だから、アメリカ生活に慣れてくると「ええい、せいかくアメリカへきてるんだ、アメリカを楽しんでやれ……」という気になった。最初は英語がわからず、買い物に行くにも恥ずかしがったが、こっちは日本人だ。英語がへたで当たり前と腹をくってしからは平気になった。マーケットへ行って買いたい物を指さしてワンとかツーとかいっていれば、向こうは金をもらわなくてはならないから必死にこっちの意思を理解しようとし、ちゃんと買い物もできる。子どものころから、のっぽとか〝でかぶつ〟などといわれ続けて周囲の目を意識し、背中を丸め首を下げて歩くクセがついてしまった僕が、堂々と胸を張って伸び伸びとして歩くようになった。なにしろ、僕ぐらいのノッポは、どこの町へ行ってもいるんだから気が楽だ》（「東京スポーツ」一九六九年三月三一日）

「胸を張って堂々と歩くことができる」という点ではジャイアント馬場も同様のことを述べている。

《俺はそれまで背伸びをして歩いたことがなかった。子どもの頃から背がでかいということが俺の大きなコンプレックスになっていた。背を丸めて猫背になったりね……。下向いて歩くクセがいつの間にかついていたんですよ。それがニューヨークへ行って本当に背伸びして胸を張って歩けるようになった。特注じゃなくても俺に合う洋服や靴が買えたしね。ああ、レスラーになってよかったと、しみじみ思ったねえ》（ジャイアント馬場「東京スポーツ」一九八三年四月二〇日）

馬場が坂口を弟のように可愛がったのはお互い共有のコンプレックスを抱えていたことをわかり合えたというのもあったのかもしれない。

この時、羽田に親友を迎えに行った明大同期の関勝治も当時のことを次のように振り返ってくれた。

「試合も田舎行くと（マットが）全然堅くて、大変だったらしいよ。肘がこんな膨れていたよ、瘴気が出ちゃって。相当苦労したなと思ってね。それは修行だからしょうがない。『ものすごい堅いんだよ、勝っちゃん、受け身取れないんだよ』って」

いよいよファンの前に坂口征二が登場する。

第一一回ワールドリーグ戦

三月二一日、坂口は東京の後楽園ホールで行われたテレビマッチ（ダイナミックシリーズ最終戦）でリング上から帰国の挨拶を行っている。この日は坂口の試合がないにもかかわらず、坂口をひとめみようと会場は満員になった。

三月二六日に、四月五日に東京蔵前国技館で開幕する「ワールドリーグ戦」のカードが発表されている。馬場、猪木、坂口のビッグスリーが初の揃い踏みとなることから、三大ビッグカードが用意された。まず坂口の日本デビュー戦として「坂口、吉村組対メディコ二号、三号組」。そしてワールドリーグ公式戦として、「馬場対モンスーン」、「猪木対ブラジル」が組まれた。

「第一一回ワールドリーグ戦」は日本側から四連覇を狙うインターナショナルヘビー、インタータッ

馬場とともにロサンゼルスの街を歩く坂口。背筋を伸ばして堂々と歩けるのがうれしかった。

グの二冠王のジャイアント馬場、初優勝を狙うインタータッグ、アジアタッグの二冠王アントニオ猪木、アジアヘビー、アジアタッグの二冠王である「韓国の虎」大木金太郎、前アジアタッグチャンピオンの「火の玉男」吉村道明、「ヤマハブラザーズ」として米国で悪名を轟かせた山本小鉄と星野勘太郎、元テネシータッグ選手権者の大熊元司、そして凱旋帰国の坂口征二の八名が参加。

外国人側は前年（昭和四三年）、馬場のインター王座を奪取した「黒い魔神」ボボ・ブラジル、WWF認定世界タッグチャンピオンの「人間台風」ゴリラ・モンスーン、「北海の白熊」クリス・マルコフ、「人間弾丸」ペッパー・ゴメス、「人間ダンプ」ボビー・ダンカン、「カナダの大鹿」トム・アンドリュース、「白覆面の死の医者」メディコ二号、三号（正体は坂口がロス地区で修行時代にスパーリングパートナーを務めてくれたルイス・ヘルナンデスとトニー・ゴンザレスと言われている）の八名。

日本人対外国人の総当たりリーグ戦という形式で日本人一位と外国人一位が決勝を争うというものであった。これまでは第一回から第五回までは力道山、第六、七回が豊登、第八回から第一〇回まではジャイアント馬場がそれぞれ連続優勝を飾っていた。

「東京スポーツ」では坂口凱旋帰国シリーズである「第一一回ワールドリーグ戦」に向けて、三月二六日付からコラム「坂口が語る米国修行600日」全一〇回の連載をスタート。また四月四日の前夜祭を報じる四月六日付から「坂口のワールド日記」の連載をスタートさせている。とにかく、マスコミもこの「第一一回ワールドリーグ戦」において坂口の売り出しに全勢力を注ぎ込んだといっても過言ではない。当時の東京スポーツ新聞社社長であった井上博が柔道に心酔していたことから、柔道日本一の逸材がプロレス入りしたことを非常に喜び、猛プッシュをかけたのだと、当時の同社の記者・門馬忠雄は語っている。

いよいよ、「第一一回ワールドリーグ戦」が開幕を迎える。

日本デビュー戦

四月四日、いよいよ後楽園ホールで前夜祭だ。この「第一一回ワールドリーグ戦」は全三五戦で主催者発表二八万人の観客を動員し、日本のプロレス史のなかで過去最高のシリーズ（ツアー）とプロレス評論家の流智美は評しているほどで、全国のプロレスファンが坂口見たさに会場に集まったシリーズだった。まさに「坂口ブーム」が起きたのだった。

東京後楽園ホールへは主催者発表で超満員三〇〇〇人の観衆が訪れた。この日は前夜祭。坂口は出場全選手入場セレモニーのみで試合出場はなかったが日本マットでのデビューが現実となったことで非常に緊張した様子だった。

《Wリーグ戦が前夜祭からスタートした。僕にとっては日本のリングにはじめて上る記念すべき日であり、この興奮と感激は柔道時代とはまた違ったものである。（中略）午後八時五分、心の引き締まる思いでリングに上った。トップが大木さん、二番目が僕、Wリーグ戦の入場式である。アメリカで三五〇〇試合もやってきた、同じリングに上るのに緊張のためかノドがカラカラになった。『しっかりせんかい』――自分で自分を励ましながらのリング入りであった》（「東京スポーツ」一九六九年四月六日）

翌朝の「スポーツニッポン」が一面トップで「いいぞ若鷲坂口」と報道した。

いよいよ坂口の日本デビュー戦となる四月五日を迎えた。東京・蔵前国技館には超満員一万二〇〇〇人の大観衆が集まった。

坂口は黄色のタイツ、黒のシューズに、後援者が二〇万円（当時の大卒初任給が三万円台だったことを考えると現在の価値では百万円超であろう）の費用をかけて用意してくれた黄金のラメ地に銀色の帯のついたガウンを身にまとい、出番を待った。対戦相手のメディコス（メディコ二号、三号）はロサンゼルス地区のUSタッグ王者で反則やラフファイトに強いタッグチームだった。

坂口がリング上に姿を現すと「いよおー！　待ってました、若大将！　かっこいいぞ」と声援が飛ぶ。坂口のプロレス転向は二年前の二月。それから一年八か月の間で、「東京スポーツ」をはじめプロレスマスコミが坂口の海外修行の様子を報道し続けていた。特に「東京スポーツ」紙上では日本国内で試合がない時はほぼ坂口が一面トップに登場しており、その回数は七一回でアントニオ猪木の二二回をはるかに上回っていた（一九六七年七月一五日から一九六九年三月一九日付までの期間）。

これだけ煽られ、期待されていたわけであり、インターネットなどがなく、容易に海外で起こっていることを動画で見ることができなかった時代においては、「やっと、この目で坂口の雄姿を見ることができる！」とファンの期待は最高潮に達していたといえる。

篠原リングアナウンサーが「凱旋帰国！　ワールドリーグ初参加！　坂口征二！」とコールすると、超満員のファンはこの新しいスターに対して大歓声をおくった。

坂口征二の日本デビュー戦。坂口征二、吉村道明組対メディコ二号、三号組のゴングが鳴った。

試合は力道山時代から女房役としてスター選手のタッグパートナーを務めてきた吉村と二号の先発でスタートした。外国人組に吉村がとらえられると坂口が強引に割って入りカット。逆水平打ちとケサ切りの空手チョップで外国人組を蹴散らす。一六分過ぎ、坂口が一気にスパート。二号の反則パンチを逆水平打ちで叩き潰し、ハイアングルのアトミックドロップを決めて、一七分三八秒、体固めで勝利した。

「第11回ワールドリーグ戦」の入場式。ここから「坂口ブーム」が巻き起こった。（写真：東京スポーツ新聞社）

吉村は「坂口が一人でやってくれたよ」と笑う。

坂口は「自分では満足できないファイトだったが、お客さんが喜んでくれたのが良かったです」とコメントしている。

《初試合をついにやった。自分では満足できないのである。なぜか、レスリングができなかったから――しかし、一発で決めようと思って使ったアトミックドロップは成功した。一回目はタイミングが狂って失敗したが、ズバリ決まったのですっとした。リング上ではアガリっぱなしだが、ノータッチで飛び込み、メディコに体当たりをくわせてからぐっとリラックスしてきた。ボクはシングルマッチの方が好きだ。デビュー戦に負けないでよかったという気持ちと、これからはガンガンやってやるぞと言う気持ちでいっぱいだ》(「東京スポーツ」一九六九年四月七日)

この夜行われた公式戦では馬場がモンスーンに、猪木がブラジルにそれぞれ苦杯を喫するという波乱のスタートとなったが、「東京スポーツ」がつけた一面トップの見出しは「坂口原爆落とし初陣」であった。

坂口征二は五〇年ほど経過した今、日本デビュー戦を次のように振り返ってくれた。

「騒がれたよね。(日本へ)帰る前に吉村さんが迎えに来てくれて、タッグ組んでテストマッチみたいのをやらされて、教わってね。期待されていたから、やらなくちゃいけないちゅうね。身体も柔道の身体じゃなく、プロレスの身体を作ってきたし。一年八か月米国へ行っていたからビルドアップした見た目も必要だし、ハワイで日光浴もしてね。アメリカでもそういうことをやっているトップ選手たちを見ていたからね」

米国でのデビュー戦がサンバナディーノ・スポーツアリーナで観衆二二〇〇人(超満員)だったのに対し、日本でのデビュー戦は蔵前国技館で観衆一二〇〇〇人の超満員札止めであった。さぞかし緊張しただろうと思いきや、坂口らしい答えが帰って来た。

「緊張しなかったんだよね。この試合で評価されるんだから『たいしたことない』とか言われないようにしなきゃと思ったけど、まあ、どうにか合格点ちゅうか（笑）。世間の目も甘かったんじゃないの？（笑）。あの時の蔵前はお客さんが入れなくてよ、外に行列していたみたいでね。すごかったよね。プロレスに興味ない人もね、坂口が米国から帰って来たから観に行くかちゅうのもあったんじゃない？」

柔道時代から大会場での大試合を幾度となくこなしていた坂口は本番に強いのであろう。

「柔道の時も淡々とやっていたんじゃないの？『明日は大事な試合だから眠れない』とかなかったんだよね。（大試合の）前の日なんかよ、先輩から『早く帰れ』って言われてよ。『はい、じゃあ帰ります』とか言って、飯食いに行ったりしてたから（笑）」

どんな場面でもどんな環境にも対応して自分の力を出すことができるというのが坂口征二の強みなのであろう。

坂口ブーム

翌四月六日以降も会場は連日、坂口見たさのファンでいっぱいになった。マスコミも特集記事を組み、新聞紙上をにぎわせている。

四月八日付の「スポーツニッポン」のコラム「W・大リーグ道中日記」に「坂口、一日の食費一万三十円」という記事が掲載されている。

《朝食がご飯山盛り7杯、ミソ汁4杯、のり五人分、目玉焼き四人分（玉子8個）、おしんこどんぶり1杯、牛乳5本、オレンジ・ジュース3本、りんご4個。昼食は旅館で食べるもののほか外食で朝鮮焼き肉か中華料理を三人前。試合前はさすがにカステラとコーラだけ。だが試合後（午後九時半）はオール洋食でステーキ4枚、ハンバーグ、スパゲティ、サラダ、ポタージュを二人前。そして午後十一時半寝る前にスシを30個。と信じられないくらいだ。これでぐっすり眠ると朝七時に腹が減ってバッチリ目がさめるというからおそれいる》（「スポーツニッポン」一九六九年四月八日）

当時、坂口は「ミスター胃袋」と呼ばれたくらいの大食漢であった。

四月一〇日付の「スポーツニッポン」では「吹きまくる〝坂口旋風〟」という見出しで坂口人気によって序盤四戦はどこも大入り満員であったと報じている。

《「いいぞ坂口」どこの会場でも坂口がマットに登場すると馬場、猪木の黄金コンビにまさるとも劣らぬ声援が飛び、万雷の拍手が館内をゆるがす。身長1メートル97センチ、体重138キロ、均整のとれたたくましい肉体美に加え、ルックスもなかなかいい。元柔道日本一で二十六歳の独身。正義感あふれるラフファイター。これでファンがわかないほうが不思議というものだ》（「スポーツニッポン」一九六九年四月一〇日）

さらに、四月一一日付の「東京スポーツ」には群馬大会の控え室における馬場、猪木、坂口の対談が掲載されている。

《――きょうで第4戦、すごく人気が盛り上がっているね。

馬場「坂口の人気が爆発的で、われわれも顔色なしだ（笑い）。緒戦でこれだけ盛り上がり、人気が爆発したWリーグ戦というのは僕の知る限りでは昭和三十六年の第3回のグレート・アントニオ来襲以来じゃないかな」

猪木「オレもアントニオなんだけど（笑い）。この野郎（坂口）の人気には恐れ入ったよ（爆笑）。〝凱旋きこーく、さかぐちせいーじー〟と篠原アナウンサーがいうとワワーッときて嵐のような拍手、あとはその残りでパチパチだ。あれでがっくりくる。まいった、まいった」

坂口「弱ったなあ……大先輩にそういわれると僕はどういっていいかわからん。しかし、僕の人気なんてのはたかが知れてますよ。これは馬場さんや猪木さんたちによってつちかわれてきたいままでの大績。Wリーグ戦は日本プロレスの本場所だという権威と伝統を、馬場さんや猪木さんが守ってきてくれたおかげじゃないですか。今度帰国してみて、Wリーグ戦の本舞台にあげてもらってつくづく伝統の重味というか、その価値がわかりましたね。アメリカでずいぶんリングに上がりましたが、こういう気持ちははじめてです》(「東京スポーツ」一九六九年四月一一日)

四月二二日付の「スポーツニッポン」は「坂口台頭、危うし馬場」の見出しでワールドリーグの中間報告を記事にしている。

《なに——満員札止めだ。カネはいくらでも出すから入れろ」二十日の高知大会まで13試合のどこの会場でも大入満員。館外にあふれ入場できない観客がわめき散らし、警官にかみつくほどの人気だった。

(中略)日本勢〝四強〟(=馬場、猪木、吉村、大木)に肉薄する坂口が景気をあおったことは見のがせない。若い女性ファンがどこでも目立っていたが、これなどはまさにたくましい男性美を誇る〝ハンサム・坂口〟がうんだものといえる》(「スポーツニッポン」一九六九年四月二二日)

四月二六日のスポーツニッポンでは「女性にも人気・坂口——田淵、西城以上の〝黄色い声〟」(田淵はプロ野球阪神タイガースの田淵幸一。西城は当時のボクシングWBA世界フェザー級チャンピオンの西城正三)という記事が掲載されている。「第一一回ワールドリーグ戦」の集客が開幕戦から第一五戦までの累計で前年比二万人増となっていることから、その要因分析をしているのだ。集客増の要素は「坂口見たさ」なのだが、プラス要因は女性ファンの増加だというのである。日本プロレス事務所には坂口宛のファンレターが毎日二、三通届き、ほとんどが女性からのものだという。
他にも坂口の律儀さを表す記述が見られる。
《試合が荒れたあと、宿舎に帰ると「大丈夫ですか」と先輩たちの部屋を巡回、自分より年下の選手でも「××さん」と1年生らしく言葉づかいにも気を使っている。また新人という点を巡業の際も片時もわすれず、列車では先輩を先に乗車させ、自分の荷物も極力少なく地味なものにしている。背広1着、トランクス、シューズ1足が巡業の荷物だ》(「スポーツニッポン」一九六九年四月二五日)
そして、シリーズの巡業はいよいよ坂口の地元九州へと向かっていく。

地元凱旋

五月は一日の佐世保大会からスタート。二日長崎、三日北九州と転戦し、その夜、付き人を務めていた永源を伴って坂口は久々の里帰り。夕食は家族全員と親戚一同に囲まれたスキ焼きだったが、母のオシンコがおいしくて、ご飯を一六杯も食べ、翌々日の福岡スポーツセンター大会に臨んだと報道されている。この記事を書いた門馬忠雄が述懐する。

「巡業で永源が付き人で久留米行ったよ。高菜の炒め物知ってます? 胡麻油で炒めて、永源が丼飯三杯か四杯食べて、お母さんが喜んで。俺でも二杯ぐらい食べたよ。一六杯? あれ嘘だよ。さすがに食べられるわけないじゃん(笑)」

高校時代から柔道の試合で戦ったゆかりのある会場の福岡スポーツセンターには超満員八五〇〇人の観衆が集まった。気の早いファンは午前一〇時頃から詰めかけ、試合開始一時間前には札止めとなった。

地元久留米にもっとも近い会場ということもあり、母の勝子も応援に駆け付けた。坂口はメディコ三号とのワールドリーグ公式戦で登場。凶器頭突きで血ダルマにされたが、水平打ちからアトミックドロップ一閃。最後は逆片エビ固めで絞りあげてギブアップを奪い、公式戦無傷の四連勝。母勝子は息子の人気に涙を浮かべて観戦していたという。

この地元凱旋試合のことを姉の利子が振り返ってくれた。

「凱旋帰国した時は、福岡スポーツセンターへ久留米から皆で行ったんです。もう満杯だったですものね。白髪の鶏冠の人（クリス・マルコフのことだろうと思われる）をやっつけて（実際の対戦相手はメディコ三号）、自分も血だらけになって、そして勝ってね……。後で近くの外科病院に（傷口を）縫いに行ったらしいんですよ。征二が『痛い！』って言ったら、先生に『こんくらいで痛かって言って、プロレスできんやろ！』って言われたって。それで傷口はそのまま。だから今でも傷跡があるんですよね。その時、綺麗に縫っといてくれたらね。仮縫いみたいにしていたから（笑）。そして、その後みんなと一緒にスポーツセンターの横の部屋でビール飲んで、みんなにお礼を言って」

取材に同行した「東京スポーツ」の門馬忠雄もこの試合のことを語っていた。門馬も相手はクリス・マルコフだと言っている。

「坂口の試合で一番すごかったのはね、マルコフと福岡でやった試合。ものすごい血だったですよ、ビール瓶か何かでやられて。秋本外科というのがそばにあって、縫合してね。すごかった、あの時は。坂口の試合で流血戦ってすごいなと思った。血液ってあれだけ波打つんだって。心臓の鼓動のようにビュンビュン出てたから」

さらに坂口の義兄で坂口征二郷土後援会事務局の最所保徳も『坂口征二引退記念誌』に次のように

寄稿している。

《5月には郷里でもある福岡スポーツセンターで凱旋後、初の福岡での試合出場となる。館内超満員の一万二千余、通路の立見席迄びっしり満員。場内札止めのためセンター前に多くの人々がいた事を記憶する。対戦相手はマルコフであったが、両者壮絶を極め、マルコフも坂口も大出血、時間一ぱいの戦いは、坂口の戦史に残る戦いで観客は総立、館内はサカグチコールで充満し、試合は坂口の勝利であったが、額面の血がとまらず、救急車で病院へ直行、キズ口が深く三針縫って、久留米から応援に来て下さった方々にお礼を述べ、スポーツセンターサイドから好意的に沢山の飲食物を準備して戴き、この時有志の方々が挨拶され、是非共郷土に後援会を作ろうではないかと力説されたが、結局その運びに至る事はその時はなかった》

当時、その場にいた三人が対戦相手はクリス・マルコフであると言っているのだ。

しかし、記録を見ると坂口の対戦相手はクリス・マルコフではなくメディコ三号であった。

なぜ、坂口の姉の利子も義兄の最所保徳も門馬忠雄もこの福岡の試合が坂口対マルコフ戦であったと言っているのかは不明だ。当時の新聞を見ると、この日はワールドリーグ公式戦として大木対マルコフ、坂口対メディコ三号が行われているが両試合とも壮絶な流血戦であったと報じられている。想像だが二人の記憶にはマルコフと坂口征二の流血が強く印象に残り、福岡での試合は坂口征二対クリス・マルコフの大流血戦と残っているのであろうか。

坂口本人に聞いてみると次のようなコメントが返って来た。

「救急車で病院行ったよな。この時かな？　あまりにも出血してな。この後も縫ったまま試合して。毎日叩かれて流血してな、自分で抜糸したりしたよ。昔はそんなのあったよ。控え室に医者が来て縫ったりよ」と対戦相手よりも流血戦だったことが印象に残っているようであった。

続く五月八日の姫路大会では坂口は猪木とはじめてタッグを結成している。「東京スポーツ」に当時の談話が残っている。

《猪木さんとタッグを組むのはもちろんはじめてだし、馬場さんとコンビを組んだとき以上の興奮を覚える。猪木さんに負担をかけては悪い、なぜか、からだが堅くなってくる。猪木さんはスピード、テクニックが身上のレスラーだから、自分もワザで勝負をしかけてみよう》(「東京スポーツ」一九六九年五月一〇日)

そしてこの三日後、日本のプロレス界にとって重要な出来事が起こった。

NETがプロレス中継参入

休養日となった五月一二日、赤坂プリンスホテルで日本プロレスとNET(現在のテレビ朝日)の共同記者会見が行われている。NETが、去る二月に日本プロレスに申し入れていた「プロレス中継」の契約が成立し、「七月第一週から毎週一回、日本プロレスの試合を全国ネットワークで中継する」と発表したのである。

日本プロレスの試合中継は日本テレビが毎週金曜日夜八時から放送を続けてきた。ここにNETが参入したことで、日本テレビとNETの二局体制での試合中継が一九六九(昭和四四)年七月からスタートすることとなったのだ。ただ、日本プロレスは日本テレビへの配慮から、「NETはジャイアント馬場、坂口征二の試合は中継しない」となり、NETの試合中継はアントニオ猪木、大木金太郎を中心に行われることとなった。

その後の坂口は五月一四日、横浜文化体育館でボビー・ダンカンに勝利、一五日、栃木県体育館でゴリラ・モンスーンと両者リングアウト引き分けでワールドリーグ公式戦を五勝二敗一分けの五・五点で終了した。

日本側は馬場、猪木が六・五点、吉村、大木が六点で坂口は日本側八名中五位の成績だった。

五月一六日、東京体育館で行われた「第一一回ワールドリーグ戦」決勝は、日本側同率一位の馬場と猪木、外国人側同率一位のブラジルとマルコフの四者の対決となった。前々日の横浜大会で行われた抽選によって第一試合が馬場対ブラジル、第二試合が猪木とマルコフとなった。馬場はブラジルと三〇分時間切れで万事休す。第二試合の猪木対マルコフ戦は大荒れの展開。結局、一七分四五秒、猪木が新兵器の卍固めでマルコフをギブアップさせ、血染めの初優勝を飾った。

七月から日本プロレス中継を開始するＮＥＴの中心選手となるアントニオ猪木に箔がついたかたちとなった。

当日の結果を報じる「東京スポーツ」には「馬場・猪木時代が到来」と書かれている。

《猪木のプロレス入門10年目の優勝は日本プロレスの歴史が新しい時代へ突入したことを意味する。二大エースといわれる馬場、猪木が名実ともに一線に並び、馬場時代から馬場・猪木時代への夜が明けたのである。晴れてＷリーグ優勝者になった猪木の今後が注目される》（「東京スポーツ」一九六九年五月一九日）

最終戦、坂口は吉村とタッグを結成し、メディコ三号、トム・アンドリュースとタッグマッチ。吉村の好リードを受けて、アトミックドロップから新兵器のカナディアンバックブリーカーを決めてアンドリュースをギブアップさせ、最終戦を飾った。約一か月半継続連載された「坂口のワールド日記」の最終回で坂口は、自らが主役ではないものの緊張してしまった優勝決定戦興行について語っている。

《きょうは直接、優勝戦に関係はないが、やはりＷリーグ戦の最終戦ということでやや緊張した。吉

1969年5月8日、記念すべきアントニオ猪木との初タッグ。猪木をしっかりアシストしている。（写真：東京スポーツ新聞社）

村さんとコンビを組むのは四月五日の蔵前大会の開幕戦以来だし（実際は四月二五日の下関大会以来）いい格好をしようと気持ちだけ先走ってしまった。九州を転戦したときは地元ということで気が張ったが東京での試合もまた別な意味で緊張する。（中略）試合の方だが、吉村さんの好リードで勝たせてもらった。アンドリュースをバックブリーカーに決めたときは無我夢中。Wリーグ戦で初優勝した猪木さんも同じような心境だったに違いない。ボクも、Wリーグ戦優勝という感激に早くひたりたいものだ》（「東京スポーツ」一九六九年五月一九日）

「第一一回ワールドリーグ戦」は全三五戦を終えた後、五月一七日、長野スポーツセンター（観衆七五〇〇人超満員）、五月一八日、長野県営体育館（観衆五〇〇〇人超満員）と追撃戦を行い、五月二一日には香港へ遠征し、興行を行っている。

長野大会では馬場、猪木、坂口の大型選手三人がはじめてタッグを結成し六人タッグマッチを行っている。

繰り返しになるが興行的にも大成功だった「第一一回ワールドリーグ戦」。昭和プロレスのレジェンドである馬場、猪木、坂口、吉村、大木らを全員揃って観ることができるという今にして思えば「超」豪華なプロレス興行であった。後にも先にも日本プロレスでこれほどの観客動員を記録した（主催者発表なので実数ではないが）シリーズはない。

自らの日本デビューシリーズであった「第一一回ワールドリーグ戦」について、坂口は次のように振り返っている。

「自分でもびっくりするぐらいすごく盛況でね、話題になったよな。三十何試合、どこも超満員で。毎日『東スポ』なんか一面で（笑）。地方に行って、試合が終われば毎晩、吉村さんたちに連れられて、美味いもん食べて、美味いもん飲まされてよ。プロレスの世界っていいなと思ったよな。若かったしね。二七歳ぐらいかな。

大変だったな、きつかったなとか思わなかったし、苦労らしい苦労もしないでポンポンと来てしまったんだよね。全然違う世界に入ったけど、対応できるんだよ。好きなことやって、郷に入ったら郷に従えじゃないけど」

坂口自身も語っているように、「郷に入れば郷に従う」という自身の生活における変化への対応性、順応性の高さが「プロレス界でもトップ選手となる」という目標に向かう過程で第一関門の「日本のファンの前で認めてもらう」ということの達成に繋がったのであった。坂口自身も「柔道から転向してよくやったという評価を受けてね、これだったらやって行けるちゅう気持ちになった」と述懐している。

このシリーズのために帰国した坂口はお世話になった柔道関係者をまわり、挨拶に訪れている。関係者がそのことを次のように述べている。

「曽根先生もね、アメリカから帰って来て挨拶行った時、『頑張れ』って言ってくれましたしね。可愛いんですよ。教え子ですから。澄水園の先生もね、挨拶したら喜んで応援してくれましたよ。全部まわりましたよ、征ちゃんがね。僕は一緒に行かなくても、自分で堂々とやって。だから曽根先生も神水さんも『一生懸命やってりゃよいんだ』と」

この後、坂口征二は再び米国遠征に出発することとなる。

二度目の米国修行

「第一一回ワールドリーグ戦」で大「坂口ブーム」を巻き起こした坂口征二は六月一六日、再渡米した。ハワイ経由でロサンゼルス入りした坂口は現地で二試合を消化し、先輩であるグレート小鹿がいるオハイオ州トレドへと向かっている。坂口の再渡米希望を快諾した芳の里は今回の米国修行について次のように述べている。

《この前のアメリカ遠征は、ただプロレスとは何かということをからだで覚えさせるのが目的だったが、今度は違う。チャンピオンコースに乗せ、タイトルを徹底的に狙わせる。タイトルを持ってこいといってアメリカへ送り出すんだ》（「東京スポーツ」一九六九年五月二〇日）

坂口が希望した遠征先は当時のアメリカマット界最大の激戦地といわれていた東部地区。デトロイトを中心とした五大湖地区やＷＷＷＦ（現ＷＷＥ）が拠点とするニューヨークなどがあった。先に行われた「ワールドリーグ戦」に参加していたボボ・ブラジルが坂口を高く評価し、デトロイト地区のプロモーターであるフランシス・フレーザーと選手兼プロモーターの「アラビアの怪人」ザ・シークに推薦状を書いておいてくれたことから、坂口は当初からトップクラスの扱いを受けることができた。

トレド入りした坂口は早速、グレート小鹿のアパートのそばのホテルを根城として、小鹿とともにサーキットを開始した。グレート小鹿は一九六三年に大相撲からプロレスへ転向、坂口が本格的な米国修行を開始した二か月後に渡米し、ヒールとして活躍していた。一九四二年四月生まれで坂口とは同世代。一緒にサーキットしたのは一か月半程度であったが、グレート小鹿は「坂口選手との思い出っていっぱいある。そりゃ、坂口クンとだったら本一冊書けるよ」と懐かしそうに語ってくれている。

当時の二人はミシガン州のバトルクリーク、カラマズー、ジャクソン、デトロイト、オハイオ州のトレド、デートン、シンシナチ、コロンバスなど二つの州をまたにかけて試合をこなしており、一日あたり五〇〇キロ近くを自動車で移動していたという。

「彼（坂口）の膝の下にアイスボックス置いてジュース入れておいてな。彼は本ばっかり読んでいる。

グレート小鹿とのコンビでタッグチャンピオンに。この後、「ビッグ・サカ」として暴れ回る。（写真：東京スポーツ新聞社）

俺は運転ばっかり」

小鹿が眠くなると坂口に「おい、ジュース取ってくれ」というのがお決まりの会話だった。

坂口と小鹿が当該地区のＡＷＡ認定ＵＳタッグ選手権に挑戦した八日前のこと。その日は午前中にトレドでテレビマッチ用の試合をして、続いて三〇〇キロ南にあるシンシナチで午後三時に試合。そこから、またトレドを通過してデトロイトで午後八時から試合と一日三試合こなす予定だったという。

「俺と坂口選手とタッグ組んで、デトロイトエリアのタッグベルトに挑戦する予定だったんだけど、その前の日に、一日三試合。午前中にテレビの試合して、お昼に試合して、夜八時だから間に合うのよ。でも、前の日に四、五時間しか寝ていない。それで衝突事故起こした。『東京スポーツ』の特派員も来ていたけど、事故起こしてタイトルマッチはキャンセル。それでも（プロモーターの）シークは一〇〇ドルかなんかくれたよ」

七月二七日に坂口、小鹿組はミシガン州バトルクリーク市シティホールで「黒い砲弾」と呼ばれたロッキー・ジョンソン（ＷＷＥで活躍するザ・ロックの父親）、ベン・ジャスティス組を一対〇で破り、ＡＷＡ認定ＵＳタッグ王座を奪取したが（坂口にとってプロ入り後初のチャンピオンベルト獲得）、実はその一週間程前にデトロイトのビッグマッチでこのタイトルマッチは行われる予定だったのである。

坂口の王座獲得には坂口をこのエリアに推薦したボボ・ブラジルも非常に喜んでくれ、自宅に招いて祝勝会を開いてくれたという。坂口の柔道仕込みの豪快なレスリングだけではなく、坂口の人間性に惚れ込んで可愛がったのである。

小鹿とのコンビでＵＳタッグタイトルを獲得してから、坂口も小鹿同様にあごひげを蓄え、裸足にミドルタイツの田吾作スタイルに変貌し、ヒールとして戦いはじめる。リングネームも「ビッグ・サカ」と改名した。

八月二一日、NWA総会でセントルイス入りしていた芳の里社長は坂口、小鹿、上田馬之助、ミスター松岡のアメリカ遠征組四名を招集し、秋以降のサーキット先を指示した。これにより坂口と組んでいた小鹿はカンザスへ転戦することとなり、坂口は単身東部地区をサーキットすることとなった。坂口、小鹿組はわずか一か月半で解消され、坂口ははじめて腰に巻いたチャンピオンベルトを返上することとなった。ビッグ・サカのさらなる飛躍がここからはじまる。

ビッグ・サカ

九月から単身デトロイト地区をサーキットすることとなった坂口征二にはジョージ・カノンという男がマネージャーについた。ジョージ・カノンは一九三二年三月二八日、カナダのケベック州モントリオール出身。日本にも二度の来日経験があった。一五八キロの小山のような肉体をたたきつける肉弾ファイトから「マンマウンテン（人間山脈）」とか、試合中に突然大声をあげて泣き出すというショーマンシップから「クライベイビー」というニックネームを持っていた。一流の社交術とかつてモントリオールで喜劇役者としてテレビや映画への出演経験もあり、弁舌がたつということから、坂口にとって恰好のマネージャーと評されていた。

坂口が当時、デトロイトのプラザホテルを本拠地にしていたことから、カノンも家族を連れてモントリオールからデトロイトに引っ越してきた。カノンは早朝、坂口を起こすとジムへ連れて行き、コーチ兼スパーリングパートナーを務めたという。いつも一五八キロのカノン相手に投げ技の練習をしているため、試合では相手がものすごく軽く感じるのだった。試合中はリングサイドで口笛を吹き、坂口を動かす。「突っ込め」、「押せ」、「引け」、「勝負だっ」、「続けろ」など口笛の音色を変えて指示を出していたという。

デトロイト地区で当初からトップクラスの扱いを受けていた坂口であったが、ジョージ・カノンという頼もしいパートナーを得て、メインイベンターへの階段を登って行く。対戦相手を見ても「ビッグ」ビル・ミラー、「黒い毒グモ」アーニー・ラッド、「鉄人」ルー・テーズ、ボボ・ブラジル、ダニー・ホッジ、「踏みつぶし野郎」ザ・ストンパー、「カウボーイ」ボブ・エリス、「死神」ジョニー・パワーズ、「人間空母」ヘイスタック・カルホーンら、日本マットでも知られているビッグネームばかり。扱いも徐々に上がって行き、メインイベントを務めることも多くなっていった。特に「恩人」であるボボ・ブラジルとは九月二七日にデートンで行われた興行でタッグマッチで対戦し、はじめてフォール勝ちを奪ったほか、一〇月一七日、クリーブランドではメインイベントのシングルマッチで対戦し、二対一のスコアで敗れたものの、二本目、水平打ちからのニードロップでクリーンフォールを奪っている。着実に成長を遂げていたといえる。

そして、一一月二二日、デトロイト地区における看板タイトルであるUSヘビー級王者のザ・シークへの挑戦が決定した。日時は八日後の一一月三〇日、会場はカナダ・トロント市のメープルリーフガーデンであった。以前にも記したとおり、アメリカの興行はその日の入場者数によって、出場選手のファイトマネーが決まるという変動制を採用していた。したがってタイトルマッチなどの場合、メインイベンターに集客力があれば、出場選手全員が潤うが、一方で話題性に乏しく集客できなければ全員のファイトマネーが大幅ダウンとなるのだ。

試合当日、メープルリーフガーデンは七〇〇〇人もの大観衆で埋まった。超満員である。

《ありがたいことだ。試合前、こっそりと控室から顔を出し、フルハウスとなった会場を見渡した私は、何とも言えぬ満足感に浸っていた。勝敗もたしかに大事。だが「プロの喜び」とは、これなのだ。高額のファイトマネーが保証されたほかの選手たちからも口々に「グッドハウス　サカ　サンキュー！」とお礼を言われたものだ》（「東京スポーツ」二〇〇九年五月二〇日）

マネージャーのジョージ・カノンを従えて入場した坂口の前に現れたザ・シークは絹のベールで頭を隠し、爪先の尖った凶器シューズを履いていた。ガウンを脱ぎかかった坂口はシークの反則攻撃の奇襲に合い、簡単に一本目を取られてしまう。二本目に入ってもシークの凶器攻撃は止むことなく坂口は大流血。試合は凄惨な流血戦となり、一一人の女性ファンがリングサイドで失神したと報じられている。

一本目、ストマッククロー（胃袋掴み）で反撃した坂口が当時から多用するようになっていたネックハンギングツリーからのアトミックドロップでシークからスリーカウントを奪い、一対一のタイ。三本目は両者そのまま譲らずの引き分けでシークが王座防衛、坂口のシングルタイトル奪取はならなかった。

この一週間後、デトロイト地区の全試合日程を終了した坂口はロサンゼルス経由でハワイに向かい、日本からやってくるジャイアント馬場と合流することとなる。

二度目のワールド凱旋

デトロイト地区のサーキットを終え、ハワイに渡った坂口は馬場と合流し、一二月一九日、ロサンゼルスのオリンピック・オーデトリアムで行われたジャイアント馬場対フリッツ・フォン・エリックのインターナショナルヘビー級選手権のセコンドについている。同日、ダブルメインイベントを務めたのは、三か月前までデトロイト地区を一緒にサーキットしていたグレート小鹿だった。小鹿はロス地区のUSヘビー級王者にまで登りつめており、ミル・マスカラスの挑戦をチャンピオンとして受けたのだった。これから翌年三月に二度目の凱旋帰国を果たすまでの約三か月間、坂口はハワイとロスを拠点にサーキットを行うこととなる。

ハワイでは三度にわたってジャイアント馬場とタッグを結成した。このタッグはハワイのプロモーターのアイディアで「東京タワーズ」と命名されている。

ロサンゼルスマットでは年明けの一九七〇（昭和四五）年一月一四日に登場してから二月一一日まで負けなしの二三連勝。この実績が評価され、二月二三日、エルモンテ市スポーツアリーナでロス地区の看板タイトルであるUSヘビー級選手権に初挑戦。オハイオでUSタッグを争ったロッキー・ジョンソンがチャンピオンになっていた。

試合は一対一から六〇分フルタイムの引き分け。この試合で坂口のことを評価したジョンソンが、自らのタッグパートナーに坂口を指名し、二月二六日にはベーカースフィールド市のスポーツアリーナで坂口、ジョンソンのコンビがフレッド・ブラッシー、ドン・カーソン組が保持するUSタッグ選手権に挑戦している。結果は引き分けで王座奪取はならなかったものの、ロス地区のUSシングル、タッグの両王座への挑戦が実現するなど、明らかに二年半前とは扱いが変わり、トップクラスの仲間入りを果たしたのであった。

三月二三日午後三時二九分、羽田着のJAL七一便で坂口は二度目の凱旋帰国。空港には芳の里社長、吉村道明以下幹部、若手レスラーが総出で出迎え、約一五〇人のファンも一目見ようと詰めかけたという。

坂口はインタビューで米国修行の成果と「第一二回ワールドリーグ戦」への意気込みを次のように

語っている。

《一日足らずでプロレスの本場所W戦がスタートするが

「ことしは思いきり行きますよ。昨年は何しろ初出場ということで私自身に遠慮があった。しかし、ことしはもうそれがない。マイペースで行けますからね。（遠慮なく思いきってという点を強調、とくに力を入れていた点が印象的）」

ハワイでは調整の総仕上げということ？

「そうですね。実戦からはちょっと遠ざかってしまいましたが、一日にホノルル入り、六日に馬場さんがやってきましたから。朝からディーン・樋口氏のジムでウェイトトレーニング、これが二時間ぐらい。あとはワイキキ・ビーチに出てロードワークと日光浴、全部で四時間ぐらい」

現在のコンディションは？

「昨年は右ヒジを痛めてしまい水がたまってしまっていた。ことしは気をつけてきたし、故障はゼロ。悪いところはどこもないです」

一か月ぶりに帰国だが、アメリカサーキットのアウトラインを

「試合は全部で二百十試合前後。メモをとってましたからこれは正確なデータです。三月にはいってからハワイでのんびりしなかったら、もっとふえてました。デトロイトなんかでは週に九試合平均だったですからね。コースはロス、デトロイト、ハワイ、ロス、ハワイ。馬場さんとタッグを組んでもチームプレー、コンビネーションとも申しぶんなかった。馬場さんは後ろからハッパをかけてくれましたし、自分なりに自信もあったですよ」

自分自身で見た渡米の収穫は？

「相手が全部トップクラスだった。いいキャリアになりましたね。ボボ・ブラジル、ルー・テーズ、

ダニー・ホッジ、アーニー・ラッド、ミラー兄弟、ザ・シークなんかですよ。本当に生きがいを感じる戦いの連続だったし、関係者もみんなグッドマッチといってくれたのも自慢できます」

本番のWリーグ戦だが、参加メンバーを見てどう思う?

「(後ろに貼ってあるポスターを見て) みんな好きなタイプばかりですよ。正統派はジョナサンだけ。ハワイでジョナサン、フィルポは見てるし、ターザン、サベージ、マルコフとみんな悪いヤツです。知らないのはコンビクトとジョーンズとネルソン・ロイヤルぐらい。思いきって行ける相手ですよ」

初優勝という声もかかっているが?

「昨年より進歩していますし、ファンの期待には十分こたえられると思っている。これといったテクニックという面では収穫はないが、臨機応変にやりますよ。馬場さん、猪木さんといった先輩と星争いがもつれ、対決するようになったときは全力をあげてぶつかって行きますよ。その覚悟はできている。なんとしても優勝したい」》(「東京スポーツ」一九七〇年三月二五日)

坂口本人は二度目の米国遠征について次のように振り返っている。

「さらに身体が大きくなったんだよね。環境によって人間って変わるんだなと思ったよ。ウェイトトレーニング好きだったからね。まわりのレスラーに『サカ、行くぞ』とか言われて、一緒に練習したりね。

当時は日本プロレスぐらいしかなかった。米国人はみんな日本に来たがっていて、俺がどういうポジションかも知っている。ミスター・モトさんが日本プロレスのアメリカ支社長みたいな感じで、シリーズごとに外国人レスラーをあちこちから選んでロサンゼルスに集合させて一緒に来日するんだよね。だから、『サカ、今度日本に行きたいからモトに話しておいてくれよ』とかいう奴がいたんよ(笑)。

当時は日本遠征から帰ってきた奴らが『すごく良かった』とか言うから『サカを可愛がっておけば

日本に行けるチャンスがあるんじゃないか』とか思っていたんじゃないの？　日本プロレスというバックがあったからね」

体重も渡米前から約一〇キロ増えて一三〇キロとさらに大きくなり、全米屈指のトップレスラーたちと対戦し、実績を積んだことから自信に満ち溢れている時期だったと言える。しかし、坂口の本音は別のところにあった。第二次米国修行で目標としていたＮＷＡ世界ヘビー級王者、ドリー・ファンク・ジュニアへの挑戦が実現していなかったからである。坂口は「ワールドリーグ戦」終了後、三度目の米国遠征を直訴しようと心に決めていたのであった。

「ワールド・坂口・コンビクト」

一度目の米国遠征から凱旋帰国した坂口が本気で優勝を狙いに行った「ワールドリーグ戦」。参加選手は、日本側が第八、九、一〇回優勝者でインターヘビー、インタータッグ二冠王のジャイアント馬場、前年の第一一回優勝者でインタータッグ、アジアタッグ二冠王のアントニオ猪木、アジアタッグ王者の吉村道明、前年に引き続き参加の山本小鉄、大熊元司に加え、ミツ・ヒライ、高千穂明久に坂口征二の八名。

外国人側はドン・レオ・ジョナサン、クリス・マルコフ、ダッチ・サベージ、ターザン・タイラー、パンピロ・フィルポ、ネルソン・ロイヤル、ポール・ジョーンズ、ザ・コンビクトの八名。

ドン・レオ・ジョナサンは一九五八年に初来日し、力道山のインターナショナル選手権に二度挑戦したという実績を持つ。ハイジャックバックブリーカーを考案したことで知られ、そのスケールの大きいレスリングから「殺人台風」と呼ばれていた。クリス・マルコフは前年の「第一一回ワールドリーグ戦」で猪木と流血の死闘を演じた「ロシアの白熊」。ザ・コンビクトは二一四センチ、一八〇キロの巨漢の覆面レスラーで囚人服姿でファイトすることから「怪囚人」と呼ばれ、話題を呼んでいた。四月三日、東京・後楽園ホールで前夜祭が行われた。四月五日付の「東京スポーツ」には、《「ワールド・坂口・コンビクト」のキャッチフレーズが爆発的人気を呼び、約五百人のファンが入場できない騒ぎ》と書かれている。

成長した坂口とファンの注目を集めていた外国人選手のザ・コンビクト見たさで春の本場所は大盛り上がりといった状況だった。ザ・コンビクトが一五分一本勝負で高千穂明久を血だるまKOし、場内を騒然とさせた後、坂口が登場。一五分一本勝負でポール・ジョーンズと対戦した。この日の決まり手は「逆さ押え込み」だったが、ロープに飛ばして跳ね返ってくるところをネックハンギングに吊し上げ、そのままリバースネルソンに決めて逆さ押え込みでフォールするというもの。《荒けずりで決して器用ではない坂口だが、こうした小細工を豪快な荒ワザにミックスさせ、相手の意表をついて使いこなせるようになったのは、成長をはっきり物語っている》(「東京スポーツ」一九七〇年四月五日)

明らかに、今年の坂口は何かをやってくれそうだということをアピールした前夜祭であった。

四月四日、東京台東体育館で「第一二回ワールドリーグ戦」が開幕すると、翌五日の長岡大会でパンピロ・フィルポ、一〇日の山形大会でネルソン・ロイヤル、五月一日、福山大会でターザン・タイラー、五月九日の大分大会でポール・ジョーンズに順当に勝利し、四連勝。その足で永源とともに大分から汽車で三時間かけ、故郷の久留米に里帰りしている。

五月一四日の四日市大会で昨年苦杯を喫したクリス・マルコフと公式戦で対戦した坂口は無念の両

者リングアウトでここまで五戦四勝一分の四・五点。この時点で馬場、猪木ともに五・五点で同率トップを走っていた。

天王山となったのは五月一九、二〇日の大阪府立体育会館連日興行。一日目は坂口対ザ・コンビクト、猪木対クリス・マルコフが、二日目は馬場対ジョナサン、坂口対サベージの公式戦がラインアップされていた。

まず初日、坂口は柔道仕込みのスリーパーホールドでコンビクトを三分間絞め続け、KO勝ち。リーグ戦五勝目で馬場、猪木と並ぶ五・五点目を獲得した。続いて登場した猪木はマルコフとすさまじい流血戦を展開し、レフェリーに暴行を加える暴走の反則負けで勝ち点五・五のまま。

二日目は坂口がダッチ・サベージにまさかの反則負け。馬場は外国人側の本命であるドン・レオ・ジョナサンと三〇分の時間切れ引き分けで勝ち点六となり、頭一つ抜けた。

五月二二日、松本大会で猪木はジョナサンの豪快な攻撃に耐え続け、ブレーンバスターでフォール勝ちし、六・五点で全日程終了。

翌五月二四日、長野大会で馬場はネルソン・ロイヤルに順当勝ちし、八戦六勝二分けの勝ち点七で終了し、決勝進出を決めている。

坂口は五月二五日、群馬大会でドン・レオ・ジョナサンと公式戦最終戦。坂口はスリーパーホールドでジョナサンを追い込んだが、ランニングスリーパーを狙ってロープに振ったところをドロップキック二連発で返されてしまい、無念のフォール負けとなった。坂口は五勝二敗一分けの五・五点で日本側第三位の成績でリーグ戦を終えた。

「ワールドリーグ戦」決勝戦は五月二九日、東京両国の日大講堂でジャイアント馬場とドン・レオ・ジョナサンの間で行われ一対一から馬場が三二文ドロップキックを決めてジョナサンをフォールし、四度目の優勝を飾っている。

最後まで馬場、猪木とデッドヒートを繰り広げた坂口は、凱旋帰国時に秘めていたドリー・ファンク・ジュニアへの挑戦実現のために「ワールドリーグ戦」期間中に芳の里社長の了解を取りつけてすでに行動を起こしていた。ドリーに挑戦しやすいテリトリーといえば、ドリーの父であるドリー・ファンク・シニアがプロモーターをしているテキサス州のアマリロ。そこで坂口は「ワールドリーグ戦」期間中に来日していたミスター・モトにアマリロ地区へのブッキングを頼んでいる。

三度目の米国遠征へ

坂口は「第一二回ワールドリーグ戦」終了後、ミスター・モトからの連絡を待ちながら、シリーズに参加し続けていた。「第二次ゴールデンシリーズ」中の七月二一日には、吉村道明とともに英国へ遠征し、「ナショナルデー」という英国のテレビ局テームズ・テレビ主催のプロレス大会に日本代表として出場している。坂口はロンドンでパット・ローチという選手と五分六ラウンド制で戦い、フォール勝ちしている。往復五三時間の長旅だった。

七月二七日、東京の大田区体育館で開幕した「NWAワールドチャンピオンシリーズ」には坂口が挑戦をもくろむNWA世界ヘビー級王者のドリー・ファンク・ジュニアが弟のテリーとともに来日している。前年の一九六九（昭和四四）年一一月に父のシニアとともに初来日し、アントニオ猪木とジャイアント馬場の連続挑戦を共に六〇分フルタイムの引き分けで退けている。一九二センチ、一一〇キロとスリムながら二日続けて六〇分フルタイムを戦えるスタミナの持ち主だった。

この時のシリーズ全八戦で坂口とドリーの絡みはなし。目玉となったのは七月三〇日、大阪大会でドリーが馬場に挑戦したインター選手権、八月二日、福岡大会でドリーに猪木が挑戦したNWA世界戦、そして八月四日、東京体育館でザ・ファンクスが馬場と猪木に挑戦したインタータッグ選手権の三試合。先輩たちのタイトルマッチのセコンドにつきながら、坂口は「やはり、日本では自分にまでチャンスは回って来ない。早くアマリロ行きを実現させなくては」と思うのであった。

八月二一日、「ワールドリーグ戦」から数えて五シリーズ目のサマービッグシリーズが開幕してから数日後、ようやくミスター・モトから待ちに待った朗報が坂口のもとに届く。アマリロ遠征が正式に決まったのである。九月三日付の「東京スポーツ」一面には「坂口9月ジュニア急襲」の見出しが躍り、坂口はインタビューで次のように力強く語っている。

《こんどの渡米はいままでの三回とまったく意味が違うんです。過去はあくまで実力をつけ、勉強することであった。今回は世界一をはっきり狙って行く。ジュニア打倒ですよ》（「東京スポーツ」一九七〇年九月三日）

いよいよ、「世界獲り」のための三度目の米国遠征が実現する。

アマリロ

坂口征二がプロレス入りした際に目標としていたジャイアント馬場は一九六〇（昭和三五）年の入門から約一年後に渡米し、それからわずか九か月、デビューしてから約二年でNWA世界王者のバディ・ロジャースに挑戦した。実にその年だけで五回挑戦している。

そして一九六四年、デビュー四年後には一か月間でNWA、WWWF、WWAの三大世界王座に連続挑戦という離れ業をやってのけている。

一九七〇（昭和四五）年九月末、プロレス転向後約三年半が経過していた坂口は世界最高峰のNWA世界ヘビー級選手権へ挑戦するという野望を胸にテキサス州アマリロへ飛び立った。

テキサス州アマリロはダラスから約六〇〇キロの地点にあり同州の北端部に位置する都市。当時で人口は一三万人ほどだった。アマリロ空港は市の中心部から約一〇キロのところにあり、ダラスからは飛行機で一時間弱。しかし、広大な土地の割に人口が少ないため、牛や馬のほうが多いといった様子だ。

アマリロに着くと時のNWA王者ドリー・ファンク・ジュニアの父でプロモーターのドリー・ファンク・シニアが待っていた。現地の主力選手は全米をサーキットするドリーの他に弟のテリー・ファンク、二年前、テキサスで戦ったダスティ・ローデス、「狂犬」と呼ばれ、後にアジアタッグをかけて戦うディック・マードックらがいた。

一〇月三日にアマリロで行われたテレビマッチに出演し、テキサス入りの挨拶をした坂口は翌一〇月四日、エルパソで韓国のパク・ソン・ナン（朴松男）とタッグを結成することとなる。パク・ソン・ナンはジャイアント馬場と風貌が似ている大型選手。坂口が新日本プロレス入りした後の昭和五一年一〇月に韓国で猪木と壮絶な喧嘩マッチを行ったことで知られる。ドリー・ファンク・シニアは坂口に柔道衣、パクに空手衣を着せて、「東洋巨人タッグ」として売り出した。

アマリロサーキット第一戦はパクとタッグを組んで、ジェリーとニックのコザック兄弟と対戦。一対一からの決勝の三本目、坂口がニックをネックハンギングツリーからのアトミックドロップで仕留めて坂口組が勝利し、アマリロデビューを飾っている。

第二戦はオデッサでドリーの弟、テリーと四五分三本勝負で時間切れのドロー。続く第三戦でニック・コザックを、第四戦でリッキー・ロメロを一蹴した坂口に大きなチャンスがめぐってくる。

一〇月一五日のアマリロ大会でドリーがNWA王座防衛戦を実施することが決定し、一〇月一一日に挑戦者決定トーナメントを坂口、ボブ・グリフィン、ブル・ラモス、サンダーボルト・パターソンの四選手で実施することとなったのだ。結局、一回戦でグリフィンを、決勝でラモスを相手に連勝した坂口がNWA挑戦権を勝ち取っている。アマリロ入りしてから八戦七勝一分けの無敗のまま、坂口は待ちに待ったドリーとのNWA世界戦を迎えた。

坂口征二にとってのNWA世界選手権初挑戦の一〇月一五日。前売り券は完売で、下馬評では七対三でドリー有利であった。会場のアマリロ市スポーツアリーナには超満員六〇〇〇人の観衆が集まった。

王者のドリーには父のドリー・ファンク・シニア、弟のテリーがセコンドについた。これまでの日本プロレス所属選手のNWA世界ヘビー級王座への挑戦は力道山、馬場、猪木、大木の四名のみ。そしていずれも王座奪取は実現していない。いよいよ坂口のNWA初挑戦のゴングが鳴る。

NWA世界戦

坂口は日本人初の王座奪取に向け、燃えた。試合は六〇分三本勝負で行われた。一本目、一〇分過ぎから坂口がラッシュ。水平打ち、地獄突きの乱打でジュニアをキャンバスに倒し、ジュニアの腹にストマッククロー。約二分締め上げて、ドリーからギブアップを奪って先制（一八分一〇秒）。

二本目はドリーへのタックルをかわされた坂口が場外から戻って来るところをテキサススープレックス（ダブルアームスープレックス）に決められて五分一一秒でフォール負け。これでスコアは一対一のタイ。

決勝の三本目は、坂口が水平打ちを繰り出すと、プロモーターのジェリー・コザックとドリー・ファンク・シニアが「坂口の空手水平打ちは反則」とアピールし、レフェリーを一人追加して試合再開。水平打ちを禁止された坂口は柔道の投げ技中心で攻め、ドリーのスープレックスをリバーススープレックスで切り返しフォール。

スリーカウントが入ったと思った坂口が「勝ったぞ！」とアピールしたところを後ろからドリーがドロップキックで吹っ飛ばし、すかさず丸め込んで九分六秒エビ固めでドリーの勝利。坂口は敗れた。

試合後の両者のコメントは次のとおりだ。

《坂口はこの前、日本で見た時よりもパワーアップしている。きょうは危なかった……自分自身、不本意な試合内容であり、来月また坂口の挑戦を受けてはっきり決着をつけたい》（ドリー・ファンク・ジュニア「東京スポーツ」一九七〇年一〇月一八日）

《自分としては悔いはありません。自分の力はフルに出して戦いました。1本とったということで満足です。とにかく、当たって砕けろという八方破れの作戦でしたがストレート負けだけは死んでもしたくなかった。（中略）（リバーススープレックスは）ことしの六月、横浜だったかな、猪木さんがそれで成功したのを見てましたからね。あのワザだけは、徹底的にマーク、パクさん相手に切り返しを練習していたんですよ。それでうまくいった。ボクはあのとき、レフェリーがカウントし終わったと思ったんですが……甘かったですね》（坂口征二「東京スポーツ」一九七〇年一〇月一八日）

試合には負けてしまったものの、坂口は自分の今回の渡米の目的を短期間で達成できた満足感に浸っていた。その三週間後、すぐに次のチャンスが巡ってくる。一一月一〇日、オデッサでNWA世界選手権挑戦者決定バトルロイヤルが開催され、勝者が一一月一一日ルボック市のフェアパークコロシ

WRESTLING ARENA NOVEMBER 11, LUBBOCK, TEXAS PROGRAM 25¢

Wrestling Round-Up

FAIR PARK COLISEUM - FAIRGROUNDS
For Reservations Call PO5-7070

WRESTLING EVERY WEDNESDAY NIGHT 8:30 P. M.

WORLD HEAVYWEIGHT CHAMPIONSHIP
U. S. A. VS. JAPAN

Dory Funk Jr.

Sakaguchi

Much national pride and the world title will ride on the outcome of tonight's championship main event. The rapid power growth of Japan is not lacking in the wrestling field and Sakaguchi is expected to enter this match with a 50-50 chance of coming out on top. The eyes of the world are on the hub city tonight. A delegation from Tokyo has arrived and set up direct communication with their home land in hopes of being the first to report a Japanese heavyweight champion.

HOLD PROGRAM TICKETS FOR DRAWING AT INTERMISSION TIME

JACK POT $30.00

If your number is called, guess which wrestler's picture on tonight's card is in the envelope, and you will receive the Jackpot. If the correct name is not guessed this week, an additional $10.00 will be added to next week's Jackpot. Two ringside tickets to next week's matches will be given as a consolation prize.

NWA世界戦「ドリー・ファンク・ジュニア対坂口征二」の超貴重なパンフレット（坂口征二本人所有）。

アムで行われるNWA世界ヘビー級選手権（六〇分三本勝負）でドリー・ファンク・ジュニアに挑戦することになったのだ。

坂口、ブル・ラモス、ニックとジェリーのコザック兄弟、マンマウンテン・マイク、ボビー・ダンカン、ミスター・レスリング、リッキー・ロメロ、ゴージャス・ジョージ・ジュニア、サンダーボルト・パターソン、パク・ソン・ナンと一一名のレスラーが参加した。賞金二〇〇〇ドル（当時のレートで約七二万円）もかけられたこの試合は、最後まで残った坂口とロメロの一騎打ちとなり、ネックハンギングツリー、アトミックドロップからとどめのベアハッグでギブアップを奪い、二二分四〇秒で坂口が勝利した。

一一月一一日、ルボック市のフェアパーク・コロシアムには五〇〇〇人のファンが集まった。試合前、ドリーから「空手チョップは使わずレスリングテクニックで勝負しよう」と申し入れがあり、坂口はこれを受けた。

一本目はスタートからグラウンドレスリングの攻防。坂口は必死についていき、ジュニアのローリングクラッチホールド、スピニングトーホールドをかわしていく。坂口はハンマースルーでジュニアをコーナーポストに叩きつけて、タックル。三発目のタックルをかわしたジュニアは素早く、坂口をリバースフルネルソンに決めてスープレックスに行く。すかさず坂口はそれをリバーススープレックスで切り返し、二七分二五秒、体固めで先制した。

二本目はジュニアの徹底した足殺しでスタート。坂口も投げ技で切り返すが、ジュニアが一瞬の隙をついたバックドロップで坂口を投げる。投げられたショックで坂口のガードが甘くなったところをすかさずスピニングトーホールドで八回転。坂口は無念のギブアップ（一四分四〇秒）。これで一対一のタイとなった。

決勝の三本目はジュニアが坂口の顔面にパンチを放つと、打撃戦がスタート。ジュニアは再三ローリングクラッチホールドで坂口を丸め込もうとしたが、三発目のローリングクラッチがカウントワンを数えたところで六〇分フルタイムドローのゴングが鳴った。

試合後は両者健闘をたたえ合い、お互いに肩を叩きあって握手。以下が両者のコメントだ。

《坂口は第一戦とは見違えるほどうまいプレーをしてきた。それが苦戦した原因である》（ドリー・ファンク・ジュニア「東京スポーツ」一九七〇年一一月一四日）

《負けた悔しさより、善戦してよかったという気持ちでいっぱいだ。なにしろ、気を張りつめていくので、ジュニアとの試合は本当にくたびれる。再戦のチャンスは十分にある。こんどこそ必勝戦法でいく》（坂口征二「東京スポーツ」一九七〇年一一月一四日）

ドリー・ファンク・ジュニアはこの試合後に再戦を確約。二戦して一敗一分けの内容が評価されたのであった。坂口のファイトマネーも一試合、二〇〇〇～三〇〇〇ドルから一〇〇〇〇ドルに上昇した。

またパクとのタッグも順調で一一月一九日にはアマリロ市スポーツアリーナでジェリー、ニックのコザック兄弟を破り、テキサス地区USタッグ王座も獲得した。坂口とパクがタッグ結成してから二戦目の王座獲得、坂口にとっては前年七月、ミシガンでグレート小鹿と獲得したUSタッグ王座以来のタイトル獲得であった。

二度目のNWA世界挑戦

年が明けて一九七一（昭和四六）年。一月三日付の「東京スポーツ」の一面は二年連続で坂口。見出しは「71年〝坂口時代〟が来る」であった。

テキサス州アマリロ地区でのサーキットを開始してから早四か月目に突入した坂口はこの年の初戦を一月七日、アマリロ市スポーツアリーナで行っている。カードはキラー・カール・コックスとの時間無制限一本勝負でメインイベントでの登場であった。前年の一一月一一日の試合後、ドリー・ファンク・ジュニアが確約してくれたNWA世界王座三度目の挑戦はそれ以降実現しておらず、坂口は次の転戦先を探しはじめていた。そんなある日、元NWA世界チャンピオンのパット・オコーナーがカンザス地区への転戦を誘ってきた。坂口はプロモーターのドリー・ファンク・シニアに相談するが、「もう少しアマリロにいてくれ」と引き留めてられてしまう。

坂口はしばらくアマリロ地区のサーキットを継続することとなった。三月に入ると、タッグパートナーだったパク・ソンもフロリダへ転戦することとなり、坂口はアマリロ地区を中心にカンザスシティやセントルイスのビッグマッチにも出場しはじめることとなる。三月末、アマリロを離れ、カンザス地区への転戦を決めると、ようやくドリーへの三度目の挑戦が実現する。

三月二七日のカンザスシティ・メモリアルホールでのビッグマッチで、ドリー対坂口征二のNWA世界戦が行われたのであった。坂口にとっては、カンザス地区への本格参戦第一戦。通常、NWA世界王座への挑戦者はそのテリトリーで実績を積んだ者が務めるもの。カンザスでも時折、試合をしており、知名度もあった坂口だったが、本格参戦の一試合目がNWA挑戦とはきわめて異例であり、大抜擢と言ってもよかった。

三月二七日、先輩のアントニオ猪木がロサンゼルスでジョン・トロスを破りUN（ユナイテッドナショナル）ヘビー級選手権を奪取した翌日のこと。カンザスシティ・メモリアルホールには六九〇〇人の観衆が詰めかけていた。

坂口のセコンドには二月から坂口に何かとアドバイスをおくってくれていたキラー・カール・コッ

クスがついた。

一本目、坂口がすさまじいラッシュ。豪快なネックハンギングツリーで二度、三度とキャンバスに叩きつけた。坂口が四度目のネックハンギングツリーでグロッキーとなったジュニアに覆いかぶさり、二一分五秒先制のフォールを奪う。

二本目、ジュニアは得意のグラウンドレスリングに坂口を引きずり込む。坂口のストマッククローに苦しみながらも、スキを見て坂口の足殺しに入り、最後はスピニングトーホールドを決めて一一分一九秒ギブアップを奪って一対一のタイとする。

三本目は、ドリーの弟テリーも含めて大荒れとなり、坂口は場外でジュニアの額を空手チョップで叩き割った。ジュニアが流血するとレフェリーはすかさず「レフェリーストップ」をかけて、四分〇秒「ノーコンテスト」を宣告。非常に後味の悪い結末だった。両者のコメントがそれを物語っている。

《レフェリーがわたしに味方したって？　冗談じゃない。まだまだわたしは戦いたかった。この傷を見てくれ！　ほんのかすり傷だ。それにしても坂口は一戦、一戦強くなっている。必ず坂口とは決着をつける必要があるし、いつでも挑戦は受けてやる》（ドリー・ファンク・ジュニア「東京スポーツ」一九七一年三月三〇日）

《こんなバカげた判定をされたのでは、こっちもやる気をなくす。腹が立って、誰にでも文句をいいたい気持ちだ。ジュニアだってあと味が悪いはずだから必ずもう一度挑戦を受けてくれるだろう。そのときは袋叩きだ》（坂口征二「東京スポーツ」一九七一年三月三〇日）

坂口は当時のドリーとの三度にわたるNWA世界戦について次のように振り返っている。

「アメリカのリングには、ジン・キニスキーがNWA王者の時からずっと上がってるけど、『NWAのチャンピオンが来る』となったらすごいんだよね。その地区のトップレスラーがチャンピオンにチャレンジするから大きな会場はいっぱいになる。ドリーの地元アマリロで挑戦できたのは、モトさんの政治力だったんじゃないの？（笑）。試合も評価されたしね。まあ、アメリカははっきりしているから、試合の内容よりもお客が入ればよいんだよ。日本人の大きい奴がスマートなアメリカ人とやるちゅうので面白かったんじゃないの？」

翌日より、カンザス地区のサーキットがスタート。坂口は六月末には日本プロレスから帰国するように命じられていたこともあり、アパートは探さず、団体のオフィスが入っているホテル住まいで主に「流血大王」の異名を持つキラー・トーア・カマタとタッグを結成し、カンザスエリアを約二か月サーキットした。

坂口のカンザス地区最終戦は六月二二日、カンザスシティでのヘイスタック・カルホーン戦。この一戦に快勝した坂口はカンザスを離れてロサンゼルスへ移動し、現地で先輩の上田馬之助とタッグを組んで数試合をこなしている。

その後、ハワイに入った坂口はワイキキの浜を走り込み、夕方は現地のディーン樋口のジムでウェイトトレーニングに励み、凱旋帰国に向けた最終調整を行ったのだった。

三度目の凱旋帰国

ハワイで真っ黒に日焼けした坂口は七月七日午後三時、羽田着のＪＡＬ七一便で帰国した。ワインカラーのアロハシャツに黄色のスラックス、白のスニーカーというラフな格好で報道陣の前に現れた坂口は「ちょっと派手すぎたかな」と笑いながら、三度目の米国修行の成果を語った。

《二百七十試合ぐらいやってきましたよ。タイトルとかベルトといった形になるものはないが、自分なりに納得のできるものは身につけました。ガンガンやれるスタミナに自信もあるし、スピードアップの点でもプラス面がある。第一次、第二次のサマー・シリーズでさらに地力をつけ、秋のNWAタッグ・リーグ戦に照準を合わせていきます》（「東京スポーツ」一九七一年七月九日）

こうして坂口は日本マットに定着することとなったのだが、改めて通算三年強に渡る三回の米国修行について総括してもらった。

「（プロレスの）実戦と身体づくりちゅうかな、大きくなるということに重点置いてたね。（一回目の渡米では）年間で二〇キロぐらい身体大きくなったから。やっぱ、プロになってやっていくと身体も大きくなっていくんだよね、アマと違って。食べるもの食べて、練習もウェイトとかある程度、それに専念すればいいんだからね。

俺なんか意外とのうのうとやってたようなところがあるね。言葉もどうにかやってたし、英語でいろんな人が応援してくれたし、外国人なんかも結構良くしてくれたし。日本に行く外国人が多かったから（自分のことを）未来の選手だみたいな目で見てくれて。バディ・オースチンとかキラー・カール・コックスとか、そういう連中が面倒見てくれたというか声かけてくれたよね。試合は週四日か五日あるようなテリトリーに行ったよ。移動もハードだったけど、恵まれていたというか苦にならなかったというか。適当に息抜きもやっていたしね」

七月一〇日の「ゴールデンシリーズ」最終戦の後楽園ホール大会で帰国の挨拶を行った坂口は、日本テレビ中継のゲスト解説席に座った。メインイベントの馬場、吉村組対ボブ・カーセン、ドン・サベージ組戦が行われている最中、ゲスト解説席の坂口をカーセン、サベージが挑発してくると、思わず「助っ人」として乱入し、大暴れしている。

七月一九日の後楽園大会から開幕する「サマービッグシリーズ」に向けて、ショルダーバスター、パイルドライバーなどの新技を公開した坂口。開幕戦ではドン・サベージ相手に凱旋マッチを戦い、秘密兵器のショルダーバスターを決めて四分二四秒で勝利した。日本定着ということで港区青山のアパートに住居を構えた坂口はジャイアント馬場、アントニオ猪木に次ぐ「第三の男」として売り出されていくこととなる。

当時、日本プロレスは一九六九（昭和四四）年七月からNETがテレビ中継に参入して以来、水曜日にNETが、金曜日に日本テレビがそれぞれテレビ中継をしており、NETは猪木中心、日テレは馬場と坂口中心の編成を行っていた。しかし、坂口については翌年の「第一二回ワールドリーグ戦」からNETも放映を解禁。さらにNET用の企画として「第一回NWAタッグリーグ戦」がスタートし、猪木、星野組が優勝したほか、一九七一（昭和四六）年三月二六日にはアントニオ猪木がロサンゼルスでジョン・トロスを破り、UNヘビー級選手権を獲得し、馬場と猪木の二大エース時代へ突入していた。

馬場よりも年齢では五歳若い猪木だが、プロレス入門は同じ時期だったこともあり、馬場に対してすさまじいライバル意識を燃やしていた。先述のとおり、この年の三月二六日にUNヘビー級王座というシングルベルトを腰に巻いたこともあり、坂口が不参加だった「第一三回ワールドリーグ戦」の後、猪木が同門の馬場に対して挑戦状を叩きつけるという事件が起きた。

「第一三回ワールドリーグ戦」では日本側は馬場と猪木が同点で並び、一方の外国人側は「黒い呪術師」アブドーラ・ザ・ブッチャーと「白覆面の魔王」ザ・デストロイヤーが同点で並んだ。猪木は「日本人同士、外国人同士で戦ってそれぞれの一位を決定してはどうか」と主張したが、当時のワールドリーグ戦は日本人同士、外国人同士は戦わないのが不文律となっていたことから、二年前と同様、抽選で「日本人対外国人」の取り組みが決められ、猪木対デストロイヤー、馬場対ブッチャーが行われることとなった。

二年前の一九六九（昭和四四）年、猪木が初優勝した「第一一回ワールドリーグ戦」でも同様のことが起こっており、馬場とブラジルが引き分け、猪木がマルコフに勝って初優勝している。今回は、猪木とデストロイヤーは両者リングアウトの引き分け。馬場がブッチャーのエルボードロップをかわしてフォール勝ちし、馬場の優勝となった。

試合の翌日、結果に納得いかなかったことと、自らもシングル王者を獲得したプライドから、アントニオ猪木は「インターナショナルヘビー級王者とUNヘビー級王者のどちらが強いかを決めよう」とコミッショナーにジャイアント馬場への挑戦状を提出した。結局のところ、コミッショナーが「時期尚早」という裁定をくだし、両者の対戦は実現しなかったが、猪木の馬場に対するライバル意識はさらにヒートアップしていくのであった。

はじめての勲章

坂口が帰国してから約二か月後の九月一〇日、日本プロレスは秋に開幕する「第二回NWAタッグリーグ」の参加チームを発表した。まず元インタータッグ、アジアタッグ王者コンビのジャイアント馬場、吉村道明組、フレッシュで柔と剛の組み合わせが魅力的なアントニオ猪木、坂口征二組、上田馬之助、グレート小鹿組のテネシータッグコンビ、山本小鉄、星野勘太郎組のヤマハブラザーズ、そしてアジア王者の大木金太郎とミツ・ヒライのベテランコンビの五チーム。この時、はじめて猪木、坂口組が「黄金コンビ」と称されている。

一方の外国人側はキラー・コワルスキー、バディ・キラー・オースチン組、ネルソン・ロイヤル、ポール・ジョーンズの牧童コンビ、スニー・ワー・クラウド、グレート・スヌーカのインディアンコンビ、ジャック・ダルトン、ジム・ダルトンのダルトンブラザース、そしてカウボーイ・ボブ・エリス、フランキー・レインの五チーム。

九月二四日の後楽園ホール大会で開幕したリーグ戦は日本人対外国人の各二回総当たりの対抗戦形式で行われた。

坂口は猪木とのコンビで自身初となる「国内リーグ戦優勝」という勲章獲得に燃えた。

猪木と坂口の黄金コンビは外国人側最強チームであるコワルスキー、オースチン組に一敗を喫したものの、順調に白星を重ね一七点でリーグ戦終了。猪木、坂口組が馬場、吉村組を土壇場で押さえ、決勝進出を決めた。外国人側は順当にコワルスキー、オースチン組が決勝進出となった。

「第二回NWAタッグリーグ戦」の決勝は一一月一日、東京体育館で猪木、坂口組とコワルスキー、オースチン組の間で行われた。一本目、坂口がオースチンをデッドリードライブ二連発からのブレーンバスターでフォール（五分五〇秒）。二本目は猪木がコワルスキーに卍固めを決め、飛び出すオースチンに坂口がタックルでしっかりとフォローし、九分五七秒ギブアップ勝ち。二対〇のストレートで坂口組が優勝した。リングには猪木と挙式する女優の倍賞美津子も登場し、華やかな表彰式となった。

坂口はプロレス入りしてから日本マットではじめての「勲章」を獲得した。当日の試合を報じた一九七一年一一月三日付の「東京スポーツ」には「〝猪木、坂口時代〟豪快な幕あけ」と題して、坂口のファイトを『坂口〝力道二世〟目前』と小見出しをつけながら、次のように評している。

《坂口のファイトはまだ総合的には満点といえない。インサイドワークはお世辞にも巧いとはいえないし、技も荒けずりだ。ショーマンシップもまだまだだし、スピードと変化が不足しているのは、この巨体からしてしかたがないだろう。

しかし、こうしたマイナス点を差し引いても、坂口の魅力はおつりがくる。ボディスラムとブレーンバスター、そしてこの日はみせなかったがネックハンギング、ショルダーバスターといった迫力ある殺人技一発で、坂口は観客をたんのうさせられるといえるのではないか》（「東京スポーツ」一九七一年一一月三日）

また、優勝談話として坂口本人は次のコメントを残している。

「猪木さんに迷惑をかけまいとして前半戦かなり堅くなった。それでも九州シリーズになってから気分的に燃え、技がスムーズに出るようになった。二人ともベストで突っ走ったのが優勝できた最大の要素だと思う」（「東京スポーツ」一九七一年一一月三日）

次期シリーズ「ワールドチャンピオンシリーズ」で坂口はさらに飛躍することになる。

四度目のNWA世界挑戦

「1971ワールドチャンピオンシリーズ」は日本のプロレス界に激震がおそったシリーズだった。

参加外国人選手は元WWWF世界ヘビー級王者のブルーノ・サンマルチノ、NWA世界ヘビー級王者のドリー・ファンク・ジュニア、その弟のテリー・ファンク、「狂犬」ディック・マードックら錚々たるメンバー。今シリーズではNWA世界王者のドリー絡みのタイトルマッチが数試合組まれていたが、坂口は前シリーズの「第二回NWAタッグリーグ戦」で優勝したものの、主たる出番はなかった。

坂口は一一月二九日、横浜文化体育館で猪木と「第二回NWAタッグリーグ」優勝者チームを結成し、ドリー、マードック組と対戦したが、二対一で敗れてしまう。その二日後の一二月一日、猪木は吉村とのコンビでドリー、マードック組と一対一から六〇分時間切れドローの大死闘を演じ、アジアタッグ選手権一五回目の防衛に成功した。しかし、外国人組が裁定にクレームをつけ、最終戦の一二月一二日、東京体育館で再試合となっている。

一二月四日、宮城県スポーツセンターでマードックを二対一で破り、UNヘビー級選手権を防衛した猪木は、七日の札幌大会でドリー、テリー組（ザ・ファンクス）との防衛戦で敗れ、馬場と保持するインタータッグ選手権を失った。

一二月八日、札幌から空路大阪へ向かう一行を尻目に猪木は突如、吉村に体調不良を訴え、帰京。そのまま代々木上原の小林外科医院に尿管結石症で緊急入院した。

その結果、一二月九日に大阪府立体育会館で行われる予定だったドリー対猪木のNWA世界へビー級・UNヘビー級のダブルタイトルマッチはキャンセルとなり、坂口征二が急遽代打でドリーのNWA世界王座へ挑戦することとなる。猪木はUNシングルと吉村と保持するアジアタッグを返上することが急遽決まった。猪木の病気欠場はあくまで表向きの事情であり、この後、猪木は日本プロレスを去ることとなる。

このシリーズ、まったく出番のなかった坂口に思わぬところでチャンスが巡ってきたのだった。ドリーのNWA世界王座へは前年一〇月、一一月、この年の三月と過去三度挑戦しており、坂口は何度も追い込んでいる。急に訪れたチャンスに坂口は燃えた。会場の大阪府立体育会館は一〇〇〇〇人の大観衆で埋まった。

日本プロレスでは、試合開始三〇分後の午後七時まで猪木欠場によるタイトルマッチのメンバー変更に伴う入場券の払い戻し希望に応じる旨をアナウンスし、入場券の払い戻し窓口を設置した。しかし、払い戻し希望者は一名もなく、午後七時過ぎには入場券は完売した。超満員札止めである。急遽、メインイベンターを任されることとなった坂口は会場をフルハウスにしたのである。

午後八時四四分、坂口がエンジ色のショートガウンに赤いトランクスで登場した。すでにドリーはリング上におり、テリーとマードックがぴったりとついていた。

日本側のセコンドには吉村、大木、小鹿、星野、ヒライ、永源、桜田らが付く。

午後八時五〇分、戦いのゴングがなった。レフェリーは沖識名。坂口にとっては日本マットではじめてとなるメインイベントでのシングルマッチ登場である。

一本目、坂口は豪快なアトミックドロップで先制（一七分一七秒）。しかし、二本目は四分二一秒にドリーがバックドロップでタイに持ち込み、決勝の三本目は再びドリーが二分一五秒にテキサススープレックスを決めて、二対一のスコアでドリーが王座を防衛した。

試合後、ドリーは坂口とがっちり握手。坂口の肩を二度たたいて健闘をたたえた。

坂口の談話は次の通りだ。

「勝つことよりもベストファイトをしたかった。猪木さんのピンチヒッターを、大阪についてから申し渡されて、びっくりしたが、やるだけやってやれ、恥ずかしい試合だけはしたくない。楽な気持ちでハラを据えてしまった。きょうの試合はどうだったですか？　もしすこしでもみなさんにほめてもらえる部分があるとしたら、無欲で戦ったのがよかったのだと思います。技術的にはジュニアのことはどうこういえません。スープレックスのディフェンスにしても必死でしたよ。戦い終わってみて、自分で満足しています。悔いはない。アメリカで戦ったときよりジュニアの気迫をものすごく感じました。この次もし戦うチャンスが与えられるようなら勝つことを考えたいですね」（「東京スポーツ」一九七一年一二月一一日）

坂口の挑戦を退けたドリー・ファンク・ジュニアは七六歳（取材時）となる現在も、あの試合のことを鮮明に覚えているという。

「一九七一年一二月の大阪。当初のスケジュールでは私とイノキだった。すごくよく覚えている。あの試合は私にとってもサカグチにとっても重要な試合だったからね。NWAワールドタイトル。彼はイノキの代打で出て来たんだ。午後五時に相手がイノキからサカグチに変わったんだ。私はイノキ戦を想定して準備をしていたのに、サカグチが彼の代わりになった。だから何の準備もなしだった（笑）。彼はとてもとてもとてもタフだった。試合はまさにギャンブルだった。幸運にも私はNWA世界王者のままでいることができたけど、とてもタフな試合だった。

サカグチは大きくてストロングだ。イノキはテクニシャンだ。サカグチはファーストコンタクトでとても大きくてそしてストロングだったから、本当にタフな試合だったよ。日本でやったシングルマッチでベスト3を挙げるなら、イノキとの一戦目（一九六九年一二月）、二戦目（一九七〇年七月）、そしてサカグチとの大阪の試合だな」

一方の坂口は自身の出世試合となったこの一戦を次のように振り返っている。

「そこそこ評価されたからね。でも、今見るとよ、『あんなもんかな』という試合だよね（笑）」

ドリーが「猪木用の準備をしたのに夕方五時に坂口に対戦相手が変わったからギャンブルのような試合だった」と言っていたことを伝えると、笑いながら次のように答えてくれた。

「準備なんかする必要ないじゃない（笑）。でもな、あの二人（猪木とドリー）だったら六〇分ぐらいやるから、長時間になるって覚悟してたんじゃないかな？　三本勝負だったもんね」

この試合の映像を改めて観てみると、面白いシーンがある。坂口が赤いハーフガウンをまとってリングインすると、大木金太郎が「坂口、緊張するなよ」といった具合に肩を叩く。すると坂口は笑顔で大木の両腕を握り返しているのだ。その顔には「わかってますよ、大丈夫ですから」と書いてある

1971年12月9日、出世試合となったドリー・ファンク・ジュニア戦。深々とお辞儀する坂口と健闘を讃えるドリー。（写真：ベースボール・マガジン社）

ように見える。坂口の周囲には大木の他にグレート小鹿、ミツ・ヒライ、星野勘太郎、吉村道明ら先輩レスラーたちが陣取っていた。

そのシーンについて坂口に聞いてみると、

「みんな付いて来ていたろう？　小鹿さんとか、先輩連中がみんな（笑）。ワーワー言っていたよ。（試合は）ああしよう、こうしようと考えてできるもんじゃないしな、その場その場で対応しなくちゃならないからね」

翌一二月一〇日、猪木の病気欠場で吉村がアジアタッグを返上、急遽、最終戦の一二月一二日東京体育館で吉村は坂口をパートナーに指名し、アジアタッグ争奪戦をドリー、マードック組相手に行うこととなった。坂口に再びチャンスが巡って来た。

涙の初戴冠

ドリーとのNWA戦に続き急遽訪れたチャンスだった。坂口はプロレス転向後、日本ではじめてのタイトル獲得に全力を尽くした。会場の東京体育館は七五〇〇人の大観衆。この日はダブルメインイベントで第一試合がアジアタッグ選手権争奪戦、第二試合は馬場がテリー・ファンクを迎え撃つインターナショナルヘビー級選手権であった。第一試合はＮＥＴが、第二試合は日本テレビが放送するため、テレビ局二社のスタッフが会場に詰めていた。

第一試合のアジアタッグ争奪戦がはじまる。一九五五（昭和三〇）年一一月一六日、東京・蔵前国技館で力道山、ハロルド坂田組とキング・コング、タイガー・ジョキンダー組の間で争奪戦が行われてから数えて、一〇〇試合目となる記念すべき試合であった。

坂口のパートナーを務める吉村道明は「アジアタッグの鬼」の異名を持ち、力道山、豊登、ジャイアント馬場、ヒロ・マツダ、大木金太郎、アントニオ猪木と歴代の日本のスターレスラーのパートナーを務め続けており、吉村のレスラーとしての歴史はすなわちアジアタッグの歴史といっても過言ではない。吉村は当時、四六歳。今の時代でこそ、五〇歳を過ぎたレスラーは多いが、当時の日本人レスラーとしては珍しい高齢だった。

坂口は赤いタイツ、吉村は黒のタイツ。日本側のセコンドには大木、星野、小鹿、永源らが付いた。

一本目は一〇分過ぎより、外国人側が早いタッチプレーで坂口を攻め、最後はドリーのダブルアームスープレックスが坂口に決まり一四分〇秒、外国人組が先制。解説の遠藤幸吉が「あれだけの両者の連続ワザに対してはどうにもならないですね。残念です」と語る。

二本目、坂口はドリーのダブルアームスープレックスをリバーススープレックスで切り返し、ドリーからスリーカウントを奪いタイに持ち込んだ。タイムは六分〇秒。

決勝の三本目は坂口がマードックに超ハイアングルのアトミックドロップを決め、のたうちまわるマードックを坂口がフォールすると同時に、吉村が最後の力を振り絞って、相手コーナーのドリーにタックル！　六分三〇秒、レフェリーのジョー樋口がマットを三回叩いた。

日本組の勝利だ。坂口は日本のマットではじめてのチャンピオンベルトを腰に巻いた。ベルトを腰に巻く坂口の目には涙が光っていた。

ＮＥＴの吉岡アナウンサーが二人にインタビューする。

「おめでとうございました」

「どうもありがとうございました」と吉村。

「脇腹相当痛そうですね」

「ええ、完全に治っていないですからね。ここを攻められたら危なかったかもわからないですね。だから湿布も何もしていなかったです」

「今日はパートナーが坂口さんということで、新しいコンビということで争奪戦をやったわけなんですが、作戦も何も試合を見ている間ではないんじゃないかと、こちらもハラハラして声が切れないぐらいだったんですけど」

「最初から作戦を練って行ったんですけどね、リングの上ではそれは通用しないですね。だから坂口君に思いきって行けと、自分のありったけの力を出して、それで負けたら仕方がないと。もう坂口君一人に責任を負わせてしまったようになってしまいましたが、よく頑張ってくれたと思います」

「一口に勝因は、吉村さんから伺うとすると、どういうことになりますか」

「もう、坂口君の奮戦ですね」

「坂口さん、『坂口さんの奮戦』と一言、吉村さんから話がありましたけど、日本ではじめてチャンピオンベルトを腰に巻きましたね」

坂口は照れ臭そうに頭をかきながら、「もう胸がいっぱいで何も言えないです。今日はありがとうございました」と一礼。その目には涙が光っていた。

「目に涙いっぱいです。腰には新しくベルトが巻かれました。どうも本当におめでとうございました。どうぞみなさん盛大な拍手をお願いします」と吉岡アナウンサー。

実況の舟橋アナウンサーも、「新チャンピオンの坂口選手、泣いています。目から涙をぽろぽろ流しています。相当うれしそうですね」

「そりゃ、そうですよ。本当にね、今まで辛抱し、辛抱しぬいた坂口君の晴れ姿ですからね、こりゃ致し方ないと思います。立派です！」と解説の遠藤幸吉。

坂口に改めてアジアタッグ初戴冠の時の気持ちを聞いてみると、言葉数少なく次のように答えてくれた。

「日本でやっと一人前として認めてもらえるのかなという気持ちだったんじゃないかな」

坂口征二初戴冠。柔道界に対して「ちゃんとやれた」、「プロレスラーとして一人前になった」と胸を張って言える瞬間であった。

一、五、一〇

坂口征二が日本のマットでアジアタッグ選手権のベルトを巻いた試合。セコンドについて大きく声を張り上げて坂口に細かく指示を出していたのがグレート小鹿だ。小鹿は坂口が三度目の米国遠征に出発した一九七〇（昭和四五）年秋に帰国し、一足先に主戦場を日本に移していた。

「坂口選手が日本でベルトを巻いたのはアジアタッグでしょ。多分彼も気持ちが高揚して地に足がつかないという試合だったと思うよ。だからセコンドで怒鳴ってやったと思う」

坂口がプロレス入りしてから、第一次米国遠征で約三五〇試合、凱旋帰国した「第一一回ワールドリーグ戦」で三九試合、第二次米国遠征で約二一〇試合、二度目の凱旋帰国時で一一〇試合、そして第三次米国遠征で約二七〇試合、三度目の凱旋帰国からアジアタッグ獲得までで八二試合。アジアタッグ獲得まででこなした試合数は約一〇〇〇試合強。今の新日本プロレスの年間興行数が約一四〇試合であるから、キャリア八年分くらいに相当するであろうか。

この当時の坂口征二のプロレスについて、小鹿は次のように語っている。

「坂口選手はね、柔道という世界で日本一になったことあるでしょ。プライドがある。彼は（柔道で）

に行っちゃう。ここ（二、三）が抜けている。プロで新しい世界にはいったら一からきたんだけど迷い道はいっぱいあった。ここの一からスタートするのは難しい。彼は素直な人間だから一からきたんだけど迷い道はいっぱいあった。こっちのほうから右行けっていったら、右へ。左行けっていったら、左で。ずいぶん迷った、苦労したと思うよ。

実績があるから、一、五、一〇に行っちゃうんだよ。二、三を抜いて、五から、すぐてっぺん（一〇）に行っちゃう。ここ（二、三）が抜けている。抜けているところをおいらが教えてやった。柔道日本一になったらてっぺんでしょ。プロで新しい世界にはいったら一からでしょ。ここの一からスタートするのは難しい。彼は素直な人間だから一からきたんだけど迷い道はいっぱいあった。こっちのほうから右行けっていったら、右へ。左行けっていったら、左で。ずいぶん迷った、苦労したと思うよ。

試合もその最後の新日本のリングの上では落ち着いていたけども、アジアタッグの頃はまだまだ不安定というのかな、ちょっと心もとない部分があったけども。ただ彼は破壊力、馬力があったからね。お客さんの期待が大きかったからこそ、彼もやらなきゃならないというプレッシャーあったと思う。見てて、気の毒だし、可哀そうと思ったよ。早いうちから、入って何年もしないうちにスターになっちゃって、キャリアもそんなにないのに……」

当時、練習相手をよく務めていたというザ・グレート・カブキは次のように述べている。

「坂口さん自身はそんなに器用な人じゃなかったからね。真面目すぎちゃって。器用に物事こなす人じゃないから。くそまじめ」

真摯に真面目に取り組みすぎたからこそ、最初はクラッシャーというあだ名がついたほどだったという。

「入って来た頃なんか、引きが強いんですよ、坂口選手。外国人なんか、その勢いで一回転しちゃう。だから『それじゃ危ないから、もっと緩めて投げないとダメだよ。外国人なんかすぐケガするから』って言って。案の定、外国人からあだ名がついたのが『ビッグ・サカはクラッシャー』だって」

キャリアわずか四年半で日本プロレス界の至宝の一つであるアジアタッグチャンピオンのベルトを任されるようになった坂口は、翌一九七二（昭和四七）年からプロレス界でさらに存在感を増していくこととなる。それというのも、ジャイアント馬場に次ぐナンバー2であったアントニオ猪木が日本プロレスを去ることになったからである。

猪木の日本プロレス退団理由については、さまざまな書籍で書かれているので割愛したい。要は猪木の退団がきっかけとなり、坂口が馬場に次ぐナンバー2に昇格することとなったのである。実際、この年の「インターナショナル選手権シリーズ」では当初、さしたる出番がなかった坂口に次々にチャンスが訪れた。大阪大会のビッグマッチでメインイベントを務め、最終戦では日本のプロレス界では由緒あるアジアタッグのチャンピオンベルトを腰に巻くことになったのだ。

この当時の心境を坂口に聞いてみたが、特に「ポスト猪木」としてナンバー2のポジションを務めなくてはならないなどとは考えなかったという。

「若かったし、まだ三〇ぐらいだし、『どうにでもなるわ』という気持ちがあったよね。何かあったらあったで対応できるんだよな」

こうして「坂口征二の昭和四七年」がはじまる。

第七章　坂口征二の昭和四七年

片手で三分論争

アントニオ猪木の日本プロレス退団によって、坂口征二は一気に日本プロレスのナンバー2となる。一二月三一日に開幕した「新春チャンピオンシリーズ」で坂口はいきなりジャイアント馬場と「東京タワーズ」を結成し、メインイベントに登場している。

一九七二（昭和四七）年一月一日付の「東京スポーツ」の元旦特別号一面の見出しは「馬場・坂口で『世界』独占」であり、メディアも馬場、猪木のBI砲に代わって馬場、坂口の東京タワーズプッシュの方針へと転換している。

この昭和四七年という年は坂口自身も後年、「あの頃は毎日毎日、課題のある戦いをやらされた」と語っているとおり、プロレスラー坂口征二にとって大変な年であった。実にタイトルマッチ出場回数二三回と月に二回はタイトルマッチをこなしていたほどであった。一月五日、名古屋の愛知県体育館で早くも前年一二月に獲得したアジアタッグ選手権の初防衛戦をこなしている。

このシリーズ中、アントニオ猪木が発した言葉が話題となっていた。一二月一三日、日本プロレスを除名された猪木は翌一四日に記者会見を開き、徹底抗戦の構えを見せた。そしてその夜、日本プロレスの合宿所から若手レスラーの藤波辰巳、木戸修の二人が姿を消し、猪木に合流した。また翌一五日、この事件が起きてから終始猪木を支持してきた山本小鉄が日本プロレスに脱退届を提出し、猪木側についた。その後、猪木は東京・世田谷区野毛の自宅を改装し、広い庭にプレハブのジムを立て、トレーニングを開始していたのだった。

一二月二五日、「東京スポーツ」の櫻井康雄記者が猪木のもとを取材に訪れている。その時の猪木のコメントが次のものだ。

「馬場さんのインターナショナルヘビー級選手権に挑戦した対戦要望書はコミッショナー（椎名悦三郎自民党副総裁）の預りになっているはず。コミッショナーと日本プロレス協会長（平井義一会長）は〝時期尚早〟と、あの時（昭和46年5月）に裁定したが、もはや時期尚早ではない。オレと馬場さんが戦う時期がきたんだ。いまこそその時期……馬場さんはオレの挑戦を受けるべき。日本プロレスのリングに乗り込んでもいい。坂口が受けるというなら坂口と戦ってもいい。坂口なら片手で戦っても他が勝つ。3分もあれば勝負がつく」（原康史『激録　馬場と猪木第九巻』）

これが「馬場には勝つ自信がある。坂口なんて片手で三分」発言である。

一月二六日午後三時、猪木は東京・新宿の京王プラザホテルで記者会見を行い、プロレス新団体、新日本プロレスの設立を発表した。続いて一月二九日、午後四時から、新日本プロレスの道場開きが行われた。現在の上野毛の新日本プロレス道場である。その席で、話題は「馬場、坂口との対決」に集中した。

一月三一日付の「東京スポーツ」三面に「猪木〝一人相撲〟の馬場・坂口挑戦」という見出しで記事が掲載されている。一連の発言について猪木は、

「逃げる逃げないは別として、なんとしても馬場さん、坂口と勝負してみたい。日本のプロレスは、外人とだけ戦うばかりじゃなくなってきていると思う。時期的にも、日本人の強い者同士がぶつかり合う必要があるし、遺恨を離れて勝負をつけるときがきたと思う。真剣味あふれるファイトで勝負するのが、ファンを騒がせた意味の償いになるだろう」（「東京スポーツ」一九七二年一月三一日）と語っていた。そして近日中に正式文書で馬場、坂口への挑戦状を日本プロレス協会に提出したい意向も伝えていた。

一方、挑戦された馬場、坂口は「またか」といった反応であった。

「またですか？　これでもう三回目ですよ。こっちは逃げも隠れもしないが、猪木はいま、もっと他にやることがあるんじゃないかな。だいたい、ワクの外にいて本気でそんなことが実現すると思っているんですかね」（ジャイアント馬場「東京スポーツ」一九七二年一月三一日）

「いちじはある新聞に〝片手で3分〟と書かれたのを見てカーッとなったが、いまのわたしはもう挑発にのりませんよ。決して猪木さんがこわいとか、逃げるんではない。そのへんは誤解しないでください。（中略）猪木さんは売名でやっているんじゃないですか？　それに気づいたのでもう相手にしません。それだけです。わたしが片手で3分でやられるかどうかはみなさん、第三者の目で冷静に判断してくださいよ。いまは毎日ベストファイトするので精いっぱい。そんなことにかかわっているヒマはありませんよ」（坂口征二「東京スポーツ」一九七二年一月三一日）

この頃、猪木の側近として新日本プロレス設立準備に奔走していた新間寿は、当時の「片手で三分論争」の時のことを次のように述懐している。

「坂口さんは『三分なんてふざけたこと言うな。私だって柔道のチャンピオンだ。その名にかけてもやっちゃる！』って言ったのよ。猪木さんが言っていたよ。『本当に坂口は根性がある。新聞、スゲエな奴は』って」

二月三日、日本プロレスは「坂口征二が二月一一日、ロサンゼルスのオリンピック・オーデトリアムで猪木が返上したUNヘビー級選手権の現王者となっているカナダのキング・クローに挑戦する」と発表した。また同時に坂口が個人名の声明文として一連の猪木発言に対する見解を発表している。

《一部新聞紙上で、私に関する傍若無人な勝負感をのべられた。私は憤りを覚え、〝挑戦受諾〟の意向をもらしましたが、後日、長谷川代表取締役は「意味のない挑戦試合は、スポーツマンのとらざるところ、しいて決行するならば、日本プロレス選手会を脱退してからやれ！」といわれた。（中略）

私は私本来の道――心身とも健全なスポーツマンに一日も早く成長することが責任であることを冷静に痛感、ここにおわびを兼ねて、所信を声明する次第であります。
二月三日　日本プロレス　坂口征二》（「東京スポーツ」一九七二年二月五日）
猪木の挑発に坂口が先手を打って、終止符を打ったかたちとなった。

ポスト猪木への道

アントニオ猪木の退団を受け、坂口征二は猪木が保持していたベルトを相次いで引き継ぐこととなる

一月四日、午後九時三〇分羽田空港発のJAL六一便で坂口は馬場とともに渡米し、初のシングル王座獲得へ動き出した。坂口は二月九日、ロサンゼルス市のオリンピック・オーデトリアム、翌二月一〇日はベーカースフィールドと二試合を消化してから、二月一一日、ロサンゼルス市オリンピック・オーデトリアムにおけるビッグマッチに登場した。観衆は超満員一一四〇〇人。四大タイトルマッチの大トリで登場した坂口はカナダ出身のキング・クローが保持するUNヘビー級選手権に挑戦した。

UNはNWAの主要グループであるアメリカ、日本、カナダ、メキシコの四か国認定によるタイトルで日本のファンには「メキシコの鉄人」として知られるレイ・メンドーサ、「ギリシャの黒鷲」ジョン・トロスなどを経て六代目王者がアントニオ猪木。猪木が王座返上した後、カナダのバンクーバーで一月に行われた王座決定トーナメントでジョン・トロスを破ったキング・クローが七代目王者と認定されていた。

キング・クローは本名ダン・クロファット。カナダのバンクーバー出身。ブリティッシュ・コロン

ビア大学時代アマレスをやっており、ジン・キニスキーの秘蔵っ子と呼ばれていた。

「一九七二年ダイナミックシリーズ」のパンフレットにNET舟橋慶一アナウンサーが観戦記を寄せている。

《8時58分リングアナウンサー、Jレノンの声が館内に響き渡る。超満員11，400人のファンの歓声でよく聞き取れない。館内のエキサイトぶりとは別に試合は静かな流れのうちにはじまった。激しい投げ技の応酬からK・クローのヒジ打ち、パンチが坂口の顔面にヒット。とまどい気味の坂口が5分過ぎ得意の柔道殺法で反撃。試合を優勢に進めた。しかしチャンピオンもヒジ打ち、十字打ちで形成逆転させ15分30秒ロープ最上段からのハイダイビングを決め1本を先取。セコンドの高千穂明久の声援も空しく一本を失った坂口は2本目に入ってアトミックドロップ5連発。最後の2発が尾骶骨を捕え6分10秒坂口の片エビが決まった。決勝ラウンドは坂口の一方的なペース。6分22秒坂口の秘密兵器アルゼンチン・バックブリーカーが火を吹く。K・クローは顔面蒼白になってギブアップ。坂口の念願の世界シングルタイトル獲得の瞬間である。

館内割れんばかりの大歓声だ。マイク・ラベールNWA副会長からチャンピオンベルトを渡され感涙にむせぶ坂口の表情は美しかった》（舟橋慶一「日本プロレス第5回ダイナミック・シリーズ戦パンフレット」）

坂口は日本定着後、初のシングル王座獲得。アジアタッグとあわせ二冠王となった。

「東京スポーツ」は一面で「坂口世界戦速報」「やった坂口！ UN世界奪う」と報じた。

「勝った瞬間やったと思った。1本目取られたときはしまったとは思ったが、気持ちを引き締めるうえでよかった。勝因は2本目のアトミックドロップ。K・クローは私より小さいが早くてうまい。つかまえればばと狙った。とどめは思いきってアルゼンチン・バックブリーカー、きれいに決まった」（「東

1972年2月11日、ロサンゼルス・オリンピック・オーデトリアムでキング・クローを破り、UNヘビー級選手権を奪取。フィニッシュはアルゼンチン・バックブリーカーだった。（写真：東京スポーツ新聞社）

京スポーツ」一九七二年二月一四日）

アルゼンチン・バックブリーカーでのフィニッシュは今回がはじめてであった。

二冠王となった坂口は二月二一日、午後四時一四分、羽田空港着のＪＡＬ七一便で帰国した。タイトル獲得後、ハワイで一週間トレーニングに打ち込んで真っ黒に日焼けして帰ってきた坂口は記者会見では次のようにコメントしている。

《ベルトを手にして帰国してきた今の気持ちは？

「力いっぱいやって責任を果たしたという満足感でいっぱいです。私の勝利の裏にはいろいろとバックアップしてくれたファンをはじめ、みなさんの力があったことを痛感しています。責任を果たしてほっとしました」

（中略）

タイトル獲得の原動力となったＡ・ロッカ流背骨折りを今後多用する？

「いや、どんどん新しい技を取り入れていきますよ。その中の一つがこのバックブリーカーです。新兵器はバックブリーカーだけではないし〝あすの私はきょうの私ではない〟という方向に精いっぱい努力します」》（「東京スポーツ」一九七二年二月二三日）

三月六日、日本プロレスの横浜文化体育館大会。多摩川を挟んだ大田区体育館ではアントニオ猪木率いる新日本プロレスが旗上げ第一戦を行っている。日本プロレスサイドはＮＥＴの生中継だったこともあり、「猪木なんかに負けるか」と張り切っていた。メインに登場した坂口は大木金太郎とタッグを組んで、「美獣」ハーリー・レイス、フランシスコ・フローレスを二対一で破った。一方の新日本プロレスは引退した豊登が助っ人として飛び入り参戦したほか、メインで登場した猪木が師匠のカール・ゴッチにいきなり初戦で負けるというハプニングでのスタートだった。

しかし、翌日の「東京スポーツ」の一面は旗上げ戦を行った猪木ではなく、坂口であった。見出しは「坂口猪木黙殺 余裕の原爆で気勢」というものであった。

NTVの放映打ち切り

三月三一日、東京・後楽園ホールで日本プロレスの春の本場所、「第一四回ワールドリーグ戦」が開幕した。坂口は第一一回、第一二回に続く三度目の参加。今回はアジアタッグ、UNシングルの二冠王となっていたこともあり、マスコミは「坂口は馬場の連覇を阻むか」といったトーンの記事を書きたてた。「東京スポーツ」は三月二三日から「Wリーグ決戦を推理する 坂口対九人の殺し屋」というコラムを連載しはじめている。

今大会の参加選手は日本側が二度目の三連覇を狙うジャイアント馬場、「韓国の虎」大木金太郎、ベテランの吉村道明、初優勝を狙う坂口征二、坂口の明大同期のマサ斎藤、第九回以来の参加となる上田馬之助、ミツ・ヒライ、「突貫小僧」こと星野勘太郎、坂口とジョージアでともに転戦したグレート小鹿の九名。

一方の外国人勢は第五回、第一一回に参加実績のあるゴリラ・モンスーン、第一三回から二年連続参加のアブドーラ・ザ・ブッチャー、三度目の来日となるディック・マードック、メキシコ生まれのベテラン、ホセ・ロザリオ、第六回に参加経験のあるサイクロン・ネグロの別名を持つ大型の怪覆面レスラー、カリプス・ハリケーン、第一三回に本名のジョー・ルダックとして参加し、二年連続参加となるカナディアン・ランバージャック、初来日のマイティ・ブルータス、ホセ・ロザリオの実弟のサルバトーレ・ロザリオ、五大湖地区で活躍中で初来日のキラー・ブルックスの九名。

試合形式は日本人対外国人の二回総当たりで、勝利の場合、勝ち点一点、時間切れ引き分けは〇・五点、両者リングアウト引き分けと負けは〇点。両陣営の成績第一位同士が決勝を争うというのは前年と同じであった。

開幕の一週間前の三月二四日、日本プロレス事務所で開かれた取締役会で芳の里社長が馬場に次のように告げた。

「3月31日で日本テレビとの放送契約が切れる。4月1日以降のテレビ（放映）については改めて考えていかなければならない。当然、日本テレビとNETの2局に放送させることになるが、馬場ちゃん……4月からはNETにも出てもらうことになるよ」（原康史『激録　馬場と猪木第九巻』）

四月からの放送契約更改に向けて、当時、放映権を持っていた日本テレビとNETの間でそれぞれの思惑で駆け引きが行われていた。まず力道山時代から放映をし続けている日本テレビサイドは日本プロレスがこれまで約束を反故にしてきたことを盾に、「ジャイアント馬場だけは絶対にNETに中継させてはならぬ」と主張していた。一九六九（昭和四四）年七月にNETが放映を開始させた際、「アントニオ猪木と大木金太郎を中心に放映し、ジャイアント馬場と坂口征二は登場させない。またワールドリーグ公式戦も放映しない」と約束していた。しかし、坂口は一九七〇（昭和四五）年からNETへも登場し、ワールドリーグ公式戦もなし崩し的に放送されていた。

一方のNETサイドは「アントニオ猪木が退団したのは日本プロレスの責任。看板選手が不在となった以上、ジャイアント馬場を放映させてほしい」と日本プロレスに申し入れていた。

三月三一日金曜日、東京・後楽園ホールには超満員（主催者発表二八〇〇人）の観衆が集まった。馬場は公式戦でアブドーラ・ザ・ブッチャーに不覚のフォール負け、坂口はキラー・ブルックスを手堅くフォールした。この日が日本テレビとの放送契約切れの日であったが、四月以降の放送契約更新については、暫定的に契約を延長し、四月以降継続交渉となったのだ。

四月一日、芳の里が馬場に告げた。

「決めたよ、馬場ちゃん。4月3日の新潟の試合をNETに放送させる。馬場ちゃん、いろいろ言いたいことはあるだろうが、ここは日本プロレスの、さらなる発展のため、NETに出てくれ。カードは坂口と組んでのタッグマッチになる予定だ。よろしく頼む」（原康史『激録　馬場と猪木第九巻』）

馬場は「力道山時代から続いている日本プロレスと日本テレビの関係にヒビが入るどころか終わりになるかもしれない」と危惧していたが、日本プロレス経営陣は簡単に馬場のNET登場を決断してしまったのだった。

四月三日、新潟市体育館で行われた「第一四回ワールドリーグ戦」第三戦のメインイベントのタッグマッチ「馬場、坂口組対マイティ・ブルータス、ディック・マードック組」がNETの「ワールドプロレスリング」で放送されている。この後、日本プロレスと日本テレビの関係は泥沼化していく。

リーグ戦は馬場と坂口のデッドヒートとなった。馬場は五月九日で公式戦日程を終了し、通算一六勝一敗一分けの勝ち点一六で終了した。

一方の坂口は五月一一日、一五勝一敗一分けで最終戦のカリプス・ハリケーンとの公式戦を迎えた。坂口が勝てば一六点同士で馬場と並び、日本人同士での決勝進出者決定戦で馬場対坂口が実現するのではと話題になった。試合はハリケーンが巧みに場外戦に逃げ、両者リングアウトの引き分けで終わった。坂口痛恨の〇点でリーグ公式戦を一五点で終了し、決勝進出の夢は断たれた。

五月一二日、東京体育館で行われた決勝戦では外国人側第一位のゴリラ・モンスーンが日本側第一位の馬場と対戦し、二対一のスコアで馬場がモンスーンを降し、通算六度目の優勝を飾った。

しかし、この日、日本テレビは日本プロレスに対して「日本プロレス中継を本日の放送をもって打ち切る」と通告したのだった。

三冠王へ

ワールドリーグ戦終了後の五月一六日、坂口は午後九時三〇分羽田発のＪＡＬ六二便で馬場と渡米し、前年一二月にザ・ファンクスに奪われた至宝インタータッグ奪回に向かった。まず五月一八日、ザ・ファンクスのおひざ元であるアマリロで挑戦。そして翌一九日、戦いの舞台をロサンゼルスのオリンピック・オーデトリアムに変えて再試合というのが日程だった。

五月一八日、テキサス州アマリロ市アマリロ・スポーツアリーナに六九〇〇人の観衆が詰めかけた。試合は一本目、馬場が一六文キックと水平打ちでドリーを六分三二秒でフォールし、日本組が先制。二本目はファンクスが反撃に転じ、馬場をダブルスープレックスで捉えて七分三五秒、テリーが馬場をおさえてタイ。決勝の三本目は両軍入り乱れての乱撃戦となり、一五分三〇秒ノーコンテスト。馬場、坂口の東京タワーズの王座奪取はならなかった。

翌一九日、ロサンゼルスのオリンピック・オーデトリアムに一一四〇〇人の観衆を集めて再戦が行われた。一本目、テリーがバックブリーカーで坂口を捉えて一五分一七秒に先制フォール。二本目は日本側が奮起し、坂口のアトミックドロップがテリーを粉砕し、一三分二〇秒にフォールを奪ってタイ。

決勝の三本目は馬場がコーナーポスト最上段からドリーにニードロップを決めて、四分二七秒、決勝フォール。二対一で日本側が勝利し、馬場、坂口の東京タワーズが第一六代王者となった。これで坂口は半年でアジアタッグ、ＵＮ、インタータッグと猪木が腰に巻いていた三本のベルトをすべて巻くこととなり、三冠王となった。プロレスデビューから、わずか四年九か月のことであった。

試合後、坂口は次の談話を残している。

「Ω本目でテリーのバックドロップをくって少し首が痛いですけど、勝ったらそんな痛みなど消し飛びました。馬場さんとのコンビなら絶対に負けることはないと思っていたし、ファンの期待に応えられてこんなうれしいことはない。新シリーズでもこのチャンピオンの肩書きに恥じないようがんばるつもりです」(「東京スポーツ」一九七二年五月二二日)

馬場と坂口は五月二一日に帰国し、翌二二日から開幕する「第一次ゴールデンシリーズ」に参加した。ジョニー・バレンタイン、ボボ・ブラジル、「千の顔を持つ男」ミル・マスカラス、キング・クロー、ボビー・ダンカンらが来日した。

六月八日は宮城県スポーツセンターでインタータッグ初防衛戦。馬場とのコンビでボボ・ブラジル、ボビー・ダンカン組を迎え撃った。一本目は坂口がブラジルのココバットでフォール負け、二本目は馬場(一六文)と坂口(一五文)がツープラトンの三一文キックでブラジルをKOし、坂口が逆エビ固めでブラジルをギブアップさせて一対一のタイ。決勝の三本目は馬場がダンカンをネックブリーカーにとらえてフォールし、初防衛を飾った。

坂口は一九七二(昭和四七)年の上期だけでUNを三戦、インタータッグ三戦、アジアタッグ四戦をこなし、一〇度のタイトルマッチを戦った。

馬場、日本プロレス離脱

前年一二月にアントニオ猪木が日本プロレスを除名された後、「ポスト猪木」として、それまで猪木が保持していた三本のベルトを任されることとなった坂口征二は会社の期待どおりの活躍を見せ、六か月の間でアジアタッグ、UNヘビー、インタータッグの三本のベルトを腰に巻いた。特に馬場とのコンビは外国人に体力負けしない大型コンビとして無敗を誇っていた。坂口とのタッグについて馬場が次のようなコメントを残している。

《（インタータッグを奪還した頃）坂口は、当時、キャリアはまだ五年そこそこでしたが、よくオレについてきましたよ。（中略）坂口は、オレのプロレスをよく理解していたというか、ピタリと息をあわせてきましたね。もし、タイムマシンに乗って日本プロレス時代にもどり、誰か好きなパートナーを指名しろといわれたら、オレは吉村さんと坂口を選びますね。これはおもしろいチームだと思うし、内心の摩擦がないから、気持ちのいい試合ができますよ》（ジャイアント馬場『たまにはオレもエンターティナー』）

しかし、この東京タワーズもコンビ解消を余儀なくされる。七月五日、札幌中島スポーツセンターでインターナショナルタッグ選手権二度目の防衛戦を終えた日のことである。その夜、坂口は「今晩メシでも食わんか」と馬場に呼び出されている。場所はこの夜の宿舎となっていた札幌パークホテルの最上階のレストランであった。

馬場は坂口に告げた。

「実は……俺も日プロを辞めることにした。今後のことはまだわからない。ただ俺は、日プロよりも日本テレビに恩義があるから」

猪木に次いで、馬場も退団の意志を示したのである。日本プロレスを隆盛に導いたＢＩ砲が日本プロレスから消えることとなったのだ。

五月一二日に日本テレビが日本プロレスに対し、テレビ放送打ち切りを通告した三日後の五月一五日、正式に日本テレビの日本プロレス放送打ち切りが発表された。その後、馬場が坂口とともに米国でザ・ファンクス相手にインタータッグ奪回戦を行っているさなか、馬場のもとに日本テレビ関係者から、国際電話が入っている。

「馬場さんが独立して新団体をつくったら、日本テレビはバックアップします」

この時を境に馬場は独立すべきか迷いはじめていた。観客動員は一九七二年に入ってから特に芳しくなかった。五月一二日のワールドリーグ戦決勝は五〇〇〇人（東京体育館）、六月一日のインターナショナル選手権は六〇〇〇人（大阪府立体育会館）と猪木が抜けた後の日本プロレスには、明らかにかつての勢いがなくなっていた。

「第一次サマービッグシリーズ」が七月二四日に後楽園ホールで開幕してから五日後の七月二九日、午後六時、とうとう馬場の退団が現実のものとなる。東京・赤坂プリンスホテル二階の「有明の間」で馬場が記者会見を行い、日本プロレスに辞表を提出したことを発表したのだった。辞表提出の最大の理由は自身が四月からNETに登場することとなった、いわゆるテレビ問題。また、他にも「上層部と意見の相違が大きくなったことで、現在の日本プロレスでは自分が理想とするプロレスを実現できないことから、思いきって外にでて自分の力を試そうと思った」とも述べている。

馬場は「第一次サマービッグシリーズ終了までは試合に出場する」と語ったが、日本プロレスサイドは「寝耳に水の出来事で、今後の対策はこれから検討したい」と述べている。

馬場は記者会見で「レスラーは引退せず、新団体を起こす具体的な行動をシリーズ後にスタートさせる。またその件について日本テレビと相談した」ことも明らかにした。坂口はそんなある日、馬場から呼び出され、ホテルニューオータニのスカイラウンジで会談している。その際、馬場は坂口へ次のように告げた。

「坂口、俺は日本テレビと組んで、新しい団体を作ることにした」

坂口はプロレス転向以来、兄貴のように慕ってきた先輩の馬場が、自分のことを新団体に誘ってくれるものだと直感したが、馬場は次のように言ったという。

「坂口、お前は日プロに残って会社を守れ」

周囲には「お前は、プロレス入りしてから、馬場さんにお世話になって来たのだから、馬場さんについていくべきだ」と言う者もいたが、坂口はプロレス入りの際、旭化成、明大柔道部と一緒に頭を下げて回り、あらゆる希望を聞き入れて米国修行に何度も行かせてくれた芳の里への恩義を優先し、日本プロレスを守ることを決めている。

坂口自身も当時の心境を次のように語っている。

「馬場さんが『お前は日プロ守れ』ちゅうてね。プロレス転向した時から馬場さんには可愛がってもらったけど、芳の里さんに恩義があったから。四十何年経つけどあの時の（日本プロレスに留まるという）選択は間違っていなかったと思うね」

「第一次サマービッグシリーズ」は八月一八日で閉幕。「第二次サマービッグシリーズ」は八月二五日から「馬場抜き」の状態で東京・後楽園ホールにおいて開幕した。このシリーズの目玉は初来日となるザ・シーク。九月六日の田園コロシアム、七日の大阪府立体育会館と二日連続で坂口対シークのUN選手権二連戦が決まっており注目されていた。初来日のシーク見たさもあってか、主催者発表で田園コロシアム、大阪府立体育会館ともに六〇〇〇人の集客があったが、猪木が抜けて集客がダウンしているところに、馬場までが抜け、日本プロレスの集客は末期的な状況といえるほど落ちはじめていた。

ＮＥＴは、七月二八日から毎週金曜夜八時枠で「日本プロレスリング中継」をスタートさせ、日本テレビが日本プロレス中継を打ち切った後の「金曜夜八時のプロレス」枠を確保し、従来の月曜夜八時枠の「ワールドプロレスリング」と週二回の放送体制をスタートさせていた。

しかしながら、先述の集客ダウンに伴い、視聴率も低下する一方であることから九月二五日月曜日を最後に週二回放送体制はあっけなく終わりを告げ、九月二九日金曜日から、「ワールドプロレスリング」を金曜夜八時枠に変更し、週一回放送にわずか二か月で戻すこととなった。当時の集客低迷の様子をNETで実況アナウンサーをしていた舟橋慶一が次のように語っている。

《日プロの最後の頃は、お客さんが五、六人ですよ。レスラーや中継スタッフのほうが多いんです（笑）。大阪の堺市体育館でやった時も、お客さんより関係者のほうが多かった（笑）》（舟橋慶一「Gスピリッツ」VOL23）

この「第二次サマービッグシリーズ」は、八月二五日から九月二〇日の二七日間でわずか一五戦と、休養日が一二日もあるという全盛期には考えられないガラガラのスケジュールであった。

日本マット界再編成の動き

一九七一（昭和四六）年一二月のアントニオ猪木の退団に端を発した日本プロレス界の低迷に対して、我が道をゆく国際プロレスは別として、馬場、猪木、坂口、NETらは次のように動いていた。

「日本テレビに恩義がある」と主張してきた馬場は日本テレビと組み、一〇月から自らが理想とするプロレス団体を旗揚げし、新たなスタートを切るべく、その準備に奔走していた。

プロレスに将来性を見出し、三年前の一九六九（昭和四四）年にプロレス中継に参入したNET（現テレビ朝日）は番組の看板選手である猪木を失い、テコ入れ策の馬場もわずか五か月で失い、ジリ貧の状況にあった。そこで、ＮＥＴはかつて自社のプロレス番組の看板スターで当時、テレビ局のバックアップがなく経営に苦労していた猪木と日本プロレスの新エース坂口征二をドッキングさせようと考えていた。

　ＮＥＴからの放映権料がなければ、もはや運営に支障をきたすほどになっていた日本プロレスに対し、強い立場にあったＮＥＴは、「このままじゃ、来年はもう放送はできない」と言いはじめていた。また、日本プロレス幹部の経営能力を判断したＮＥＴサイドは独自で「猪木、坂口ドッキングプラン」実現へ動くこととした。

　当時の状況について、坂口は次のように語っている。

「大木さんと俺とでエースとしてやっていたけど、業績は下がる一方でよ。お客も入らないし。テレビの視聴率も悪いし……。テレビにも『このままじゃ来年三月に打ち切るぞ！』って脅かされて。のちに猪木さんも『当時、新日本やってて大変だった』って言ってたね。それで『（猪木と一緒になれば）お前の面倒はずっと見てやる』って（ＮＥＴに）言われてね」

　一方で猪木もＮＥＴサイドから坂口とのドッキングを提案されていた。

《ＮＥＴの辻井取締役が猪木に、「坂口がいなければＮＥＴはテレビの契約はしない。どうしても日本プロレスから坂口を引き抜いて欲しい」と迫っていたため、猪木は馬場の独立の動きを牽制しながら坂口の説得工作に入っていた》（栗山満男『プロレスを創った男たち』）

　そんな流れのなか、九月のある日、坂口にマサ斎藤から電話がかかってきた。

「おい、猪木さんと会ってみないか？　俺が間に入るから……」

　坂口の明大同期生のマサ斎藤が仲介役となり、アントニオ猪木と坂口征二を引き合わせたのだった。

　マサ斎藤は日本プロレス入門後、東京プロレスに移籍し、猪木とともに団体運営を行った経験があった。当時、猪木が住んでいたマンションの一階にあった六本木のすき焼き店「らん月」で三者会談は行われた。

　人はこの会合の前に猪木と坂口は一度会っていた。日時は不明だが、猪木が自伝に次のように記している。

《ＮＥＴの視聴率が急速に下がってきた。ＮＥＴとしては坂口だけではやっていけない。できれば猪木が欲しい。これが本音だったと思う。

　そんなときに、私はたまたま東京駅で新幹線に乗ろうとして、坂口たち一行と擦れ違った。彼らが降りて来たのが見えたので、こちらから声をかけた。日本プロレスの星野勘太郎が挨拶に来て、私は坂口と少し立ち話をした。

　敵対している相手の人気が落ちて行くのは結構だが、それでプロレス自体の人気が落ちてしまっては共倒れになる。そういう危機感が私にあった。

「俺は苦しいけれど、毎日、会場に来てくれる何百人かを対象に、いい試合を続けているつもりだ。でも、君たちはテレビで何千万という人を相手にしている。もし君たちのプロレスの質が悪ければ、プロレス界全体のマイナスになるということを忘れずに、頑張ってくれ」

　坂口には、そんな話をしたと思う。

　このときの対面が坂口には印象的だったようだ。坂口にも、もう日本プロレスが駄目になることはわかっていたのだ》（アントニオ猪木『猪木寛至自伝』）

　この会談の当時、坂口は猪木のことを「もっとも遠い存在の先輩で、どこか近寄り難いイメージを抱いていた」と後に述懐している。

　猪木が日本プロレスを離れる直前の一九七一（昭和四六）年一一月、「第二回ＮＷＡタッグリーグ」

でコンビを組み、「ゴールデンコンビ（黄金コンビ）」と称され、ともに優勝を分かち合ったものの、実際は遠い存在だったのだ。また、一九七二（昭和四七）年一月には「片手で三分」、「両手で一分」とマスコミを通じてやりあった間柄であったのだ。

しかし、この夜、二人は、お互いのプロレス観について共鳴し、夢と希望を語り合い、再会を約束したのだった。その時のことを坂口は翌年二月八日に猪木と共同で行った記者会見で次のように述べている。

《昨年9月に斎藤さんの仲介で猪木さんと六本木ではじめて会いました。最初は私も猪木さんも固い態度だったけど、食事をしながら打ち解けて話し合ってみると……プロレスに対する本質的な考え方では猪木さんと私の考え方は完全に一致しました。それはプロレスは力と技と肉体の勝負、絶対にストロングスタイルでなければならないという点だ。これはプロレスの原点の思想でしょう。流血、凶器、場外乱闘、金網デスマッチ……すべて邪道だと思う。我々もそれをやって来たのだが、プロレスの本質はそうじゃないという考え方です。そういう部分で猪木さんと意見が一致して握手をして二人で本物のプロレスをやって行こうという事になったのです》（坂口征二『プロレス醜聞100連発!!』）

その後、NETサイドは早々に事態を決着させようと坂口にプレッシャーをかけてくる。三浦専務、辻井編成局長は坂口を呼び出し、「このままではプロレス中継は存続できない。猪木と一緒にできるか？それが中継存続の条件だ」と最後通告をしてきた。

坂口はリング上で日本プロレスのエースとしての戦いを続けるかたわら、リング外では日本プロレス存続に向けて奔走しはじめる。

日本プロレス末期

観客動員に苦しむ日本プロレスは急遽、アメリカ遠征中の高千穂明久（現ザ・グレート・カブキ）を帰国させ、「第三回NWAタッグリーグ戦」で坂口とタッグを組ませた。しかし、観客動員を好転させることはなかった。当時の状況を坂口は次のように振り返る。

「日プロの最期のほうね、小鹿さんが、『これじゃ試合ができるかどうかわかんない』って怒ったとあったよ（笑）。ホント、観客が何十人しかいない（笑）。最後のほうは俺たちもお客さん入るんだろうかって心配しながら巡業を回っていたね」

この頃は坂口が所属する日本プロレスもファイトマネーの遅配がはじまっており、坂口らトップクラスの給与も一〇万円単位での分割払いになっており、渋谷区代官山に二棟あった建物も、本館オフィス（道場兼事務所）は売却。オフィスは選手の合宿所兼倉庫であったもう一棟のほうへ移っていた。

そんな大変な時、坂口は妻の利子さんとの結婚式を挙げている。

「坂口、元東宝女優（木村利子さん）と婚約」の見出しが一〇月四日付「東京スポーツ」の一面を飾った。かねてから交際中で一九七〇（昭和四五）年秋からのアマリロ遠征時には日本から呼び出して同店していた木村利子さんとの婚約が発表されたのだった。一〇月一日の久留米大会終了後に実家に赴いた坂口は母の勝子さんの了解を得て、正式婚約に踏み切ったと報じられている。記事には「暗い話題が多かった日本プロレス界に久々の明るいニュース」と書かれていた。

利子さんの談話は次の通りだ。

〈知り合って五年目です。大きい体の割りにはよくこまかいところまで気がつくのでびっくりしました。誠実なところときちょう面なところ、そして本当に男らしいところが好きです。子ども？　まだ

そこまでは考えていません。式のこともいっさいセイジさんにおまかせしています》（「東京スポーツ」一九七二年一〇月四日）

シリーズ終了後の一一月二日、坂口はホテル・ニュージャパンで芳の里社長立会いのもと、木村利子さんと婚約発表を行った。その後、六日午後九時四〇分羽田発のノースウェスト航空機でハワイへ向かい、一三日午後四時、ホノルル市ヌアヌ・ストリートのホノルル浄洞宗院で結婚式を挙げた。ハワイでの結婚式へは、仲人夫妻、親戚、親しい友人一〇人で日本プロレスからは永源遥が出席した。

坂口は当時をこう振り返る。

「ハワイで式挙げて、久留米で披露宴やってね。会社から一〇〇万くらい借りて（笑）。東京でやろうと思ったけど、とうとうできなかったね」

坂口は一二月一四日、実に二三回ものタイトルマッチをこなした昭和四七年度の全日程を終了。この活躍が評価され、日本プロスポーツ大賞で殊勲賞をプロレスラーとして初受賞している。プロ野球の長嶋茂雄、プロゴルファーのジャンボ尾崎と授賞式で談笑している写真が今でも残っている。

シリーズ後の一二月一八日、故郷久留米へ新妻の利子さんとともに里帰りした坂口は地元の方々を集めて披露宴をおこなった。まさに一九七二（昭和四七）年は坂口にとって激動の年であった。一月からは馬場に次ぐナンバー2の座を任され、メインイベントに連日登場しはじめ、二月にはポスト猪木としてロスでUN王座を獲得。春のワールドリーグでは馬場と最後までデッドヒートを展開し、終了後の五月に馬場とともに米国でインタータッグを奪回。七月になると馬場が退団を発表し、九月から日本プロレスのエースとなった。

観客動員と視聴率が低迷するなか、猪木と会合を持ち、日本プロレスの将来設計に奔走し、一〇月にNWAタッグリーグ二連覇を飾ると、すぐに渡米して挙式。帰国してからは「インター選手権シリ

1972年12月18日、地元久留米で行われた結婚披露宴。仲人は柔道の師匠、深谷甚八先生夫妻。

ーズ」で六度のタイトルマッチをこなしたのであった。

一九七二（昭和四七）年は坂口にとって大変な年であったが、この年があったからこそ、日本プロレス界における坂口のトップレスラーとしてのポジションが確立されたのだった。

この当時の心境を坂口は次のように振り返っている。

「あくる年から新日本に行ったんだけど、最後のほうは大変だったよ。でも、若かったし、金が心配だとかはなかったね。『どうにかなるわ。いざとなったらアメリカでも行って、やればいいんだ』とかっていうね、そういう気持ちは少しあったね。プロレス転向した後もどうしようかとか、大変だなとかあんま考えなかったし、『金がなけりゃないで、なんとかなるんだ』って」

一九七二（昭和四七）年末時点では、それまで日本プロレスと国際プロレスの二団体マーケットだった日本のプロレス界に日本プロレス、国際プロレス、新日本プロレス、全日本プロレスと四団体がひしめいていた。日本プロレスにはＮＥＴ、国際プロレスにはＴＢＳ、全日本プロレスには日本テレビがそれぞれバックについており、団体はそれぞれ放映権収入を得ていたが、アントニオ猪木率いる新日本プロレスだけはノーテレビのままであった。新日本プロレスはノーテレビに加え、カムバックした豊登のサポートを得ていたとはいえ選手層の薄さ、外国人招聘ルートの弱さと三重苦であった。

当時のプロレスのビジネスモデルは強い外国人レスラーと日本人レスラーが闘うという構図を全国ネットのテレビ中継で見せることで、「あのプロレスがうちの街にやってくる」と地方巡業を行って集客するというもので、広告がわりのテレビ中継がないと集客できず、また放映権料がないと外国人選手のギャランティを支払うこともままならないというものであった。この当時の新日本プロレスは累積赤字が一億円に達しており、このままでは創立一周年を迎える頃には倒産の危機に瀕していた。

年が明けて、一月一日、ＮＥＴの正月番組「うし年だよ！　スターもうれつ大会」に坂口はアントニ＝猪木、倍賞美津子夫妻とともに出演している。水面下でドッキングに向けた交渉を進めていたNETは司会の川崎敬三、小林千登勢の誘導によって猪木と坂口が一騎触発となっている。

いよいよ、猪木と坂口が日本マット界を変革させるべく行動に出る。

猪木のマネージャー新間寿

新間寿。かつて「過激な仕掛け人」と呼ばれ、アントニオ猪木の名勝負実現、初代タイガーマスクなどを生み出したプロレス界の名マネージャーである。猪木と坂口のドッキングについて、当時から猪木の側近であった新間寿に話を聞いた。

「最初、どこで会ったのかな。一番びっくりしたのは、大阪のロイヤルホテルに泊まって猪木さんの部屋にいた時に、電話かかって来たのよ。で、私が取って、『猪木の部屋です』って出たら、『猪木さんいらっしゃいますか』って言うから、『どなたですか』って聞いたら、『坂口です』って。『えーっ』って　びっくりしてね。

その頃、日プロがもめて、馬場さんも出てって、凋落の一途を辿っているところで、坂口さんがエース中のエースじゃない。まさかあの坂口さんじゃないかなと思って、『あの、日本プロレスの坂口さんですか』って聞いたら、『そうです』って。『社長、坂口さんですよ』って言ったら、『こんなに早くかかってきたか』かなんか言って、『あ、俺だよ』って」

当時の新間は前年三月に旗上げしたばかりの新日本プロレスの営業部長だった。先述のとおり、新日本が倒産の危機に瀕していた時である。

「一年目というのは本当に客が入らなかった。猪木、豊登、山本小鉄でひどいところなんか百人も入らないところもあって。だから金作りに回っていた。切符（チケット）売りしながら、東京へ帰ってくると金作り」

新間はすかさず猪木に聞いたという。

「社長！何ですか？坂口さんとの話は」

「まあ、お前がそばで聞いちゃったから、仕様がないな。実は坂口と一緒になるんだ」

「坂口さんが来るならＮＥＴがウチについてくれるんですか」

「勿論そうだ。坂口が全部持ってきてくれる。新間、これは新日本プロレスに坂口が来るんじゃないんだ。坂口と猪木があたらしいプロレスの会社をやるんだ。そういう認識でいてくれ」

「わかりました」

「この後、坂口のほうから条件が来るかもわからないが、その条件が来たら、またお前にも相談する」

猪木から坂口とのドッキングの話を聞いてから、新間はすごくうれしくなったという。

「あの、猪木と坂口がタッグを組んだらどうなるのだろう？　どんな試合するのだろう？」と考えるとワクワクせずにはいられなかった。

一月二六日、坂口は猪木と六本木の「らん月」で会食している。前年九月、マサ斎藤を含めた三人での会食以降、坂口と猪木は水面下で会合を持ち、坂口と猪木の合体計画の詳細を詰めてきた。最後のほうでは猪木のマネージャーであった新間も同席していたという。

坂口が提示した条件とは次のようなものであった。

- フィフティ・フィフティの合併のため、日本プロレスから役員を二人入れること
- 日本プロレスのレスラー全員の雇用を保障する
- 日本プロレス営業部員の雇用保障と営業部長の福永を新会社の営業部長とすること

これに対して、猪木は次のように言ったという。

「新間、これだけは坂口に断ってくれないか。役員に坂口の周りの人間を入れるというのは派閥をつくることになるから、反対だ。お前が話をして、他のことはどんな条件でも聞くけれども、猪木閥とか坂口閥とかをつくりたくない。『猪木・坂口』が、この二人が核になって、俺たちでやっていこう。だから新しい役員を入れないでくれと言っておいてくれ。

それから、もう一つ聞いてくれ。二人でタッグを組んだ時、猪木を先に呼ばせても俺はいいよ。坂口をメインイベンターとして、アントニオ猪木、坂口征二の順にコールする。俺がそう言っていたと言って、坂口の意向を聞いてきてくれ」

猪木、坂口、新間の三名での打ち合わせであったが、新間の証言から察するに猪木があえて席を外し、新間が坂口の意向を聞くという進め方であったようだ。

まず新間は役員の件について、猪木の意向を坂口にそのまま伝えた。すると坂口はしばらく考えてから、「新間さん、わかりました。結構です」と答えたという。

そして、猪木、坂口組の際のリングアナのコール順に話が及んだ。

「猪木、坂口組の時は『坂口さん、猪木さん』ではなく、『猪木を呼んで坂口さんを呼ぶ』と（猪木さんは）提案をしていましたよ」

「これは新間さん、違いますよ。キャリアもタイトルを取った数も猪木さんのほうが上です。私は先に呼ばれるのは何とも思っていませんよ。私を後に呼んだら、それこそおかしくなる。レスラーたちの仲間にも自分たちで決めた格というのがあるのです。これは私の言うとおりにしてください」

坂口は猪木をたてたのである。

営業部長の福永を入れる件については、新間は自身のポジションを明け渡すこととなってしまうのだが、「私は私なりに、自分の肩書をつくらせてもらいます」と了承した。

こうしてまとまった坂口と猪木の合体計画は次の通りだった。

•猪木が新日本プロレスを発展的に解消させた上で坂口以下一三名（大木、小鹿、上田、松岡、高千穂、ヒライ、桜田、小沢、大城、羽田、木村、伊藤）の日本プロレス所属選手は独立し、その双方が対等合併したかたちで「新・日本プロレス」という新団体を作る。

•新団体の代表取締役には株の六〇％を保有するかたちで猪木が就任し、坂口は株を四〇％保有して副社長に就任する。

また、坂口は自身のプロレス転向の際の恩人であり、今回のNETサイドとの交渉窓口を任せてくれた芳の里に対する処遇が気になっていた。坂口はNETの三浦専務、猪木に合併の条件として「芳の里を新団体の会長として迎え入れること」を提案し、両者の了承を取り付けている。

坂口の次の仕事は日本プロレス内部をまとめることであった。坂口は気心の知れている先輩であるグレート小鹿にNETから次年度の放映打ち切りの最後通告を受けてから日本プロレスの会社存続、テレビ中継維持のためにアントニオ猪木と水面下で会合を持ち、合併計画を立案していることを打ち明けた。

新・日本プロレス

二月一日に坂口は代官山の日本プロレス事務所で開催された日本プロレス選手会会合において新日本プロレスと日本プロレスの合併案を説明し、グレート小鹿の説得もあって出席者全員の合意を取ることに成功した。ただし、この時、大木金太郎は韓国へ帰っており不在であったが、坂口は大筋の内容を大木が渡韓する前に伝えていた。

二月六日、六本木の「らん月」で猪木と最終の打ち合わせを行い、いよいよ二月八日、坂口は猪木とともに京王プラザホテルで合同記者会見を行い、新日本プロレスと日本プロレスの合併について正式に発表した。前日の二月七日に米国のＮＷＡ総会から帰国した芳の里社長は次のようにコメントしている。

《〝プロレスがいい方向へ行くならということで、猪木君、坂口君の考えに賛成した。新会社が〝日本プロレス興業〟を名乗る件については、力道山以来の伝統を引き継ぎプロレスの火を守っていくという点でいいと思う。私個人としては二人に新会社に協力してくれといわれているが、今はまだ現在の日本プロレス興業の社長であり、三月のシリーズがすべて終わった時点で進退を考えたい》（「東京スポーツ」一九七三年二月一〇日）

この記者会見にあたっては、猪木がものすごく坂口に対して気を遣っていたという。新間が述懐する。

「京王プラザの記者会見でも『（上から順に）猪木、坂口という書き方をするな』と。猪木、坂口と上に二人の名前を（並列で）書いて記者会見場とか、そういうかたちにしようと。ものすごい神経をつかった。猪木さんの坂口さんに対する神経の使い方とは、合併するときは、あれほどこまやかに神経をつかうのかなと思うぐらいだった。坂口さんもわかってくれていたんじゃないのかな。『フィフティ・フィフティで俺とお前でやるんだ』、これに坂口さんしびれたと思うよ。『これからの日本のプロレス界は俺とお前でやっていくんだよ、坂口！』って」

最終的に坂口は猪木とともにやっていく道を選んだ。論理的に考えれば、坂口が先輩と慕っていた馬場は「坂口、お前は日本プロレスを守れ」と言い、自身が所属する日本プロレスを放映するＮＥＴ

は「坂口、猪木と一緒になったらずっと面倒見てやる」と言っているので、坂口が猪木とドッキングするというのは自然な成り行きである。しかし、この当時の坂口は馬場と猪木の両方を選択することができたのである。

なぜ、猪木を選んだのか？　その理由を坂口に改めて聞いてみた。坂口は一呼吸置いて、次のように語った。

「俺は日本プロレスのみんなを守るという気持ちで動いてね。NETが『お前が猪木と一緒になれば、テレビもちゃんと応援してやる』って、その話からスタートだったんだよね。で、会社からも一一月、一二月とギャラももらえないし、試合もないような状況でね、みんなを守るならこの道がベストだって。馬場さんにはお世話になったし、全日本ができたときに『馬場さんのところに行くんだろう』ってまわりは思っただろうな。でも馬場さんは『お前は残って守れ』って言うし。周りからは言われたことあるよ、『お前は馬場さんのところ行かないのか』って。

俺は今の日本プロレスをどうするかということを考えて、みんなと話をして。大木さんはいなかったけど、小鹿さんとか上田馬之助さんがいて、『猪木と一緒か。でも、みんなを守るためにはしょうがねえな』って結論が出て、『じゃあ、坂口、お前に任すから話をまとめろ』っていう選手会での結論を受けて、二月一日かなんかに、『やります』って。そうしたらNETも『四月から放送します』となって。新しい会社作って、芳の里さんを会長にして猪木社長、俺が副社長やって、選手も社員も全部寄せて、それぐらいの絵が描かれてたの。

馬場さんは馬場さんで、入門する時も可愛がってもらったしね、猪木さんがいなかったら、馬場さんのところ行っていたかもわからないし。猪木さんを『ああ、この人は』って思ったこともあったけど、『俺と性格的に違うからこそ、面白くていいんじゃないか』って。

アントニオ猪木と坂口征二のドッキングは日本のプロレス界を変えた。

馬場さんのところだったら、性格的にも同じだから面白くなかったかもわからないし」

以上が坂口の当時の本心である。自身ではどちらも選択できる環境にいたのであるが、坂口は所属する日本プロレスの選手・社員を守ることを目的に行動を起こしたのであった。また、似た者同志の馬場と組むよりも、性格、タイプが異なる『猪木、坂口』のほうが面白いのではないかという自身の判断もあったのである。

このことについて、新間寿は次のようにコメントしている。

「坂口さんの奥さんが倍賞（美津子）さんとも仲良かったんだよね。馬場さんの奥さんが坂口さんを非常に面倒をみてくれたんだけども、フィアンセがいて結婚するんだって決まってから、『なんだ、とうの昔に決まっているのか、私がいい人紹介しようと思っていたのに』って、ちょっとぎくしゃくしたところもあったのよね。

坂口さんの奥さんが信頼して、『猪木さんとなら』ということでOKしてくれたというのが今の新日本プロレスがある大きな大きなひとつの原因ですよ。奥さんが『いや、馬場さんがよい』って言っていたら、坂口さん、馬場さんのとこ行ったかもしれないしね」

利子夫人と倍賞美津子の年齢差は四歳。馬場夫人とは一〇歳違いだったこともあり、コミュニケーションは倍賞美津子とのほうが取りやすかったのであろう。

しかし、このあと、合併話は振り出しに戻ってしまう。大木金太郎が韓国から帰国したのである。

日本プロレス選手会真っ二つ

新・日本プロレスの発表記者会見の六日後の二月一四日、韓国から帰国した日本プロレスの選手会長の大木金太郎は今回の合併計画の詳細を聞く。大木は二月一六日の「ダイナミックシリーズ」開幕戦が行われる後楽園ホールの控え室で緊急記者会見を開き、今回の合併計画に対して真っ向から反対する姿勢を見せた。

《今度の話は自分にとっては寝耳に水……坂口が日本プロレスを出て行って猪木と手を組むのは自由だが、自分は選手会を除名した猪木と手を組む気はない。例え1人になっても力道山先生が残された日本プロレスとインターのベルトを守って見せる。

自分が韓国に帰る前に坂口から聞かされていたのは猪木のところと提携問題について話を進めている、ということだけです。それもあくまでも日本プロレスの立場を犯さない対等の立場での話し合いで、むしろこちらがリーダーシップを取っての話し合いというから黙っていたんです。ところが帰って来て話を聞いてみると、完全に猪木にリーダーシップを取られているじゃないですか。これでは日本プロレスが猪木に乗っ取られたのと同じじゃないですか。自分は日本プロレスの選手会の会長ですからね。その立場からも選手たちの不利になるような合併案には乗れませんからね》（大木金太郎『プロレス醜聞100連発!!』）

しかしそれを聞いた坂口は次のように反論した。

《猪木さんとの合併はオレ個人の意志じゃない。公表はしていなかったが、2月1日に選手会を開いて全員一致で決めたことではないか。たしかに大木さんは、そこにはいなかったが連絡はしたはず。今になって……おかしい。とにかく自分の意思は変わりません。1人になっても猪木さんと合流するハラは決めている》（原康史『激録　馬場と猪木第一〇巻』）

この日を境に日本プロレス選手会は真っ二つになった。二月一六日から二月二三日にわたって計四回の選手会が開催されたが、大木の主張と坂口の主張は平行線をたどっていた。

二月二一日、猪木と坂口は東京・西麻布のＮＥＴに赴き、四月一日から一年間の専属仮契約を極秘で締結している。あくまで猪木、坂口とＮＥＴの間での個人契約であったが、これによってＮＥＴは日本プロレスとの中継放映契約を三月末日にて打ち切り、四月一日より猪木、坂口を中心とする新団体のプロレスを中継することを決定したのだった。

翌二月二三日、日本プロレスのオフィスで最後の選手会が行われた。大木は坂口の翻意を期待していたが、坂口の意思は固かった。当日の議事録の一部を抜粋する。

《大木「どのように考え直して下さったんですか？」

坂口「あくまでも自分の考えからは一歩も下がっていないつもりです」

大木「一人でも行くということでしょうか？」

坂口「一人だった場合は、看板を使えない！　移籍ということも考えている」

大木「一人でも行くのか？　話し合いの余裕はあるんでしょうか？」

坂口「合併のことについては話し合いの余裕があると思う」

大木「我々は最後まで日プロを守っていく。この間の一六日の日、一部の人を除いて誓約書にサインして貰った。考える余裕があるのなら、もう一度、考え直して答えを出して欲しい！」

坂口「この間の話し合いは、最初からぼくを除いた様に計画したものでしょうか？」

大木「あの日は、この日プロに残ってもよいという気持ちの人だけで話し合い、もう一度お願いしてみようという結論を出した」

坂口「あくまで気持ちは変わりません。今後のプロレスに対する疑問とか、生活権の問題とかを相手の立場もふまえて考えました。今後も自分の意志を通していきます。自分の気持ちを判って下さった四人の人たちと行動を共にします。こんな自分の行動に対して処分するのなら、その処分は受ける覚悟です。信念は変わりません」』（門茂男『ザ・プロレス３６５Ｐａｒｔ１』）

結果的に日本プロレス最後の選手会となった二月二三日時点でも大木派と坂口派の溝は埋まらなかった。最終的に、大木には高千穂、小鹿、ヒライ、上田、松岡、桜田、伊藤、羽田、長沢の九人がつき、坂口には付け人の木村聖裔（健悟）、運転手をしていた大城勤、小沢正志の三人だけが付いた（四人のうちの残り一人はレフェリーの田中米太郎）。その他の星野、安達、戸口、永源、林らは海外遠征中または海外遠征前ということで日プロ残留を表明していた。

また、この日、ＮＥＴの永里高平運動部長は「坂口のいない日プロには魅力がありません。来週早々に文書で日プロに再契約の意志のないことを通告。４月１日からは坂口、猪木がブラウン管に登場することになるでしょう。正式契約は（猪木、坂口の）新会社ができ次第、結びます」とコメントした（原康史『激録　馬場と猪木第一〇巻』）。

二月二四日、日本プロレスサイドは緊急役員会を開き、芳の里、遠藤幸吉、大木金太郎らがＮＥＴに契約延長を懇願したがどうにもならない状態であった。

当時の状況について、坂口は次のように語っている。

「大木さんが、『俺は聞いてない』って（笑）。やっぱ、みんなも大木さんには何も言えないしね。俺も喧嘩したけど、最終的には一〇対四ぐらいでひっくり返って。俺は『喧嘩してでも猪木さんとＮＥＴとの約束を守ります』、『俺一人でもやります』ってね。そういう時はなんというか意地だよね、意地！『みんなと話してやめました』って言えないし、猪木さんとも約束したし、ＮＥＴとも約束したし、『意地でも、一人でも俺は行きます』って」

坂口が言った「意地だよね、意地！」というフレーズが心に残った。

最後の選手会の投票結果が一〇対四であることを当時から四五年経過した今でもはっきりと記憶し

ていることからも、この猪木とのドッキングはプロレスラー坂口征二にとって、プロレスラー人生最大の選択であったのである。

一方の新日本プロレスサイドも組織体制の変化があった。「テレビがつくまで」という条件で助っ人として現役復帰していた豊登が二度目の引退を表明。またレフェリーのユセフ・トルコも退陣を表明している。

この頃、極秘で猪木と坂口は二人でポスター用の撮影に臨んでいる。当時、坂口の付き人をしていた木村健悟が次のように振り返る。

「猪木さんとあるスタジオで合同の写真を撮るということで、それではじめて、合流するんだなという感じがあった。それも極秘でこっそり撮りましたから。僕は付き人だから、『カバン持って一緒に来い』ということで」

その時、木村は言葉を交わすことはなかったが、当時、猪木の付き人をしていた藤波辰巳をはじめて見たという。

日本プロレスを単身飛び出し、猪木率いる新日本プロレスに移籍することを決めた坂口は、何ともいえない異様な雰囲気のなかで「ダイナミックシリーズ」の試合を淡々とこなしていく。

二月二二日、大阪大会でキラー・カール・クラップ、ジョニー・バレンタイン組に敗れ、大木と保持するインターナショナルタッグ選手権を喪失していた坂口は三月二日、横浜文化体育館でジョニー・バレンタイン相手にUNヘビー級選手権の五度目の防衛戦を行うこととなっていた。

このUN戦の当日、日本プロレスを飛び出す坂口を良く思わぬ日本プロレス陣営がバレンタインをたきつけてシュートを仕掛けるかもしれないという噂が流れたが何事もなく、三本勝負の試合はわずか九分足らずで終わった。セコンドには上田馬之助、松岡巌鉄がついた。二人は何かあったら飛び込んで来ようという異様な雰囲気だったという。勝利したバレンタインは試合後、坂口に「グッドラック」と言葉をかけている。こうして坂口は吉村道明の引退表明で一月末に返上したアジアタッグを含めて、腰に巻いていた三本のベルトすべてを失った。

日本プロレス最後の試合

翌三月三日、吉村道明が近大記念館で引退試合。「プロレス界のオヤジ」に坂口は心のなかでプロレス入りしてからこれまでの感謝の意を述べた。コーチ役として日本デビュー戦に向けて米国まで迎えに来てくれたこと、ハワイでともに特訓してくれたこと、日本デビュー戦でタッグを組んだこと、プロレス入りしてから日本ではじめてのチャンピオンベルトを一緒に巻いてくれたこと……。さまざまな出来事が走馬灯のように坂口の脳裏をよぎった。「プロレスは脇役がいないと成り立たん」と語っていた吉村道明もまた「俺が、俺が」というタイプではなかった。吉村の引退試合を目の当たりにした坂口はこの後のプロレス人生において吉村イズムを体現していくこととなる。

吉村はシングルマッチに出場し、ルーベン・ファーレスを得意技の回転エビ固めで破った。そして、坂口と保持していたアジアタッグ選手権はグレート小鹿、ミスター松岡組とキラー・カール・クラップ、カール・フォン・スタイガー組との間で争奪戦が行われ、小鹿、松岡組がベルトを腰に巻いた。

日本プロレスに所属する選手たちにとってよかれと思い、これまで行動してきた坂口だったが結果的に裏切り者扱いを受けてしまった。人間関係も最悪な状態であり、控え室ではお互い口をきかないなど選手間はギクシャクしていた。

律儀な性格の坂口は日本プロレスの契約が三月三一日まで残っていることから、きちんと最終戦まで出場して、契約を守ることを決めていた。猪木サイドは適当な理由をつけて欠場することを薦めてきたが、自分では正しいことをやっているという信念を持っていた坂口は万が一、残留組に何か仕掛けられたとしても、どんな手段を使ってでも反撃してやる！とハラを括っていたのだった。

猪木も坂口のことをとても心配していた。新聞は猪木が坂口に日プロ最終戦の対応について電話でアドバイスを送っている時のことを憶えていた。猪木は次のように言っていたという。

「坂口な、絶対やられるぞ。俺も経験があるから、もう会場の入り口にタクシー、若いの乗っけて、全部荷物入れて待たせとけ。リング終わったとたんに、リング飛び出して客席でも何でも入って走って、タクシーに入って、そのまま出て来い。そうしないと、控え室なんか帰ったら、それこそやられるぞ。坂口、絶対やれよ。俺の経験だから」

そして一九七三（昭和四八）年三月八日、佐野市民会館でシリーズ最終戦の日を迎えた。日本プロレス陣営からの報復をケアし、坂口は木村、小沢、大城と都内から自家用車で会場のある佐野市に入り、ビジネスホテルをおさえた。ホテルで着替えて試合開始直前にクルマで会場入りした。

第一試合、坂口派の小沢正志が大木派の羽田光男と一五分一本勝負で対戦した。試合は何事もなく七分一六秒、小沢が体固めで勝利した。

続く第二試合は坂口派の木村と大木派の伊藤が一五分一本勝負で対戦し、時間切れ引き分け。このまま何事もなく終わるかと思われたが第三試合の桜田一男（のちのケンドー・ナガサキ）と大城勤の試合は凄惨な喧嘩マッチとなった。大木派の桜田は坂口派の大城を一方的に殴り、蹴り続ける。大城は頭を抱えて倒れるだけで何もできず、結局顔面を血だらけにして、リングアウト負けとなった。坂口も飛び込んで行くわけにいかず、拳を握りしめて試合を見ているしかなかった。

「東京スポーツ」はこの試合を次のように報道している。

《ロッカールームの空気も異様で、元々血の気の多いレスラーだけに一触即発のムード。そんななかで15分1本勝負の桜田（残留）と大城（移籍）の一戦は凄惨な流血戦になった。まさか、移籍にからんだ〝遺恨〟ではあるまいが、何となく後味の悪い最終戦だった》（「東京スポーツ」一九七三年三月一〇日）

当時のことを木村健悟が次のように述懐する。

「だからもう、何ともいえない雰囲気だったよね。合流する前の最後の試合。帰って来て、そのまま新日本の道場に行ったんですよ。最後の試合は会場も殺気立っていて。大城が桜田さんにぼこぼこにされて、異様な雰囲気だったですね。

いやですね。今考えてみても……。僕なんかはそういうことなかったから。まあ、あの雰囲気は本当に何があってもおかしくない感じでしたから、二度と嫌ですね」

坂口はセミファイナルに登場した。事前に木村と大城に指示をして車にエンジンをかけた状態で体育館の外に待たせていた。日本プロレス所属選手として最後の試合は四五分三本勝負。坂口、大木組対キラー・カール・クラップ、ルーペン・ファーレス組のタッグマッチ。試合は何事もなく、一本目は坂口がクラップのブレーンクローに敗れ、二本目は大木がファーレスを押さえ、決勝の三本目、坂口がファーレスをフォールし、二対一のスコアで終了となった。

坂口は着替えもせず、会場の外に待たせておいた車に乗り込みホテルへ直行。シャワーと着替えを済ませ、一路、世田谷区上野毛の新日本プロレス道場へ向かった。深夜、到着すると山本小鉄、藤波辰巳、木戸修、小林邦昭が坂口らを拍手で迎えてくれた。小沢、木村、大城を送り届けた坂口は目黒の自宅へ戻り、翌三月九日の午前一一時半、小沢、木村、大城を伴って日本プロレスオフィスの芳の里社長を訪ねた。辞表を提出しに行ったのである。

「お世話になりました」

「まあ、いろいろあったけど、お前たちも頑張れ」

こうして、きちんとけじめをつけた坂口征二、若手選手の小沢正志、木村聖裔（健悟）、大城勤、レフェリーの田中米太郎は新日本プロレスに合流する。

日本プロレス崩壊と新日本合流

日本プロレスオフィスでは大木金太郎が選手会の自主興行「アイアンクローシリーズ」を四月に開催することを発表していた。

またこの日、NETは新日本プロレスと正式に「四月からのテレビ中継放送契約」を結んだ。

三月一二日、新日本プロレスの次期シリーズ、「ビッグファイトシリーズ」の全容が発表された。開幕戦は三月三〇日、大田区体育館で行われ、最終戦は四月二四日、七尾市体育館までの全一九戦。坂口のデビュー戦となる四月一日は九州佐賀県の鹿島市中川公園大会となった。

三月二二日、NETは日本プロレスに対して、「三月三〇日の放送をもって日本プロレス中継を打ち切り、以後の放送契約の意思はない」ことを正式通告。四月六日（金）、宇都宮市スポーツセンターにおける新日本プロレスの「ビッグファイトシリーズ」第五戦から新日本プロレスの試合を放送することとなった。

猪木、坂口の新生・新日本プロレスが正式にスタートする前、猪木のマネージャーであった新間寿が覚書を作成している。新日本プロレスでの猪木と坂口はすべてにおいて対等の扱いだった。

《猪木、坂口の両者の立ち会いのもと、私は一通の覚書きを作成した。それにはこう記されていた。

アントニオ猪木と坂口征二はすべてがフィフティ・フィフティ。メインイベントをやるときもダブルメインイベンター。月収もボーナスも同格。飛行機に乗るときも同じファーストクラス》(新間寿『アントニオ猪木の伏魔殿』)

一九七三年四月以降の新日本プロレスの試合記録を見ると、メインイベントは猪木か坂口を主役とするタッグマッチで、両者が交互にメインに登場している。しかし、『両雄並び立たず』というのが世の常。崩壊してしまった日本プロレスの歴史を見ても、団体のエースは一人の時がうまく行っていた。力道山、豊登、ジャイアント馬場……。アントニオ猪木が東京プロレスから復帰してBI砲時代になってからは、猪木が馬場に対してライバル意識をむき出しにしたことで、ついにはテレビ局をも巻き込んだ争いとなり、最終的に団体は崩壊してしまった。

そこで、新間は坂口にナンバー2の立場を受け入れてほしいと告げている。

《私は坂口に頭を下げて頼んだ。

「悪いけれども、新日本プロレスを売り出すか、坂口征二を売り出すかということになれば、私は会社を売りたい。新日本プロレスがよくなってこそ、あなたもよくなるから、二番手に甘んじてくれないか」

アントニオ猪木を立ててやってほしい――言いにくいことをはっきり切り出した私に、彼は嫌な顔ひとつせず、私の言う条件を受け入れてくれた。

「わかりました。新間さん。新日本に入る覚悟を決めている以上、いいですよ。新間さんのやりやすいようにやってください」》(新間寿『アントニオ猪木の伏魔殿』)

坂口は自分自身のことよりも、新日本プロレスという会社組織がどのようにしたら良くなり、関わる人々が幸せになれるかを優先して意思決定をした。

しかし、ここだけは譲らず、坂口は新聞に次のように言ったという。

「しかし、猪木さんに何かあった時は、私がメインを張りますよ。いつでも私はその立場にあることを忘れないでください」（坂口征二『やっちゃるけん！』より）

会社の発展を第一に考えていた坂口だったが、元日本プロレスのエースとしてのプライドだけは忘れていなかったのである。

三月三〇日金曜日、新日本プロレス旗上げ一周年興行の「ビッグファイトシリーズ」開幕戦が行われた。日本プロレスとの契約期間中のため、坂口は背広姿のままで試合には出場せず、メインのアントニオ猪木、柴田勝久組対ジャン・ウィルキンス、マヌエル・ソト組のタッグマッチ六〇分三本勝負の試合前にリングに登場し、猪木とガッチリ握手。試合をリングサイドで見守っていた。しかし、決勝の三本目、外国人コンビの反則攻撃に日本側がピンチとなると、スーツのままウィルキンスとソトを蹴散らし、猪木と柴田を救出した。猪木が坂口をリングに招き入れると「坂口！　いいぞ！」と館内からは万雷の拍手があふれた。このシーンをそばで見ていた堀内国弥（元NETプロデューサー）が次のように振り返っている。

《3月30日に新日本の大田区体育館に坂口が来て、日プロとの契約が残っていたから試合には出られなかったけど、猪木がやられているところに私服で飛び込んで行ってガイジンを蹴散らしてね。それを見て、〝カッコイイな！〟ってゾクゾクしたのを憶えてますね》（堀内国弥「Gスピリッツ」VOL30）

また、この日の午後八時から、NETの「ワールドプロレスリング」で日本プロレスの最後の試合中継が行われている。坂口、大木組対クラップ、ファーレス組のタッグマッチと高千穂明久がジョニー・バレンタインを破ったUNヘビー級選手権の録画中継であった。

その後、日本プロレスは四月二〇日、埼玉県吉井町体育館での「アイアンクローシリーズ」最終戦

1973年3月30日、東京・大田区体育館のリングに私服姿で飛び込み、猪木のピンチを救った。（写真：ベースボール・マガジン社）

で一九年にわたる歴史にピリオドを打つこととなる。
三月三一日夜、京王プラザホテルで新日本プロレス旗上げ一周年記念パーティーが行われた。猪木、坂口が並んでファインティングポーズをとっている「ビッグファイトシリーズ」の四月一日以降分のポスターが会場に貼られ、その前で猪木と坂口ががっちり握手して記者会見に臨んだ。
猪木は「坂口君を迎えて、我が新日本プロレスは1周年。新しい体制でスタート、飛躍を期することになりました」と挨拶。一方の坂口は「猪木さんとは日本プロレス時代にもタッグを組みましたが、これからが本当のタッグ。最高のパートナーとして共に戦っていけると思います」と力強く語った。（いずれも原康史『激録　馬場と猪木第一〇巻』）
いよいよ、翌四月一日から「新日本プロレスの坂口征二」がスタートすることとなる。

第八章　猪木とのドッキング

「日本の夜明け、プロレスの夜明けであります！」

一九七三（昭和四八）年四月一日、日本プロレスとの契約が前日で満了となった坂口征二は晴れて新日本プロレスマット移籍第一戦を行っている。「新日本プロレス創立一周年記念ビッグファイトシリーズ」第二戦で、会場は佐賀県鹿島市中川公園の特設リングだった。試合開始は午後一時の昼興行。坂口は前日の創立一周年パーティーを終え、寝不足の状態で当日朝、福岡へ飛んでいる。

福岡空港から会場へ向かう車がやや遅れ、試合開始の一時間程前にやっと坂口が到着した時、待ちくたびれた猪木が安堵の笑顔で迎えてくれたという。

坂口はセミファイナルのシングルマッチ三〇分一本勝負に登場。相手は日本プロレス時代に対戦したことのあるマヌエル・ソトだった。地元九州で記念すべき新日本マット登場第一戦を行えるという喜びからか、坂口はハッスルし、ネックハンギングツリーからのアトミックドロップでソトをKOし、八分二秒、片エビ固めで初陣を飾った。

「坂口〝初舞台〟で原爆圧勝」、「坂口初戦快勝」と「東京スポーツ」が一面に見出しをつけた。試合後のインタビューで坂口は次のように語っている。

《新しいスタートですからね。力一杯やった。坂口は日プロ時代と変わらんといわれたくない。とにかく自分の持てるものをすべて出して勝負していきたい》（「東京スポーツ」一九七三年四月三日）

また、同シリーズのパンフレットには坂口自身の決意が次のように記されている。

《この度、新日本プロレスの猪木選手と手を組んで日本プロレス界の発展のために努力いたすこととなりました。昭和42年2月にプロレス入りした私は、まだプロレスラーとしてのキャリアは6年程度ですが、〝プロレスの主流は力と力……あるいは技と技で戦うストロング・スタイルである〟という

新日本プロレスマットでのデビュー戦は地元九州の屋外興行だった（1973年4月1日、佐賀県鹿島市）。（写真：ベースボール・マガジン社）

点で猪木選手と大いに共鳴するところがありました。今度は猪木選手を良きパートナー、そして良きライバルとして互いに技を競い合っていきたいと思います。理想のプロレスをめざして前進をはじめた私のファイトにご期待ください》(「一九七三年ビッグ・ファイト・シリーズ」パンフレット)

そして、四月六日付の「東京スポーツ」八面には、

「アントニオ猪木★坂口征二プロレス界の巨星10チャンネルで大暴れ!! ビッグファイトは明晩から独占中継 ワールドプロレスリング明晩8時宇都宮スポーツセンターより」

という一五段広告が掲載されている。

一九七三(昭和四八)年四月六日、金曜夜八時。「ワールドプロレスリング」枠における初の新日本プロレス中継がスタートした。栃木県宇都宮スポーツセンターからの生中継。

館内が薄暗くなり、リングがスポットライトに映し出された。そこへ、赤コーナーからアントニオ猪木が入場。そして猪木の待つリングへ青コーナーから坂口征二が小走りに入場してリングに駆け上がった。お互いガウン姿のままリング中央でがっちりと握手。その瞬間、三二〇〇人(主催者発表)の観衆から「ウォーッ!!」という大歓声が沸き起こった。放送席では実況担当のNETの舟橋慶一アナウンサーが「日本の夜明け、プロレスの夜明けであります!」と絶叫した。

当時のことを舟橋は次のように振り返っている。

《前の週とあまりにギャップがあったので、その言葉が出たわけですよ。3月30日に日プロの最後の放送を終えて、翌週いきなり新日本の中継がはじまった。あの喜びをどう表現したらいいか……。前の週はスタッフのほうが多かったのに、この日の宇都宮スポーツセンターはお客さんで溢れていた。そのギャップですよね。まさに日本のプロレスの夜明け、新しい時代がいきなり来たという感じでしたよ》(舟橋慶一「Gスピリッツ」VOL23)

この日のカードはダブルメインイベント。第一試合はタッグマッチ六〇分三本勝負「アントニオ猪木、柴田勝久組対ジャン・ウィルキンス、マヌエル・ソト組」、第二試合はシングルマッチ六〇分一本勝負「坂口征二対プロフェッサー・バーン・ジール」だった。

「坂口なくしてNETのテレビ中継なし」ということからも、猪木は坂口にダブルメインイベント第二試合を譲ったのだった。

この日の試合の様子を「東京スポーツ」の記者として坂口征二を報道し続けた櫻井康雄氏に聞いてみようと思っていたのだが、氏の急逝により、その「夢」は実現しなかった。その時の坂口の様子を氏の著書から引用させていただく。ダブルメインイベント第二試合に登場する坂口は放送席に座って次のように決意を語ったという。

《ついに、この日がきたか、という気持ちです。2月からいろいろあった。最後は自分ひとりでも猪木さんとの約束を守って、猪木さんと合流するという気持ちだった。小沢や木村がついてきてくれて、猪木さんとの盟約を果たせた。自分も、こうして新日プロに入った以上、関係者に対してもファンに対しても大きな責任がある、死に物狂いでがんばるつもりです。こうしてNETのブラウン管に猪木さんと出られることはうれしい。いずれはタッグを組んで、いろんなタイトルに挑戦することにもなるでしょうが、猪木さんは実力的にも最高のパートナー。猪木さんとのコンビならいい試合ができると思います。自分は猪木さんが最高の力を発揮できるよう、猪木さんの盾となって死に物狂い、力を尽くすつもり……》（原康史『激録　馬場と猪木第一〇巻』）

「自分は猪木さんが最高の力を発揮できるよう、猪木さんの盾となって死に物狂い、力を尽くすつもり……」

この時、坂口はナンバー2として猪木を支えていくことを決意したのだといえよう。

ダブルメインイベント第一試合で猪木、柴田組が外国人組を降すと、続く第二試合で坂口が新日本プロレス中継初登場。南アフリカ出身でキャリア一五年のベテランレスラーだったプロフェッサー・バーン・ジールを坂口はロープのリバウンドを利用したシュミット流バックブリーカーで破っている。四月八日付の「東京スポーツ」は一面で「坂口も〝追打ち〟祝砲背骨」と見出しをつけて、猪木、坂口の新たな船出を祝した。

こうして、テレビ放映を持った新日本プロレスは苦境を脱し、上昇気流にのっていく。ジャイアント馬場率いる全日本プロレスはNTVと外国人ルートの強みを活かし、順調な滑り出し。国際プロレスもTBSがつき、地道に独自路線を歩んでいた。しかし坂口の抜けた日本プロレスは選手会主催の「アイアンクローシリーズ」最終戦、四月二〇日の吉井町体育館大会を最後にその活動にピリオドを打った。

外国人招聘における坂口効果

坂口が加入したことでNETがつき、倒産の危機を脱した新日本プロレスだったが、外国人招聘ルートは相変わらず弱いままだった。当時ブッカーはカール・ゴッチのみであったため、エース級外国人レスラーと呼べるのは、それこそカール・ゴッチ本人ぐらいであった。

そこに、新しい外国人レスラーのスターが誕生する。「インドの猛虎」と呼ばれ、アントニオ猪木と抗争を展開し、新日本プロレスの観客動員と「ワールドプロレスリング」の視聴率アップに貢献したタイガー・ジェット・シンである。

シンは遠藤幸吉の友人の吉田という人物がシンガポールで見つけてきたレスラーであった。シンは一九四四年、インドのパンジャブ州出身。インド古来のグレート・ガマ流レスリングをマスターし、一九六五年、シンガポールでプロレスラーとなった。一九六六年にカナダのオンタリオでデビューし、馬場のコーチ役だったフレッド・アトキンスの指導を受け、ヒンズー・ハリケーンの名でカナダマットにおいて活躍していた。

シンは一九七三年五月四日に川崎市体育館で行われた「ゴールデン・ファイト・シリーズ」開幕戦の第七試合、山本小鉄対スティーブ・リッカード戦に乱入し、コブラクローで山本をKOするという衝撃的なデビューを飾った。その後、五月八日の熊本大会から正式に参戦し、中堅・若手選手をシングルマッチで連破すると、五月一九日からタッグマッチでメインイベントに登場しはじめた。それまでのプロレスの凶器の常識を覆す、サーベルを使ったスタイルはファンの度肝を抜き、テレビの全国中継の効果と相まって、会場の観客動員は上昇カーブを描いた。

五月二五日には岐阜大会でアントニオ猪木とシングル初対決。三本目は反則勝ちながらも二対一で猪木を破っている。

六月八日の大宮（現さいたま市）大会では坂口とシングル初対決、お互い一本ずつ取ってから決勝の三本目に坂口が暴走の反則負け。二対一でシンが勝ち、シンは初参加のシリーズで猪木と坂口を連破したのである。

シンと坂口はこの後、幾度となく対戦することとなるが、坂口はシンのことを次のように評している。

「シンは新日本の看板（外国人選手）になってくれたよな。何度もやってみてパターンがわかっていた。最初からワーッとスイッチが入ったような試合をするからやりやすかったよね。

俺は最初のほう、チンタラチンタラやるのは昔から合わなくて、いきなりパーッと突っかかってくる相手のほうがやりやすかった。日本に何度も来て、時代を作ったからね。全日本にまで行って、ひと財産つくったんじゃないの（笑）。一年のうち、三分の一ぐらい日本に来ていたよな」

猪木も自著でシンとは手が合ったと述べていたが、坂口にとってもやりやすい相手であった。新日本プロレスのツートップと観客をヒートアップさせる戦いができたシンだったからこそ、後に外国人エースとなることができたのだった。

新日本プロレスは新しいヒールのシンを育成するとともに、アメリカマット界とのパイプ強化を図る。八月三日、四日の二日間、ネバダ州ラスベガスで開催されたNWA年次総会に猪木はNETのスタッフを伴って出席した。この年の二月の臨時総会でジャイアント馬場率いる全日本プロレスの加盟申請が認められたからである。当時のNWAの加盟申請が認められる枠は「一エリア一企業」というルールになっていた。日本のマット界においては、日本プロレスが芳の里名義で加盟していたため、「二番目」となる全日本プロレスの加盟はできないと思われていたが、馬場の加盟が認められたことから、猪木自身もチャンスがあると考えたのであった。

新日本プロレスの加盟申請は当時のNWAのバイスプレジデントであったロサンゼルス地区のプロモーターのマイク・ラベールが議題として提出した。しかし、馬場派のプロモーターが大勢を占めていたことから、残念ながら却下されてしまう。

そこで、新日本プロレスはラベールに協力を仰ぎ、その後の外国人招聘ルートを築いていく。当時のことを新間寿は次のように振り返る。

「NWA総会に行くと坂口さんのことを知っているプロモーターが随分いて、猪木さんのことも知っていたけど、馬場さんと比べられるじゃない。当時の馬場さんというのはアメリカでもナンバーワンクラスの人だったわけ。NWA総会にこっちも入会希望で行くと馬場派が九九パーセントだったのよ。猪木派は一パーセントぐらいのもので、ラベール一人ぐらいしかいなかった。『猪木と坂口が一緒になったんだ』って注目してくれたのがWWWFのビンス・マクマホン・シニアだったわけ。『坂口が入って、新日本プロレスも良くなるだろう』ってラベールが紹介してくれて、NWA総会で話をしてニューヨークから選手を送ってくれるようになったわけ。(その後)『ウチの選手も頼む』ってお願いするようになったわけだけど、それも坂口さんがきっかけだったの。だから表面には出ないけれども会社のなかでも大変な坂口効果が出てきたわけ」

坂口が新日本プロレス加入後の八月二四日、ラベールの協力で猪木と坂口の黄金コンビはロサンゼルスのオリンピック・オーデトリアムのビッグマッチに出場し、ジョニー・パワーズとパット・パターソン組が保持するNWA北米タッグ選手権への挑戦が実現している。

そして年が明けた一九七四年二月にはWWWFからアンドレ・ザ・ジャイアントが新日本プロレス初参戦。四月からはじまった「第一回ワールドリーグ戦」の決勝戦にはビンス・マクマホン・シニアが立会人として来日している。坂口は当時、渉外の仕事をしていたわけではなかったが、外国人選手招聘ルート強化に坂口効果は出ていたのであった。

坂口の移籍効果はこれだけではなかった。

俺たちは坂口一派

坂口征二が新日本プロレスへ移籍した効果は前座戦線にも表れていた。一九七三（昭和四八）年三月まで、新日本プロレスの前座で活躍していた若手選手といえば、藤波辰巳、荒川真、藤原喜明、リトル浜田、栗栖正伸、小林邦昭ら六選手。

藤波辰巳は一九五三（昭和二八）年一二月生まれ。同郷の魁勝司を頼って、一九七一（昭和四六）年に日本プロレスへ入門し、同年五月にデビュー。猪木が日本プロレスを退団すると行動を共にして新日本プロレスの旗上げに参画。当時、まだ一九歳であった。藤波以外は皆、新日本プロレスが旗揚げされてから入門し、デビューしている。

後に藤原組長と呼ばれることとなる藤原喜明は一九四九（昭和二四）年四月生まれで当時二三歳。一九七二（昭和四七）年一一月にデビュー。メキシコの英雄となったグラン浜田のその頃のリングネームはリトル浜田。一九五〇（昭和二五）年一一月生まれで当時二三歳。一九七二（昭和四七）年三月にデビュー。栗栖正伸は一九四六（昭和二一）年一一月生まれで当時二六歳。一九七二（昭和四七）年九月デビュー。荒川真は一九四五（昭和二〇）年三月生まれで当時二八歳。同じく一九七二（昭和四七）年九月デビュー。そして後に「虎ハンター」と呼ばれ、初代タイガーマスク（佐山聡）と抗争を展開した小林邦昭は一九五六（昭和三一）年一月生まれで当時一七歳。一九七三（昭和四八）年二月デビューであった。

坂口移籍前までの新日本プロレスの前座には当時でキャリア一二年となる魁勝司が加わり、若手選手たちを引き締めていた。そこへ、日本プロレスから「坂口一派」の三人が参戦することとなったのである。

後に木村健悟となる木村聖裔は藤波と同じ一九五三（昭和二八）年九月生まれで当時一九歳。キャリアは藤波からほぼ一年遅く昭和四七年八月デビュー。後にキラー・カーンとなり全米のトップヒールとなる小沢正志は一九四七（昭和二二年）三月生まれで当時二五歳。一九七一（昭和四六）年六月デビュー。そして大城大五郎は一九五〇（昭和二五）年一〇月生まれで当時二二歳。一九七二（昭和四七）年八月デビュー。

デビューした順番で言えば、藤波（昭和四六年五月）、小沢（同年六月）、浜田（昭和四七年三月）、木村、大城（同年八月）荒川、栗栖（同年九月）、藤原（同年一一月）、小林（昭和四八年二月）となるが、日本プロレス時代に一緒だったことがある藤波と小沢は別にして、他のメンバーはもともと同門ではないことから、先輩後輩の序列は関係なかった。

小林邦昭が次のように述べている。

「木村とか大城、キラー・カーン（小沢）には負けるなと。あの頃は新日本が練習でも一番だったんで負けるな！　ということを（山本）小鉄さんから言われていましたね。坂口さんに対してはないですけど、若い選手はやりあってた」

新日本プロレスの生え抜きと日本プロレスからやってきた外様の間での試合はお互いのライバル心むき出してバチバチしたものだったという。

方の日本プロレスサイドだった木村健悟は次のように振り返っている。

「ライバル意識はむき出しですよね。新日本は前座の試合が面白いとよく言われましたし。日本プロレスの意地をかけて、負けたくないとバチバチの試合だったですよね。我々の前座の試合がはじまる頃からお客さんがいっぱい詰めかけているような感じでした。こちらも坂口一派だしね。負けるわけにはいかないということでよい試合ができたんでしょうね。テレビがついたのはこっちのお蔭だ！　というのがあったというか」

坂口の移籍は若手選手たちにもよい刺激を与える結果となり、新日本プロレスは前座から面白いというのが広まったといえる。この若手選手層の厚さが一九七五（昭和五〇）年からスタートした若手の登竜門「カール・ゴッチ杯」へと昇華していくのであった。

他にも坂口移籍効果があった。それは営業面であった。

敏腕プロモーター三浦庄吾

坂口征二が新日本プロレスへもたらした営業面での功績と言えば、最優秀プロモーター賞を四年連続で受賞した三浦庄吾に新日本のプロモートを持ちかけたことであろう。

三浦は一九三七（昭和一二）年、宮城県気仙沼市に生まれている。岩手県の大船渡市に移ってから漁師となったが、再び宮城に戻ってからは捕った魚を調理して提供する寿司職人となった。やがて結婚した三浦は昭和四〇年代に入ってから、仙台駅前で源平寿司という寿司店を開業している。この寿司店は最盛期には三店舗展開するほどになった。

ある日、三〇代の働き盛りの三浦の店に近くのスナックでホステスをしていた女性が日本プロレスのレスラーたちを連れてやってきた。そのなかに坂口征二もいた。それが三浦と坂口が出会ったきっかけだった。グレート小鹿は「坂口選手を源平に俺が連れて行ったんだよ。その後、新日本の大きなプロモーターになった」と語っている。

もともとプロレスが好きで、興行というものにも興味があった三浦は、店内に「前売り券あります」と書いた興行のポスターを貼り、チケットの取り扱いをはじめた。最初は「プロレス好きのお寿司屋さん」という見え方であったが、それが乗じて、いつの間にか興行自体をプロモートするようになっていた。

一九七三（昭和四八）年のある日、坂口は三浦に言った。

「オヤジさん、俺は日本プロレスを辞めて、猪木さんの新日本プロレスに行くことにした。一緒に行きませんか」

坂口のことを信頼していた三浦は二つ返事でOKしたという。坂口が新日本プロレス入りした一九七三（昭和四八）年四月より、三浦は新日本プロレス公認プロモーターとなり、本業の寿司店を営業するかたわら、東北六県の興行を担当することとなった。その最初の興行は昭和四八年四月一二日、宮城県スポーツセンターでのテレビ中継の試合であった。以後、三浦は亡くなるまで二〇年以上もの間、新日本プロレスの東北の興行を取り仕切ることとなる。

当時、新日本プロレスを放送するNETは東北エリアが弱かった。秋田県などは日本テレビ系列しか放映されていなかったという。毎週のテレビ中継が宣伝がわりとなって、「あのプロレスがこの町にやってくる！」と地方興行の集客に結び付けるという当時のプロレス興行のビジネスモデルが通用しない地域を三浦は担当したのであった。これは明らかに他地域のプロモーターと比較してハンディがあった。しかし、三浦は、寿司店を妻に任せて、東北地区で新日本プロレスを広げるために奔走する。最盛期には年間五〇試合近く手がけていたほどで、全国に六〇名以上いたプロモーターのなかでは最多であった。三浦の一人娘で現在、茨城県水戸で英会話教室を開業している（取材当時）裕美子が次のように語っている。

「興行数は）一番多かったみたいですね。名古屋の富野さん（共同企画）とウチの父と、大阪の仲元さんあたりがすごく多くやっていて。東北はキー局からネットされる局がないところがあって、秋田は新日やってなかったんですよね。とにかく父は家にいなかったですよ。漁師みたいに。二か月いないかと思ったら、一週間いるとか。ほとんどどっか出かけてましたね」

この努力が評価され、新日本プロレスが昭和五三年からスタートした優秀プロモーター表彰制度で、四年連続で最優秀プロモーター賞を受賞している。

三浦のプロモーター業への取り組みは半端ではなかった。中古のバスやワゴン車を購入し、宣伝カーを作った。最盛期には八台ほどあったという。宣伝カーで流す宣伝原稿も自ら作った。新日本プロレスの横書きの便箋に縦書きに宣伝文句を書き、自ら読み上げてエンドレステープに吹き込んだ。当時はパソコンで音楽ファイルの編集などできない時代。カセットテープレコーダーを二台用意し、一台でBGMを流し、もう一台に自分の声と流れているBGMを同時に吹き込む。家族には「これから録るから、静かにしておけ！」とその都度言った。

三浦の本業は寿司職人である。宣伝用ナレーション原稿を作ったこともなければ、音声素材の制作もやったことはない。新日本プロレスに協力したいという一心でやり遂げたのであった。

「寿司屋のほうの住み込みが三人いて、プロレスのほうの住み込みがやはり二、三人いて、うちに大人の男が数人住み込んでいるという状態で育ってきました。もう、こんなのが（宣伝カーの写真を見ながら）、仙台の興行の一か月半ぐらい前になるととにかく走っているから、小学校の時は『三浦の父ちゃんの声聞こえた』ってすごい言われましたよ。試合が終わるとうちのお店で打ち上げだったので、ファンの人はプロレスの寿司屋ということで知っていたみたいですね」

昭和の新日本プロレスの功労者

三浦はアイディアマンでもあった。新春シリーズの風物詩として一九七四（昭和四九）年、一九七五（昭和五〇）年、一九七八（昭和五三）年と三度来日した世界一の双生児デブことマクガイヤーブラザースの入場シーンでスクーターを使用するアイディアを出したのはこの三浦であった。

敏腕プロモーターの三浦庄吾は自前の宣伝カーを投入し、新日本プロレスの躍進に貢献した。

一九八〇（昭和五五）年の「サマーファイトシリーズ」から新日本プロレスが他団体に先駆けて導入し、現在でも主要団体が試合会場で設置している場外フェンスも三浦のアイディアだったという。三浦の長女の裕美子は新日本プロレス創成期に大活躍したトップヒールのタイガー・ジェット・シンとのエピソードを語ってくれた。

「『あまりにもシンが暴れたり、場外ばっかり行っているから、坂口さんと二人でフェンス考えた』って言って。『特許取っとけばよかったのにね』って言っていた（笑）。

タイガー・ジェット・シンも日本に来ると、『ミスター・ミウラのプロモートするショーはどこだ』ってスケジュール見て、『ここからここです』って言うと、『オッケー』って言って、暴れっぷりが違ったって（笑）。ウチの父親は英語ろくすっぽしゃべれもしないのに、本当に仲良くて」

坂口も三浦について次のように述懐する。

「この人とは日本プロレスの頃からすごく仲良かったんだよ。それで俺が新日本行ってから、（興行を）やってくれるようになったんだよ。家一軒建つくらいの利益上げてすごかったよ。青森で大会が終わったら必ず飲みに付き合わされてよ、『坂口さん、来てくれ』って（笑）。会社の最初の頃、貢献してくれたプロモーターだよな」

プロモーター業が忙しくなった三浦に対し、坂口は心遣いを忘れなかった。興行の仕事が忙しくなり、家を空けることが多くなった三浦の娘の裕美子のことを想い、心ばかりの気づかいを見せた。

「私が小学校一年になったのは昭和五三（一九七八）年くらいなんですけど、半年ぐらい前に坂口さんから電話があって、『小学生だろ、ランドセル贈るから』って。牛革の当時、クラリーノとか流行っていた時代だったから、これはすごい高いんだろうなっていうランドセルを贈ってくれて。で、さらにそれから六年たって、ちゃんと覚えているんですよね。『今度、中学生だろ、カバンはどういうのがいいんだ』って言われて。『あの、私立なんで、学校で決まっているのあるから大丈夫です』って言ったら、また今度三年経って高校の時に電話かかってきて……。なんて律儀なんだろうっていうのをいまだに覚えていますよ」

父親と遊びたくても、遊べない盟友の娘への優しさだった。

本当のメインイベンターは猪木

新間寿の要望を受け、一歩退くことを受け入れた坂口は「本当のメインイベンター」であるアントニオ猪木を光らせるために、それこそ「猪木の盾」となって邁進した。

新生・新日本プロレスの躍進のきっかけとなった一九七三年一〇月一四日、蔵前国技館における「世界最強タッグ戦」。二〇世紀最大のレスラーと呼ばれた「鉄人」ルー・テーズと「プロレスの神様」カール・ゴッチにタッグを組ませ、猪木と坂口の黄金コンビが迎え撃つというものだ。昭和プロレスファンの間ではいまだに語り草となっている名勝負である。

日本のプロレスの発展を期して、東京スポーツ新聞社主催、提供は新日本プロレス、後援がNETとして行われることとなった。この一戦は当時の東京スポーツ新聞社社長の井上博が「ファンのために夢のカードを提供しよう」と企画し、猪木と坂口が快諾したもの。前年、特別レフェリーにルー・テーズを起用して猪木対ゴッチの実力世界一決定戦を行った猪木が八月に渡米した際、テーズとゴッチを個別に口説き落とし、「一試合限定」の条件にてテーズとゴッチにタッグ結成を合意させたのだった。イベント自体は東京スポーツ新聞社の資金援助と後方支援によって行われた。

この時、ルー・テーズは五七歳、カール・ゴッチは四九歳であった。テーズは引退していたが、前年の猪木対ゴッチ戦を間近に見たことで刺激を受け、この年の五月にカムバックしていた。

一〇月一四日、「世界最強タッグ戦」の試合当日。東京・蔵前国技館には超満員一万二〇〇〇人の大観衆が集まった。

この時の坂口はキャリア七年目に突入。テーズ、ゴッチのみならず、タッグパートナーの猪木と、三人を相手に目一杯のファイトをしている。

坂口は一本目、テーズのバックドロップに沈んだが、二本目、テーズをアトミックドロップに仕留め、「鉄人」ルー・テーズからはじめてクリーンフォールを奪った。試合は決勝の三本目に猪木がゴッチを仕留め、二対一のスコアで猪木、坂口組が勝利を飾った。「猪木が師匠であるゴッチ超えを果たす」というフィナーレであった。

試合を終えた坂口は次のように述べている。

《テーズ、ゴッチは年をとってもすごい。実力の底が知れない。まだまだ俺は未熟と思い知らされた一戦だった》(「激録　馬場と猪木　第一一巻」)

後に、「この当時はまだ、猪木に対して『そうは行くか!』というライバル心があった」と坂口は述懐しているが、実際の表舞台では猪木がメインイベントで名勝負を展開する姿をセコンドとして見守りはじめていたのである。一九七三(昭和四八)年一二月一〇日、東京体育館で猪木はジョニー・パワーズを破り、NWF世界ヘビー級選手権を奪取している。このNWFベルトは後に「燃える闘魂」アントニオ猪木の代名詞となっていくベルトであるが、坂口が一歩退いたからこそ、猪木が腰に巻くことができたベルトであるといえる。

新間寿が次のように述懐している。

「坂口さんが新日本プロレスと合併して一年後からは、我慢の連続だったですよね。ずっと我慢ですよ。坂口さんが当時、『いや、新聞さん、冗談じゃないよ、俺だって柔道日本一だ。フィフティ・フィフティで合併したのだから、俺にも別のタイトル作って、別シリーズのなかでそういうのがあってもいいじゃないか』と言われたら、本当に私は困った。そういう不安もあったけれども、まったくないんだよね。坂口さんはまず会社を優先する」

坂口が我慢の連続だったという一九七四（昭和四九）年がはじまる。この年は「燃える闘魂」猪木の信者ができた年であったと言われている。常に坂口はそんな猪木をサポートする側に回っていく。

猪木の影に坂口あり

一九七四（昭和四九）年は猪木が名勝負を連発した年である。この年から東京スポーツ新聞社が制定した「プロレス大賞」ではアントニオ猪木が最優秀選手賞、そして同年三月一九日に行われた「NWF世界ヘビー級選手権：アントニオ猪木対ストロング小林戦」が年間最高試合賞を受賞している。東京スポーツ新聞社の「東スポウェブ」には当時の選考理由について次のように記載されている。

《1年間を通じて、常にプロレスファンに話題を提供し続けたのはアントニオ猪木。1月のマクガイヤー戦、2月のアンドレ・ザ・ジャイアント戦、3月のストロング小林戦、そして4月には第1回ワールドリーグ戦で日本人同士（総当たり制）に踏み切り坂口と決戦。6月にはタイガー・ジェット・シンの腕を折るという凄絶な戦いを見せ、8月にはカール・ゴッチとの実力世界一戦、ロサンゼルスで坂口と組んでの北米タッグ選手権の獲得、10月の大木戦など常にベストバウト候補になる内容のある試合を行った》

常にプロレスファンに話題を提供し続けたと書かれているが、特に大物日本人同士の対決が話題を呼んだ。三月一九日、蔵前国技館で行われた対ストロング小林戦。国際プロレスのエースであったストロング小林がフリー宣言し、一旦東京スポーツ新聞社の所属となり、猪木と対決したというものだ。昭和二九年一二月に行われた力道山対木村政彦の「昭和の巌流島の決闘」の再現と言われ、主催者発表で一万六五〇〇人の観衆が詰めかけた。

坂口はこの日、ダブルメインイベントの第一試合で登場し、「大巨人」アンドレ・ザ・ジャイアントと対戦し、堂々引き分けの名勝負を演じた。そして、猪木対小林戦の時はゲスト解説として放送席に座っている。

続いて、「第一回ワールドリーグ戦」での猪木対坂口戦である。新日本プロレスは力道山時代からの伝統である「金曜夜八時」に続いて「春の本場所ワールドリーグ戦」をも受け継いだかたちとなった。これまで日本人同士の対決は負けたほうが商品価値を下げてしまう可能性があるため、タブーとされていたが、猪木と坂口は常識に挑戦したのだった。

四月二六日、広島県立体育館で行われた決勝リーグ公式戦のアントニオ猪木対坂口征二は三〇分時間切れ引き分けとなっている。この試合は映像が残っており、今でも観ることができるが、ゴングが鳴ってからの一分間は坂口の強さがひときわ目立っている。まさにライバル心むき出しで、猪木は坂口のフィニッシュホールドのアトミックドロップを喰らっても、何食わぬ顔で次のムーブに移っているほどだ。「まったく効いていないぞ」という顔をしたのである。屈指の名勝負と言われたこの試合をプロレス評論家の門馬忠雄も坂口のベストバウトとして挙げている。

「最高の試合は坂口・猪木戦。はじめての日本人同士。広島の三〇分引き分け。あれが坂口のベストバウトと思っています。技の攻防がすごかったものね。二人の特徴もよく表れていて」

「ワールドリーグ戦」は結局、最終戦の五月八日、東京体育館で、決勝リーグ同点の猪木、坂口、そして外国人のキラー・カール・クラップが巴戦を行うというマッチメイクとなっている。第一試合で坂口がクラップから反則勝ちを拾い、第二試合で猪木と坂口が激突した。

広島と同様、坂口が押し気味で試合を進めていたが、試合途中で外国人選手のクラップとジ・インベーダーが乱入し、坂口を血だるまにさせてしまう。本来ならば無効試合となるべきところだったが、流血のひどい坂口がドクターストップ負けというかたちとなり敗退。第三試合で猪木がクラップを破り、「本当のメインイベンター」である猪木が初優勝というフィナーレとなっている。

当時の坂口ファンからすると、何ともいえない納得のいかぬ結末となった。ここらあたりからが新間寿が言った「坂口さんの我慢」のはじまりだったのであろうと思う。

その後の六月は、外国人エースとして育成していたタイガー・ジェット・シンが来日し、蔵前と大阪でＮＷＦ世界選手権を防衛した猪木は大阪大会ではシンの腕を折るという壮絶な決着を見せ、ますます猪木信者を増やしていくのであった。

夏のシリーズではカール・ゴッチ、ジョニー・パワーズらが来日。猪木は七月三〇日、名古屋の吹上ホールでパワーズ相手にＮＷＦ世界選手権の五度目の防衛を達成すると、八月一日、大阪府立体育会館、八月八日、東京日大講堂でカール・ゴッチと「実力世界一決定戦」と銘打った二番勝負を行っている。大阪では猪木が、東京ではゴッチがそれぞれ勝ち、一勝一敗の引き分けで終わった。坂口はいずれの試合もセミファイナルのタッグマッチに出場したのみでさしたる出番はなかった。

夏のシリーズ終了後、坂口は猪木とともに渡米し、八月一六日、ロサンゼルスのオリンピック・オーディトリアムのビッグマッチでＮＷＡ認定の北米タッグ選手権を獲得している。坂口にとっては一年五か月ぶりのチャンピオンベルトであった。このベルトは以後、「新日本プロレスの坂口征二」の代名詞となる。

こうして、NWF世界王者の猪木、NWA北米タッグ王者の猪木、坂口組と新日本プロレスのマッチメイクの柱が整ったのであった。

この後、坂口は会社のために苦渋の選択をすることとなる。

因縁の大木金太郎がリングに上がる

一九七四（昭和四九）年秋に開催された「闘魂シリーズ」のパンフレット表紙には「猪木・坂口NWA認定ノースアメリカンタッグ選手権獲得記念」と印刷されている。猪木と坂口の黄金コンビがタッグチャンピオンとなり、毎シリーズ、世界の強豪たちと防衛戦を繰り広げていくこととなったわけである。一方で、猪木はNWFの世界チャンピオン。「誰の挑戦でも受ける！」と豪語し、超一流外国人レスラーのネームバリューに頼る、ライバル、ジャイアント馬場を牽制していた。

次の猪木の相手は坂口にとって因縁のある相手、大木金太郎である。大木は坂口が日本プロレス時代の末期、所属選手・社員のみんなを守るために奔走した新日本プロレスとの合併話を土壇場でぶち壊した張本人。坂口からすれば、「あの時、反対したくせに、日本プロレスが潰れ、全日本プロレスとも仲たがいし、上がるリングがなくなると、知らぬ顔をして今さら、やってくるのか！」と憎さ百倍であった。

当時のことを新間寿が次のように振り返る。

「大木さんは坂口さんと因縁のある人だから、『新間さん、大木さんと猪木さんはこの試合だけやるんだったら、私はよいです。会社のためになるのだったら。その後、続いて参加させることはありませんね』って坂口さんに念を押されたわけ。結果的にはよい試合だったんだよね。あれは豊登さんが

北米タッグの歴史は猪木・坂口の「黄金コンビ」からはじまった。

レフェリーをやって。坂口さん、セコンドで歯食いしばりながら見ていたものね。一三分一三秒であんな中身の濃い試合はなかったんだよね」

坂口は大木に対して複雑な思いを持ちながら、自身はダブルメインイベントの第一試合でニコリ・ボルコフとのシングルマッチを務め、猪木の試合ではジャージ姿でセコンドについていたのだった。

この年の年末最終戦は一二月一二日、蔵前国技館におけるアントニオ猪木対ストロング小林の再戦。坂口はダブルメインイベントの第一試合でラリー・ヘニングとシングルマッチを務め、いつものとおり、ジャージ姿で猪木の試合にセコンドについている。

日本国内での全日程が終了すると、坂口は猪木に帯同し、ブラジル遠征を行っている。

この一九七四（昭和四九）年は坂口自身が「この相手とだったらよい試合ができる」と心底思えるレスラーと出会えた年でもあった。二〇〇二年、還暦を迎えた坂口は生涯で思い出に残るレスラーとしてドリー・ファンク・ジュニア、アントニオ猪木、アンドレ・ザ・ジャイアントの三名を挙げている。

ドリーとは一九六八（昭和四三）年に米国で初対戦してから、NWA世界ヘビー級選手権を賭けて、四度対戦した。特に一九七一（昭和四六）年一二月九日の大阪での一戦は坂口にとって出世試合となったばかりか、ドリー自身も「日本でのシングルマッチのベストバウトトップ3」の一つとして挙げている。

アンドレとは一九七四（昭和四九）三月一九日に初対戦した。両者リングアウトの引き分けで終わったものの、一六分四五秒の戦いは坂口のトップ10に入る名勝負であった。坂口自身も「アンドレと互角に戦うのは坂口だけだという評価を受けた」と述懐しているように、坂口対アンドレ戦は常にスリリングで、「ひょっとしたら坂口がアンドレを喰ってしまうのでは」と思わせるものだった。事実、坂口がふだんめったに見せないトップロープからのフライングニードロップやフライングヘッドジザースは、アンドレ戦になると必ずといってよいほど見ることができた。

自身が持てるパワーを存分にぶつけられた唯一の相手、アンドレの思い出を坂口は次のように語ってくれた。

「アンドレは長い付き合いだったよね。日本に来る前に『レスリングシューズ作っておいてくれ、タイツ作っておいてくれ』って連絡してきてね。横浜にキングテーラーっていう外国人がよく行く洋服屋があってね、そこで『背広作ってくれ、シャツ作ってくれ』ってね。

だから、アイツのためにアシックスに頼んで運動シューズ作って、デサントに頼んでユニフォーム作ってやったりしたよね。アイツもものすごく喜んでね。アンドレがデサントのトレーニングウェアを着て、パンツ履いてリングに上がった時、デサントの社長は大喜びだったよ（笑）。

大きいヤツは自分にぴたりと合ったものがあるとうれしいよね。俺もアンドレの気持ちわかっていたから、ちゃんとしてやったよ」

アンドレは来日前に当時、新日本プロレスの渉外担当の杉田にさまざまなリクエストを出してきたが、スポーツメーカーとコネクションをもっていた坂口がシューズやユニフォームを手配してあげていたという。大きい者同士、お互いの気持ちがわかるからこその坂口の思いやりだった。

「（対戦相手としては）最初の頃の試合はイヤちゅうかね、強烈なヒップドロップとか、張り手とか喰らって。機嫌がよい時はいいけど、悪いとすごかったしね。試合前に控え室でビールを飲んだりして、やり易い相手じゃなかったよ。俺と星野さんとタッグ組んで試合したとき、星野さんがチョコチョコ動き回って、それをアンドレが追いかけてね。そういう試合、アンドレは喜ぶんだよね（笑）。

あと、一緒にアメリカ、ブラジル、ハワイに行ったり、ニューヨークで一緒になった時は気を遣ってくれてね。日本が好きだったんだろうな。すごくよいヤツだったよ」

そして、もう一人がアントニオ猪木である。両者の最後の対決となる一九八七（昭和六二）年五月二五日まで実に一二回対戦することになるのであるが、最後まで両者の対決は「新日本頂上対決」と呼ばれた。

坂口は猪木戦について、「試合のことはいいよ（笑）」とはにかみながら一言述べてくれた。

「猪木さんも、俺なんか日本人とやるとよい試合と評価されていたよね。『そうはいくか！』ちゅう気持ちがあって、どっちかというと日本人のほうが試合しやすかったよね」

翌一九七五（昭和五〇）年からは「猪木、坂口ツートップ」の新日本プロレスから流れが変わっていく。

ストロング小林の参戦

一九七五（昭和五〇）年一月、前年の三月と一二月にアントニオ猪木と対戦し、二度とも敗れたストロング小林が新日本マットに参戦することとなった。

坂口征二のレスラー人生において、ストロング小林は絶対に外せないレスラーだ。坂口の代名詞と言われた北米タッグ選手権全五〇試合のうち、約四割を占める二一試合に出場している。坂口、小林組は一九七五年一月八日から一九八一年一〇月八日まで実働六年九か月と短かった。実際にタッグを組んだ回数は一二七回である。しかし、坂口がもっともタッグを組んだ猪木が一九九回（実働二一年九か月）、二位の木村健悟が一六三回（実働一〇年六か月）であることからも、もっとも中身が濃かったといえる。実働期間中だけでみると、実に年平均一九試合組まれており、他のタッグパートナーと比較すると圧倒的に多い。ある意味、もっとも印象に残っているというファンもいるのではないかと思う。

ストロング小林は本名、小林省三。一九四〇年一二月二五日、東京都青梅市に生まれた。中学校一年の二月、街頭テレビで力道山の雄姿を見て、「いつかはプロレスをやるんだ！」と思ったという。

高校卒業後、国鉄（現ＪＲ東日本）に入社した小林は、一昼夜勤務明けの休日に水道橋の後楽園ジムに通ってはウェイトトレーニングをやりに行くのが日課となった。そして、一九六六（昭和四一）年一〇月、小林二五歳の時、日比谷公会堂でバーベルのコンテストが開催された。仲間が大勢参加したが、小林は出場せず応援に行ったという。初出場したコンテストで一〇位以内入賞を達成したかったからである。この時は、まだ一〇位入賞する自信がなかったのだった。

会場で小林は「君、ちょっと」と声をかけられた。声の主は吉原功という人物だった。

「国際プロレスを旗揚げした吉原だ。今、草津と杉山と俺と一緒に日本プロレスを出た。君、プロレスをやらないか」

「はい、力道山にあこがれてバーベルやっているんです」

「はい、入れば国際の新人第一号だ」

「しゃあ、お願いします」

小林はその場で即決した。

翌一九六七（昭和四二）年七月二七日、日本人マスクマン第一号の覆面太郎として小林はデビューした。この日から九日後、柔道界から鳴り物入りで日本プロレス入りした坂口征二がアメリカ・カリフォルニア州サンバナディーノでスティーブ・コバック相手にデビューしている。

その後、小林は素顔に戻り、海外修行を積む。一九六九（昭和四四）年五月一八日、坂口が第一一回ワールドリーグ戦で坂口ブームを巻き起こしていた頃、フランスのパリで豊登をパートナーにモンスター・ロシモフ（アンドレ・ザ・ジャイアント）、イワン・ストロゴフ組を破ってＩＷＡ世界タッグ王座を奪取。同年の六月二四日、海外遠征中一八九連勝という実績を土産に凱旋帰国している。六月二七日、帰国第一戦でウィリアム・ホールにストレート勝ちし、脚光を浴びた。

小林は国際プロレスのエースの一角に入り、一九七〇（昭和四五）年二月五日、六日とバーン・ガニアのもつＡＷＡ世界王座に連続挑戦。一九七一（昭和四六）年六月一九日、米国でビル・ミラーを破り、ＩＷＡ世界ヘビー級王座を奪取。帰国後はエースとして同王座を二五回連続防衛する。また、「第二回ＩＷＡワールドシリーズ」準優勝、「第四回ＩＷＡワールドシリーズ」優勝とリーグ戦においても輝かしい実績を持っていた。

坂口と小林はお互い「俺が、俺が」という性格でもなく、ある意味似た者同士であった。

「特に意識はなかったかな。パートナーになったけどね。性格的にも二人とも似たような性格だったからよ、どっちかというとガツガツ言うようではなかったし。気が合っていたよ、小林さんとは」と坂口は語っている。そして春に向けて、坂口を巡る環境はさらに変化していく。

タイガー・ジェット・シンのＮＷＦ戴冠

一九七五（昭和五〇）年二月の「ビッグファイトシリーズ」に、「インドの猛虎」として人気を集めていたトップヒールレスラーのタイガー・ジェット・シンが来日した。例によって狂乱ファイトでファンを沸かせていたシンであったが、二月二八日、盛岡県営体育館のテレビマッチで登場すると対戦相手の坂口征二からはじめてリングアウト勝ちをもぎ取ったのである。「東京スポーツ」は「シン

ストロング小林とのタッグは「パワーファイターズ」と呼ばれた。（写真：東京スポーツ新聞社）

坂口に〝1本勝ち〟」と見出しをつけて一面で報道した。そしてその勢いで三月一〇日の鹿児島大会ではタッグマッチながら坂口からフォール勝ちを奪った。

シンが猪木、坂口のツートップの一角である坂口に勝ったのである。その三日後、広島県立体育館での興行ではシンと猪木が対戦するNWF世界へビー級選手権王座決定戦が組まれていた（猪木の王座返上で王座決定戦となっていた）。シンはこの広島で猪木からピンフォールを奪い、NWF世界王座を強奪。新日本のリングで外国人レスラーとしてはじめてチャンピオンベルトを腰に巻いた。シンは猪木、坂口を連破し、新日本プロレスの絶対的なトップヒールとして認められたのであった。

三月一五日、碧南大会で行われたシングルマッチでも、シンは坂口を完璧にフォール。以後、坂口はシンを相手にほとんど勝てなくなっている。三月二〇日、蔵前国技館で行われた猪木対シンの再戦でも猪木は王座奪回を果たせず、NWFベルトは海外流出となった。

この時を境にして、来日する外国人トップレスラーと対等に戦えるのは猪木のみ。坂口はツートップから陥落し、外国人トップレスラーと対等には戦えず、負けが込むようになっていく。

続く、「第二回ワールドリーグ戦」では、坂口は再び大木金太郎との抗争に巻き込まれることとなる。前年の一〇月、大木金太郎がアントニオ猪木のNWF世界王座へ挑戦した際は、「この試合だけならば」と大木の参戦を了承した坂口だったが、「ワールドリーグ戦」へのフル参加となると、坂口も胸中は複雑であった。一度はフロントに「俺はリーグ戦をやらないから」と言ったほどであった。

しかし、猪木、坂口、小林、大木と一九七二（昭和四七）年当時、各プロレス団体のエースを務めていた五人のうち、馬場を除く四人が揃うという超豪華なリーグ戦はファンの注目を集め、坂口はやむなく大木の参戦を認めざるをえなかった。ここでも、会社のために、自分自身が我慢をしたのであった。

開幕戦の四月四日、蔵前国技館大会ではいきなり猪木対大木、坂口対小林が実現。大木が速攻のリングアウトで猪木に勝利すると、「坂口対小林」パワーファイター同士の初対決がはじまった。ファイトスタイルも性格も似た二人の戦いは三〇分時間切れ引き分けで終了している。このリーグ戦では喧嘩さながらの試合内容となった坂口対大木戦が皮肉にも話題を呼び、四月二五日、福山市体育館で行われた公式戦はノーコンテスト。五月九日、高松市民文化センターで行われた再試合は坂口のリングアウト勝ちとなっている。リーグ戦最終戦は五月一六日、日大講堂。猪木、坂口、小林、大木がリーグ戦同点で並び、一位通過のキラー・カール・クラップを追いかけるというマッチメイク。決勝戦進出決定トーナメントが行われ、猪木は小林をグラウンド卍固めで破り二回戦進出。続いて行われた坂口対大木は大荒れの末、二分三三秒両者リングアウトの裁定。マスコミ関係者で結成された試合監視委員会は「これはレスリングじゃない。喧嘩だ」と両者失格を宣し、坂口は二年続けて決勝進出ならずというかたちでリーグ戦を終えている。決勝戦は前年同様、猪木とクラップの間で争われたが、猪木が二年連続優勝を果たしている。

決勝戦の前日、大阪で行われた猪木対坂口のリーグ戦では猪木がエビ固めで坂口を丸め込み勝利。トップ外国人レスラーのタイガー・ジェット・シンに続き、猪木にも敗れ、新日本プロレス内の序列的にも「猪木がトップ、坂口が二番手」と見られるようになってきた。

一歩退いたほうがうまくいく

九七五（昭和五〇）年に入ってから、外国人エースのタイガー・ジェット・シン、そしてこれまで一人でツートップという位置づけだったアントニオ猪木に続けて敗れた坂口は、この頃から次のよ言ったんだけどね。

「猪木さんと最初は『そうは行くか！』ってなったけど、二、三年やって、『この人と一緒にやっていたら両方潰れてしまうな』って。『俺が一歩退けば、会社自体が良くなる』って新聞さんあたりもうに考えるようになってきていた。

あの人のバイタリティがあるところと練習量とか見ていて、『この人と俺は一緒にやって喧嘩したら共倒れになるな』って。日プロの時の馬場、猪木はお互いに『そうは行かん！』という感じでね。馬場さんはデンとしていたけど、猪木さんはいろいろ仕掛けて、俺はそれをそばで見てたから」

こうして、坂口はツートップの座から自ら退いて、猪木をトップイベンターとしてサポートする役割を選んでいく。

夏のシリーズ終了後の八月、猪木とともにアメリカへ飛んだ坂口は、一九七三（昭和四八）年以降、三年連続となるロサンゼルス・オリンピック・オーデトリアムのビッグマッチ出場を果たし、現地でハリウッド・ブロンドス（ジェリー・ブラウン、バディ・ロバーツ）相手に北米タッグ選手権を行った（結果はノーコンテストにより王座没収）。

その足で今度は単身、NWA総会へ出席し、三度目の加盟申請にして、やっとNWAへの加盟が許可されている。アントニオ猪木ではなく、坂口征二の名前での加盟であった。以後、坂口がフロント業で活躍する機会が増加していく。

帰国後、八月下旬からスタートする「闘魂シリーズ」では猪木が急性ウィルス性関節炎と診断され、欠場を余儀なくされるハプニング。八月二七日、田園コロシアム大会でアントニオ猪木対ジョニー・パワーズ戦が発表されていたが急遽、坂口が代打で出場し、パワーズの相手をしている。当時の様子についてプロレス評論家の流智美が次のように記している。

《猪木が急遽欠場したときの「メイン＝坂口」というケースで、一番印象に残っているのが75年8月27日田園コロシアム大会だ。メインに予定されていたのは猪木vsジョニー・パワーズという因縁のシングル戦だったが、猪木が左膝関節炎のため欠場となり坂口vsパワーズに変更となった。

このときの坂口は、まさに「鬼神の如き」強さを見せ、パワーズを圧倒してリングアウト勝ち。当時はタイガー・ジェット・シンと並ぶエース外国人で、猪木を常に大苦戦させていたパワーズが一方的に完敗したのはこれがはじめてだった。私のみならず、すべての観客が「本気出せば亭主より女房のほうが強いんじゃないのか？」と思ったのではないか。猪木欠場による失望感を観客にまったく感じさせせない代役ぶりは見事だった》（流智美『詳説新日イズム』）

猪木をメインイベンターとして、自分はサポート役に回る。ただし、猪木に何かあった場合は自身がメインを張る。ナンバー2としての役割を坂口はまっとうしていくのであった。

第九章　自ら選んだナンバー2の道

ルスカ戦——プロレス対柔道が面白い

一九七五（昭和五〇）年の秋から冬にかけて、ルー・テーズ戦（一〇月九日、蔵前国技館）、ビル・ロビンソン戦（一二月一一日、蔵前国技館）と名勝負を繰り広げていったアントニオ猪木は翌一九七六（昭和五一）年から異種格闘技戦に踏み出すこととなる。

まず、きっかけとなった猪木とモハメド・アリの世紀の大一番の経緯を一旦整理しておきたい。発端は一九七五（昭和五〇）年の春のこと。渡米中だった日本アマレス協会会長の八田一朗があるパーティーで当時のプロボクシング世界ヘビー級王者モハメド・アリと同席した際、アリが「百万ドル（当時のレートで三億円）の賞金を用意するが、東洋人で俺に挑戦する勇気のある奴はいないか？ 相手はレスラーでもだれでもいい」と発言。この話に乗ってきたのが猪木だった。同年四月二二日付の「サンケイスポーツ」に「アリと猪木が対決する」と報じられ、注目を集めた。

同年六月四日、猪木サイドから「格闘技世界一決定戦をやろう。あなたの提示した百万ドルに九百万ドルプラスして一千万ドル用意する。日時、場所は一任する」と応戦状がニューヨークのアンジェロ・ダンディ総マネージャーとドン・キングマネージャーあてに送られたことを受け、七月一日、マレーシアの首都クアラルンプールでのバグナーとの防衛戦前の六月九日、東京に立ち寄り、アリが東京で記者会見を行った。

高輪プリンスホテルでの会見上に新日本プロレスの杉田渉外部長が改めて応戦状を持参し、アリに手渡しし、その場でアリは「面白い。やってやろうじゃないか」と応じた。この発言の翌日、スポーツ四紙、一般紙では朝日と毎日が報道し、一気にマスコミに火が付く。

その後、アリ側マネージャーから対戦拒否の申し入れがあり、一時は暗礁に乗り上げたが、猪木サイドが一〇月に入ってから欧米のマスメディアに対し、「アリよ、俺と戦え！ 逃げるな」というアピール記事を送り付けた。これが米国、欧州で反響を呼び、柔道世界一のオランダ人ウィリエム・ルスカが猪木との対戦に名乗りをあげた。ウィリエム・ルスカは坂口が柔道時代に対戦したこともあるアントン・ヘーシンクの次の世代の柔道家で一九七二年のミュンヘン・オリンピックで重量級、無差別級の二階級制覇を成し遂げた当時では最強の柔道家であった。

こうして格闘技世界一決定戦の第一弾、「アントニオ猪木対ウィリエム・ルスカ戦」が一九七六年二月六日、東京・日本武道館で実現することとなった。

この猪木対ルスカ戦の裏話を新間寿が語ってくれている。

「ルスカが『レスラーになりたい』って、ある人を介してきたことがあったの。それを坂口さんに相談した。坂口さんも柔道日本一だから、僕が一番最初に考えたのは、坂口さんの顔をたてて、柔道ジャケットマッチとか。二本目は裸になってレスラーとしてやって、三本目はコイントスかなんかやって、柔道衣着るか、裸でやるか、そういう方法もあるなって。そうしたら、『新間さん、柔道と柔道でやっても面白くないいんじゃないか。猪木さんがやったほうがよいですよ』って。坂口さんはそういう言い方だった。それで考えたのが、『プロレス対柔道』。坂口さんが一歩退いてくれたから、猪木・ルスカ戦ができて、名勝負が生まれたんです。あの試合もよい試合だったね」

実際に猪木対ルスカ戦が決まってからは、坂口が猪木に柔道の稽古をつけたことがあった。猪木が新間に言ったという。

「新間、柔道はどういう固め技があるんだ？」

中央大学時代、柔道をやっており、柔道三段の新間は肩固めを猪木にかけた。

「なんだ、こんなのすぐ起きられるじゃないか」

「社長、（私は）七〇キロそこいらですからね。社長と同じ体格の人に押さえられたら、社長逃げられませんよ」

「そんなことねえよ」

「柔道衣着たら、柔道衣で帯押さえられて、寝技に入ったら逃げられませんよ」

「じゃあ、ちょっと一度、やってみるか」

「道場で坂口さんとやってみたらよいですよ」

柔道経験者の新間は、坂口に猪木を絞ってくれるように頼んだという。

「坂口さん、柔道馬鹿にしたから、ちょっとやってみてください」

坂口は笑いながら、猪木の相手をはじめた。

「坂口、来い！」と柔道衣姿の猪木がすごむ。

坂口は猪木と組むやいなや、払い腰一閃。その後は、組んでは投げ、猪木が腰を引いたら、内股で投げと坂口の独壇場であったという。

新間は述懐する。

「いやあ、あれはもう、坂口さんは柔道衣着て、相手が柔道衣だったら、大変な力ですよ」

一九七六（昭和五一）年から付き人をしていた小林邦昭も次のように語っている。

「僕は坂口さんを見ていて、この人にはみんな敵わないだろうと思ったですね。なんて言うか、立っていられない。例えば、スパーリングやっても、あのデカい足ですそ払われたら吹っ飛んじゃう。柔道で全日本獲った人だから勝てるわけない。腕相撲やったら誰も敵わない。あと、あの身体でロープ登ったですからね。体重一三〇キロですよ。柔道の頃に培ってきたインナーマッスルというのか、引く力がすごかった。一三〇キロの自分の体重を一つ一つの腕に引きつけるわけでしょ。柔道なんかやって引かれたら、誰も勝てないですよ」

この時も坂口はどうすればファンが喜び、会社のためになるかを客観的に判断し、自ら一歩退き、猪木のトレーニングをサポートするという役割を選んだのであった。

アリ戦への序曲とワールドリーグ初優勝

一九七六（昭和五一）年一月二九日、アントニオ猪木対ウィリエム・ルスカの格闘技世界一決定戦まであと八日となったこの日、猪木は坂口と保持していた北米タッグ王座を返上することを発表した。坂口はストロング小林とパワーコンビを結成し、二月五日、札幌中島スポーツセンターでタイガー・ジェット・シン、ブルータス・ムルンバ組と王座決定戦に臨むこととなった。

猪木がNWF王座と格闘技路線に集中し、タッグ王座はナンバー2の坂口とナンバー3の小林が受け持つというように体制が変更されたのであった。

注目されたアントニオ猪木とウィリエム・ルスカの一戦は日本武道館で行われ、猪木がルスカをバックドロップ三連発でTKO勝ちした。坂口が言ったとおり、「柔道対柔道」よりも「プロレス対柔道」のほうが注目を集める結果となったことは言うまでもない。

注目の猪木対アリ戦の交渉は順調に進み、三月二五日、ニューヨークで猪木対アリ戦は正式調印にこぎつけ、世紀の一戦は六月二六日、日本武道館において開催されることが正式に決定した。坂口は前年一二月に続き、この三月の調印式にも猪木と同行している。実現不可能なことを実現してしまう猪木をナンバー2として陰で支える坂口の生き方が定着してきたのであった。

猪木が第一回、第二回と連続優勝している春の本場所である「ワールドリーグ戦」はこの年で第三回目を迎えたが、アリ戦を六月に控えている猪木の負担を軽減する意味もあってか、リーグ戦優勝者が特別シードされたアントニオ猪木と決勝を争うという形式に変更されている。

この年は元WWWF王者のペドロ・モラレスを外国人サイドのエースとしてたて、お馴染みのキラー・カール・クラップ、ロス地区で活躍するビクター・リベラなどが来日した。日本サイドは猪木を除いた坂口、小林以下のメンバーがリーグ戦に参加している。

リーグ戦のマッチメイクはペドロ・モラレスが独走状態で猪木対モラレスの決勝という流れとなっていたが、決勝戦の四日前である五月七日の高松大会で猪木が左肩を負傷するアクシデントに見舞われた。アリ戦を控える猪木に「猪木さんはアリ戦がある。プロレスのほうは俺が頑張るから心配しないでください」と坂口が言ったことから、猪木が決勝戦を棄権。坂口が「第三回ワールドリーグ戦」をしっかりと締めた。

リーグ戦全勝のペドロ・モラレスが早々と決勝進出を決め、ビクター・リベラが一〇勝三敗で全日程終了。三敗で坂口、小林、クラップが並んでいたところで、坂口はストロング小林から初勝利をもぎ取り、星野勘太郎も降して一〇勝三敗で終了。クラップもインフェルノを破って一〇勝三敗で終了した。

一〇勝三敗の同率で終了した坂口、リベラ、クラップの三人の間で決勝進出者決定リーグ戦が行われることとなる。五月一〇日、盟友の敏腕プロモーター、三浦庄吾がプロモートした仙台・宮城県スポーツセンター大会で坂口はリベラ、クラップを連破し、決勝進出を果たすこととなった。

五月一一日、東京体育館でペドロ・モラレスとワールドリーグ戦決勝を争った坂口はブレーンバスター二連発からリング下へデッドリードライブでモラレスを投げつけるという荒技で二五分三八秒、リングアウト勝ちしている。この時の坂口はモラレスを場外へ放り投げた後、さらに場外でとどめのアトミックドロップを放っている。「必ず勝つんだ！」という初優勝への執念が生んだ、念には念を入れた攻撃だった。

観客動員は観衆五二〇〇人と例年よりも奮わなかったが、猪木の代役として春の本場所をしっかりと締めたのであった。

猪木・アリ戦

「第三回ワールドリーグ戦」終了後、五月二八日に開幕した「ゴールデンファイトシリーズ」はアリ戦まで秒読みとなった猪木が第四戦の六月一日より欠場となり、坂口、小林らが猪木の留守を預かった。ナンバー2の立場で何かと猪木をサポートしていた坂口は猪木と一緒にアリのビデオを観て研究したという。しかし、実戦でどのように戦うかについては一切コメントをしなかったという。なぜならば、パンチさえ受けなければ猪木は必ず勝てると思っていたからだ。打撃技だけ、しかもパンチだけで向かってくるボクサーに対して、チョップやキックの打撃技をはじめ、関節技、投げ技、絞め技とあらゆる格闘技の要素がミックスされているプロレスラーは最強だと考えていたというのである。

六月二六日、いよいよ「世紀の大一番」アントニオ猪木対モハメド・アリの格闘技世界一決定戦が行われた。東京・日本武道館には一万四〇〇〇人の観客が集まった。試合は「世紀の凡戦」などと当時のマスコミには叩かれたが、今日ではノーカットDVDも発売され、専門家からも「屈指の名勝負」と評されている。凡戦と叩かれてしまったのも、アリ側が試合直前にルール変更を要求してきたことが要因の一つと言われている。

試合当日、坂口はカール・ゴッチ、山本小鉄、星野勘太郎、藤原喜明、荒川真、小林邦昭らと一緒に猪木のセコンドについた。アリ側も当日、何十人もの取り巻きがついていたが、猪木側の先頭は一九六センチ、一三〇キロの雄大な体格を持つ坂口だった。当時のことを小林邦昭が次のように述懐している。

「アリ戦の時、僕もまわりについていましたけど、坂口さんの身体を見て、アリがビビッていましたよね。デカいし、『こんなの相手にできないな』というのがあったんじゃないですか」

坂口はセコンドで猪木の戦いをずっと見ていながら、捕まえて倒してしまえば、絶対勝てると思ったという。また、「何かあったら試合をぶち壊してでも猪木さんを守らなくてはいけない」と覚悟していたという。ナンバー2として猪木、アリ戦の交渉に同行し、猪木不在のリングを守ったうえに、試合当日は猪木のボディーガード役をも買って出ていたのであった。

試合は結局、一五ラウンド引き分けに終わった。

猪木、アリ戦から四〇年を経た二〇一六年七月、当時の試合を振り返って坂口は次のようにコメントした。

「その時はなんだかんだ言われても、四〇年経って観ると『良かったな』って思うこともあるし。猪木、アリ戦を観ていると面白い。アリがあんなにふざけなければ良かったけど。でもシビアにやっていたら（逆に）面白くなかったかもなぁ」

アリ側と合意したファイトマネーが当時のレートで六〇〇万ドル（約一八億円）。興行収入とテレビ放映権料等を合算して三億五〇〇〇万円。約六〇億円の収益を見込んでいた全米一七〇か所、カナダ一五か所、イギリス六か所におけるクローズドサーキットが伸びず、新日本プロレスは約九億円の借金を背負うこととなった。猪木は会長職に棚上げされ、新間は平社員へ降格となった。NETからは三人の役員が派遣され、経営立て直しを図ることとなった。

「アリ戦についてはね、猪木さんの『人ができないことをやる』というあれでね。やった当時は大変だけどね、あとあと評価ちゅうかな。借金は十何億残った。アリにファイトマネーを払って、クローズドサーキットで、武道館の収益と放映料だけだったから狂ってしまったんだよね。新間さんが話をまとめてきて、その金をNETが貸してくれたんよ、全部じゃないけど。そのかわり、猪木さんと俺の株をみんなNETに取られて。猪木さんが社長降りて、NETから役員が来たんだよな。（猪木さんが）『おい、坂口よ、こんなのすぐ返してやるよ』って。まだ二人とも三〇代のはじめだったから（猪木三三歳、坂口三四歳）、できると思っていたよ。『大丈夫ですよ』ってね。このあと水曜スペシャルとかやって、放映料何千万円もらってよ」

黄金コンビは借金返済へと格闘技路線を突き進む。格闘技戦シリーズはNETが毎週水曜日に放送していた特別番組「水曜スペシャル」枠（一時間三〇分枠）で放送し続けてくれたことで新日本プロレスは放映権料収入を得ていた。これで借金返済を果たしていくのであった。

そんなある日。カール・ゴッチが「南アフリカへ来い」と言ってきた。

世界スーパーヘビー級タイトル

一九七六（昭和五一）年一〇月二五日、坂口は単身南アフリカ共和国へ飛んだ。師であるカール・ゴッチの要請であった。

現地でゴッチと合流した坂口は、ヨハネスブルクを中心に開催される「世界スーパーヘビー級選手権大会」へエントリーした。各地から集まった二六人の選手たちがEWU認定世界スーパーヘビー級チャンピオンの「南アフリカの英雄」ジャン・ウィルキンスに次々に挑戦するというものであった。

ジャン・ウィルキンスは坂口が新日本プロレスへ移籍した当初の一九七三（昭和四八）年四月に開催された「ビッグファイトシリーズ」に来日している。

坂口は参加選手のなかで挑戦者の一番手に選ばれる。

坂口は一〇月三〇日、ヨハネスブルグのウェンブリー・アイスリンク特設リングでウィルキンスを二対〇のスコアで降し、初挑戦でEWU世界スーパーヘビー級選手権を獲得している。日本プロレス時代、ジョニー・バレンタイン相手にUN王座を奪われた一九七三（昭和四八）年三月以来のシングル王座戴冠であった。

その後、坂口は南アフリカを転戦し、最終戦となる一一月一三日、再びヨハネスブルグでウィルキンスとのリターンマッチに臨んだ。会場はミルナーパーク・スタジアム。一万人の観衆が集まった。試合はヨーロッパ形式の一〇分六ラウンド三本勝負。一対一からウィルキンスがワンハンドバックブリーカーを決めて坂口をクリーンフォールし、王座を奪回した。

当時を振り返って坂口は次のように語っている。

「あれはカール・ゴッチが『ヨハネスブルグに来い』ってね。楽しかったよ、ジャン・ウィルキンスか。行ってすぐチャンピオンになって、最後負けて帰ってきたけどね。ジャングルの中も行ったり、サファリパークで野宿したりね。

飛行機会社の支店長が日本人でちゃんと案内してくれて、休みの日は自宅に招待されて、食事をごちそうになったりね。今でも付き合いあるよ。試合も応援に来てくれたりね。アメリカでもメキシコでも、現地の日本人たちと付き合っていたよね」

この南アフリカ遠征では久々にカール・ゴッチとのマンツーマンのトレーニングも行ったという。

一九六七年八月にデビューしてから、キャリア九年となっていた坂口にとってカール・ゴッチはいつ

World champion wrestler Seiki Sakaguchi (left) with his R5 000 golden belt outside the Cape Times yesterday, with coach Carl Gotche. Sakaguchi tangles with Jan Wilkens tonight at Goodwood. Report — back page.

南アフリカ遠征。世界スーパーヘビー級のタイトル獲得は地元の新聞でも報じられた。

までも師匠であった。一九七五（昭和五〇）年から「カール・ゴッチ杯」をスタートさせた新日本プロレスに毎年一回は必ずゴッチは来日し、若手選手を鍛えていたという。坂口もゴッチが仕切る全体練習には必ず参加していた。

この南アフリカ遠征は日本で活躍の場を猪木に譲って、陰に隠れがちな坂口に対してゴッチが与えたささやかなチャンスだったのではないだろうか。スーパーヘビー級という階級が猪木と差別化できる坂口ならではの世界であり、日本マットの喧噪をわずか三週間であったが忘れることができたひと時であったかもしれない。

南アフリカ遠征が終了し、一一月一六日の興行から復帰した坂口は、一二月六日に横浜文化体育館で行われた年末最終戦でパット・パターソン、ラリー・ヘニング組相手に北米タッグ王座の防衛戦をこなし、プロレス転向一〇周年目となる一九七七（昭和五二）年に突入する。

ここで、また坂口は過去の因縁を捨て、会社のために戦うこととなる。

上田馬之助とスタン・ハンセン

一九七七（昭和五二）年は、坂口征二がプロレス転向満一〇周年を迎えた年であった。この年の新春シリーズに二人のレスラーが新日本マットに参加することとなった。上田馬之助とスタン・ハンセンである。

上田は日本プロレス時代の坂口の先輩レスラーである。この四年前、坂口が猪木と進めていた合併計画に土壇場で反対し、日本プロレス崩壊後は全日本プロレスへ参加。待遇の悪さにへきえきして、一九七三（昭和四八）年一〇月、単身渡米していた。前年の一九七六（昭和五一）年、国際プロレスのリングに登場して、ラッシャー木村を破ってIWA世界ヘビー級選手権を強奪すると、同年秋に猪木に執拗に挑戦し、この一月から新日本マットに参戦することとなったのである。坂口にとっては、複雑な気持ちであった。大木金太郎同様、「なんで今さら、新日本マットに上がってこようとするのだ」という気持ちでいっぱいであったのだ。

一方のハンセンは一九七二（昭和四七）年にプロレス入り。ザ・ファンクスに育てられ、一九七五（昭和五〇）年に全日本プロレスに初来日。翌年、ブルーノ・サンマルチノとの抗争で有名になり、新日本プロレスマットに初登場となった。シンと並び、外国人ヒールのトップへと成長し、一九八〇（昭和五五）年二月には、猪木を破ってNWFヘビー級ベルトを腰に巻くこととなる。

上田は生涯のタッグパートナーであるタイガー・ジェット・シンと出会い、シン、上田組と坂口、小林組の抗争はファンをヒートアップさせた。シンと上田のコンビは早速、二月二日、大阪で行われたタイトルマッチで北米タッグ選手権を強奪している。二月一〇日、日本武道館で行われたシリーズ最終戦では猪木がシンと、坂口が上田とそれぞれシングルマッチを戦い、満員の観客で埋まった。

ハンセンは一九二センチ、一三〇キロの体格を持つ。やや軽量の猪木に代わって、体力負けしない坂口が迎え撃つケースが多かった。ハンセンが新日本初参戦したシリーズにおいて坂口対ハンセンのシングルマッチは五回組まれている。

この年の坂口はシン、上田らとの流血戦、そしてハンセンらパワーファイターを相手にしてきたが、それだけではなかった。前年から猪木がスタートさせた異種格闘技戦に参入することとなったのである。アリ戦の借金返済のために、猪木のみならずナンバー2の坂口までもが異種格闘技戦に付き合いはじめることとなったのだ。

テレビ朝日が水曜スペシャル枠で猪木の格闘技戦を放送した第一回目は、一九七七（昭和五二）年八月二日の全米プロ空手のザ・モンスターマン戦であった。第二回目は同年一〇月二五日の元プロボクサーのチャック・ウェップナー戦。坂口はこの試合のセミファイナルに登場し、柔道ジャケットマッチを行っている。相手はモントリオール・オリンピック柔道重量級銅メダリストのバッファロー・アレン・コージ（アメリカ）であった。プロレス転向後、柔道ジャケットマッチは何度もこなしている坂口であったが、これまでの相手はすべてプロレスラーたち。柔道着を着て柔道家を相手にする試合は一〇年ぶりであった。試合形式は三分一〇ラウンド一本勝負。プロレスのリングで戦うのだから勝手が違った。

試合は坂口が五ラウンド二分七秒、送り襟絞めを決めて勝利したが、試合後のインタビューのコメントが試合の難しさを物語っている。

「一〇年ぶりの本格的な柔道だったので、自分なりによいところを見せてやろうという余裕がありましたからね。ちょっとアレンの野郎、思ったより強くてね、ちょっと舐めてかかったような格好になって、自分の満足のいく試合ができなかったので、これだけたくさん観に来てくださったファンのみなさんに申し訳ないと思っています。どうもすみませんでした」

バッファロー・アレン・コージはその後、新日本プロレスに正式に入門し、日本国内で修行している。その後、米国に戻り、バッドニュース・アレンとなって一九八〇年から新日本プロレスの常連外国人レスラーとなった。

この試合以降も、坂口は猪木とともに異種格闘技戦をこなし、水曜スペシャル枠での放映を実現し、プラスアルファの放映権料を稼いでいく。翌一九七八（昭和五三）年四月四日に米国フィラデルフィアにおける全米プロ空手のザ・モンスターマン戦（KO負け）、六月七日、地元福岡スポーツセンターでの全米プロ空手のザ・ランバージャック戦（KO勝ち）などは柔道ジャケットマッチではなく、「プ

バッファロー・アレン・コージとの柔道ジャケットマッチ。勝利したが、思ったよりも難しい試合だった（1977年10月25日、日本武道館）。

ロレス対全米プロ空手」と坂口にとっても新しいチャレンジであった。

一九七八（昭和五三）年一月、坂口を取り巻く環境に変化が訪れる。

WWWFとの提携

一九七八（昭和五三）年一月二三日、ニューヨークのマジソン・スクエア・ガーデンで一人のスターが誕生した。日本にジュニアヘビー級市場を創出した藤波辰巳である。猪木の弟子として日本プロレスを去り、新日本プロレスの旗上げに参画した藤波は持ち前の練習熱心さを買われて、一九七六（昭和五一）年から海外遠征に出ていた。

この日、カルロス・エストラーダとWWWFジュニアヘビー級王座を争った藤波はドラゴンスープレックスホールドでエストラーダを破り、王座を戴冠。華々しく凱旋帰国することとなった。当時のプロレスラーのベビーフェースは、身体の大きさと力の強さを表現するパワーファイターと技術で表現するテクニシャンタイプと大きく二種類に分かれていたが、藤波はテクニックにスピードとメキシカンレスリングの空中殺法が加わった、当時としては斬新なスタイルであった。一九〇センチを超える大型選手が少なくなった今、身体の小さい選手の試合スタイルの先駆けだったといえる。

この若き後輩の登場によって、坂口のテレビ登場回数が激減した。前年までほぼ毎週のようにテレビに登場していたのが、この年から二九回に減っている。しかし、坂口は特に藤波の台頭を意識したことはなかったという。ヘビー級とジュニアヘビー級で階級も明らかに異なっていたことと、猪木と共に異種格闘技戦を戦い、看板タイトルである北米タッグ選手権をストロング小林とともに任されていたということもあり、追いかけられているという意識すらなかったのかもしれない。

この年から、新日本プロレスはニューヨークのマジソン・スクエア・ガーデンを拠点とするWWWFと業務提携することとなった。競合の全日本プロレスとの対抗上、三年前に加盟は認められたものの世界王者への挑戦機会は与えられず、ビジネス上、まったく意味をなさないNWAに愛想をつかし、WWWFとの関係強化へと戦略を転換したのであった。前述の藤波のWWWFジュニア王座戴冠もこの業務提携の一環であったのである。この後、二月八日、日本武道館で坂口がスーパースター、ビリー・グラハムの保持するWWWFヘビー級王座へ挑戦すること、さらに三月二〇日のマジソン・スクエア・ガーデン定期戦に出場し、ウィリエム・ルスカと柔道ジャケットマッチを行うことなどが次々と実現していく。

そして、四月二一日、WWWFとの業務提携のハイライトともいえる、「春の本場所」が開幕した。新日本プロレスは四年連続で開催してきたワールドリーグ戦を中止し、同年より「マジソン・スクエア・ガーデンシリーズ」を開催することとなったのである。これはWWWFよりスター選手を招聘し、新日本プロレス所属レスラーと合わせたリーグ戦を行い、優勝者にはMSG杯を贈呈するというもの。一九八二（昭和五七）年まで五回にわたって開催された。このマジソン・スクエア・ガーデンシリーズを成功させるため、坂口は身体を張った。開幕戦の蔵前国技館で行われる予選トーナメントの第一回戦でアントニオ猪木と二年ぶりの頂上対決を行ったのであった。

WWWF会長のビンス・マクマホン・シニアも立会人として来日するビッグマッチ。蔵前国技館を満員にするだけのカードを準備しなくてはならない。そこで新日本プロレスが用意したカードは予選トーナメント一回戦のアントニオ猪木対坂口征二、藤波辰巳対上田馬之助であった。

坂口自身も思い出に残っている名勝負として挙げるこの試合は合計四一分一二秒の好勝負となった。三〇分一本勝負が時間切れ引き分け。一〇分一本勝負の延長戦も時間切れ引き分け。二度目の延長戦は時間無制限で行われ、猪木が一分一二秒、速攻のリングアウト勝ちで勝利を収めたというものであった。

猪木対坂口

一九七八（昭和五三）年四月二一日、東京・蔵前国技館は主催者発表九〇〇〇人の観衆で埋まった。WWWFとの業務提携により実現した「第一回MSGシリーズ」開幕戦のこの日、メインイベントのカードは予選トーナメント一回戦のアントニオ猪木対坂口征二戦であった。

両者の頂上対決が行われるのは二年ぶり。一九七六（昭和五一）年の「第三回ワールドリーグ戦」ではアリ戦を控えていた猪木が左肩のケガで棄権したことで実現せず。一九七七（昭和五二）年の「第四回ワールドリーグ戦」でも同様に猪木がリーグ戦を棄権したことで年に一回の対決は実現していない。坂口は猪木が棄権した第三回、第四回のワールドリーグで連続優勝を果たしたものの、ファンの間では、「猪木抜きのリーグ戦で優勝しても価値はない」とシビアな見方をされていた。

坂口が還暦を迎えた時、思い出に残る三人のレスラーとして猪木、ドリー・ファンク・ジュニア、アンドレ・ザ・ジャイアントを挙げたことは前に述べた。その理由は「この選手とならば自分もよい試合ができる」というものであった。ナンバー2のポジションで生きていくことを決めたとはいえ、常に「そうはいくか！」という気持ちを持っていた坂口は、この日はいつも以上に力を注いでいたといえる。

この日の試合で坂口は二つの秘密兵器を用意していた。一つめはトップロープからのニードロップ。二つめは猪木の得意技である卍固めである。

普段めったにやらないトップロープからのニードロップは実際には全体重をかけたフットスタンプとなり、試合終盤、猪木の腹部にめり込んでいる。そして、残り試合時間が一分を切った時、坂口はなにげなく猪木にスリーパーホールドをかけた。するとセコンドの星野勘太郎が怒鳴った。

「あと一分だ！」

我に返った坂口は猪木のフィニッシュホールドである卍固めを猪木にかけたのである。思いもよらない坂口の奇策に会場のファンからはどよめきが起こった。

リングサイドで見ていた新間寿が当時を次のように振り返る。

「猪木、坂口戦をローラン・ボックが観ていたの。猪木は本当にレスリングができるのかどうかと思って、彼は日本に契約に来たわけ。その年の暮れにヨーロッパでシリーズをやるということで観に来ていた。

猪木、坂口戦を観て、彼は感動して、『日本にこんな素晴らしいレスラーがいたのか』と。『まず猪木と呼びたい。次いでサカを呼びたい』と。二人の試合を観て、感動した。自分も観ていて、思い出すね。坂口さんの太い腕とさ、猪木さんのしなやかさ。柔と剛のぶつかりあいは猪木さんが坂口さんの持ち味を引き出したというかね。あのシリーズで一番印象に残るのは猪木・坂口戦」

猪木が坂口の卍固めをこらえたところで三〇分時間切れのゴング。試合が終わると、坂口は「延長！」と猪木に向かって高らかに宣言した。

立会人のビンス・マクマホン・シニアの裁定で延長戦一〇分一本勝負が開始され、今度は猪木が仕掛けた足四の字固めを坂口が耐え続けたところで時間切れのゴングが鳴った。

今度は猪木が「坂口、無制限だ！」とアピールし、二度目の延長戦となった。ゴングと同時に猪木はアリキックを乱打し、ドロップキックで坂口を場外に吹っ飛ばす。場外で形勢逆転を図ろうと坂口が猪木をヘッドロックに捉えて鉄柱に激突させようとしたところを寸前で猪木がかわし、坂口は自爆し、場外でダウン。

スルスルとトップロープに登った猪木は、場外でダウンする坂口に向かって落差三メートルのニードロップを一閃。レフェリーのミスター高橋はリングアウトカウント二〇を数え、一分一二秒、リングアウトで猪木の勝利となった。

この当時の坂口は猪木に次ぐナンバー2のポジションにあったものの、体力的には非常に充実していたという。新間寿が述懐する。

「坂口さんは本当強かったよ。試合終わると、二五キロのダンベルを両手に持って、いきなりカールをやるんです。一〇回ぐらいグワーッって。『俺はまだこれだけできるんだ！』って。片手でやるんだからね。本当に坂口さんってすごい」

この当時、若手選手であった小林邦昭は次のように語る。

「昔から見てきて、坂口さんみたいなレスラーは後にも先にもあの人だけだと思いますよ。ナチュラルな力が強い。ボディビルで作った身体じゃないですからね。腹筋は割れているし、腕は太いし、足も太い。ああいう人はもう出ない」

初代タイガーマスクの佐山聡も次のように語っている。

「腕相撲がものすごく強い。一三〇キロだけれども、ロープ登りが得意。そういうイメージがありましたね。腕相撲は僕が二番目に強かったんですよ。みんなが腕相撲大会やっていて、自分が勝っていって、坂口さんが、『じゃあ、お前来い』って。坂口さんとやったらポンとやられて、『お前、強いな』って言われたことあるんですよね（笑）」

アントニオ猪木を卍固めで追い込む。この日の戦いは41分12秒に及んだ（1978年4月21日、東京・蔵前国技館）。（写真：原悦生）

坂口征二郷土後援会発足

期待の新星である藤波辰巳がドラゴンブームを起こした一九七八（昭和五三）年の最後のシリーズは新日本プロレスの精鋭たちと海外で活躍するフリー選手たちで覇を争う「プレ日本選手権」であった。競合の国際プロレスも同じように日本リーグ争覇戦をジャイアント馬場率いる全日本プロレスの協力を得て開催している。

アントニオ猪木は、春に来日し、猪木・坂口戦を観て感銘を受けたローラン・ボックに招聘され、ヨーロッパへ遠征中。坂口らは猪木の留守を預かり、「プレ日本選手権」予選リーグを全国各地をサーキットしながら行っていた。このリーグ戦で坂口のタッグパートナーであったストロング小林が前年春に凱旋帰国した長州力と藤波辰巳の二人の後輩に負けを喫し、後進に道を譲るかたちとなっている。

これによって団体内の序列は猪木、坂口、藤波、長州、小林となっていく。

年が明けて一九七九（昭和五四）年二月一一日、「坂口征二郷土後援会」が遅ればせながら正式に発会している。発会式は福岡県久留米市商工会館ホールで約五〇〇人の関係者を集めて盛大に行われた。同後援会の事務局を務めた最所保徳（二〇〇五年逝去）は坂口の姉の利子の夫。かつて後援会発会の経緯を次のように語ってくれたことがある。

「昭和五三年一一月頃から後援会の発会準備を進めました。経緯は坂口を可愛がっていた恩師の深谷先生が久留米の柔道協会の会長をされていたが、お年になったので協会の方も一線からひくということになったのと、先生の奥様（深谷スエさん）が助産婦さんでウチの子を三人とも取ってもらったこともあって。

それで深谷先生から『自分の余生を過ごすために坂口の後援会を作ってくれないか』と話があり、『事務局長で後輩にこういうのがおるから、最所さん、助けてくれんか』と頼まれて、それで準備に入ったんです。入会のしおりを出して、発会式は昭和五四年の二月一一日の建国記念日にして、準備をしました。しかし、一二月六日に深谷先生が倒れて亡くなられたんです」

恩師の深谷先生が亡くなった時、坂口は巡業中で長崎にいた。翌七日が熊本での興行だったこともあり、葬儀に出席することができたという。「これも何かの巡りあわせだよね」と坂口は述懐している。会長となるはずだった深谷先生が亡くなってしまったが、坂口の義兄である最所は使命感に駆られて、発会準備に奔走した。

「幾多の難関があったが、故人の遺志を継いで発会式にこぎつけた。榊さんという方に会長をお願いして発会しました。南筑高校の坂口が柔道時代をはさんで同窓会の会長を一〇年してくださった非常に母校愛に深い方で、快く引き受けてもらいました」

後援会の主活動について最所はこう語る。

「久留米が（坂口の）郷土である以上、年に一回以上姿を現して、リングの上で試合をしたいということ。後援会ができる前は興行的に無理な点があり、プレイガイドだけでは満員にならなかったんです。後援会組織をもって、会場を満員にさせてやろうと。それを坂口さんが一番喜ぶだろう、顔が立つだろう、何よりもそれが後援会の役割ではなかろうかと。そこを中心にして活動していました」

続いて最所は久留米の会場をいかにして満員にしてきたかを次のように語ってくれた。

「郷土後援会会員の年齢層は比較的高い。坂口の同級生は入っておらず、九九％、全部事業家の人。サラリーマンではできない。それぞれに一国一城の主で、それでいて（プロレス）ファンの人。久留米大会を仕切るにあたって前売り券を人に勧められる常日頃つきあいのある方。

何事も一パーセント、一・五パーセントという話がある。例えば舞踊関係、柔道関係でもファン層は人口に対して一パーセントというデータがでているそうです。東京の場合、一〇〇〇万人の一パーセントだから、（両国国技館などで）一〇〇〇〇人入るのはあたりまえ。（人口が）二二万人（当時）の久留米での一パーセントは二二〇〇人。それに対して、三〇〇〇人入れなくてはならない。

『プロレスは毎週欠かさずテレビ観ている』という人の好きな度合、たとえば『福岡・久留米に来たら必ず券を買って観にいくよ』と好きな人でもランクがある。久留米あたりではプレイガイドでタイガーマスク全盛時代でも前売りで一〇〇〇枚売れていない。あとは手売りです。

いかにしていろんな伝手を通して手売りをするかがカギ。そのフォローを後援会がする。それは（周りの）皆さんから人望の厚い方で（プロレスが）好きな方でないと務まらない。あまり好きすぎてもダメ。好きすぎる人は毎日スポーツ新聞を見ているから外国人選手のことも、昨日の試合のことも、観客動員も把握していて、知っているがゆえに『今度の外国人はなあ……』とわかりすぎているから、『よい外国人が来た時に買おうね』となってしまう。ここが難しい。

だから、『会場に来なさい。テレビと違って生（のプロレス）はイイよ。会場の雰囲気は違うよ。ぜひ来んですか。この券がありますよ』と。たいてい、こういう人は『前（の席）がよい』というよね。でも前列ほど枚数が少ない。前の席は黙っていてもプレイガイドで売れる。後ろが埋まらないと会場は満員にならないですよ。

『もう少し早かったら前のほうもあったとばってんね』、『今度のプロレスは本当に人気がよい』と後ろの席から売っていく。そうでないと満員にならないんです」

事務局として尽力していた最所本人は実はプロレスにあまり興味がなかった。

「僕はね。プロレスファンだと言わないかんでしょうけど。ファンではない（笑）。力道山時代から観たことなかったから。ただ義弟が入って、仕方がないから。そういうことでずっとね……。

私が自分の兄弟で一番末っ子だから、弟ができたみたいだったから。あれ（坂口）が明治におった頃、昭和三九年に赤羽の澄水園にビールを抱えて激励に行ったよ」

また、義弟の坂口征二のことを次のように評していた。

「誠実な人物よ。レスラー界には貴重な存在じゃないですか。レスラーは変わった考えを持っている（人が多い）。彼の場合は、筋を通さないかん、義理を感じる男という面が他のレスラーより強い。人に対する義理、自分が恩恵を受けたことに対して反することは絶対しちゃならんというようなね。社会的マナーに忠実に従っていくというところがあるんじゃないですか」（一九八六年一〇月取材）

こうして、この郷土後援会は一九九〇年三月一五日、久留米県立体育館における坂口征二引退記念興行まで坂口を支え続けていくのであった。

藤波・長州の台頭

先に紹介した坂口征二郷土後援会の発会式には坂口のパートナーであったストロング小林も出席している。

「昭和五四年か。ストロング小林も当時のことを覚えていた。

長州になってるわ。もうその頃だと僕はベルトには関係ないだろ。（北米タッグの坂口のパートナーは）長州になってるわ。その頃は藤波のため、長州のための試合が多くなったから」

この一九七九（昭和五四）年の四月五日の東京体育館におけるビッグマッチで坂口、小林組はヒロ・マツダ、マサ斎藤組を相手に北米タッグ一〇度目の防衛戦を行ったが、二対一で敗戦。一九七七年二月以来の海外流出となってしまっている。

その後開催された「第二回MSGシリーズ」では北米タッグを失ったばかりのストロング小林は予選で対戦した藤波辰巳と二回の延長戦でも勝負つかず引き分け。結局、小林が藤波に決勝リーグ進出の権利を譲っている。

同シリーズ終了後の六月一五日、坂口は長州力をパートナーに指名し、ロサンゼルスへ北米タッグ王座奪回に乗り込んだ。坂口組はマツダ、斎藤組を二対一で降し北米タッグ王座を奪回。凱旋帰国から二年が経過していたが、当時「地味で目立たない」と評されていた長州が初のチャンピオンベルトを巻いている。

ストロング小林は、その二年四か月後の一九八一（昭和五六）年一〇中旬、腰の故障で試合から遠ざかるようになると、一九八三（昭和五八）年の正月映画『伊賀忍法帖』への出演をきっかけにストロング金剛として俳優・タレント活動を開始。一九八四（昭和五九）年八月に正式にレスラーを引退している。取材中は国際プロレス時代とストロング金剛時代の話が中心であったが、取材終了後に「ボクは明後日（一二月二五日）が誕生日。あの人は昭和一七年生まれだろ？今度会ったら言っておいて、『あと二〇年、お互い健康で頑張りましょう！』って。あと二〇年だからね！」と笑顔で坂口にエールを贈ってくれた。

一方の坂口は北米タッグのパートナーを長州に代え、また年始にジョニー・パワーズを破って北米ヘビー級選手権を獲得したことから、多少、テレビ中継への露出が増加していた。北米シングル・タッグの「北米二冠王」というキャッチフレーズで、主に東名阪以外の地方興行においてタイトルマッチに出場し、花を添えている。岡山、秋田、徳島、四日市、釧路、宮崎、福岡、仙台、名古屋、小樽、那覇はこの年、坂口がタイトルマッチに出場した都市である。

また、異種格闘技路線を継続していた猪木の代役として、これまで同様に現場を守っていた。地方

坂口、長州力組は北米タッグ13回連続防衛を果たした。（写真：東京スポーツ新聞社）

興行で猪木が欠場した際に払い戻しを要求するお客さんが出ないようにしたというのである。次はプロレス評論家の流智美が寄稿したエピソードである。

《もっとも象徴的な例としては79年4月3日、レフトフック・デイトンを相手に福岡で格闘技世界一決定戦に臨んだときのこと。これはテレビ朝日の特番として福岡大会が急遽決定したためで、4月2日、3日の東北巡業を欠場せざるを得なくなったわけだが、猪木を除く本隊が東北2連戦（岩手、宮城）を強行し無事に終えている。

このときのプロモーターだった人物に後年話を聞く機会があった。

「猪木さんの欠場はもちろん痛かった。欠場は事前に宣伝カーで告知し、当日は入口に貼り紙でお知らせし払い戻しにも応じる用意はありました。でも貼り紙の隣で坂口さんが机を用意して客に頭を下げ、臨時のサイン会までやってくれて、第一試合の前にはリング上であらためてお詫びの挨拶をしてくれたから、払い戻しをする客がただのひとりも出なかったんですよ」

「猪木が出ないのか……」という観客の失望を「ま、坂口がいるから許してやるか！」と変えるのが「名女房役」たる所以だ》（流智美『詳細新日イズム』）

こうして坂口は自身の役割を着実にこなし続けていくのである。

大型選手を一手に引き受けて

一九八〇（昭和五五）年は坂口征二、三八歳の年。アントニオ猪木の格闘技路線もこの年の二月二七日、蔵前国技館における空手家ウィリー・ウィリアムス戦で終止符を打った年でもあった。

格闘技戦で相手の打撃技をかわすためにとウェイトを落としていた当時の猪木の体重は一〇五キロ

前後。新時代のスターとして売り出されていた藤波辰巳と坂口の弟子の木村健吾（現・健悟）はジュニアヘビー級のため一〇〇キロ以下。長州力も一一〇キロ程度と当時の公称が一二五キロだった坂口とストロング小林以外は小粒といった状況であった。

しかし、この当時、新日本プロレスに来日する常連外国人選手は大型化していた。二二三センチ二二〇キロの「大巨人」アンドレ・ザ・ジャイアント。タイガー・ジェット・シンに次ぐ外国人トップヒールとなっていたスタン・ハンセンは一九二センチ一三五キロ。他にもダスティ・ローデス（一八六センチ一三五キロ）、ハルク・ホーガン（二〇一センチ一四〇キロ）、マスクド・スーパースター（一九八センチ一三二キロ）らがいた。体格でこれら外国人選手に負けない坂口は猪木や藤波らよりも多い頻度で連日、彼らの相手を務めている。

「第三回MSGシリーズ」では決勝リーグで坂口がアンドレ、ハンセンと同率二位となり、最終戦の蔵前国技館で行われた決勝戦進出者決定トーナメント一回戦でアンドレと対戦した坂口は一八文キックを真っ向から受けて、見事に散っている。

ハンセンが自著で坂口を相手にした時のことを記している。

《猪木のリング上での動きは、あたかも猫を相手に戦っているようなもので、とにかく相手の意表を衝く攻撃が抜群に巧い。それがレスラーとして猪木のもっとも優れていた部分だ。〝強い！〟と思ったことは一度もないが、とにかく試合運びが巧妙で、終わってみたらピン・フォールを奪われている……猪木との試合は大体いつもそんな調子だったと思う。（中略）

これに対して、常に〝強い〟という印象を持ったのは坂口だ。私のレスラー生活27年のなかで、こと脚力に関する限り、坂口をしのぐレスラーを見たことはない。

「もっともボディスラムを掛けにくい相手」というのは坂口のためにあるような例えで、無理に持ち上げようとして背中を痛めたことも二度や三度ではなかった。試合が終わってホテルへ戻ったあと、肉体的な痛さ、疲れを感じたことはシリーズで二度、三度あったが、その夜の相手は決まって坂口だった。時として猪木とやった試合の倍以上の疲労感が残る》（スタン・ハンセン『魂のラリアット』）

一方の坂口もハンセンのことを次のように評している。

「ハンセンのラリアットでムチ打ち症になったし、血ヘド吐いたこともあったし、気を抜けない相手だったよね。ラリアットとか、来るタイミングはわかっているんだけど、変なところから、つっかかってくるし、すごかったな。絶対手を抜いた試合はしない。全力だったよね」

一九八〇（昭和五五）年から翌一九八一（昭和五六）年三月まで前年同様、坂口は自身が保持する北米シングル・タッグの両タイトルマッチで地方興行の集客貢献をしている。札幌、大阪、久留米、函館、米子、那覇、熊本、高知、秋田、名古屋、会津などで北米ヘビー級選手権、北米タッグ選手権と防衛戦を行ったのだ。長州と保持した北米タッグ選手権は一三回連続防衛。一九七九（昭和五四）年一一月に小樽でパット・パターソンから獲得したWWF認定北米ヘビー級選手権は六度の防衛をしている。

しかし、坂口が腰に巻いたチャンピオンベルトを返上する時が来る。それは「過激な仕掛け人」と呼ばれた新間寿が猪木のために考えた世界統一企画の実現のためであった。現在、新日本プロレスの看板タイトルとなっているＩＷＧＰが産声を上げることとなったのである。

ＩＷＧＰ――インターナショナル・レスリング・グランプリ

一九八一（昭和五六）年、アントニオ猪木・新間寿ラインがかねてから構想していた「インターナショナル・レスリング・グランプリ＝ＩＷＧＰ」がスタートした。

世界に乱立するタイトルを統一して、リアルワールドチャンピオンを決めようというものであった。同年四月二三日、蔵前国技館のリングでアントニオ猪木、坂口征二、長州力の三名はＩＷＧＰ参加のために保持していたチャンピオンベルトをすべて返上している。

坂口が返上したベルトは北米シングルとタッグ。特に北米タッグは一九七三（昭和四八）年の八月以来、「新日本プロレスの坂口征二」とともに歩んだタイトルであった。

今日、日本のプロレス業界ナンバー1団体である新日本プロレスの看板タイトルであるＩＷＧＰの歴史がここにはじまったのであった。

新間がＩＷＧＰの経緯を次のように語っている。

「ＮＷＡの『世界』というタイトルを使えないと言うので、その上のベルトをつくろうと。インターナショナル・レスリング・グランプリとして世界各地で予選をやって、勝ち上がった人たちが日本でリーグ戦をやるというね。こんな方式を私は力道山のワールドリーグ戦から習ったわけですから。あれはケン田島と一緒に考えたんですよ。最初はインターナショナル・レスリングまではできていたんだけれども、最後は協会か、同盟かで話をしたときに、ケンさんが自動車のスピードレースのグランプリの実況をやっていたこともあって、『新間さん、グランプリがいいよ、インターナショナル・レスリング・グランプリ。語呂もいいな』って。それで作り上げたのがＩＷＧＰ」

ＩＷＧＰへの参加のために猪木、坂口、長州がタイトルを返上したこの日、一時代を築いた初代タイガーマスク（佐山聡）がダイナマイト・キッドを相手にデビュー戦を行っている。

五月に開幕した「第四回ＭＳＧシリーズ」から、このＩＷＧＰはスタートを切った。まず、「ＭＳＧシリーズ」の公式戦のなかで、日本人同士の対決はＩＷＧＰアジアゾーン予選を兼ねることとなった。また開幕戦で全日本プロレスの常連外国人だったアブドーラ・ザ・ブッチャーが、IWGPへの参加を表明という趣旨で新日本プロレス参戦を発表する。これは新日本プロレスが引き抜いたのであった。

「MSGシリーズ」での坂口はスタン・ハンセンに負け、ハルク・ホーガン、タイガー・ジェット・シンと引き分け。IWGPアジアゾーン予選を兼ねた日本人との対決では猪木にリングアウト負け、藤波辰巳にリングアウト勝ち、長州力に逆エビ固めでギブアップ勝ちの二勝一敗。最終的にリーグ戦では猪木、ハンセン、シン、ホーガンに次ぐ第五位だった。

この頃から、坂口はリーグ戦において優勝戦線に絡むことはなくなり、新日本プロレスのナンバー2として、猪木以外の選手たちのなかで「長」のようなポジションになっていく。

また、マッチメイクや選手管理、興行を仕切る「現場監督」の役割を担うこととなる。

六月二四日に東京・蔵前国技館で開催された「新日本プロレス創立一〇周年イベント」第一弾には坂口の出場はなかった。ケガなどの特別な理由がなく、ビッグマッチに欠場するというはじめてのケースであった。以後、新日本プロレスのマッチメイクは猪木、藤波、タイガーマスク中心で展開されることとなり、坂口は大型外国人選手を線の細い猪木、藤波の代わりに請け負うというスタイルとなっていく。

八月、競合団体の国際プロレスが経営不振のため北海道羅臼大会でその歴史を閉じた。国際プロレスの所属選手たちはフリー選手としてそれぞれの道を歩むこととなり、ラッシャー木村、アニマル浜口、寺西勇が新日本プロレスに戦いの場を求める。

坂口征二は選手としては後ろに回り、現場を仕切るフロント業のウェイトを五分五分までに高めていくこととなる。

第一〇章　猪木と会社のために

現場監督

坂口が現場監督をはじめた一九八一（昭和五六）年からＩＷＧＰが開催される一九八三（昭和五八）年夏頃まで、すなわち初代タイガーマスクがリングに上がっていた時期は「新日本プロレスブーム」が巻き起こっていた。毎シリーズ、東京、名古屋、大阪の大会場でビッグマッチを行い、連日超満員。当時、営業の第一線で活躍していた上井文彦は次のように語る。

「長野県の（入場者数の）記録はだいたい僕が持っていますよ。時流に乗ったといったらおかしいけど、諏訪湖スポーツセンターなんか台風で試合が遅れて、チケット二八〇〇枚ぐらい売れていて、体育館にお客さんが入りきらないくらいで、選手が遅れて着いてリング組みたてて、それをお客さんが見ていて。試合の翌日に近くの中華料理屋さんに行ったら、『プロレスの兄ちゃんだよね。昨日、材料全部なくなったから、今日はなんでも好きなものご馳走してやるから』って。（試合開始が）六時半だったから、大会前にそれだけお客さんが（そのお店に）来たってことですよね。そういうよい時代なんですよ。昭和五六とか五七年とか。現場の責任者の坂口さんには可愛がってもらいましたね」

律儀で几帳面な坂口は金銭面でも細かくきちっとしていたという。獣神サンダー・ライガーが次のように語ってくれた。

「とにかくきちっとされた人ですよ。やれタクシー代だ、食事代だって、坂口さんが出してくれるんですけど、お釣りもレシートもきちっと受け取って、計算して細かいことまでやられていた」

坂口が現場監督となってから大幅な経費削減が実現したと言われている。

社長就任時を振り返って、「旭化成に勤務していた経験が役に立った」と坂口本人も述懐していたが、一部上場企業の人事勤労課で給与計算などの仕事をした経験と親譲りの几帳面で律儀な性格のなせる技であったのであろう。

　当時、初代タイガーマスクのブームでプロレスブームならぬ新日本プロレスブームと世間から言われていた新日本プロレスであったが、組織のなかに不協和音が生まれることとなる。アントニオ猪木が追いかけたロマンが原因であった。

　アントン・ハイセルである。

アントン・ハイセル

「新聞、ブラジルは世界有数の資源国だ。日本はこれだけ繁栄しているが、将来的に日本は資源がなくなって困るだろう。そうなった時に、世界各国のなかで日本人が大統領になる可能性があるという国の一つがブラジルなんだ。このブラジルに新日本で育てたレスラーたち、営業の連中が行って、一つの事業を起こせば、そこが出発点となって大きな木に育っていくだろう。将来的にはそういう人材の中から、大統領になるのが生まれてくるだろうと思うんだ。そういう構想を俺は持っている。だから、新間、ブラジルに投資しよう」

　猪木は新間にこのように夢を語ったという。

　新間は猪木とともに元内閣総理大臣の福田赳夫に会いに行き、サポートを頼んだ。福田は怪訝な顔をして言ったという。

「ブラジル？　猪木君、たしかにブラジルには資源があるが、遠すぎる」

　猪木は言った。

「先生、でもブラジルには一番強い、世界に対してアピールするものがあります」

「それは何だね？」

「酸素です。ブラジルのジャングルにはマットグロッソという大密林に発生する酸素がありまして、世界の二五パーセントを占めているんです。我々が木を切ってしまったらどうなってしまうか。先生、将来的にそういうことが出てくる可能性がありますよね」

「僕はそこまで生きていないけど、そういうことはあるかもしれんな。猪木君、君はすごいアイディアを持っているな」

新聞によれば、このように福田赳夫元総理も猪木の発想に驚いていたという。

アントン・ハイセルはサトウキビの搾りカスを飼料にリサイクルするというものであった。ブラジルではサトウキビを絞ってつくったアルコールをガソリンの代替燃料としていたのでサトウキビの搾りカスの処理に困っていた。また、ブラジルには雨期と乾期があるため、牛は年間通して牧草を食べ続けることができない。そのため、育つのに五年も六年もかかってしまう。猪木はこのプロジェクトが事業化できれば、牛が育つまでの時間が短縮され、食糧問題の解決にも寄与すると考えたのだ。

猪木の大きな夢を実現するために、新間は事業資金協力をまず坂口に頼んだ。坂口が協力することで全社員にも協力体制を呼びかけようとしたのである。坂口は「わかりました」と自分の家と土地を担保に入れて、数千万円を用立てたという。

しかし、事業は上手くいかなかった。新間はその理由を次のように語った。

「猪木さんの失敗というのは、その会社は全部身内で固めた会社だったわけ。猪木さんは三〇歳に満たない一番下の弟を社長にしたんですよ。一円の収入もない会社が新日本以上の場所を借りて、オフィスを構えて、新日本と同じくらい高い給料取って。その給料はどこから払っているかって、私と猪木と社員の社債から集めたお金であって、一円も収入がないのよ。そういうのを一年も二年も続けたら、新日本の社員だってびっくりしますよ」

アントン・ハイセルの件は一九八三（昭和五八）年夏に新日本プロレスリング株式会社を揺るがすクーデター事件へとつながっていくが、その前に新間と猪木が目指していた世界統一、「IWGP」が一九八三（昭和五八）年五月六日、福岡スポーツセンターで超満員八五〇〇人の観衆を集めて開幕したのである。坂口は地元福岡のリングで第六試合に登場した。坂口の横には将来のエースとして期待されていた一人のレスラーが立っていた。前田明（現・日明）である。

IWGP決勝リーグ

二年前の四月にスタートしたIWGPは決勝リーグに突入し、一九八三（昭和五八）年五月六日、開幕した。坂口はこの年の三月に行われたキラー・カーンとのアジアゾーン予選リーグ公式戦で暴走の反則負けを喫し、決勝リーグ進出の権利を失っていた。

決勝リーグにはアジア地域から猪木とキラー・カーン、北米地域からアンドレ・ザ・ジャイアントとティノ・ブラボー、アメリカからハルク・ホーガン、ビッグ・ジョン・スタッド、欧州からは四月に凱旋帰国した前田明（欧州ヘビー級王者）とオットー・ワンツ。中南米代表がカネックとエンリケ・ベラ。IWGPへの参加を表明したというかたちで全日本プロレスより移籍したアブドーラ・ザ・ブッチャー、ディック・マードック、タイガー戸口らは不参加だった。

大会直前、北米代表のブラボーが一身上の都合で出場を棄権し、アジアゾーン予選で第三位の坂口に出場権が巡ってきた。しかし、坂口は辞退し、ラッシャー木村が出場することとなる。当時、マッチメイクの主軸だった新日本プロレス本隊、長州力率いる維新軍、そして国際プロレス軍という三つの日本人選手のユニット抗争をＩＷＧＰにも持ち込んだ結果だった。

開幕戦の福岡大会で坂口のパートナーを務めた前田明は当時、二五歳。「スパークリングフラッシュ」というキャッチフレーズで売り出され、一九五センチ、一一〇キロの大型選手でもあり、将来を嘱望されていた。坂口は何かと前田をサポートしている。

五月一日、東京日本橋・高島屋の屋上で開催されたＩＷＧＰイベント（トークショー、サイン会）に坂口は前田とともに参加している。エスコート役を買って出たといえよう。大学一年生だった筆者はこのイベントに参加し、イベント終了後に坂口本人にファンクラブ運営の許可をもらおうと話かけている。

「坂口さん、ファンクラブをやらせていただきたいのですが……」

「ファンクラブ？　辞めていく人間よりもこれからの若いのを応援してあげてよ」

早い話が断られてしまったのである。ここでも坂口は一歩退いて、「自分などより、これからの若い選手を応援して欲しい」と述べたのであった。

五月六日のＩＷＧＰ決勝リーグ開幕戦。坂口は前田と組んだタッグマッチでビッグ・ジョン・スタッド、エンリケ・ベラ組を相手にしている。坂口は前田のチャンスメーカーに徹し、フィニッシュは凱旋帰国二戦目の前田がベラを抑えて勝利している。この日から前田が翌一九八四（昭和五九）年春に旗上げとなったＵＷＦへ移籍するまでの一〇か月の間で、坂口と前田は実に三三回もタッグを組んでいる。坂口がこれからのエースとなるであろう前田の介添え役を買って出たのであった。

ＩＷＧＰは途中、長州力とアニマル浜口が無断欠場するというトラブルがあったものの、全会場満員の盛況で一九八三年六月二日、蔵前国技館の最終戦を迎えた。

誰もがアントニオ猪木がハルク・ホーガンを破って、二年半越しの悲願である世界統一を果たすと信じて疑わなかった。しかし、アントニオ猪木は違うことを考えていた。

舌出し事件

一九八三（昭和五八）年六月二日木曜日、超満員一三〇〇〇人の観衆が詰めかけた東京・蔵前国技館で事件は起きた。IWGP決勝戦「アントニオ猪木対ハルク・ホーガン」。坂口は猪木の永年の夢である世界統一が果たされる日とあって、リングサイドに陣取っていた。

試合開始から一九分ほど経過した時、猪木がホーガンを肩にかつぎ、そのまま両者リング下へ転落。その後、猪木はホーガンの必殺技であるアックスボンバーを喰らい、さらにリングに戻ろうとエプロンに立ったところでとどめのアックスボンバーを再び喰らってしまう。猪木はリング下で仰向けに倒れたまま立てず、セコンドにいた坂口は木村健悟とともに心配そうに猪木の様子を見守るしかなかった。

当時の映像を見ると場外カウントを数えながらレフェリーのミスター高橋が坂口の肩を叩き、「早くリングに上げろ！」という仕草を見せている。ここで坂口と木村が猪木を抱えてリング内に押し入れた。

しかし、猪木はうつぶせのまま、舌を出して動かない。業を煮やした坂口が猪木の頭と肩を叩き、起こそうとする。猪木コールの大合唱が続くなか、二一分二七秒、レフェリーのミスター高橋がゴングを要請し、試合が終わった。

猪木はピクリとも動かない。リングドクターが治療にあたる。ホーガンが心配そうな表情を見せる。明らかに起きるはずのないアクシデントが起きてしまったという状況であった。試合終了のゴングが鳴ってから六分ほど経過した後、ようやく猪木が担架で運ばれていく。猪木は東京医大病院に救急車で運ばれ、そのまま入院することとなった。今となっては、新間寿が自身の著書で、また坂口自身も取材などで答えたりしているが、翌朝、病室に入るとそこには猪木の姿はなく、代わりに弟の啓介が寝ていたという。

坂口に改めてこの時のことを聞くと、「フフッ」と笑って次のように語ってくれた。

「俺はちゃんとやっているつもりだったのが、裏切られたというかカチンときてね。弟が病院で寝てたって聞いて『なにい！』って思ってよ。新間さんに『ふざけんなよ』って。あくる日、会社行って記者会見やったんだよね。その時か何かに、（猪木が弟の啓介と）代わったというのを聞いたんだよ。会社の机の上に紙置いて、『人間不信』って。目黒の旅行社行ってよ、『明日のハワイ行きの切符くれ』って言って、カードで払ったんかな。それでウチのやつに『黙っとけ』って言って、ハワイに四、五日行って、会社の人間は『どこ行ったんですか』って探していたって。どうっちゅうことないんだけど……。猪木さんは『まず身内を騙す』って、そういうことを考える人だったよね」

こうして、猪木の悲願でもあった世界統一、IWGPは幕を閉じた。猪木の側近で数々のイベントを成功させてきた新間寿は「IWGPの優勝戦で猪木がホーガンに負けてから、新日本の凋落がはじまった」と述べているが、この後、さまざまなリング外のトラブルが坂口にふりかかることとなる。

初代タイガーマスク引退とクーデター

IWGP終了後の六月一七日、長州力が新日本プロレスへ辞表を提出。以後、フリーとして参戦となる。また、決勝戦で失神騒ぎをおこした猪木は続く「サマーファイトシリーズ」を全休している。

そして、一九八一年四月二三日、衝撃的なデビューを飾り、日本のプロレス界に大ブームを起こした初代タイガーマスクこと佐山聡が八月一〇日付で新日本プロレスとテレビ朝日に対し契約解除通告書を送っている。事実上の引退宣言であり、初代タイガーマスクは二年四か月でその活動を終えた。

さらに、クーデターだ。八月二五日に行われた緊急役員会議において、一部の役員がタイガーマスクの電撃引退についてその責任追及と「年間二〇億円の売上で利益二〇〇〇万円というのはおかしい。アントン・ハイセルに流用しているのでは」と主張し、猪木社長、坂口副社長の降格と新間専務の退任を図った。結局、新間は退任。猪木と坂口は取締役に降格となっている。

クーデターを図ったと言われている一部の役員は猪木、坂口、新間の三人を退任させて、新しいスポンサーを探して資金投入し、新日本プロレスを継続させようとしていたという。

猪木は永年の盟友であったはずの新間に次のように言った。

「新間、クーデターが起こった。俺と坂口とお前がクビになる。新間が辞めてくれれば収まるんだよ」

新間はその時、米国ラスベガスで行われたＮＷＡ総会から帰国したばかりであった。

ここで猪木と坂口をドッキングさせたテレビ朝日専務の三浦甲子二が登場する。三浦については坂口も次のように語っている。

「三浦さんは『お前、猪木と一緒になれ。ＮＥＴで一生面倒見てやるから』、『わかりました』って、それぐらいの人だったからね。テレ朝ちゅうのは朝日新聞系と東映か。朝日新聞が出資した会社だから　東映から来た社長と朝日新聞から来た役員で成り立っていた。（三浦さんは）朝日新聞の政治記者やっていて、大臣でもなんでも呼びつけるような人でね。現役の時に、『坂口、赤坂の料亭にいるからすぐ来い！』とか言われて、行くと本当に大臣とかと飲んだり、飯食ったりしてたんだよ。それぐらい豪快な人だったよ」

新間によると、三浦は自身が「一生面倒みてやる」と約束した坂口をまさに「鶴の一声」で救ったという。

三浦が「猪木・坂口不在の新日本プロレスとは契約しない」と一喝したことでクーデター派は継続を断念。一一月一〇日に臨時株主総会が行われ、猪木が社長に、坂口が副社長にそれぞれ復帰している。

また、一一月末、営業部長だった大塚直樹が退社している。これが翌年、新日本プロレス存続の危機へとつながっていくのであった。

坂口の本音

アントニオ猪木と新間寿の悲願であった大プロジェクト、IWGPが開催された一九八三（昭和五八）年が終わろうとしていた。坂口はこのプロジェクトのために一九八一（昭和五六）年春から猪木をサポートし続けてきた。

「IWGPに共鳴した」ということからチャンピオンベルトを返上し、出番が減った。巡業の現場責任者とマッチメーカーを兼務することとなり、自身のレスラーとしての出番よりも会社を優先した。猪木はもとより、後輩の藤波辰巳、長州力、前田明、キラー・カーンらが前面に出るようになり、いつしか、「坂口はどうした」、「坂口はもう終わったか」といった声が聞こえるようになっていた。

当時、坂口は四〇歳。まだまだ現役バリバリ。その年の一二月一四日、筆者は当時の坂口の本音を聞いている。

まず、レスラーとフロント業務を兼務する自身の境遇については、次のように語っている。

「まあ、こんなこと言ったら愚痴になるけどレスリングもやらなければいけない、仕事もやらなければいけない。デスクワークもあるし、後進の指導もある。レスリングだけじゃないよ、後進の指導ちゅうのはね。精神的なこととか日常生活についてもいろいろとアドバイスしてやらないかんし、また猪木さんに続く後継者作りも俺たちがやっていかなきゃならんし。すべてプロレスのことだけどね。そういう仕事がどんどんどんどん増えてきているしね。でも、今は別に忙しくてもいいの。暇だとかえって疲れるみたいなところがあるぐらいだし……」

この当時は、先に挙げたクーデター事件で新間が退社したことから、坂口に外国人選手の招聘窓口業務である渉外担当の仕事が追加された時期であった。ただ、「暇だとかえって疲れる」という性分でもあったため、坂口はこの翌年に起こった難題を次々とクリアしていく。

後輩たちに道を譲ったという自身の境遇に対する本音は次のように吐露している。

「まあ、自分じゃそう思っていないけど、ここ何か月か『もう限界だ』とか、『どうした元気がない』とか言われて。そりゃ自分でもわかるけどね。

体力はともかく気力だけは絶対衰えない！　ちゅう気持ちがあるしね。体力の衰えは練習でカバーできるし。でも気力の衰えは練習じゃカバーできないからね。

気持ちだけは絶対負けないちゅうのは持っているからね。まだまだ若いやつには負けないちゅうね。長州、浜口、カーンたちに『そうはいくか!!』ちゅう気持ちは今でも持っているよ。『藤波、前田なんかそんなのなんだ』そういう気持ちを今でも持っているよ。

でもそういう気持ちがなくなったら俺ももうダメだと思うからね。ファンの見方っていろいろあるよね。『年とってもよくやっているな』って見てくれる人もいれば、『なんだアイツ、ますます衰えてくな』って見る人もいるだろうし、まあ、どういうふうに見られようとね、自分では『まだまだやるぞ！』ちゅう気持ちで」

「この世界で絶対一流になってやる！」という強いコミットメントで入ったプロレスの世界。まだまだやれるのに、会社のことを考えて一歩退いているだけなのに、ファンやマスコミから「もう限界だ」、

「もう終わりだ」という声が聞こえてくると、後輩たちへの意地を露わにしたのである。

「体力の衰えは練習でカバーできるけど、気力の衰えは練習じゃカバーできない」という言葉には説得力がある。

そして、激動の一年と言われた一九八三（昭和五八）年を次のように振り返っている。

「タイガーマスクの離脱とか、会社内のゴタゴタとか。また猪木さんがIWGPの決勝で倒れたりしてホントに一瞬どうしていいか、あの時は迷ったぐらいで。ホント、あれは衝撃だったけど……。二、三年、四、五年で起こることが二、三か月の間にハーッと終わってしまってね。

でも今年終わってみると別に困ったことないし、お客さんも入っているし、視聴率もよいし、選手もやる気十分だし。苦境に立たされてもそこを脱出して次のステップにするというスタイル、これが新日本プロレスの強みだと思うし。まあ今年一年ちゅうのは損失も多かったけど、それ以上に収穫もあったちゅう、それでいいんじゃないの？　一言で言ったら衝撃の一年だったけどね」

後々まで尾を引くことなく、目の前のことを淡々とこなしていきながら、将来に向かって前を向くというポジティブな姿勢がうかがえる。マスコミではなく、ファン相手のインタビューであったとはいえ、今、改めて見てみると坂口の前向きな姿勢が見て取れる。

最後に自身のプロレス哲学を語っている。長州力がスタン・ハンセンに喰らい続けたラリアットからヒントを得て、リキ・ラリアットをやりだすと、誰もがラリアットをやりはじめた時代であった。

「技でも流行があるじゃない？　みんなこれやるちゅうね。で、俺はそういうのは、あまり好きじゃ

なかったからね。効く、効かん、ダメージ、うまい、下手は別にしてね。まあ、今じゃ大学のプロレス研究会の連中でも選手よりもうまい技やるんだから。衝撃度とか別にしてね、やれる技はみんなやれるんだよ。やれない技もあるけど。

まあプロレスもある程度、個性みたいなものがあるから。同じ技ばかりじゃ飽きられるし、かといって俺みたいなのが多彩になんだかんだっていろんな技を使ってしまったら、技が軽くなってしまうし。ヘビー級のレスラーだったら一発必殺の技は一つ二つあれば十分だと思うしね。それこそこの技喰らったら、もう相手は終わりだっちゅう技がね。

だから俺がジャンピングニーアタックを使いはじめた頃もね、相手は喉笛つぶしたり、歯が折れたり、それぐらいの勢いでやっていたんだけど、やっぱそういう点、自分の性格上遠慮がいってしまってね。どうしても七分か八分で止める技が多かったよね」

当時の坂口はたしかに試合で見せる技が少なかった。しかし、「ヘビー級のレスラーだったら一発必殺の技は一つ二つあれば十分」という坂口なりのプロレス哲学があったのである。

こうして、激動の一九八三（昭和五八）年は終わりを告げ、坂口にとってさらに過酷な一九八四（昭和五九）年が訪れるのである。

新日本プロレス最大の危機

年が明けて一九八四（昭和五九）年。この年は前年以上に新日本プロレスを揺さぶることばかりが起こっていく。

二月の「ビッグファイトシリーズ」で若手の山田恵一（後の獣神サンダー・ライガー）、佐野直喜（現・

巧真）がデビューする一方で、前田明、ラッシャー木村、剛竜馬が三月開幕のシリーズを無断欠場した。前年のクーデターで新日本プロレスを退社した後、ＷＷＦのビンス・マクマホン・シニアの計らいでＷＷＦ会長の職にあった新間寿が新団体設立に動いており、前田らがその新団体に合流するかたちとなったのである。

まず、前田は新間のてこ入れで、藤波が保持していたＷＷＦインターヘビー級王座とまったく同名称のタイトルを、ピエール・ラファエルなる選手を三月二五日、ＭＳＧで破り獲得する。その後、新間とともに新団体のＵＷＦへの参加を正式に表明した。

四月一日、京王プラザホテルで新間の中央大学時代の後輩である浦田昇がＵＷＦ発足を発表。四月一〇日に前田、ラッシャー木村、剛らが記者会見に出席し、旗上げシリーズの全容が明かされる。結局、前田、木村、剛に加えてメキシコにいたグラン浜田の他、髙田伸彦（現・延彦）も特別参戦することとなり、四月一一日、大宮スケートセンターでＵＷＦは旗上げし、四月一七日の蔵前国技館大会には新日本プロレスから藤原喜明が参戦し、前田とメインイベントを戦った。後から猪木が合流するという噂があったが、結局、猪木の移籍は実現しなかった。

この後もまだまだ騒動は続く。前年、新日本プロレスを退職した元営業部長の大塚直樹が設立した興行会社、新日本プロレス興行が六月二二日、全日本プロレスとの業務提携を発表する。

その後、六月二七日、藤原喜明、髙田伸彦がＵＷＦへの移籍を発表し、翌二八日には前年離脱した初代タイガーマスクの佐山聡と山崎一夫もＵＷＦへ移籍を発表。新日本プロレスは上半期の時点で前田、藤原、髙田、山崎一夫、木村、剛、浜田ら七名の所属選手を失った。

続く九月二一日、「ブラディファイトシリーズ」閉幕の翌日、東京赤坂のキャピトル東急ホテルで、長州力、アニマル浜口、谷津嘉章、小林邦昭、寺西勇が大塚直樹率いる新日本プロレス興行入りを発表した。当初、長州と谷津については新日本プロレスがＷＷＦサイドと話し合い、ブラディファイトシリーズ後にニューヨーク遠征に行くことが決まっていた。

坂口は思わず、「五匹の狸に騙されたよ」とコメントしている。

続く九月二五日、新たに永源遥、栗栖正伸、保永昇男、新倉史裕、仲野信市の五選手の移籍が発表される。新日本プロレスは米国在住のキラー・カーンに慰留の連絡を入れたが、条件が合わず、これを断念している。結局、カーン、マサ斎藤、若手の笹崎伸司らも追随することとなり、合計一三名のレスラーが新日本プロレス興行入りした。この後、新日本プロレス興行はジャパンプロレスと社名変更し、全日本プロレスのリングに上がることとなる。

これに対し、新日本プロレスは九月二六日にテレビ朝日と共同記者会見を行い、

・テレビ朝日は新日本プロレスの放送を継続強化していく

・新日本プロレス興行からの放送申し入れは拒否

と発表した。

新日本プロレスはこれ以上所属選手が離脱しないよう、全選手による合同合宿を神奈川県の箱根で行い、一〇月五日から開幕する次期、「闘魂シリーズ」に向けて団結を深めている。

結局、九月末までで総計二〇名近いレスラーが離脱してしまった。年初から残留している日本人レスラーはアントニオ猪木、坂口征二、藤波辰巳、木村健吾、星野勘太郎、荒川真、小杉俊二、後藤達俊の八名のみ。新日本プロレスは新たにデビューした山田恵一、佐野直喜、武藤敬司、蝶野正洋、橋本真也ら若手選手と海外遠征から呼び戻した選手などを総動員して興行を継続していった。

当時の大量離脱について、坂口は次のように振り返っている。

「この頃は、興行的にもワーッと入る時代じゃなかったしね。選手も将来的に不安を持つ人間も出て

きて。外は良く見えるから、離脱とかクーデターが起きるんだよ。やっぱ、同じことやってんだから、『なんで俺が二番手、三番手だ。どうしてトップになれないんだ』という奴が多いよね。そういう奴のほうが伸びるだろうけど、ジャパンプロ、UWFもそうだよね」

坂口自身は柔道界を辞めてプロレス入りした経験がある。自身の経験から、一度辞めるという気持ちになった人間は引き留めようとしても駄目だということを誰よりもわかっていた。だから、こうした離脱が起きるたびに「黙って行け。悪口言うな。黙って辞めるんだよ。『お世話になりました』って。唾を吐いたら、自分にかかってくるよ」と言っていたという。

「狭い業界、いつ何時、一緒になるかわからないし、ちゃんとお互い『やあ』と言えるようにしておけよって。仕事を続けていく以上、長い人生ね。結婚式や冠婚葬祭で会うこともあるし。俺の柔道人生のなかでも言えるんだよね。柔道をああいう去り方して行ったから、行きづらい、来づらいというのもあったし。その後、ちゃんと自分で頭下げて、『その節は』とフォローして、付き合いやってきたから、今でも堅苦しい気持ちしなくても顔出せるよね。会って嫌な顔されても、こっちも嫌だよな」

自身の経験を後輩たちに伝えていく、これが坂口の体育会的なやり方なのであった。

この後、さらなる困難が新日本プロレスに降りかかる。

トラブルとトラブルシューター

未曾有の大量離脱を、若手選手をデビューさせることで乗り切ろうと再スタートを切った坂口は、一一月より開幕する「第五回MSGタッグリーグ」で起死回生のマッチメイクを打ち出す。ジュニアヘビー級の選手として活躍中だったダイナマイト・キッドとデイビーボーイ・スミスを組ませて招聘

大量離脱に見舞われた新日本プロレスは、箱根合宿で再スタートを切った（1984年10月）。

するというものであった。このコンビは「ヘビー級選手相手に何かやってくれるかもしれない」という期待を持たせてくれるコンビであった。

しかし開幕直前の一一月一四日、「第五回MSGタッグリーグ戦」参加のために来日したはずのダイナマイト・キッドとデイビーボーイ・スミスがキャピトル東急ホテルで記者会見を行い、全日本プロレスの世界最強タッグ決定リーグ戦への参加を発表したのであった。

シリーズの目玉ともいえる企画を競合の全日本プロレスに持って行かれたことを事前に察知していた坂口は怒り心頭。

「おい、これが黙っていられることか！ 俺は行ってくるからな！」とダイナマイト・キッドとデイビーボーイ・スミスと交わした契約書を持参して、記者会見前のジャイアント馬場のもとを訪れている。

「ブッカーたのんだミスター・ヒトがこっちに不平不満があって、そういうことやんだよ。馬場さんに言いに行ったよ、『やめてくださいよ』って。この後かな、外国人協定書とか作ったんだよ」

日本プロレス時代の後輩であったミスター・ヒトはカナダのカルガリーで新日本プロレスの若手選手の面倒をみていたのだが、元国際プロレス社長の吉原功が新日本プロレス顧問になった縁でカナダのブッカーは元国際プロレスの大剛鉄之助に変更となっていた。それを不服に感じたミスター・ヒトがキッドとスミスの引き抜きを画策したと見られている。

トラブルはこれだけではなかった。新日本プロレスは営業部長だった大塚直樹が前年一一月に退社した後、春にはUWF設立で上井文彦を含む一部の営業部員が退社するなど、営業面がガタガタになっていたのであった。そこにトラブルシューターが現れる。

新日本プロレスの名プロモーターであった三浦庄吾の娘である裕美子が述懐する。

「大量離脱して会社がガタガタとなった時に、本当に興行組めなくなっちゃって。ウチの父親、一週間ぐらい東京の事務所行っていましたよ。スケジュール組んでいたから全国の体育館へ電話して。誰もそれをできる人がいなくなっちゃって。一時、『三浦さん、このまま東京に残って営業部長やれよ』みたいな話になっちゃって、『おお、私も東京に転校か』って（笑）。まさかと思ったけど」

坂口が新日本プロレス移籍時に誘った三浦庄吾。あの敏腕プロモーターが新日本プロレスの営業面を救ってくれたのであった。

この当時、坂口は副社長としてさまざまな改革に乗り出している。

巡業用のバスをレスラーの体格に合わせてデラックス仕様にした。巡業バスはもともと国際プロレスが導入し、市販の中古バスを改良して使用していたが、坂口はバス製造会社にまで赴き、中を改造してもらうように頼んでいる。既成のシートをすべて外して、レスラーサイズのシートに変更した。またビデオデッキを付けて、試合映像をバスのなかで観ることができるようにもしている。初来日の外国人レスラーを成田空港に迎えに行ってからホテルに送り届けるまでの間、よい試合だけを編集したビデオを観せて勉強させるためだったという。

ファイトマネーの支払い方法も変更した。従来、プロレスラーのファイトマネーは試合が終わった都度、一試合ごとに支払われていた。そのため、なかなか計画的な生活設計ができず、業界用語でいう「ハガミ」すなわち前借りをする選手も多かったという。サラリーマン経験のある坂口はファイトマネーの支払い方法を年俸制に変更し、毎月、決まった額を振り込むようにした。これによって選手は生活設計が立てやすくなったほか、月々の収入が安定したことから銀行が住宅や車のローンを組んでくれるようになったという。

一九八六（昭和六一）年からは合宿所管理人兼料理人を導入している。これは坂口が若手選手からアンケートを取って改善してあげたものだという。

「ちゃんこを交代交代で練習休んで買い物行って、二〇人分くらいの飯作ってね。大変だったと思うよ。練習も満足にできているのかって。身体をつくらなくちゃいけない時代だったからね」

坂口は若手にはレスラーとしての身体づくりを優先させるべきと判断し、太武経という商船に乗っていた料理人を雇うこととした。

「一〇〇人分くらいの料理をぱっとできるぐらいでね。また、うるさい人だったから。親父的存在でね、三銃士とかから（鈴木）健三（現ＫＥＮＳＯ）くらいまでは随分怒られたんじゃないか（笑）。俺は太さんに惚れられてな、『坂口さんのためだったら何でもします』ってね。テールスープが旨くてね、猪木さんあたりも食べにきていたみたい」

坂口は副社長としての会社の仕事だけではなく、レスラー、社員のために、そして新日本プロレスに関わる人々のために力を注いでいた。

坂口の自宅が野毛の道場と近いこともあり、シリーズが終わると若手選手を集めて近くの焼き肉店で打ち上げをしたり、自宅で食事会をしたりしていたという。この当時は新日本プロレスを離脱していたが、初代タイガーマスクこと佐山聡が述懐する。

「僕は猪木派、山本小鉄派だったけど、全然関係なく可愛がってくれました。坂口さんは家に呼んでくれて、奥さんなんかアパートを世話してくれて。全部いろいろ動いてくれたんじゃないですかね。しょっちゅう行ってましたよ、飯食いに」

当時、テレビ朝日「ワールドプロレスリング」の実況を担当していた古舘伊知郎もかつて坂口の人となりについて語ってくれたことがある。

「繊細な人ね。ふつう大きな人というのは豪放磊落と思われるけれど、あの人は非常に繊細な部分を持った人でね。気もよく遣ってくれるしね。すごく細かいところまで気が付いていろいろ面倒見てくれたり、例えば、僕が蔵前で八試合くらいしゃべらなければならないことがあるわけね。そうするとさあ、坂口さんがふうと来てさ、『滋養強壮にいい薬があるから、試合はじまる前に気休めかもしれないけど、これ飲んだら精がつくよ』とかね。そうかと思えば、『七〜八試合もしゃべって大変だったなあ』とか言って、『声出ていたよ』とか言ってくれて気を遣ってくれる人なのね。だから優しい人だと僕は思うのね」（古舘伊知郎『坂口征二ファンクラブ荒鷲会報第一〇号』一九八四年七月）

そして、いよいよ坂口が逆襲を見せる一九八五（昭和六〇）年へ突入する。

坂口の逆襲

前年の選手の離脱、外国人の引き抜きなどゴタゴタ続きの新日本プロレスだったが、一九八五（昭和六〇）年、坂口は一気に勝負に出た。一月から四月までは準備の期間として次々と施策をうっていく。第一に若手の育成、第二に外国人ルートの開拓・充実、第三に自身のレスラーとしての充実である。

まず、若手の育成については、三月三日に新人の船木優治（現・誠勝）をデビューさせ、三月から四月と二シリーズにかけて「ヤングライオン杯」を開催。ただでさえ選手層が薄い状況下だったのでファン、マスコミに注目されるとあって若手は燃えた。決勝戦は四月一八日の両国国技館大会でのビッグマッチ。優勝者はザ・コブラが保持していたWWFジュニアヘビー級選手権に挑戦できるとあって　参加選手のモチベーションは上がった。決勝戦は新進の山田恵一と小杉俊二の争いとなり、小杉が優勝した。

外国人ルートの開拓については、WWFとのタイアップ強化もさることながら、契約上、WWF以外からの選手招聘はOKだったので坂口は自身が若手時代に修行したルートをいかして精力的に発掘した。

四月二一日からの海外出張では四月二二日にMSGの定期戦視察（藤波とコブラが出場）。翌日、タイタンスポーツでビンス・マクマホン・ジュニアとミーティング。その後、フロリダ、テキサス、LA、ハワイとまわり、昔お世話になったレスラー、プロモーターらとコンタクトし、新しい外国人レスラー発掘に動いた。ハワイは前年の五月までプロレスの試合が開催されない状態だったが、六月よりポリネシアン・プロレスリングを仕切るミセス・ピーター・メイビアに協力し、月一回NBCアリーナで定期戦を行うまでにテコ入れ。同年八月に日本からファンを連れていくツアーも企画するなど交流を深めている。

この外国人ルート開拓・強化により、四月一八日、全日本プロレスの常連外国人のブルーザー・ブロディが参戦し、猪木と名勝負を展開。同時に「ニューアメリカンドリーム」と呼ばれていた新星のビリー・ジャックも来日させ、坂口自らがフルネルソンマッチで相手を務めた。

そして勝負をかけたのが「第三回IWGP」。トーナメント優勝者と前年度優勝者の猪木を戦わせ、その勝者に第一回優勝者で当時、全米で売れっ子のホーガンを挑ませるという新方式で打ち出した。

同時にWWFとのタイアップを強化させ、名称を「IWGP&WWFチャンピオンシリーズ」とし、シリーズ中にWWFインターヘビー、WWFヘビー、同インタータッグ、ジュニアヘビーの選手権試合を盛り込んだ。

参加外国人選手もアンドレ・ザ・ジャイアント、ディック・マードック、アドリアン・アドニス、マスクド・スーパースター、ジミー・スヌーカ、ペドロ・モラレス、ボブ・バックランド、ハルク・

ホーガン、キングコング・バンディら全米でトップクラスの選手をそろえ、いつになく充実させた。シリーズ中にはホーガンとアンドレにタッグを組ませ、それを猪木、坂口が迎え撃つというドリームマッチも提供している。

最終戦の愛知県体育館、決勝戦の東京体育館がともに一〇〇〇〇人を超える観客動員で満員札止めとなり、シリーズとしては大成功だった。

レスラーとしての自身の充実ぶりについては、当時の取材でこう語っている。

「四月一八日で一段落した。ＩＷＧＰでは練習もできて、体調も良かった。ケガも一つもなかったし、これまでのなかで一番体調よいシリーズだった。今は勝敗は別にして、ガンガンやる。負けてもいいから真正面からぶつかっていけるような自分のスタイルのレスリングをやっていきたい」

大成功裏に終わったＩＷＧＰであったが、その後もリング外で動きがあった。

八月二九日、スーパーストロングマシーン、ヒロ斎藤、高野俊二がカルガリーハリケーンズを結成し離脱。のちに長州率いるジャパンプロレスに合流した。

一〇月末、春のＩＷＧＰ＆ＷＷＦチャンピオンシリーズでは強力なタイアップをみせたＷＷＦだったが、契約更改で契約金が五万ドルから一気に百万ドルへと大幅にアップ。新日本プロレスは提携解除を選択した。結果的にＷＷＦ以外のルートをきちんと確保していたことが後々役立つ。

一一月四日、周囲の反対を押し切り、武藤敬司を海外遠征に行かせている。そして前年春に立ち上がり、次から次へ選手が移ったＵＷＦが、スポンサー企業だった豊田商事事件でイメージダウンとなり、一一月に倒産。一二月六日の「ＩＷＧＰタッグリーグ戦」両国国技館大会のリング上で、新日本プロレスとの業務提携を発表した。

彼らの参入により、翌年、坂口の選手としての強さが今一度クローズアップされることとなる。

IWGPタッグリーグ戦

一九八五（昭和六〇）年の掉尾を飾るシリーズは「IWGPタッグリーグ戦」となった。前年まで開催していた「MSGタッグリーグ戦」がWWFとの提携解消により、衣替えしたのである。参加チームはいつになく豪華であった。猪木と坂口が黄金コンビを復活。前WWFインタータッグ王者だった藤波、木村組。ほかにブロディ、スヌーカ組、マードック、スーパースター組をはじめ国内外全八チームがエントリーした。

天王山となったのは一二月六日の両国国技館大会。猪木、坂口組と藤波、木村組が公式戦で世代抗争を演じ、三〇分時間切れ。この試合で坂口はブレーンバスター、カナディアンバックブリーカー、バックドロップ、卍固めと珍しく大技を連発し、場内を沸かせている。

決勝戦は一二月一二日、宮城県スポーツセンター。猪木、坂口組と藤波、木村組が決勝戦進出決定戦を行い、リーグ戦一位通過のブロディ、スヌーカ組と決勝を争うというものであった。しかし、マッチメイクが気に入らなかったのかブロディが決勝戦をボイコットしたことで、決勝戦は猪木、坂口組と藤波、木村組の間で争われることとなった。

興行主は敏腕プロモーターの三浦庄吾。シリーズ最終戦のビッグマッチが仙台で開催されるというのははじめての出来事。三浦の娘の裕美子はこの時の興行のことをいまだに忘れられないという。

「その時は私、中学二年かな。当時はたしか売り興行のギャラが六〇〇〇万円だったんですよ。窓口で券売っていたのがウチの母親だったんですけど、本当、ダンボールにお金が入らなくて、ぎりぎり詰めるような状況で。でも、六〇〇〇万だとウチの父親にしたら納得いかないわけですよ」

先にも述べたが三浦は四年連続で最優秀プロモーター賞を受賞した敏腕プロモーター。集客のため

「IWGPタッグリーグ戦」では猪木、坂口、藤波、木村の4人が名勝負を繰り広げた。（写真：ベースボール・マガジン社）

に自身で宣伝用テープを吹き込み、中古車を改造した宣伝カーを七、八台用意してプロモーションする努力家であった。三浦は坂口に言った。

「金のかかる二人（ブロディ、スヌーカ）が来ないのになんで六〇〇〇万円なんだ。納得いかない。値下げしてくれ」

興行担当であった坂口は返した。

「オヤジさん、そうはいかないんだ。会社の立場では。分かって欲しい」

実はこの日の坂口は前日の東京都福生大会でブロディのイス攻撃で左膝を負傷していた。左膝のケガをおして決勝戦のリングに上がらなくてはいけないこととなっていた坂口はリング下でプロモーターとこんなやりとりをしていたのである。

決勝戦は藤波、木村組が坂口の左膝に集中攻撃を浴びせ、坂口が無念のリタイア。リング下でダウンしているところ、孤軍奮闘した猪木が弟子の藤波のドラゴンスープレックスに初のフォール負けという結末で藤波、木村組の優勝で終わった。

坂口は当時を思い出して次のように振り返った。

「あんまりお客さんが入っていなかったんだよ（笑）。俺はプロモーターの集金もやってたから。三浦さんのところにいつも集金行ってよ。今なんか小切手とか振込とかあるじゃない。あの頃は現金なんだよ。売上を輪ゴムで留めたりよ（笑）。『オヤジさん、早くやろうや』って言っても遅くなって、俺が飯食って寝ていると、『坂口さん、今から』って。そういうのずっとやっていたよ。金貰わなくちゃいけないからな。ツケにしたくないからよ」

当時、集金したギャラは坂口がカバンに入れて管理していた。

「一〇〇〇万円ぐらいあったよ。二日に一回ぐらい、田中リングアナに『送金しておけ』って。それをある日、付き人だった橋本（真也）に持たせたら、旅館に忘れて来たんだよ。『取って来い、バカヤロー！』って（笑）。旅館に電話したら、『玄関にありますよ』って言われたから、『橋本！ 行って来い！』って。電車に乗せて。十和田の旅館まで、弘前かどっかから取りに行かせたよ（笑）」

坂口は続けて、当時の現場責任者時代のことを話してくれた。

「今なんか振り込みだけどね、昔は現金だからな。巡業前に経理から三〇〇万円ぐらい仮払いで貰っていくんだよ。試合の時は興行元が旅館代払うけど、試合と試合の間で休みで泊まる時あるじゃない。そういう時は旅館代は会社が払わなきゃいけないんだよ。田中リングアナに『いくらいくら、これで払っておけ』って渡すんだよ。

出、ハガミって言ってね、前借りするんだよ。それをずっとやっていた」

日本プロレス時代は坂口が初戴冠したアジアタッグのパートナーだった吉村道明がこの役割をしていた。話を「ＩＷＧＰタッグリーグ」優勝戦の日に戻す。

三浦の娘の裕美子はこの日のことを何年も経ってから母親から聞いたという。三浦は「ああ、これで坂口さんと仲たがいしてしまった。坂口さんに食ってかかってしまった」とものすごく悩み、食事ものドを通らなくなったという。

「ウチの母親が坂口さんに電話して、『そういうつもりで言ったんじゃないから』って言ったら、『わかってます。わかってます』って。なんかもう、それぐらいウチの父親、坂口さんが大好きだったし、坂口さんも『オヤジさん、オヤジさん』って、本当に良くしてもらったんで、坂口さんにはよい思い出しかないですね」

こうして一九八五（昭和六〇）年は終わりを告げ、ＵＷＦとの抗争がスタートする一九八六（昭和六一）年を迎えることとなる。

ストップ・ザ・UWF

年が明けて、一月三日に開幕した「ニューイヤーダッシュ'86」からUWF勢が参戦。かつて新日本プロレスに在籍していた前田日明、藤原喜明、木戸修、髙田伸彦、山崎一夫らが新日本マットに再上陸した。坂口は一月二四日の静岡大会で星野勘太郎と組み、木戸、藤原組と対戦している。この日、UWF勢をはじめて迎えた坂口は体格差をいかしてUWFの代名詞と言われていたアキレス腱固めを立ちあがって防御し、観客の度肝を抜いた。UWFの関節技をいとも簡単に防いでしまった坂口。スポーツ紙には「ストップ・ザ・UWF」の見出しが躍った。

そして、坂口は五月一日、両国国技館で柔道の対抗戦形式で行われた「新日本対UWF」の五対五全面対抗戦に次鋒として出場。髙田を四分台でカナダ式背骨折りに仕留めると続く山崎が繰り出す関節技をことごとく切り替えし、五分二二秒で鬼神の表情で放った逆エビ固めでギブアップさせている。現在、テレビ朝日「ワールドプロレスリング」解説者の山崎は対戦した当時のことをこう振り返る。

「当時、僕は蹴ったりしていたんですけど、大きすぎて効いてんだか効いていないんだかわからない。とにかく、リングで迎えるとより大きい人でしたね。アキレス腱締めて状態起こしていたら、チョップされたんですよね」

当時、坂口は一九六センチ、一二五キロ。一方の山崎は一八五センチ、九四キロ。体格差は歴然だった。しかし、山崎は坂口のチョップを張り手で返した。さらに山崎は体重差三〇キロの坂口をバックドロップで投げている。

「何か試合をした爪痕を残さないと。体格的に（坂口さんと）勝負できるのは前田さんぐらいでしたね。五対五の頃はリングの下でもピリピリしていましたので、そういうのがリングに出ますよね。坂

山崎一夫相手に渾身の逆片エビ固め。この日の坂口は本当に強かった（1986年5月1日、東京・両国国技館）。（写真：ベースボール・マガジン社）

口さんがU側をどう見ていたかわからないですけれども、何かの隙があったら、やってやるという感じでしたから。リングであろうとなかろうと。まあ、いろいろな感情が入り混じって、その坂口さんのボストンクラブになったのかもしれませんけどね（笑）」

先鋒の高田、次鋒の山崎を連破した坂口は中堅の木戸修を迎えた。木戸にはアトミックドロップなどの大技を繰り出すとジャンピングニーアタックを仕掛けるも着地に失敗して右足を強打。ボディスラムに行ったところを三分三三秒、首固めに丸められて敗れた。

残念ながら五人抜きはできなかったが、ファンの間に強烈な印象を残したといえる。坂口は試合後、次のように語っている。

《今シリーズ、俺は仕事らしい仕事をしなかったからね（笑）。速攻で、4人抜きでも5人抜きでもしてやろうと思ったけど、ジャンピング・ニーの着地を失敗して、右足首をひねってしまった。木戸にあんな技（首固め）でやられるとは、思ってもみなかったなあ。1人、計算が狂ったよ。高田や山崎のキックは、確かにすごい。でもあいつら、ヤレ腕ひしぎだ、アキレス腱固めだって言ってるけどね。それだけがプロレスじゃないんだよ。世界は広いんだよって言ってやりたい。若い奴らは『俺たちの時代だ』と思ってるだろうが、俺たちの世代だって、まだまだ踏み台にはならん。そうなったら、俺はもうおしまいなんですよ》（「週刊プロレス」一九八六年五月二〇日）

この後、坂口はフロント業のウェイトをさらに拡大し、世代交代の波に自ら乗って行くこととなる。

第二章　世代交代

一度限りの前田戦

ＵＷＦ勢との戦いで存在感を見せた坂口は、その後に開催された「ＩＷＧＰチャンピオンシリーズ」に出場し、五月三〇日、広島県立体育館で行われた十度目の猪木対坂口戦でリングアウトながら猪木から初勝利をもぎ取る。しかし、ＵＷＦのナンバー2のポジションとなっていたかつての後輩・藤原喜明に反則負け、弟子の木村健吾と両者リングアウト引き分けでAリーグを猪木、アンドレに次ぐ三位で終了（木村健吾と同率）となる。

年末の「ジャパンカップ争奪タッグリーグ戦」も自身はエントリーせず、ひたすら渉外担当として控えに回っていた。前年の一九八五（昭和六〇）年は大量離脱の後ということで自らがビッグマッチに登場していたが、一九八六（昭和六一）年となると、ＵＷＦ勢の加入や若手が育ってきたこともあり、自身が四四歳となったこの当時、坂口は自分よりも次世代をどんどん出していくという気持ちでいた。それは「自分が若い頃、そうして育ててもらったから」と母の勝子に言っていたという。

しかし、一一月一九日、渉外担当の坂口を困らせる出来事が発生する。同シリーズの目玉として来日予定であったブルーザー・ブロディが一方的に契約解除を申し入れてきたのであった。前年一二月の「ＩＷＧＰタッグリーグ戦」で決勝戦をボイコットしたブロディを新日本プロレスは永久追放処分としたものの、この年の八月に双方の和解が成立し、九月には猪木とシングルマッチを行っていた。このほど本格的な新日マット再上陸ということで一一月二一日より特別参加し、一一月二四日、札幌中島体育センターで対前田日明戦、一二月一〇日、大阪城ホールで対アンドレ・ザ・ジャイアント戦と二大ドリームマッチがラインアップされていたのだった。

渉外担当の坂口は強く責任を感じ、次の声明文をマスコミに発表し、自ら前田との対戦を申し出た

ブロディ来日キャンセルの責任をとって前田日明を迎え撃つ（1986年11月24日、札幌中島体育センター）。（写真：ベースボール・マガジン社）

のである。

《私はマッチ・メーカーの立場上、また若手選手の育成などにより、今回のリーグ戦には参加しておらず、今まで前田選手との直接対決もありませんでした。

しかしながら今般、不測の事態にあたりこの機会に前田選手とのシングルマッチでの対決を決意いたしました。

私の関節をきめる、絞めるといった技は他の選手の追随を許しているとは思っておりませんし、前田対ブロディ戦を期待されていたファンの皆様には私のファイトをもって必ずや納得していただけるものと自信を持ってここに表明させていただきます。

昭和61年11月20日　坂口征二》（「東京スポーツ」一九八六年一一月二二日）

常に控え目な坂口としては珍しく、自信に溢れた声明文であり、一一月二四日の札幌中島体育センターには主催者発表で四八六〇人（満員）の観衆が詰めかけた。

坂口対前田戦は第七試合にラインアップされ、試合は前田が開始早々放ったフライングニールキックからスタートし、関節技の攻防となった。しかし、試合中盤で前田が放ったキックが坂口の顔面に入り、これでカッとなった坂口は、前田をコーナーに逆さ吊りし、キックの乱打。レフェリーまで突き飛ばし、暴走の反則負けとなっている。

「反則で逃げるのか」

と前田は叫ぶが、九分五五秒の死闘は終わった。坂口にとって久々のビッグマッチ。「東京スポーツ」の記者は「年間最高試合候補だ」と書いた。

試合後の両者のコメントを見ると、両者がお互い認め合って清々しい戦いができたことを物語っている。

《スッキリしたよ。最初に一発いいのをもらってカッときて、あとは何をしたか覚えていない。でも全力を出して戦った。機会があれば、またやりたい》（坂口征二「東京スポーツ」一九八六年一一月二六日）

《いい試合だった。2人ともコンディションが良かったし、最後はちょっと不満だったが、あとはいい試合ができたと思う。ブロディなんか来なくてもよかったんじゃないか》（前田日明「東京スポーツ」一九八六年一一月二六日）

この試合について坂口は次のように振り返っている。

「マッチメイクやっていたから、あれに代わるカードもなかったし、やりたくなかったけど（笑）、やらざるをえなかったんだよね。UWFアレルギーとかあったからよ、あの頃ね。レガース付けてよ、『相手のことを考えろ、この野郎！』って言いたくなるよな。蹴っている自分たちは痛くないだろうけどよ（笑）、相手はどんな痛みがあるんだって。『（レガースは）ファッションじゃない、飾りじゃない』って言ったことがあるよ。昔はビール瓶で叩いて自分の脛を鍛えていたんだからね。レガース付けりゃ（蹴るほうは）思いっきり蹴っても痛くない。ちゃんと入ればいいけど、受けるほうはたまったもんじゃない」

当時の新聞報道では坂口も「機会があれば、またやりたい」とポジティブなコメントをしているが、今から思えば、マッチメイク担当者としての責任を果たす意味で、誰もがやりたがらない試合に自ら出て行ったという、本人にとっては苦渋の選択であったようである。

世代交代の波へ

一九八七（昭和六二）年の年初のインタビューでは渉外の立場で、《ファンのみなさん、今年もみなさんのご期待にそえる話題をどしどし提供しますので、どうぞ、新日本プロレスをよろしくお願いします。

昨年からすすめてきた、知名度は低くても将来有望なレスラーを、どしどし呼びたいと考えています》と語る一方で、レスラーとして、

《フロントの仕事が忙しいからと言ってレスラーであることに変わりはないし、若手を前面に押し立てているものの、いざという時は出ていって、坂口健在を見せてやる覚悟はできています（笑）》（『闘魂スペシャルVOL30』）とも語っていた。

この当時は一九八四（昭和五九）年秋の大量離脱から二年以上が経過しており、武藤、蝶野、橋本（のちの闘魂三銃士）に加えて新たに野上彰、船木優治、畑浩和、大矢健一、松田納、飯塚孝之らがデビューしたほか、一九八六（昭和六一）年初頭から前田日明、藤原喜明、木戸修、髙田伸彦、山崎一夫、中野龍雄、安生洋二らUWF勢の参戦、全日本プロレスから越中詩郎が加入するなどしており、陣容はもとに戻っていた。したがって坂口が欠場してもマッチメイクが十分組める状態であったのだ。

そんな状況の胸中を当時、坂口は次のように語っていた。

「結論いうと、若い連中がどんどん出てきてくれなきゃだめだ。でもいざとなったらね、ここ一番となったら出て行って勝負してやるという気持ちを持っていなかったら、この仕事はできないしね。現役でいるうちはね。

そりゃ、まわりから言われるよ。『坂口さんなんで試合出ないんですか』って。『なんでテレビに出

ないんですか』ってね。自分もそう言われるのはつらいけどね。なんでそうなのかというのは、みんなには見えないし。だから、『俺なんか出番ないんですよ』ってね。『若い連中がよくなってきたからね』って。まあそれぐらいしか言えないよね。

でも、なんかあった時は自分がって常に思っているからね。投げやりになったらずるずるいってしまうから。

練習でもみんなと一緒にできないかわからないよね。そりゃ、一七、八の連中と俺と一緒にやれっていうのは酷だよな（当時四五歳）。でも自分の練習ちゅうのは、みんなとついていけるところまではついて行って。マラソンだって、行きはみんなについていっても帰りは歩きだもんな（笑）。自分のペースでなら走れるかわからないよ、往復をゆっくりゆっくりな。でも、みんなのペースで片道はついていって、帰りは自分のペースでゆっくり走る。

腕立てでもみんなが一〇〇回やるなら、最初の五〇回はみんなのペースについていって、残りは自分のペースでゆっくりやる。最初から自分のペースで練習しようという気持ちだと、ずるずるずるずる老化していくからね。そういう気持ちだけは持っているよね」（一九八七年三月取材）

次の世代をしっかりと育成しつつも、いざとなったら自分が出ていけるように準備は怠らないというスタンスでいたが、実際、出番がない寂しさも感じていたのが伺える。

この後、視聴率ダウンに歯止めがかからず前年一〇月より毎週月曜日夜八時枠に変更となっていた「ワールドプロレスリング」が、四月の番組改編からスタジオと試合会場の二元中継方式のスポーツ・バラエティ番組「ギブUPまで待てない！ワールドプロレスリング」という新番組となり、毎週火曜日夜八時枠に移動となる。

そこに新日本プロレスにとって、まさにカンフル剤ともいえる出来事が起きる。

四月二七日の両国国技館での興行にジャパンプロレスを離脱した長州力らが姿を現したのである。

蝶野を海外へ出す

六月一日よりジャパンプロレスを離脱した長州力が二年半ぶりに新日本マットに復帰。六月一二日、両国国技館で行われたＩＷＧＰ決勝戦の試合後にリング上で下克上宣言を行い、「ニューリーダー対ナウリーダー」の世代闘争がマッチメイクの中心となる。

また、若手の育成ということで武藤敬司に続き、三月に開催された「ヤングライオン杯」で優勝した蝶野正洋が「サマーファイトシリーズ」から海外遠征に飛び立った。若手の海外修行についての持論を当時の坂口は次のように語っている。

「今度、蝶野をヨーロッパに行かせることにしたんだよ。そのあたりは、みんな俺が話つけているからね。こつこつ一生懸命やっていても、三年、四年たつとある程度壁にぶつかるから、海外に行かせて。日本にいたら保障された世界に浸かってしまうからね。若いのがこの世界に浸かってしまうと、あとで修正できないようになるから。プロレスの場合だとどっぷりつかる前に三、四年でポーンと海外に行かして、一人で苦労させたほうがあとあと違ってくるんだよね。

ある程度、海外に出しても、さすが新日本のレスラーはちゃんとするわ、いい試合できるわ、と向こうのプロモーターが言ってくれるように俺たちが見てやって、出してやんなきゃね。若い選手にいろいろ経験さしてやれるようにやってんだけどね。

来月もメキシコに一人出して、ヨーロッパに一人出して。『坂口、若いやつ送ってくれ』ってよく来るよ。でも出すに出せないよね。武藤をまた出せるかって、こっちも陣容があるし。だから次代の若い選手たちを見て、これだったら海外に出してもちゃんとした試合できるな、常識も知っているし、となれば、ゴーサインだして。

今まではこの世界は年功序列みたいのがあったけど、武藤みたいに三階級、四階級特進するようなのも出てくるよね」（一九八七年三月取材）

当の本人の蝶野は当時のことを次のように述懐している。

「ヤングライオン杯の懸賞で海外遠征があったんですけれども、あまりピンと来ていなかったんですよね。嫌々行ったんですけれども、現地に行って一週間、二週間、言葉もわからなくて。新日本プロレスという組織がしっかりしている中から外に放り出された時に、自分のプロレスラーとしての偏差値みたいなものが、『あっ、俺、なんの価値もないな』と。

外に出てきたら、そこでどれだけのレスリングができるのか、客を動員できるのか、すべて今まで前座レスラーに必要なかったことが要求されて、そういう環境で無能な自分がわかったので、『こういう経験ってないよな』と思って、坂口さんに『こういう機会を与えてもらってありがとうございます』って、そのまま書いて送りました」

これまで保障された環境で何不自由なく過ごしていた自分が一人で新しい環境に放り出された時、自分の無力感、自分の存在感がどうであるかを気づかされたというのだ。

「後で聞いたら、坂口さんがその手紙を会社でみんなに見せたって言うから（笑）」

この蝶野が約二年後、坂口の社長として最初の大仕事であり、またレスラー人生最後のビッグマッチである東京ドーム大会で戦うこととなるのだ。

世代交代がマッチメイクの中心となってから、坂口は猪木、斎藤らとナウリーダーに入った。しかし、八月一九日、両国国技館で行われた「五対五イリミネーションマッチ」では長州力のラリアットの前に初のフォール負けを喫している。続く九月一七日、大阪府立体育会館でのイリミネーションマッチでは藤波に首固めで敗れている。相次いで次世代の藤波、長州らに黒星を喫し、「藤波、長州の時代」が幕を明けた。

年末の一二月二七日、新日本プロレスは「'87イヤーエンドイン国技館」と称したビッグマッチを開催した。これがあのビートたけしがリングに上がった大会である。一九五センチ、一五〇キロの「皇帝戦士」と呼ばれたビッグバン・ベイダーが初登場すると、当日突然のカード変更に観客が大激怒し、この年二度目の暴動事件が起こった。

《両国は暴動になっちゃって、俺は警察と消防署に謝りに行ったしね。消防署からは文句を言われたなあ。火をつけたお客さんがいたから。実は年明けにも両国国技館を借りようと申し込んでいたんだけど、相撲協会に謝りに行ってね。その時の担当だった放駒親方に「すみませんでした。お願いしていた件はご辞退申し上げます」って言ったんだよ。放駒親方には「そうしてくれたら、ウチも嬉しいよ。こちらから貸さないと言うよりも、そちらから辞退してもらったほうがいいから。坂口さん、お互いにプロだから、また何かあった時にはいつでも貸せるようにするから」と言ってもらったんだよね》（「Gスピリッツ」VOL30）

当時のことをプロレス評論家の門馬忠雄が次のように述懐する。

「坂口のなかで大事なのはね、柔道人脈がビジネスに影響したというかね。明治の柔道選手たちが警察にいるでしょ。トラブルになったときに頼むって。ベイダーが暴動起こした時、あの時は警察も怒ったんだよ。『なんで、アントニオ猪木が挨拶に来ないんだ。二番目が来た』って。坂口がそのデカい体で頭下げて歩いたんだよ。でもね、明治の連中がその署だったかは知らないけど、手まわしてうまくやってくれたんだよ」

最後のフル出場

年が明けて一九八八（昭和六三）年、「'88新春黄金シリーズ」のパンフレット『闘魂スペシャルVOL38』に「坂口征二'88年を語る！」と題したインタビューが掲載されており、「新日本プロレス最高責任者の一人として経営面はもとより、マスコミ担当、マッチメーカー、さらに現役選手として八面六臂の大活躍をしている坂口征二副社長」と紹介されている。

前年を「長州軍団の加入によって日本選手の組み合わせが多彩になり、マットが活性化したことで試合内容も興行面でも大きく飛躍した」と総括するとともに米国のNWA、WWFによる人気レスラーに対する拘束が強くなり、日本への招聘が困難になってきたことへの対応策として前年の一二月九日から二週にわたり、ロサンゼルス、ダラス、フロリダ、メキシコを視察し、「話題を巻き起こすようなスーパー級を必ず招聘することをお約束します」と語っている。

藤波、長州に次ぐ世代については三年、五年先をみて育成中で、武藤をもう一度、半年くらい米国に行かせるほか、米国に移った蝶野、カナダにいる橋本、メキシコの畑、佐野も「本当に力をつけるまでは中途半端には帰国させないつもり」と述べている。

興行面においては、年間の興行スケジュールは例年どおり八シリーズを予定し、オフに海外遠征を入れ、前年のような特別興行をはめていく。また「それとは別に全日本との合同興行をぜひ実現させたい」としている。（『闘魂スペシャルVOL38』より）

前年年頭のインタビューとの大きな違いはレスラーとしてのコメントがひとつも入っていないことである。この年は台湾遠征での肩の負傷もあったが、前年の六〇試合よりもさらに多い七〇試合に欠場することとなった。

三月一日、坂口は前年一一月一九日に長州への顔面襲撃事件を起こしたとして無期限出場停止処分中だった前田日明の解雇を発表した。これに伴い、髙田、山崎らが離脱し、五月二日に新生UWFがスタートする。また四月一六日より「ワールドプロレスリング」は土曜午後四時枠に移動となり、遂にゴールデンタイムから外れることとなった。

リング上では藤波が五月八日の有明コロシアム大会でビッグバン・ベイダーを降し、IWGPヘビー級王座を初戴冠。一方で猪木が欠場を発表。

その状況下で「春の本場所」である「'88IWGPチャンピオンシリーズ」が開幕。五月二〇日のカード発表で、五月二七日の宮城県スポーツセンター大会で藤波の保持するIWGPヘビー級王座に坂口が挑戦、六月三日の鹿児島県立体育館大会で坂口、藤原喜明組が藤波辰巳、木村健悟組が保持するIWGPタッグ王座に挑戦と発表された。

しかし、坂口初のIWGP王座挑戦は残念ながら中止になり、挑戦者は長州に変更。そしてIWGPタッグ王座戦は当初の予定どおり行われたが、藤原が木村にフォールされ、坂口の現役生活最後のタイトルマッチは黒星で終わっている。

「サマーファイトシリーズ」中の七月二九日、有明コロシアム大会で坂口は武藤、蝶野、橋本の三人を帰国させている。異例のワンマッチ帰国であった。年初に「本当に力をつけるまでは中途半端には帰国させないつもり」と語っていたが、「アントニオ猪木対ビッグバン・ベイダー」、「マサ斎藤対長州力」、異種格闘技戦「藤原喜明対ドン・中矢・ニールセン」に加えて闘魂三銃士の凱旋マッチをラインナップに加えたのであった。会場は一〇五〇〇人満員となった。

武藤、蝶野、橋本の三人はタッグを結成し、藤波、木村、越中詩郎のトリオと激突。物怖じしない暴れっぷりでファンを沸かせた。

当時のことを坂口は次のように振り返った。

「有明でやった時ね。あの頃やっぱ、落ち目だったたやない。話題もなかったし、東京ドームができる前やろ。猪木さんの後、藤波とか長州とかよ、武藤、蝶野、橋本を海外にやって三年後くらいに帰って来いと言ってな」

低迷打破のための新鮮なカード編成という意味合いと、将来に向けての布石という意味合いがあったのであった。

八月、メキシコに飛んだ坂口はUWA会長として試合を視察。九月には台湾に遠征し七試合をこなしている。まさに副社長業とレスラー業を兼務でこなすというハードスケジュールであったが、台湾遠征で肩を負傷（右肩三角筋挫傷）してしまい、一〇月の「闘魂シリーズ」は欠場を余儀なくされている。

この年の掉尾を飾る「ジャパンカップタッグリーグ戦」は六人タッグのイリミネーションマッチ形式で行われた。坂口は明大同期のマサ斎藤、若手の後藤達俊とトリオを結成してエントリーすることとなった。久々に毎週のように坂口征二がテレビのブラウン管に登場している。坂口組は決勝戦進出者決定トーナメントにまで進出し、シリーズ天王山の一二月七日の大阪府立体育会館大会でディック・マードック、スコット・ホール、ボブ・オートン・ジュニア組と対戦している。

このシリーズ開幕前、新日本プロレスはソ連の国家スポーツ委員会と「ソ連のレスリング選手を日本へ派遣する件」について正式合意している。これが、一九八九年に初進出を予定していた東京ドーム興行の切り札となるのであった。

初ドーム

前年一一月にソ連国家スポーツ委員会との完全提携をなしとげた新日本プロレスは、勝負の年として数々の施策を討っていく。そのなかの目玉の一つがソ連選手の参加である。これはこの年の四月二四日に行われた東京ドーム大会のマッチメイクの中核となった。

日本のプロ野球界は米国よりも二〇年ほど遅れている。現在の日本のプロ野球界はボールパーク化を目指しているが、米国でボールパーク化が叫ばれはじめたのが一九九〇年代。一九七〇年代に流行した屋根付き球場、いわゆるドーム化が一九九〇年代に日本球界でブームを迎えるのだが、その先駆けとなったのが東京ドームであった。東京ドームは一九八八年の春に開業。新日本プロレスは猪木の大号令のもと、プロレス界初の東京ドーム進出を進める。

坂口は次のように振り返る。

「ドームは社長になる前。猪木さんが『やる！』って言い出してね。『後楽園さえ一杯にならないのに、なんでドームですか』ちゅう奴もいたし、実際、俺も思ったよね。でも、その後定着したからね」

坂口は第一回目の東京ドーム興行、「格闘衛星☆闘強導夢」のチケット販売はドキドキだったという。当時は現在のようなチケットぴあやローソンチケットなどがない時代。ほとんどが新日本プロレス事務所への電話予約とプレイガイド販売であった。販売をスタートしたら、事務所の電話が鳴り放しでうれしかったという。何度も外に出ては、自ら事務所に電話をかけてみて、「話し中」だと嬉しかったと振り返っている。

当時、営業部長をしていた上井文彦が次のように振り返る。

「猪木さんが『やれ！』って言って、ケロ（田中秀和リングアナウンサー）が漢字の名前（闘強導夢）

を考えて。僕なんか、猪木さんから『ドームやるからな』って言われたけど、心の中じゃ『入るワケないじゃん』って思っていた。でもやることに意義があると。それでやるとかたちになって行きますものね。いまだに続いているわけじゃないですか。すごいもんですよね。本当に」

坂口はこの初ドーム大会に前年契約を締結したソ連のアマレス最強軍団を招聘し、ソ連勢四選手に米国からビッグバン・ベイダーらを呼び、さらに日本勢を加え、「闘強導夢杯争奪・日米ソ三国対抗トーナメント」を開催。その他、獣神ライガー（現・獣神サンダー・ライガー）のデビュー戦、メインイベントにはミュンヘン・オリンピック軽重量級金メダリストのソ連の柔道王ショータ・チョチョシビリとアントニオ猪木の異種格闘技戦をラインアップさせた。

観客動員は主催者発表で五万三八〇〇人と当時のプロレス興行の最高記録を打ち立て成功に終わっている。その二か月後、アントニオ猪木は政界進出を決意。自らスポーツ平和党を立ち上げ、七月に行われる参議院選挙へ出馬を表明。自身が政界進出することから、猪木は坂口へ「お前、社長をやれ」と言った。

前年秋に痛めた肩の具合が思わしくないこととフロント業務のウェイトがますます増加してきたことから四月一八日の神戸大会を最後に欠場していた坂口は、現役への未練を残しながら「自分は両方できるほど器用じゃない」と現役引退を決意する。

六月一五日に行われた新日本プロレスリング株式会社の株主総会で、社長だったアントニオ猪木はマスコミの前で正式に参院選出馬を表明。坂口征二の社長就任が正式に決定し、同時に現役引退が発表されている。

これで一九七三（昭和四八）年四月から新日本プロレスを支えてきたアントニオ猪木と坂口征二の二枚看板がリングを離れることとなった。坂口は現場責任者の役割を長州力に譲り、新しい新日本プロレスがスタートすることとなる。

しかし、当時の新日本プロレスには一〇億円以上の借金があり、坂口征二にとっては苦難のスタートとなった。

第二章　社長就任

坂口社長誕生

坂口就任時の挨拶は次のとおりだ。

《このたび、はからずも新日本プロレス代表取締役社長を拝命致しました。これまで長年にわたり副社長として選手生活のかたわら営業、渉外、管理など各部門にかかわってきた経験を十二分に生かし、全力をつくしてこの大任に取り組む所存であります。

数年来低迷期といわれてきたプロレス界でありますが、お蔭をもちまして新日本プロレスにおきましては、東京ドーム興行を機にすべての面で明るい光がさしてまいりました。

この上昇期を逃すことなく再び黄金時代を招来することが、私たちフロントに与えられた使命であると考えます。

幸いにして現場は藤波、長州という力強い二本柱に安心して任せることができるようになり、これに続く力強い中堅、若手も続々と育っております。選手、フロント一丸となって、良い試合、見ごたえのある試合を提供することをお約束します。

会場に足を運んで頂き、テレビで観て頂くファンの皆様の盛り上がりが、何にも増して力強い支えとなることは、いうまでもありません。

新日本プロレスに対して、旧に倍するご声援をお願いしてご挨拶と致します》（坂口征二『闘魂スペシャルVOL51』）

坂口が社長就任した二か月後の八月一七日、坂口は馬場と会談を行っている。翌年の二月一二日（後に一〇日に変更）に予定されていた東京ドーム興行第二弾への強力要請と就任挨拶が目的だった。「巨頭会談実現」とその様子を表紙に持って来た「週刊プロレス」一九八九年九月五日号に坂口のインタビューが掲載されている。

坂口は「私のやるべきことは、新日本プロレスを会社らしい会社にすることです」と述べている。インタビュアーの山本隆司（ターザン山本）は坂口の発言を「人の度肝を抜くアイデアと、他人がマネのできない強烈な〝芸の力〟によって組織を引っ張ってきた個性的な〝座長〟だった猪木の代わりに猪木がもっとも苦手とした組織や企業運営に力を入れていくことは、自然だと思う」と評している。

また、坂口は社長になったことではじめて味わった戸惑いについて次のように述べている。

「しかし、オレって〝二番手〟が好きなんだ。大学の柔道部でも主将ではなく〝副主将〟だったんだ。二番手だと、上をみることができるし、下の方もみれるだろ。ところが社長になると、上をみても誰もいない。ちょっと勘が狂ったね（笑）」》（「週刊プロレス」一九八九年九月五日）

他に翌年二月一〇日の東京ドーム興行の第一目標はテレビ朝日に生中継してもらうこと。そして、引退試合の相手として「個人的にアンドレ・ザ・ジャイアントと交渉してみようかなと思っている」ことを明かしている。

坂口は一〇月からの「闘魂シリーズ」に蝶野と橋本を凱旋帰国させた。坂口の青写真には翌年二月の東京ドーム大会で武藤を含めた闘魂三銃士をリングに登場させ、新しい時代を切り拓こうという目論見があった。蝶野と橋本は日米ソ二〇選手参加による「'89ワールドカップ争奪戦」でともに準決勝まで駒を進め、いきなり頭角を表している。

一一月、再び渡米した坂口は当時、武藤がグレート・ムタとしてNWA圏で活躍していたことから、NWA会長のジャック・ペトリックと会談し、業務提携に合意。翌年二月一〇日のドーム大会にリック・フレアーを招聘することに成功する。

一二月一六日、坂口は記者会見を行い、二月一〇日の東京ドーム大会の一部カードを発表した。まず、新日本のリングでNWA世界ヘビー級選手権、AWA世界ヘビー級選手権、IWGPヘビー級選手権の三大タイトルマッチを実施し、米国修行中の元横綱の北尾光司のプロレスデビュー戦をクラッシャー・バンバン・ビガロ相手に行うというものであった。また政治活動中のアントニオ猪木の復活出場も併せて発表している。坂口は社長就任後最初の大仕事として一九九〇年二月一〇日の東京ドーム大会を成功させることにフォーカスしていたのであった。

「ベルリンの壁はなくなったよ」

年が明けて一九九〇（平成二）年一月四日、「東京スポーツ」制定のプロレス大賞パーティー終了後に、坂口はキャピタル東急ホテルで馬場と会談。「ベルリンの壁はなくなったよ」という馬場のコメントを引き出している。両団体は創立以来、ジャイアント馬場とアントニオ猪木のライバル関係から真の意味で協調する状態ではなかったが、日本プロレス時代、弟のように可愛がった信頼できる坂口が新日本プロレスのトップとなったことから、馬場は前年の一九八九（平成元）年一一月に崩壊したベルリンの壁を引き合いに出して、このように述べたのであった。

いよいよ、東京ドーム大会まで一か月となった時点で当初のカードはIWGP、NWA、AWAの三大タイトルマッチ。「ビッグバン・ベイダー対長州力」、「リック・フレアー対グレート・ムタ」、「藤波辰巳対ラリー・ズビスコ」。そして前年相撲を引退しプロレス転向を発表した北尾のデビュー戦、「北尾光司対クラッシャー・バン・バン・ビガロ」。

しかし、ここから事態は急展開を見せていく。まず、一月九日に欠場中だった藤波の腰の具合が回復せず、出場辞退となり、AWA世界王者のラリー・ズビスコへはマサ斎藤が挑戦することとなる。

ジャイアント馬場とのトップ会談。馬場の協力で坂口は危機を逃れることができた。

そして、一月一一日、米国ジョージア州のNWA本部から「二月一〇日の東京ドーム決戦にNWA世界ヘビー級王者リック・フレアーを派遣することはできない」と一方的な通告があったのだ。当初は「ケガ人が続出しているので」という理由であったが、四月一三日に東京ドームで開催されるWWFの興行に新日本プロレスが全日本プロレスとともに協力する姿勢を見せたことが原因であった。

坂口は一月一八日深夜、ジャイアント馬場と緊急会談を行い、フレアーの来日不能を説明し、天龍源一郎、スタン・ハンセンのドーム大会出場を要請したのだった。つい先日、「ベルリンの壁はなくなった」と明言したばかりの馬場は、「坂口、お前の社長就任祝いだ」と天龍、ハンセンの他にジャンボ鶴田、谷津嘉章、川田利明の貸し出しを承諾した。

一月二二日、記者会見が開かれ、「リック・フレアー対グレート・ムタ」の中止と合わせて全日本プロレスの参戦を発表。「ビッグバン・ベイダー対スタン・ハンセン」のIWGP戦、「長州力、小林邦昭対天龍源一郎、川田利明（後に長州力、ジョージ高野対天龍源一郎、二代目タイガーマスクへ変更）」、「木村健悟、木戸修対ジャンボ鶴田、谷津嘉章」を発表した。注目されていたアントニオ猪木の対戦相手は猪木が坂口と黄金コンビを復活させて、闘魂三銃士の蝶野、橋本組と世代闘争対決を行うことで決着した。

ここからチケットの足が速くなり、一月二七日の時点で予約を打ち切り、当日券を約三〇〇〇枚用意するのみとなった。

二月一〇日、土曜日。用意された当日券も完売し、主催者発表で六万三九〇〇人超満員札止めの大観衆が集まった。

当日、東京ドームのスクリーンでは一九七三（昭和四八）年一〇月一四日に東京・蔵前国技館で行われた世界最強タッグ戦「アントニオ猪木、坂口征二組対ルー・テーズ、カール・ゴッチ組」の映像が流され、この日のメインイベントである「猪木、坂口組対蝶野、橋本組」を煽っていた。

坂口が副社長時代、「五年先を見据えて」と育成してきた闘魂三銃士の武藤、蝶野、橋本。武藤はいち早く米国武者修行に出され、一九八六（昭和六一）年一〇月に凱旋帰国。一九八八（昭和六三）年に再渡米し、この東京ドーム大会の時は米国のWCWに参戦し、トップスターとなっていた。蝶野と橋本は武藤に遅れること一年、一九八七（昭和六二）年にそれぞれ海外遠征に出発している。一九八八（昭和六三）年七月二九日、武藤とともに闘魂三銃士を結成し、ワンマッチ帰国した後、前年暮れのシリーズ「ワールドカップ」に凱旋帰国したばかりであった。

坂口は自身の引退前のビッグマッチで自分の思ったとおりに育ってくれた蝶野、橋本の技を真っ向から受けてやろうと決意していた。

最後の黄金タッグ

九九〇（平成二）年二月一〇日、「スーパーファイトIN闘強導夢」のメインイベント。六万三九〇〇人超満員札止めの大観衆が見つめるリング上には猪木、坂口、蝶野、橋本の四人がいた。

筆者は坂口の引退前のビッグマッチで対戦相手となった蝶野に話を聞いた。

「よく地方なんかの大会で坂口さんと猪木さんがコンビを組んで、先導する自分が花道で猪木さんのファンが集まってくるのを肘鉄しながら、あまりにも人がすごかったんでかなり激しくやっていたら、俺の身体がパッと宙に浮いたんですよ。後ろをよく見たら坂口さんに『やり過ぎだ』って言われて。首根っこ掴まれて。俺も体重百キロぐらいあったのに、片手で持ち上がったんですよ。『えっ』と思ったら身体が宙に浮いたから。そんな坂口さんの相手をするじゃないですか。だから、まず大抜擢で新日本の組織のなかで猪木さん、坂口さんというバリバリの世代と孫の世代のタッグだったので、勝てないだろうけどやるだけやろうという感じでしたね」

当時、デビュー五年強だった蝶野だったが、東京ドーム大会のメインイベントを張るということに対するプレッシャーは特になかったという。

「俺らはもう勝てる見込みのない試合だったので、プレッシャーはなかったです。誰かが後ろから追いかけてきているという立場じゃなく、追いかけなきゃいけない立場だったので。そういう意味では思いきったマッチメイクでしたよね」

この試合の映像はオンデマンドサービスの「新日本プロレスワールド」でも観ることができるが、猪木は前年の五月二五日以来、坂口は四月一八日以来のリング復帰だったこともあり、トレーニングしていたとはいえ、実戦からあまりにも遠ざかりすぎていた状況であった。しかし、二人は蝶野と橋本二人の攻撃を真っ向から受けている。蝶野は次のように述懐する。

「坂口さん、猪木さんも、身体張って受けてくれたし。坂口さんなんか試合中、僕らがバンバン蹴っていくと、『もっと来い、もっと来い』って。あのへんはやっぱりすごいですよ」

蝶野は自身が新日本プロレスへ入門し、合同練習の初日に坂口征二と初遭遇した時のことを語ってくれた。

「僕はプロレスファン歴が短くて、入門する一、二年前ぐらいからプロレスを観て入門を決めたので、ビッグナンバー2のことを忘れていたんですよ。坂口さんのその大きさを見て、『これは失敗したな』と思いましたね。この人には一生かかっても勝てないと。坂口さんのことをその前に認識していたら、たぶんプロレスはじめていなかったですよ」

この試合は蝶野と猪木の攻防でスタートし、最後は蝶野のバックドロップをかわした猪木の延髄斬

猪木と坂口の「黄金コンビ」は東京ドーム大会のメインイベントを務め、有終の美を飾った（1990年2月10日、東京ドーム）。（写真：ベースボール・マガジン社）

りで勝負がついた。時間にして一五分四三秒であった。特別レフェリーとして一九七三（昭和四八）年一〇月の世界最強タッグ戦で猪木と坂口の相手を務めたルー・テーズがアサインされたというのも試合の格を上げたと言える。

試合後、坂口が猪木の持つマイクを横から掴んで、「猪木さん、またタッグ組みましょう！　猪木さん、またタッグ組むよ！」と叫んでいたのが印象的であった。

翌朝、猪木と坂口の二人はお互い足を引きずりながら出社したという。戦いの激しさを物語るエピソードである。

この試合について坂口は次のようにコメントしてくれた。

「橋本が思いっきり蹴りやがって（笑）、青たんできたんだよ。試合終わって足ひきずって歩いたぐらいだったからよ。よい思い出だよな。

あの時は社長やって最初のドームだから、試合より社長としてちゃんと終わってくれないかなというほうに頭があったよね。終わってホッとして打ち上げもやったんだけど、達成感があったよ。

今はもうユニットに別れているから全員で顔は合わせないけど、当時は終わったらノーサイドみたいなね、こういうのも必要なんだよね。選手と社員も一生懸命やるし、選手と社員が両輪でな」

坂口の社長としての大仕事であった「スーパーファイトIN闘強導夢」は入場者数が主催者発表で六万三九〇〇人で前年一一月二九日に東京ドーム入場者数新記録を作った第二次ＵＷＦの六万人を超え新記録達成。「東京スポーツ」によれば、入場者収入が約四億五〇〇〇万円、パンフレット売上六〇〇〇万円、その他グッズ売上が七〇〇〇万円、テレビ放送料と広告収入で約一億円。合計七億円の収益があったとされている。社長として携わった初の東京ドーム興行を大成功させた坂口はその四日後、自らの引退について記者会見を行う。

引退会見

一月一四日、坂口は記者会見に臨んだ。自身の引退記念シリーズの内容発表とレスラー生活の思い出を語っている。

二月二日から開幕する「ビッグファイトシリーズ」の後半戦が「坂口征二引退記念シリーズ」と銘打たれ、三月一五日、久留米県立体育館で坂口は弟子の木村と組んでマイク・カーシュナー、スコット・ホール組と対決。三月二三日後楽園ホールではマサ斎藤と明大コンビを結成し、木戸修・木村健悟のベテランコンビと一〇分一本勝負のエキシビジョンマッチで対決となった。この記者会見中、坂口は数々の懐かしい思い出を語っている。当時の「週刊ゴング」より抜粋する。

「脱走しようと思ったこと？　プロレスでは、ありませんでしたね。柔道の時はあったけどね（笑）。あの頃のプロレス界には本当に夢がありましたよ。今と時代の背景も違うし、みんな夢を持ってましたね。まあ、これからプロレス界を魅力ある世界にしていくのも、我々や現役レスラーの役目だと思うし、アマチュアでトップの活躍をしてるスポーツ選手、格闘家に〝プロレスをやりたいな〟と思わせるような世界にしていかなければいけませんね」

「一番印象に残ってる試合ですか？　昭和四六年にドリー・ファンク・ジュニアと大阪でやったNWA戦ですね。猪木さんが欠場して、ピンチヒッターとして急遽、大きなチャンスをもらって、とにかく無我夢中で戦いましたね。確か三度目の渡米から帰ってきた直後だったと記憶してます。それ以外では、猪木さんと一番最初に広島でやった試合、福山で大木金太郎とやった喧嘩マッチが強く印象に残ってますね。試合内容ですか？　だいたい覚えてますよ。プロレスっていうのはキャリアの世界でもあるけど〝若さ〟っていうのも大きかったよね。若いころは何をやっても怖くなかったし……。年とってくるとやっぱり、そういう面ではね（苦笑）。まあ二三年間のレスラー生活に悔いはありませんけど、欲をいえば馬場さんと一度、やってみたかったですね」

「自分が引退する時は、吉村さんみたいな辞め方をしたいと、ずっと思ってきました。いろいろと面倒見てもらったり、アジアタッグを一緒に組んで、吉村さんの生き方に共感する部分もあったし、プロレス界における親父みたいな存在でしたね。この業界、今までいろんな辞め方をするレスラーがいて、辞めた人間がまた出てきたりもしましたけど、自分は吉村さんの引退のしかたを見習いたいし、現役の選手に対して引退の見本を見せたいと思ってます」（「週刊ゴング」一九九〇年三月八日）

公の場で坂口が吉村道明のことをコメントしたのは、この時がおそらくはじめてではないだろうか。坂口征二引退記念ビッグファイトシリーズパンフレットで元「東京スポーツ」記者の門馬忠雄は坂口の引退を吉村道明の引退と重ねあわせて書いている。

《荒鷲、坂口征二の〝現役引退〟。それはあの一時代を築いた名レスラー「火の玉」吉村道明の現役最後の試合と重複してならなかった。

日本プロレスの末期、昭和48年1月28日、和歌山県御坊市体育館でのアジアタッグ選手権試合である。

王者チーム、吉村、坂口組の9度目の防衛戦。挑戦者チームはB・R・ライオン、ミスター・X組であった。

この試合の48時間前、（1月26日）『体力の限界』を理由に引退を表明した吉村は、ガタガタの体をかばいながら、総てを若い坂口に託した。

しかし、吉村元来の負けん気は退くを知らなかった。挑戦者の猛攻を浴び、顔面血ダルマ。試合はせい惨を極めピンチの連続。ドタン場で坂口が吉村を救出。ライオンをつかまえ、片エビ固めに射止めて2対1の逆転勝ち。王座を死守して吉村の最後の試合に花を添えたのである。

勝った瞬間、吉村は立ちあがれなかった。19年間の選手生活の総てを出し切ったのである。精根尽き果て、控え室でしばらく声が出なかった。

血と汗まみれの吉村を抱きかかえてきた坂口の瞼にはうっすらと光るものがあった。

「これがプロなんですね。すごい、すごい人ですよ。最後の最後まで全力投球だったんですね」

坂口の絞り出すような声はうわずっていた。

吉村、この時47歳。プロレス転向5年、坂口がちょうど30歳の誕生日を迎える1か月前の試合だった。

この興奮と感動をナマで体験した坂口には、プロレスラーの生きざまをここではっきり肌で受けとめていたはずである。

「引き際は潔く」――大先輩・吉村の背中に映し出された戦う男の姿勢、決断を、筑後川が育んだ九州男児の血脈が黙ってとらえ、フトコロという引き出しに大事に取っておいた》（門馬忠雄「荒鷲・坂口征二に贈る言葉」『闘魂スペシャルVOL56』）

九九〇（平成二）年三月一五日、いよいよ坂口征二の引退試合が行われる。

久留米での引退試合

一九九〇（平成二）年三月一五日、福岡県久留米市東櫛原町にある福岡県立久留米体育館で「'90ビッグファイトシリーズ」第一〇戦、坂口征二引退記念興行が行われた。

一九四二（昭和一七）年二月、地元福岡県久留米市で生を受け、一九六五（昭和四〇）年五月、全

日本柔道選手権に優勝。『柔道日本一』の金看板を引っ提げ、鳴り物入りでプロレス入りしたスターレスラー、坂口征二の引退記念興行であった。

当日のカードは約一か月前の二月一四日に坂口征二本人から発表され、「坂口征二、木村健悟組対スコット・ホール、コーポラル・マイク・カーシュナー組」(三〇分一本勝負)が「引退記念試合」として行われることとなった。

この日から約一週間後の三月二三日に東京の後楽園ホールで引退記念エキシビジョンマッチ「坂口征二、マサ斎藤組対木村健悟、木戸修組」が行われることも併せて発表されていたが、三月二三日はエキシビジョンマッチであり、事実上、この夜の試合が「世界の荒鷲」とうたわれた日本屈指の大型パワーファイター、坂口征二の引退試合であった。

相手のスコット・ホールは当時で七度目の来日経験を持ち、米国北部のAWA地区で世界タッグ王座を、後にWWEで「ミスター・パーフェクト」と呼ばれるカート・ヘニングと獲得するなどメジャーの仲間入りを果たしていた選手で、一九八七(昭和六二)年末の「'87ジャパンカップタッグリーグ戦」では坂口とタッグを組んで参加したという経歴の持ち主。

一方のカーシュナーはこの時が二度目の来日。米国で人気が上昇してきたというポジションだった。

これらの状況から見て、坂口が往年の必殺技であるアトミックドロップ、ジャンピングニーアタックをカーシュナーに放ち、とどめは逆エビ固め。カットに入ろうとするスコット・ホールの胸板に木村が稲妻レッグラリアートを放ち、坂口をアシスト。カーシュナーはたまらずギブアップ!

そんな試合展開を筆者は予想していた。

当時は、今日のようにインターネットによる試合速報配信などなかった時代。試合結果を最速で確認する術は翌朝のスポーツ新聞しかなかった。私は翌三月一六日金曜日の朝、通勤途中に寄ったコンビニエンスストアで、朝刊スポーツ紙のなかで唯一プロレスを報道していた「デイリースポーツ」を購入した。

朝刊スポーツ紙を開いた私の目に飛び込んできたのは「木村」の二文字だった。

まさに衝撃だった。

『世界の荒鷲』坂口征二の引退記念試合。試合を決めたのは坂口ではなく、木村だった。

見出しは《坂口、地元で最後の雄姿　家族も見守り「感無量です」》

記事を読んで愕然としたのを覚えている。

《○坂口征二引退記念30分一本勝負

坂口、木村（1―0）ホール、カーシュナー

○木村（体固め、9分10秒）カーシュナー

20年間のマット生活に別れを告げる「世界の荒鷲」坂口が地元・久留米で最後の猛ハッスル。必殺の空中ヒザ爆弾で外国人勢を吹っ飛ばし、伝家の宝刀アトミックドロップで木村のフォール勝ちにつなげる大活躍。地元の熱狂的な「サカグチ・コール」にこたえた。

引退シリーズの開幕戦も10カウント・ゴングにもさすがの坂口も目を赤くする。「まだ23日の後楽園ホールのエキシビジョンもあるから実感はわかない。木村とも17年間やってきたし、きょうは気楽だった。地元でやれて幸せです」という。

リングサイドには母・勝子さん、妻・利子さんがじっと見守り「こんなに素晴らしい引退興行をやっていただき、感無量です。ご苦労さま」とねぎらいの言葉を贈る。現役はあと1戦。「明るくと自分に言い聞かせながらやる。23日はジーンとくるだろう」と坂口はしんみり言った》（「デイリースポーツ」一九九〇年三月一六日）

筆者は「なんで、自分の引退試合なのに、自分で試合を決めないかなあ」と素直に思った。どこまでも控えめ過ぎる坂口をファンとしてちょっぴり恨んだりもした。

「とにかく、明日のテレビ中継で何が起きたのかを確認だ」と思ったのを覚えている。

坂口らしさ

その翌日の三月一七日土曜日午後四時。テレビ朝日の「ワールドプロレスリング」で試合がオンエアされた。

試合前から館内は〝坂口コール〟の大合唱。ゴング前にスコット・ホールはクリーンに坂口と握手。しかし、カーシュナーは坂口が差し出した手をパーンと叩いて握手を拒否。これで坂口が「よしっ！俺が行く」という表情を見せて珍しく先発を買って出た。

序盤から坂口はカーシュナーにジャンピングニーアタックを浴びせ、猛ハッスル。終盤にカーシュナーにシュミット流バックブリーカーからアトミックドロップ一閃。次いで今夜二度目のジャンピングニーアタック。ここで木村にタッチ。木村はトップロープからのニードロップに続けて、カーシュナーをロープにふり、稲妻レッグラリアートを決めた。

結果はわかってはいたが、「えー!?」という落胆した気持ちは隠せなかった。

木村はカーシュナーに覆いかぶさり、レフェリーのミスター高橋がスリーカウントを数える。

その時、坂口はカットに入ろうとするスコット・ホールめがけて突進。坂口はそのまま勢いあまって崩れ落ちた。

「自分の引退試合なのに、後輩に勝利を譲って、カバーに入るとは」といった表情でスコット・ホールがコーナーポストを背にして茫然とした表情で坂口のことを見つめていた。

新聞記事のとおり、坂口は自分の引退試合にも関わらず脇役にまわったのであった。実際の映像を見る限り、カバーに回って崩れ落ちる姿からは最後の力を振り絞って木村をアシストしたかのように見えた。

翌週、発売された週刊誌紙の報道も「坂口らしい」に統一されていた。

《なんという人だ。木村がカーシュナーに稲妻レッグラリアットを決め、フォールの態勢にはいると、坂口さんは脱兎のごとくコーナーを蹴って、カットにはいろうとしたスコット・ホールに体当たりした。

見事なアシストプレーだった。勝利のガッツポーズをとる木村。対角線上にはきっちり自分の役目をはたした坂口さんが、マットにうずくまっていた。

ボクは坂口征二というレスラーの、究極的なシーンを見せられて感動が体の中を突き抜けて行った。どこまでいっても、坂口さんは自分を抑える方向にもっていく》（「週刊プロレス」一九九〇年四月三日号）

《自らの引退試合という舞台にもかかわらずフィニッシュを木村に譲ったところが、いかにも〝照れ屋〟で、思いやりを大切にする坂口らしい締め括り方であった》（「週刊ゴング」一九九〇年四月五日号）

《試合は坂口社長が痛めつけた後を受けた木村健がレッグラリアートをカーシュナーに決めて快勝した。出てきたホールを体を丸めて阻止したのが坂口社長だった。主役であるべき檜舞台で〝脇役〟を務めた坂口。見ていて涙がこぼれた。どこまでも〝らしい〟坂口社長だった》（「週刊ファイト」一九九〇年三月二九日号）

この試合について、坂口の次男で俳優の坂口憲二も次のように語っている。

《お父さんの試合で、印象に残っている試合は？

「オヤジらしいっていう意味では、引退試合ですね。木村健悟さんと組んで、外国人とのタッグマッチだったんですが、自分の引退試合なのに、自分がフォールしないでカバーに回ったんですよ。その間に木村さんが稲妻レッグラリアートで勝って……。あれは、オヤジらしいなって思いました」》（坂口憲二『語れ！新日本プロレス永久保存版』）

筆者はこの件について、坂口が引退して二年後の一九九二（平成三）年の一月、坂口本人に聞いたことがある。

「久留米での引退試合なのですが、ファンの気持ちとしては最後に坂口さんに決めて欲しかったというのがあったのですが……」

「あったらしいね。自分では全然そこまで意識というか考えてなかった。『木村行け！』という感じで、木村が決めてね。まあ、そこまで考えていたら別のマッチメイクするだろうし、シングルにするとかね。あくまで試合の流れであって、反面、木村に『これから頼むぞ！』という気持ちがあったかもわからないね。まあ、大きな問題じゃない」（坂口征二『黄金の荒鷲』）

坂口本人は「大きな問題じゃない」とあっさり言ってのけた。

この試合が行われてから約二〇年後、坂口が日本で初戴冠した一九七一年一二月一二日のアジアタッグ選手権試合の映像を観た。坂口、吉村組対ドリー・ファンク・ジュニア、ディック・マードック組の一戦である。決勝の三本目、坂口がマードックをアトミックドロップに捉え、フォールしている間、パートナーの吉村がそれこそ脱兎の如く、カットに入るドリーめがけて突進した。坂口の引退試合の最後のシーンが、この時の吉村のムーブとオーバーラップしてしまうのは私だけではないだろう。

1990年3月15日、福岡県立久留米体育館での引退試合で、仲間たちから胴上げをされる。（写真：東京スポーツ新聞社）

プロレス評論家の門馬忠雄は次のように語る。

「吉村さんと組んだことが一番大きいんじゃない？　吉村さんの引退試合の一番最後。御坊の試合。吉村さんが喋れなかったもんね。試合終わってから、ちょっと座り込んで。レスラーの最後ってこういうものだろうなって坂口自身感じていたと思うんだ。あの時は近畿大学記念館。小沢が肩車して吉村さんを。ああいう姿というのを全部たたきこんでいると思うよ。だから、木村に決めさせて自分がカバーリングした部分は重なりますよ。吉村さんの姿だと思うんですよ」

引退試合から二七年が経過した二〇一七年八月。筆者は坂口に改めて尋ねた。

なぜ自身の引退試合のタッグマッチで自ら試合を決めなかったのかを。

坂口は「またその話題か」という顔をしてへへヘッと笑ってから答えてくれた。

「辞める人間がよ、勝つような力があったら辞めないじゃない（笑）。まだやる人間に勝ってもらわなくちゃダメじゃない。引退試合で勝つ奴は、その力があるんだったら、『なんで辞めるんだよ』って言いたくなることあるよね。

野球でも一イニングだけやったり、一打席だけ立ったりしてよ、それで引退じゃない。プロレスだと引退試合で強い人いるよな」

坂口の説明は明快だった。レスラーが引退するということは「勝つ力がなくなるから辞める」のであって、故に引退試合はまだ勝つ力が残っている現役をこれから続けていく人が決めなくてはならないというのだ。

試合終了後、超満員の観衆の前で坂口は次のように最後の挨拶をしている。

「えー、皆様、本日はどうもありがとうございました。本当にこうして郷土のみなさんの温かいご声援のなかで最後のファイトをできたということはもうプロレス生活二三年の間において、何も思い残すことはありません。本当にどうもありがとうございました。今後、私に与えられた宿命は現役時代よりもっと厳しい試練の道と思いますけど、まあ、あの今日来てます、藤波、長州以下、全員あとは頑張ってくれると思います。私はただ彼らが頑張れる土俵をつくることが私の宿命だと思っています。今後ともどうぞ新日本プロレスをよろしくお願いいたします。本当に今日はありがとうございました」

こうして、テンカウントゴングと選手一同による胴上げでセレモニーは終わった。

そして、翌週、坂口征二現役生活最後の戦いが後楽園ホールで行われる。

最後の試合の前に起きた重大事件

九九〇（平成二）年三月二三日、東京水道橋の後楽園ホールで坂口征二の引退記念興行が行われる当日、一人のレスラーが坂口のもとへ挨拶に訪れている。武藤敬司である。

武藤は一九八四（昭和五九）年四月、新日本プロレスに入門している。同年暮れに開催された「第五回MSGタッグリーグ戦」のパンフレットにはじめて登場し、当時の身長は一八八センチ、体重九八キロ。「入門前には、接骨医の学校に通っていた。柔道の全日本新人体重別三位入賞という実績をもつ。先の闘魂シリーズ（一〇月五日）でデビュー」と紹介されている。

武藤が入門した当時は、UWFとジャパンプロレスの立ち上げによって新日本プロレスの所属選手が大量に離脱した頃であり、蝶野や橋本とともに武藤は入門後わずか半年でデビュー戦を行っている（対戦相手は蝶野）。

武藤はデビュー間もなく「代名詞」ともいえる技、ムーンサルトプレスを使いはじめており、一九〇センチ近い大柄ながら空中殺法を使う若手選手として注目され、翌一九八五（昭和六〇）年九月には初となるテレビマッチ登場を果たし、一〇月三一日の東京体育館大会では外国人選手のカール・スタイナー相手にムーンサルトプレスを決めて勝利し、一一月から米国武者修行に旅立っている。デビューわずか一年一か月のことであった。武藤の海外修行は坂口の独断であり、三年先、五年先の新日本プロレスを見据えての決断であった。

坂口は武藤に同行し、当時フロリダ州タンパにいたヒロ・マツダに武藤を預けている。坂口は武藤を買っていた。

一九八六（昭和六一）年一〇月、米国遠征に出発してからわずか一一か月後に、競合の全日本プロレスで元横綱輪島大士のデビューが決定したことを受けて帰国した武藤はしばらく日本に定着した後、一九八八（昭和六三）年二月、二度目の海外遠征に出る。

《桜田（一男）さんからプエルトリコで人が欲しがっているらしいって連絡をもらってね。米国に戻りたい意識があったから、坂口さんに許可をもらって行ったんですよ》（武藤敬司「スポーツ報知」二〇一八年四月一七日）

坂口は自身が経験したとおり、武藤の希望を聞き入れて二度目の海外遠征を許可したのだった。それから五か月後の七月二九日、新日本プロレスのビッグマッチで蝶野、橋本と闘魂三銃士を結成させてワンマッチ帰国させたが、武藤は米国のＷＣＷからスカウトされたこともあり、一九九〇（平成二）年三月までの一年八か月、米国遠征を継続し、現地でグレート・ムタとしてトップヒールとなったことは有名な話である。

一九九〇（平成二）年早々、武藤はＷＣＷを辞め、坂口に「ＷＷＦ（現ＷＷＥ）に行きたい」と相談している。坂口は可愛がっていた武藤に対し、「四月にＷＷＦ、全日本と東京ドームで合同興行をやるから、その時にビンス・マクマホン・ジュニアに紹介してやる」と伝えている。

武藤は坂口の申し出を受けて日本に帰国したのだが、この時点で新日本プロレスを退団することを決意していたのである。実は前年、前田日明を中心とする新生UWFのスポンサーを行った際、プロレスビジネスに大きな可能性を見出したメガネスーパー社の田中八郎社長が設立に動いていた新しいプロレス団体SWSにスカウトされていたのであった。

武藤がSWSにスカウトされた件について坂口は次のように振り返っている。

「武藤が帰って来たんよ。俺、社長室にいて（武藤が）花か何か持って来たんよ。『引退のあれか？』って聞いたら、『実は今日限りで辞めさせていただきます』って。噂はあったんだよ。アメリカまわって若松（将軍KY若松こと若松市政）があちこち選手に声かけたりよ。だから、武藤に『（田中社長の）名刺よこせ』って言って。俺の引退の日だよ。後楽園ホール行ってよ、当時携帯なんかないから、公衆電話で電話してやっとつながって、『ありがとうございます。なかったことにしてください』って言って。その日は健介も海外から帰って来たから、武藤と二人をリングに上げて、ファンの前で挨拶させて……」

坂口は自身の現役生活最後の試合の前に、その後の新日本プロレスの将来を左右する大仕事をこなしていたのだった。

明大同期とのタッグマッチ

九九〇（平成二）年三月二三日、東京・後楽園ホール。平日の午後六時半からの試合にも関わらず会場は超満員で、試合開始前の時点で用意された引退記念写真集とパンフレットは完売だった。

坂口征二は国内三、二一〇試合目となる最後のリングに上がった。

エキシビジョンマッチ一〇分一本勝負。

坂口は明治大学の同級生のマサ斎藤と組み、弟子の木村健悟、後輩の木戸修と対決した。リングアナウンサーが坂口征二をコールした時、パートナーの斎藤の目にうっすらと涙が光る。ゴング前から坂口コールの大合唱が鳴り響く。

先発は斎藤と木村。しかし、ファンのアピールで斎藤は坂口にすぐスイッチする。坂口と木村の師弟対決から試合はスタートした。

坂口は坂口コールに応えるかのように惜しげもなく大技を繰り出す。

ベンデュラムバックブリーカー、アトミックドロップ、逆片エビ固め、ワンハンドネックハンギングツリー、ジャンピングニーアタック、ニーリフト、ボディスラム……。技が繰り出されるたびに会場のファンは大歓声をあげる。

しかし、一〇分という時間は短い。試合は坂口と木村の師弟による絡み合いが続くなか、ゴングが鳴った。ゴングが鳴るとともに木村が坂口の前に崩れ落ちた。坂口の目にも光るものが見えた。

この時のことを木村は次のように振り返ってくれた。

「最後に坂口さんに抱きついた覚えがある。一番最後……。（写真を見て）しがみついているの俺だよな。『これで本当に終わりなんだな』って思ってね。まだまだできるんだけどね。

本当に選手としてはやりにくい選手で、力があって外国人系ですよね。あの人の力は上辺の力じゃないのよ。身体の底から出てくる芯から出てくる力。ウェイトトレーニングで鍛えた力じゃない。柔道で培ってきたもの。片手で持ち上げられているのがわかる。身体全体の力で持ち上げられている。あれは鍛えている力じゃないですよ。

外国人の場合は違う。ウェイトで鍛えた力は上辺だけの力。（柔道で）日本一になるのもわかりま

1990年3月23日、東京・後楽園ホールの引退記念エキシビションマッチで。試合終了後、感極まってうずくまる木村と、坂口と握手する木戸。坂口の目にも光るものが。

すよ。ナチュラルパワーをひしひしと感じたよね。自分の身体が宙を舞っているという感じだよね」

超満員の観衆は坂口コールの大合唱で二三年にわたる坂口征二の激闘史を讃えた。

試合終了後のセレモニーでは、選手全員による胴上げの後、サプライズで長男の征夫と二男の憲二が登場し、坂口へ花束を贈呈した。そして、坂口の引退セレモニー終了後、海外遠征を終えて帰国した武藤敬司と佐々木健介の二人がリングに上がり、ファンに向けて帰国挨拶を行っている。坂口は安心して自身の引退興行を終えることができたのである。

一九六七（昭和四二）年二月一七日。自身二五歳の誕生日に自分のアイデンティティそのものであった柔道に別れを告げ、プロレスへ転向。それ以来、「自分にはこれしかない。必ずプロレスの世界で成功する」と誓い、走り続けた二三年間であった。

プロレスについて、それこそ右も左もわからない状態のまま、言葉も通じないアメリカにいきなり武者修行に出た。この一年八か月の米国修行は苦しいこともあったが、自身で楽しみ方を見つけることでやっていくことができた。

日本での凱旋帰国シリーズは日本プロレスが一番盛況だった時代で大成功のまま終えた。そしてすぐ、二度目の米国遠征。この時はトロントでメインイベントを張り、満員の観客を動員させた。

そして二度目の凱旋帰国。「第一一回ワールドリーグ戦」では馬場、猪木に次ぐ第三の男となり、NWA世界王座挑戦を目標に三度目の米国遠征。当時の世界王者、ドリー・ファンク・ジュニアへ三度の挑戦を果たした。

一九七一（昭和四六）年七月から日本定着となると、猪木との黄金コンビで「第二回NWAタッグリーグ戦」優勝というプロレス入り後、初の勲章を勝ち取った。さらに猪木の日プロ離脱騒動で得たチャンスをものにし、ドリーとのNWA世界戦で名勝負を演じ、アジアタッグ王座にも就いた。日本プロレス伝統のベルトを腰に巻くことができた。そして一九七二（昭和四七）年、UN、インタータッグ、アジアタッグと三冠となり、猪木、馬場が抜けた日プロを支えた。まさに日本プロレスのエースとして大活躍だった。

一九七三（昭和四八）年春、新日本プロレスへ移籍。NETの中継を倒産寸前の新日本プロレスにもたらし、今日の業界ナンバー1団体の新日本プロレスを救った。猪木、坂口の二枚看板で売り出すと業績は回復。真のメインイベンターを猪木に譲り、「燃える闘魂・アントニオ猪木」の名勝負をアシストし続けた。そして、一九七五（昭和五〇）年からは一歩退いてナンバー2に定着。以来、猪木と新日本プロレスのために、リング内外で活躍した。

一九八一（昭和五六）年以降はフロント業のウェイトを上げはじめ、興行の現場責任者も兼務。一九八三（昭和五八）年から一九八四（昭和五九）年に起こったIWGPでの猪木舌出し事件、クーデター事件、UWF旗上げに伴う大量離脱、ジャパンプロレス旗上げに伴う大量離脱なども慎重かつ誠意ある対応で乗り切った。

この後は後進に道を譲る姿勢を持ちつつも、「ここぞ」という時はレスラーとして身体を張った。一九八六（昭和六一）年一一月の前田日明との一戦はその最たるものであった。

一九八九（平成元）年六月。アントニオ猪木からの指名で社長就任。中途半端なことが大嫌いな坂口は「私はレスラーと社長業の両方をできるほど器用ではない」ときっぱりと現役引退することを決めた。

坂口は自身のレスラー生活二三年を次のように振り返っている。

「自分でこう見てきてみると二三年間、大変だ、自分自身後々まで大変だと残るようなこともなかったし、結構ついていたというか波瀾万丈もそんなになかったし、まあ、やることちゃんとやっとけば、後でちゃんとなるんじゃないか……そういう結論だね」（『黄金の荒鷲』）

第一三章　荒鷲経営

社長時代のビジネス環境

坂口征二が新日本プロレスリング株式会社の社長を務めていたのは一九八九（平成元）年六月から一九九九年六月までの一〇年間である。

当時の新日本プロレスのビジネス環境を簡単に振り返ってみたい。

坂口が社長就任した一九八九年一月に昭和天皇が崩御され、元号が昭和から平成に変わった。同年四月一日に日本初の付加価値税である消費税が税率三パーセントで導入され、その後、一九九七（平成九）年四月には税率が五パーセントとなった。

一九八九（平成元）年は俗にいうバブル経済の真っただ中で日経平均株価は同年一二月二九日の大納会で史上最高値の三八九五七円四四銭をつけるなど、資産価格のバブル化が起こっていた。そのバブル経済は一九九一年二月に崩壊し、坂口が社長を退任する一九九九年の日経平均株価の終値は一八九三四円となっている

外国人選手のギャラに影響する円ドルレートは坂口社長就任年の年末終値は一四三円五〇銭であったが、徐々に円高基調に推移し、一九九四年には九九円五〇銭を記録している。

坂口社長在任中は米国のＷＣＷと業務提携をしており、年間五〇万ドルの契約金を支払っていたことから、この円高は新日本プロレスの収益に非常にポジティブに働いていたといえる。

テクノロジーの面では一九八九年に東芝が初のノートパソコン「ＤＹＮＡＢＯＯＫ」を発売すると、一九九五年にマイクロソフトがウィンドウズ95を発売。一九九八年にはアップルコンピューターがＭＡＣを発売し、パソコンが家庭や企業に普及しはじめ、インターネットに親しむ人も徐々に増加していく。一九九〇年代後半からは携帯電話も徐々に浸透し、通信手段が著しく変化を遂げていく。

プロスポーツ業界を見てみると、プロ野球、大相撲がポピュラーであったが、プロサッカーリーグのＪリーグが一九九三年に発足したほか、一九九三年四月には立ち技のＫ―１が、一九九七年には総合格闘技のＰＲＩＤＥが立ち上がっている。

一九八八年三月には日本初のドーム型球場の東京ドームが開業し、以後、九三年四月に福岡、九七年三月大阪、名古屋とドーム球場が次々開業する。これによって音楽イベントを含むエンターテインメント業界の興行会場が変化していった。

プロレス業界はプロレス低迷期と言われていながらも「週刊プロレス」、「週刊ゴング」、「週刊ファイト」のプロレス週刊誌紙は健在であり、インターネットがない時代において、ファンはこれらプロレスマスコミから試合詳細情報を仕入れていた。テレビは新日本プロレス、全日本プロレスともに地上波のレギュラー放送枠を持っていた。

団体については従来の新日本プロレス、全日本プロレスの二大メジャー団体のみならず、一九八九年、前年に新日本プロレスを解雇された前田日明を中心に第二次ＵＷＦが発足し、同年四月にインディー団体の先駆けとなるパイオニア戦志、大仁田厚のＦＭＷが一〇月に旗上げ。

翌一九九〇年一〇月には、メガネスーパーがプロレスに参入し、ＳＷＳを立ち上げた。一九九一年一月には新生ＵＷＦが解散し、二月にＵＷＦインター、五月にリングスが活動を開始している。その他にも数々のインディー団体が旗上げし、一九九九年六月の坂口社長退任時点では新日本プロレス、全日本プロレス、ＦＭＷ、リングス、みちのくプロレス、パンクラス、ＩＷＡジャパン、大日本プロレス、キングダム、ＣＭＬＬ ＪＡＰＡＮ、格闘探偵団バトラーツ、ＵＦＯ、大阪プロレスなどが外国人選手を招聘してプロレスの興行を行っていた。

米国のマット界を見てみると、ＷＷＦの全米制覇の勢いは止まらず、旧ＮＷＡではジム・クロケットが設立したＷＣＷが気を吐いて、ＷＷＦと対立していた。

こうしたビジネス環境下で坂口社長はどのような施策を打っていったのかを具体的に見ていきたい。

会社らしい会社にする

坂口は社長就任当初、「新日本プロレスを会社らしい会社にする」ことを目ざしていた。その際、ベンチマークとしたのは二年弱だったとはいえ、自身が務めていたことのある旭化成工業であった。

「まあ、会社らしい会社ちゅうかな。それは俺が学校（明治大学）卒業して一年八か月、旭化成でサラリーマンやったという経験があるじゃない。それがものすごく役に立ったね。きちんとした会社はどうあるべきかってね。興行会社だから、多少緩いとこもあるだろうけど、今まで副社長をやってきた時に自分から見て、これはちょっとおかしいんじゃないかなと思っていたところから、改善させたりしたね」

新日本プロレスを会社らしい会社にするという目標のために、坂口は動き出した。まず、自分が変わるところからはじめた。副社長時代はノータイで運転手付きのキャデラックで出社していたが、スパッと切り替えた。ネクタイを締めて上着を着て、社用車やタクシーで出社することにした。

始業時刻の一〇時前には出勤し、終業時刻の一八時までは必ずデスクにいるようにした。試合会場へは、本社での業務に支障がない程度についていくだけにして、極力本社にいるようにした。

そんな坂口の姿を見て、社員は次のように言ってくれるようになったという。

「社長が事務所にいてくれたら仕事に張り合いがあります。安心感があります」

『自分のリングは会社のデスク』とばかり、興行の現場ではなく、オフィスにいることを優先させた坂口は、自分自身の経営スキルアップも図っている。坂口は明治大学法学部出身だ。しかしながら、柔道漬けの毎日で補習と追試でなんとか卒業したというのが実態である。持ち前の几帳面な性格と気配りの良さで現場責任者や渉外などの仕事を副社長時代に無難にこなしてきたとはいえ、社長業となると話は別である。例えば経理部門が出してきた数字を見て、経営判断を下さなくてはならない場面も出てくる。そこで、まずは銀行関係者やテレビ局、スポンサーなど経営の先輩たちと付き合うようにした。

副社長時代の坂口は試合後に後援者たちと会食するぐらいならば、気の合うレスラー仲間と気軽に食事に行くことを好むタイプであったが、「社長ともなればそうもいかない」と積極的に取引先との付き合いを強化していった。実際に取引銀行の支店長とは会食、麻雀、ゴルフなど交遊の場を多く持っただけでなく、経営に関するアドバイスを直接受けたという。

「経理の講座とか、銀行の紹介で行ったことあるよね。経理なんか、わかりもしないのにね（笑）。でも、こうした勉強も役にたったよね」

経理的な視点を強化するために自ら簿記の勉強もした。

これまで日本のプロレス団体の社長といえば、日本プロレスの力道山と芳の里。国際プロレスの吉原功、全日本プロレスのジャイアント馬場、そして新日本プロレスのアントニオ猪木などレスラーまたはレスラー出身者がこなしてきた。そのなかで坂口は、早稲田大学第一法学部を卒業し東洋製鋼株式会社で二年弱のサラリーマン生活を経験した吉原功に次いで二人目の社会人経験のあるレスラー出身専任社長であったのである。

社会人経験の有無が、プロレス団体の社長業を行うにあたってどのように違ってくるか。それは一般の人、すなわちレスラー以外の人に通用する会話ができるということだと言える。

坂口は南筑高校、明治大学と体育会の縦割社会で育ち、旭化成工業で社会人生活を送った。プロレス団体の社長はしていないが日本プロレスで参謀的役割を担っていた吉村道明も海軍、トヨタ自動車、近畿大学相撲部、愛知工業と組織のなかにおける社会生活を経験してからプロレス入りしている。

プロレス評論家の門馬忠雄は言う。

「吉村道明という人は海軍という組織で育った。少年期、通信兵でしょ。そこのなかでルール、組織で人が動くのを見ていた。坂口征二は親父が憲兵で、大学の運動部では縦割で人の流れを見ている。二人の共通点はバランス感覚。一般常識がある。一般の人に通用する会話ができたというところ」

門馬が言う「バランス感覚」を持っていたからこそ、坂口はフロントとレスラーの連携をうまく取りながら業績回復へと導いていくことができたのである。

フロントとレスラーを一体化

まず、レスラーを掌握することについては、レスラー出身であるからこその発想で選手の声を集めた。多くのお客様に会場へ足を運んでもらうにはよい試合を見せなくてはいけない。そのためには選手の満足度を上げることが必要だと考えた。

「選手のみんなに要望を書けとか言って書かせたりしてね。選手の気持ちも聞いて、そういうことを会社が考えてやってあげると選手からも返ってくるんだよね。『会社が考えてくれているんだな。自分たちも頑張ろう』ってね。

たとえば賞金とか、税金で払うなら選手に還元して、みんなでいい目に遭おうよっていう考えだったから。選手にしろ、社員にしろ、頑張ってくれたんじゃないの」

そして、会社運営については、組織内の風通しを良くすることに努めた。社長就任後には、参議院議員となったアントニオ猪木と共に現場から完全に退き、藤波辰爾、長州力にすべて任せることで組織の風通しをよくした。

「（組織については）まあ他の業界から見たら当たり前だけど、この業界から見たら一番でしょう。二週間に一回、月曜日の午前中に部長を集めて月曜会というのを開いているし、藤波や長州らと試合に関する興行会議とか営業会議とかお互いにディスカッションをさせて、よいモノを出させるようなね。

昔は猪木さんや馬場さんが『こうやれ』と言えば皆何も言えないという感じだったけど、そういう風習がこの業界にはあったよね。自分たちも随分言われたよ。でも今は若い人も若い選手も意見を言えるような風通しのよい会社にすれば、若い人も仕事の意欲が沸くし。当たり前のことだけど、それができないのがこの社会だったからね。ウチはフロントも選手の間も風通しはよいしね。

東京ドームのタイトルにしても社員から募集してね。『採用したら金一封出す』とか言ってね。全部ウチの社員が考えたんだよ、東京ドームのタイトルの『闘強導夢』とか、『超戦士』とかシリーズの名前とか……。アイディアだけ出して、後は作らせる。20周年のマークもそうだしね、そういうノウハウはあるんだよね。

外部に委託する企業が多いけど、ウチは全部社員がやっているしね。パンフレットにしても責任持たして……。皆生き生きとして仕事してますよ。まあ、報告や相談は受けるけど、実務は若い連中ですよ。

まあ、皆が仕事しやすい雰囲気を作るというか、舵を取る、方向を定めるというのが社長だと思う」

（『黄金の荒鷲』一九九二年二月）

大がかりなイベントともなると、広告代理店にアイディアを出させ、共に作り上げていくという企業が多いなかで坂口率いる新日本プロレスは社員自らがアイディアを出し、すべてを内制でやっていたのだった。

こうして、テレビ局からの放映権料に依存し、毎週のテレビ中継を広告代わりとして活用し、年間二〇〇試合近い巡業の集客を図るという従来のプロレス団体のビジネスモデルを転換させていくのであった。

興行形態の変化

一九七二年の旗上げ時から坂口が社長就任するまでの新日本プロレスは概ね年間八シリーズで二〇〇戦をこなしていた。初代タイガーマスクの人気とIWGPの開催でプロレスブームとなった一九八二（昭和五七）年は八シリーズ一九五戦と単発興行二回の計一九七戦であった。それぞれのシリーズ最終戦が一万人規模を集客する大会場でのビッグマッチという形式となっていたが、一九八八年に東京ドームが開業してからは、年間の試合スケジュールの組み方に変化が出はじめる。

坂口が社長就任する前年の一九八八（昭和六三）年は年間興行数一七一。それを徐々に減少させ、一九九〇年は一一〇戦、一九九一年は一二五戦と年間一二〇戦前後に変えていったのである。

「ひどいときは年二五〇戦ぐらいやっていたけど、地方に行くと集客が大変なところもあったしね。ドームができてからだよね。ドームにウェイトおいて、ドームの三週間前からは試合やめて、ドームに集中しようってね。それから『G1』とかがはじまって」

一九八八年春、東京ドームが開業し、一九八九年四月に新日本プロレスは東京ドームに初進出した。

その翌年の一九九〇年二月の東京ドーム興行を成功させてからは、これまで全二〇戦から三〇戦近くあったシリーズのツアー数を削減すると同時に、東京ドームや大阪城ホール、横浜アリーナ、両国国技館などの大型会場における単発イベント興行を据えていくというスタイルに変えたのである。

この当時のことを上井文彦が次のように振り返る。

「坂口さんが社長になって、長州さんが現場監督になった時に、僕が営業部長で日程取りだったんです。僕が全体の試合数、自主興行を減らしたんです。『やって行けるんか？』となったんだけど、当時、全日本と新日本で『試合数が多いほうが日本一だ』みたいにしのぎを削っていた。でも無駄なことはそぎ落とさなきゃいけないじゃないですか」

手本となったのは第二次UWFだった。

「UWFだって、大都市しかやってなかったじゃないですか。一番最初にやったのはUWFですからね。神と鈴木（新生UWFの神新二社長と鈴木浩充専務）がやって、それから彼らが解散して、忘れられた頃に僕がやったから、そういう形ができたんだけど、手本はUWFですよ。あのやり方は間違っていないと思いますよ」

上井は言う。

「三銃士が帰って来て、（東京ベイ）NKホールでやったあたり、健介と武藤が同時に帰って来た頃から、上向いて来るんですよ。だからやれることはみんなやりました。プロレスのイメージから外れて可愛いポスター作ろうとか、『レスリングどんたく』もそうだけど、運が良かったんですよ。時の流れに乗って、お客さんが入るようになった。だから怖いモノなしですよ」

上井はまず、ゴールデンウィークに後楽園三連戦をやった。一九九〇（平成二）年の「3DAYS BATTLE超実力派宣言」がそれだ。五月四日から六日まで後楽園ホールで三日連続興行を打った。

そして、同年八月一日から七日まで後楽園ホール七連戦、「バトルホール・ア・ウィーク」をやった。

「当時は、『ニッパチ（二月・八月）は枯れる』と言って、誰も興行やりたがらなかったんですよ。でも、後楽園七つできたんだから、両国三つできるだろうって」

上井が目指した、両国三連戦はその翌年、一九九一（平成三）年の八月九、一〇、一一日と「第一回G1 CLIMAX」として実現することとなる。上井は当時の坂口とのやりとりを振り返ってくれた。

「後楽園、やっても入らない時があるのに、三つできるんか」

「三つやるから入るんですよ」

実際、三日とも満員にした。

「（後楽園で）七つもやるんか」

「東京にいるから経費かからんでしょ。そのほうが儲かりますよ」

「バトルホール・ア・ウィーク」も満員になった。

上井は翌一九九一（平成三）年の夏に勝負することを決めていた。

「両国で三つやりたいと思います」

「盆の最中にやるんか」

「盆にやるからええのやないですか」

「入るんか、盆に」

これが二〇一八（平成三〇）年で二八回目を迎えた「G1 CLIMAX」のスタートであった。

一九九一（平成三）年の八月九、一〇、一一日は三日間とも主催者発表で一万人以上の観衆を集めている。

「常識に挑戦する」という上井のチャレンジ精神とそれらを全面的に受け入れた坂口。さらに興行を実際に成功させるレスラー、フロント陣の実行力が新日本プロレスを躍進させる原動力となったのだ。現場監督だった坂口が専任社長となって、現場は長州が任された。そして営業は上井。山口県出身者同士が車の両輪となって新生・新日本プロレスを廻していたのであった。

そして一九九二年一月四日、新日本プロレスは四度目となる東京ドーム興行「超戦士IN闘導強夢」を開催する。これがいまだに続いている「イッテンヨン」のはじまりだった。

「巡業はね、特に若い選手は試合を経験しないといけないというのでやっていますけど、大きな興行を 発当てたほうが儲かるんです。巡業は動かなきゃいけないから経費がかかるでしょ。だから、本当、理想を言うと東京ドームを年三回ぐらいいっぱいにしたら、会社の経営的にはOKです。マッチメイクも少なくてすむし、滅多に試合がないからということでお客さんも入るかもしれないし。でも所帯が大きいからそれは出来なかったんですけど」

ドーム興行は坂口政権の代名詞となったといっても過言ではない。一九九三（平成五年）一月四日に第二回目の「イッテンヨン」を開催すると、同年五月三日には福岡ドームに進出。一九九五（平成七）年には一月四日（東京）、五月三日（福岡）、一〇月九日（東京）と年三回のドーム興行を実現。一九九七（平成九）年には小川直也と橋本真也、引退を宣言した長州力をマッチメイクの軸に、東京、大阪、名古屋、福岡と全五回の四大ドームツアーを敢行している。この年、一三〇興行で観客動員は七〇万人、うちドーム興行で二六万七五〇〇人を動員することに成功したのだった。

ＷＣＷとの提携と「Ｇ1 ＣＬＩＭＡＸ」

プロレス団体の業務において大事なのが外国人招聘ルート。新日本プロレスは永年提携関係にあったＷＷＦと一九八五（昭和六〇）年一〇月に提携を解消してからは、ＷＷＦの対抗勢力であったＷＣＷ（ワールド・チャンピオンシップ・レスリング）と関係構築を行っていた。これによって、一九八九年より武藤敬司がグレート・ムタとしてＷＣＷテリトリーで活躍し、一九八九年秋にはＷＣＷのテレビ王座を獲得したほか、レックス・ルガー、リック・ルード、スティング、スティーブ・オースチン、リック・フレアー、スタイナーブラザースなどが新日本プロレスのシリーズへ参加している。

翌一九九〇年一二月、新日本プロレスが正式にＷＣＷと業務提携すると、一九九一年三月二一日の東京ドーム大会でリック・フレアー対藤波辰爾のＮＷＡ世界へビー級選手権が実現した。

翌一九九二年七月には坂口征二本人が第一七代ＮＷＡ会長に就任し、同年八月に開催された「Ｇ1 ＣＬＩＭＡＸ」ではＮＷＡ世界へビー級王座決定トーナメントを行っている。前年のＧ1覇者である蝶野が優勝し、第七五代ＮＷＡ世界へビー級王者となった。

このＷＣＷは二〇〇一年三月にＷＷＦによって買収されてしまい終焉を迎えるが、坂口政権の間は健在だった。これも坂口の持てる運の強さであろう。

このＷＣＷとの提携により、グレート・ムタこと武藤敬司の他にも中西学（クロサワ）、永田裕志は海外修行でＷＣＷへ参戦したほか、一九九四年の「Ｇ1 ＣＬＩＭＡＸ」優勝後に突如ヒールターンした蝶野がハルク・ホーガン率いるｎＷｏに加入した。蝶野は日米マット双方で活躍し、ｎＷｏの日本支部であるｎＷｏ ＪＡＰＡＮを設立するとそれが大ブームとなり、ｎＷｏＴシャツは販売枚数四〇万枚という空前の大ヒットとなった。

また、坂口征二といえば、「G1 CLIMAX」である。それまで、シングルのリーグ戦といえば、一九七四年から七七年まで行われた「ワールドリーグ戦」。一九七八年から一九八二年まで行われた「MSGシリーズ」。そして一九八三年から一九八七年まで開催された「IWGP」があったが、すべて「春の本場所」と言われ、春に開催されていた。しかし、この「G1 CLIMAX」は先に述べたように、営業部長の上井文彦があえてみんなが興行を避けるお盆に大会場での連続興行を打つというそれまでの常識に挑戦したことから、真夏に開催されるようになり、現在でも二八回（二〇一八年現在）の歴史を持ち、「真夏の最強戦士決定戦」と呼ばれている。

坂口は次のように振り返る。

「あれは、最初、両国一か所でやろうって、三日ぐらいやってね。そういう短期でヘビーの何人か集めてというのだったんだよね。

蝶野が武藤とやって優勝したとき、これでG1成功だったと思ったよね。

二日（開催）が五日、七日になって、ほかに大阪とかもね。

タイトルは俺が競馬からつけたみたいになっているけど、もうブランドになったものね」

このG1によって、数々の世代交代が実現し、またその都度、スターが誕生した。毎年、誰が優勝するのかわからないという混戦ぶりで、「どちらが勝つのかわからない」というスポーツコンテンツが持つ最大の魅力であるイベント性も高く、優勝決定戦はここ数年、チケット発売から間もなく全席ソールドアウトとなるドル箱興行である。

そして、イベント的な単発興行もある。特に創立二〇周年の際は「超戦士」というタイトルをつけ、一月四日のドーム、三月一日の横浜アリーナ、五月一七日の大阪城ホールと開催し、成功させている。

「二〇周年の時は通常のシリーズのほかに（単発の）イベントがいかに大事か、話題になるかって、このときから考えるようになったんだよね。ほかにも猪木さんのデビュー三〇周年とかね」

一九九三年四月三〇日、立ち技イベントのK―1が立ち上がり、一九九六年にはフジテレビが全国ネット中継に進出した。また一九九七年一〇月一一日にＰＲＩＤＥ1が開催され、髙田延彦がヒクソン・グレーシーと対戦した。二〇〇〇年代、新日本プロレスを苦しめることとなる二大格闘技イベントがこの期間に誕生していたのであった。

また一方で一九九八年一月に長州力が、四月にはアントニオ猪木が引退試合を行ったが、闘魂三銃士が先頭に立ち、まだまだ新日本プロレスは興行的な強さを示していたのである。

闘魂ショップ

今やプロレスに関わらず、プロスポーツコンテンツにおける収入源として大きく成長している関連商品販売についても坂口は手腕を発揮した。「闘魂ショップ」の開店である。現在は東京文京区の水道橋に一店あるのみとなり、オンラインストアが売上の中心となっているが、最盛期は都内に三店、大阪にも支店があったほどであった。

もっとも売り上げが上がったとされるのが一九九七年のｎＷｏブームが起きたときで、Ｔシャツがバンバン売れた。輸入が間に合わなくなったほどで、そのＴシャツだけで三億円ほどの売上があがったという。

この闘魂ショップの一号店は、坂口の発案で一九九三年六月に港区六本木でオープンしている。東京ドームにあるジャイアンツのオフィシャルグッズショップのようなものを作りたかったというのがそもそものスタートだ。当時のことを坂口は懐かしそうに振り返った。

「俺が最初に手挙げて、最初は『社長の道楽』と言われたけど。俺は、野球のショップとか後楽園にあるから、そこにつくりたかったの。そしたら六本木のテレ朝の近くにアイスクリーム屋があって、貸し出していたから調べて来いって言ってね。

家賃が三〇〇万とかで、オーナーにこういうのをやりたいって言ったらのってくれて、家賃半分くらいでやってくれたんかな。

店内にプロレスの写真とかガウンとか飾って、テレビで試合を流して、『チケット売れ』なんかいってね、そういうアイディアでスタートさせたんよ。

最初、『G1』の前売りの先行発売を六月の土曜かなんかにやったのかな。そしたら徹夜組が出て、五〇〇人ぐらい並んで。『え〜っ』て、事務所に行ってびっくりして、チケットどんどん持って行ってね。麻布警察署に謝りに行ったけどよ。

今みたいにネットとかない時代じゃない。なんでこんな広がったんだろうってね。Tシャツ作ったり、いろんな商品が出てね。商品だけで年間三億円あるようになって。

これまでチケットの販売ちゅうのは電話だけだったやない。現金書留が届いたらチケットを送り返して。それが闘魂ショップができて、チケットが買えるという風潮になってね。こっちの手間もかからないんだよ。すぐ現金で入ってくるし。選手のサイン会もやったし、まあ、そこは六本木の開発でなくなったけどね」

また、坂口時代に現在でも続いている闘魂ショップの通販もスタートさせた。

商品販売のなかでもメインの収益源となっていたのはビデオだったという。

「ビデオが売れたんだよ、この頃。ビデオテープは年間一億ぐらい入っていたよね。(ビデオを販売していた) ビデオパックニッポンなんかもテレビ朝日の関連会社だけど、テレ朝の関連会社が十何社あって、その社長会が月一回あるんよ。俺が行くと、『新日本は景気いいですよね』って。ビデオパックニッポンとか、制作会社とかの社長たちから『新日本さん、ありがとうございます！』って頭下げられて（笑）」

このビデオ販売のロイヤリティは選手にとってもファイトマネー以外の収入源になっていた。

「武藤たち、三銃士とかね。ビデオだけで、ファイトマネーとは別に何百万かもらったりね。ロイヤリティについてはウチの会社はしっかりしているから。俺もいまだに給料明細に年一回くらい入ってくるよ」

専属トレーナー

坂口はよりよい試合を提供するために、専属トレーナー制度を行うことで、選手のコンディションの改善を図っている。それまで、付き人が自己流で行っていたマッサージを本職のトレーナーを雇うことで質を向上させるとともに、テーピングなどケガへの専門的対処を導入したのであった。

「若い選手が猪木さんのマッサージとか、やっていたよね。地方に行ったら接骨院に行ったり。そうしたら、選手たちが専門のトレーナーが欲しいっちゅうことで。（当時は）野球の球団ぐらいしかトレーナーはいなかった。相撲もいなかったし。最初はヤクルトに知り合いがいたので球団のトレーナーに来てもらった。

やってもらったけど、ちょっと野球のトレーナーじゃ力が弱いし、猪木さんも『俺たちには物足りないぞ』と言っていた（笑）。そこで、いろいろと声をかけていたら名古屋のプロモーターの富野さんが鬼頭さんちゅう人を紹介してくれた。

『それじゃ、一度会社に来てください』って、応接室で鬼頭にやってもらったら意外と力あって。参議院会館の猪木さんに電話して、『こういう人が今来ていて、そっち行かせますからマッサージ受けてください』って言って、猪木さんが『いいじゃないか』ってなって。それで『ウチの社員にならないか』ってなった。それが第一号よ」

第一号のメディカルトレーナーの鬼頭文孝は一九九四年から着任している。

その後は、今も活躍している元選手の三澤威をトレーナーとして採用した。

「三澤はレスラーだったんだけど試合でケガしてね。カムバックしたんだけど、ちょっと厳しいなって。俺が社長の時だったから、会社で金だしてやるからって、接骨医の資格を帝京（医学技術専門学校）でとらせて。二年間行って国家試験とって、それでウチのトレーナーになったんだよね。それから常時二人か三人ね。他の団体もやるようになって、相撲の世界も導入したし。必要だと思いますよ。包帯の巻き方ひとつにしろ、テーピングの仕方についても」

新日本プロレスには二〇一八年一〇月現在、リングドクター一名、メディカルトレーナー二名、メディカルサポート一名を配している。

初代メディカルトレーナーの鬼頭文孝は治療院を開業し、現在でもメディカルサポートとして所属している。

メディカルトレーナーの三澤威はミサワ整骨院を都内に開業しているほか、新日本プロレストレーニングディレクターも兼任し、選手のトレーニングメニューを作成し、指導にあたっている。

三澤は根っからプロレスが大好きな少年であった。父親の影響でプロレスの虜となった三澤は当時、新日本プロレスが開校していたプロレス学校に入ろうと東京の大学を受験。学部も下宿も上野毛道場に通いやすいところを選んでいる。大学入学と同時に新日本プロレス学校に入校した三澤は一九八九年四月に正式に新日本プロレスに入門。同期には西村修らがいた。そして、実はこの三澤、入門して間もない頃、坂口征二の付き人をしていた。坂口は試合には出ていない状態であったため、普段から坂口のシューズやレスリングタイツは準備していなかったという。そんなある日、トレーニングをしようと思ったのだろう、坂口は急に三澤に言った。

「俺のレスリングタイツとシューズを出しておいてくれ」

当時のことを三澤は振り返る。

「あの当時は坂口さんも猪木さんも試合に出られなくなったので、普段から準備していなかったんですよね。だから『すみません、これまで試合をしておられなかったので、準備していません』と言ったら、『お前は俺に試合に出るなって言いたいのか』ってすごく怒られましたね」

三澤は、同年一〇月にデビューしたが、一二月、試合中に頚椎を損傷し、戦線を離脱してしまう。デビューからわずか二か月のことであった。治療中、「柔道整復師や鍼灸師の資格をとって、その道に進んだらどうだ」とアドバイスされ、昼間は選手が使っていた菅谷整骨院で修行、夜は学校へ通って勉強し、柔道整復師の国家資格を取得。一九九六年から新日本プロレスのメディカルトレーナーとして正社員となった。

一九九九年、ミサワ整骨院を開業する時、会社側は「新日本プロレス」の看板を使ってもよいと申し出てくれたが、「自分で独立してやります」と三澤は断った。開業の際、坂口が保証人となってくれたという。

「実はウチの嫁さん、坂口さんの紹介だったんですよ」

三澤の奥さんの両親はかつて、坂口が日本プロレス時代に住んでいた目黒のマンションのご近所さんで家族ぐるみの付き合いをしていたという。一家はやがて大阪に引っ越してしまうが、東京に遊びに来る時は坂口家に泊まるなど、付き合いは続いていたという。

三澤の奥さんが坂口に招待されて後楽園ホールの試合を観に来た時、本人のことを気に入ったという。やがて二人は交際することとなり、ある年の正月に二人揃って坂口家に挨拶に行った時のことであった。

「坂口さんの奥さんに『あんたたちどうするの？（結婚）するの？しないの？どっち？』って脅されてですね。『あっ、します』って言ったら、その場で大阪在住の向こうのお母さんに電話して、『今決まったから』って。そうしたら、『ウチのにも挨拶しなさい』って言われて。その時、坂口会長がソファァでお酒飲んでいたんですよ。それで『決まりましたのでよろしくお願いします』って言ったら、『お前も大変だな』って笑っていましたけど」

三澤にとって坂口は特別な存在だという。

「九で入ってから、縁を持たしていただいたんでね。トレーナーになるときは社長で、結婚決まるときも一緒にいて、仲人もしていただいて。整骨院の開業の時も関わってくれて、節目節目に後ろで支えてもらえるような安心感がありますね」

三澤は自身が目指していた「世界で初のプロレスラー経験のあるトレーナー」になることができたのだという。

闘魂クラブ

坂口は副社長時代、五年先を見据えて武藤、蝶野、橋本の闘魂三銃士を育成した。その闘魂三銃士が中心選手として活躍しはじめた一九九二（平成三）年一月、後継者育成について次のように語っている。

「まあ、五年先、一〇年先どうなるのかは今の時点では読めないですよね。昔と違って新人も年に一人〜二人しか入って来ないし、他のスポーツ界からの転向というのもあまりないし。

一〇年先とは言わないまでも、五年先位には引っ張って来れるような選手をサークル的に持っていたいですね。

ウチには闘魂クラブというのができて、アマレスの選手が二人いるんですけど、こういうアマチュアスポーツ界との交流というのもレスリングに限らず、相撲とか柔道とかラグビーとかね、続けていきたいですね。

会社でバックアップしてアマで一人前の選手になってもらって、その後も長い目でバックアップしていきたい。この世界だけはアマで活躍したからすぐプロにというもんじゃないからね。最低三〜五年はかかるからね」(『黄金の荒鷲』一九九二年二月)

この当時、坂口は新日本プロレス内に「闘魂クラブ」を立ち上げている。闘魂クラブとは一九九一(平成二)年に発足した新日本プロレスのアマレス部門。オリンピック出場を目指すアマレス選手を新日本プロレスの職員として所属させて会社が全面的にバックアップするというもの。オリンピック終了後に本人が希望すれば、そのままプロレスラーとして新日本プロレスに入門することができる。

闘魂クラブの発足時には中西学と石澤常光(ケンドー・カシン)の二人が所属していた。

現在、「野人」のニックネームを持つパワーファイターである中西は一九六七(昭和四二)年一月、京都府生まれ。宇治高校時代からアマレスをはじめ、長州力、馳浩らを輩出した専修大学に進学。卒業後は和歌山県庁の職員として二年間勤務した後、一九九一年四月に闘魂クラブ入りした。一九八九年から全日本選手権フリースタイル一〇〇キロ級で四連覇している。

一方の石澤常光は一九六八（昭和四三）年八月、青森県生まれ。光星学院高、早稲田大学とレスリングでならし、全日本学生選手権三連覇の実績を引っ提げ、一九九一年四月に闘魂クラブ入りし、一九九一年の全日本選手権は闘魂クラブ所属としてフリースタイル八二キロ級で優勝している。

中西、石澤の二人は新日本プロレスの事務所で電話番やチケットに検印をするなど内勤業務をこなしながら、オリンピック出場に向けて練習に励んでいたという。一九九二年にスペインのバルセロナで開催された夏季オリンピックでは中西がフリースタイル一〇〇キロ以下級の日本代表となった。

オリンピック出場が叶わなかった石澤は一九九二年四月に早くもプロ転向を決めて新日本プロレスへ正式入門し、九月にデビュー。一方の中西はオリンピック終了後の八月にプロ転向を決め、同年一〇月にプロデビューしている。

闘魂クラブについて坂口は次のように振り返った。

「あれは、馳の提案でね。馳が（闘魂クラブの）監督していて、中西、藤田（和之）、永田（裕志）、石澤とか結構いたよ。そういう『アマチュアの選手を確保して、オリンピック目指して、将来プロレスに転向してくれれば』ってね」

その後、一九九三（平成四）年四月にアトランタ五輪を目指す藤田和之が闘魂クラブ入りし、一九九六（平成八）年五月にプロ転向。さらにその五年後の二〇〇一（平成一一）年三月にはシドニー五輪出場が叶わなかった日本大学レスリング部の矢野通、四月にはシドニー五輪銀メダリストで永田裕志の実弟である永田克彦がアテネ五輪出場を目指して闘魂クラブ入りしている。

現在、このコンセプトを引き継いで二〇一二年七月に立ち上がった「ブシロードクラブ」はアマレス出身の永田裕志が監督を務めており、二〇一七年（平成二九）年一月にデビューした岡倫之が所属していた。

大物選手のスカウト――北尾、小川、鈴木

また、大物選手のスカウトという観点では坂口は社長時代、大相撲元横綱の北尾光司（双羽黒）、柔道世界王者の小川直也、明治大学ラグビー部の鈴木健三の三人の獲得を自ら行っている。

二〇〇五年三月三一日に行われたCEO勇退記者会見において坂口は次のように語っている。

「新日本プロレスでやり残したこと？　それは選手を最後まで育てられなかった事かな……。自分も関わってスカウトした北尾光司、小川直也、鈴木健想たちは、新日本から離れてしまったけど、彼らが新日本の中で順調に育っていたら、大きな戦力になっていたと思う。将来、もしウチに戻って来るような事があったら、自分ももう一度、力を貸しますけどね」（「マット界スキャンダル機密文書」）

坂口は社長時代に三名の超大物をスカウトしたが、思ったとおりに育て切れず、三人とも、現在の新日本プロレスを引っ張る立場になっていない。何が理由で三人とも新日本プロレスから離れてしまったのか、経緯を振り返ってみたい。

まず、一九八九年、北尾光司のケースだ。元横綱双羽黒こと北尾光司は幕内優勝経験がないまま横綱に昇進した後、親方との意見の相違で部屋を飛び出し、そのまま廃業となっていた。この北尾に坂口は声をかけた。

一九八九年六月、北尾は新日本プロレス参戦を表明し、坂口は自らが出場した一九九〇年二月の東京ドーム大会で華々しくデビューさせている。

北尾との出会いは、元国際プロレスレフェリーでボディビルダーでもあった遠藤光男のジムから紹介されたものであった。当時について坂口は次のように振り返った。

「あんたやる気あるか？　若いし、体もあるし、名もあるし、あとはあんたのやる気次第だ。やる気

があるんだったらちゃんとやってあげるからって。じゃあちゅうことで、アメリカに行かせたんだよね。カルガリーの大剛に頼んで、ルー・テーズのところに。それで半年後、俺がデビューさせた。一番良い時の二回目の東京ドームよ。

全日本（プロレス）が上がってきたときに、北尾が帰って来たんだよね。ビガロとやらせて。あの大会は最高のカードだったんだよね。全日本との対抗戦、俺と猪木さんが組んで蝶野と橋本とやって」

試合翌日のスポーツ紙の報道は明らかに北尾がメインの扱いであった。プロレス界に久々に現れた「超新星」としてマスコミの期待が大きかったものの、残念なことに同年七月二三日の青森県十和田大会の試合前、出場を巡って現場監督の長州力と衝突。この一件は「北尾問題」と呼ばれ、マスコミをにぎわせることとなった。

続いて坂口の明治大学の後輩、小川直也である。坂口は次のように語っている。

「小川は可愛がっていた後輩だった。先輩として、（当時明大柔道の監督をしていた）関と一緒に飯食いに行ったりしたしね。

間の要望で、俺が行きつけの神田のテーラーで就職祝いということで背広を一着作ってやったぐらいでね。その後、オリンピックで活躍してな。

全日本（選手権）を獲って引退する前から、猪木さんが『小川、どうだ？ プロレスに誘え』って言っていたことがあったの。でも、『俺の二の舞はいやですよ』って。そうしたら、ある明治のＯＢが俺のところ来て、『先輩、全日本プロレスと日本テレビが小川を誘いに来ているんです。小川もまんざらじゃないみたいですよ』って俺のところに言いに来た。

『えっ』て。猪木さんから『誘え、誘え』って言われているのに、全日本に奪られたら俺の立場がない。

じゃあ、後輩に『一回俺のところへ連れて来い』って。そいつと小川と武藤、橋本と五人で六本木の焼肉屋行った。そうしたら武藤と橋本がガンガン食べて、五人で焼酎を五、六本飲んで（笑）。橋本が『プロレスはいいぞ、来いよ！』って。小川が傾いてきたから、『お前が（柔道）やめるんだったら、ちゃんとしてやる。俺は逃げるようにしてきたから。（俺の）言うこと聞け』って。俺は今からという時に転向したから、俺の二の舞にさせたくないってな。その後、話が決まってから、全日本柔道選手権の試合の時に会場へ連れて行って明治の監督と（全日本の）山下監督に挨拶させてよ。文句言うやつはいなかったけどね。そうして、猪木さんが面倒みるってなって」

小川はアントニオ猪木に育てられ、一九九七年四月一二日の東京ドーム大会で行われた橋本真也戦に勝利しデビューすると、ドーム興行の常連として活躍。特に橋本との抗争は話題となった。その後は総合格闘技のＰＲＩＤＥ、ＺＥＲＯ1、ハッスル、ＩＧＦと主戦場を変えて活動したが、二〇一八年六月に引退を表明している。

最後に明治大学ラグビー部出身の鈴木健三である。鈴木のプロレス入りは坂口が社長退任する二か月前の一九九九年四月一日であった。坂口は経緯を次のように語った。

「俺が出入りしている神田の斎藤テーラーちゅう洋服屋のオヤジが『こういう人がいるんですよ。うちに来るんですよ』って。健三は明大のラグビー部出て、東海テレビに入っていたんだよ。サラリーマンやっているけど、プロレス興味あるからって一回会おうとなって。身体もいいし、明治のラグビー部のレギュラーだし、性格も良さそうでやる気もあるし、段取りつけて。アメリカ、カルガリーまで連れて行って、一年後にドームでデビューさしてやってね。棚橋が同期だったんよね。二人でタッグ組んだりして」

ここで、坂口は新日本プロレスの第一線で活躍している棚橋弘至を引き合いに出し、自分がスカウトした三人を振り返ってこう続けた。

「そういうなんか、抜けきらないんだよな。変なプライドというか、中に入れないと言うのか。棚橋は入門テストに合格して『大学辞めて入ります！』って言ってきたのを、長州が卒業させてから入れてた。

あの三人は違った使い方、育て方をしていたらもっと良かったのにね。年齢的にも頂点になっていたから。小川にしろ、健三にしろ。ちょっと日本の別の業界でトップ取った人間とかチャンピオンとかはプロレスに対応しないちゅうかできないよね。

レスリングなんかは、ある程度ね、パっと対応できるけどね。柔道とか相撲とかスポーツ選手は世界のチャンピオン、日本のチャンピオンになった連中はね」

さらに坂口はこう続けた。

「俺なんかうまくやったほうだと思うよ。やはり、小川にしろ、北尾にしろ、俺と同じことは無理だとは思ったんだけどね。なんでだったんだろう、教え方が悪かったちゅうのはあるけど」

そこで、思わず、筆者は次のように聞いた。

「坂口さんは、今でも若い選手の方たちに対して、『まず、プロレスを好きになれ』とおっしゃっているんじゃないですか。好きになるかどうかということではないでしょうか」

「中に入れないんだよね。変なプライドがあるかもわからんけど。好きでなかったらあんなことできないよね。若い連中は好きなことが必要だよね。嫌々じゃ（プロレスは）できないよ」

私にとって、「中に入る」という言葉が妙に心に響いた。

「俺は気にしなかったね。『これしか、やる道はない！』っていつも言うけど。この業界で成功はともかく、これしかない、柔道を蹴って逃げてきたようなものだったしね。今さら戻れないし、この業界で生きていくしかない！　という気持ちだったから。

　アメリカ修行も三年八か月か。修行に行く前にビザの発給を待っている間、日本プロレスの巡業に付いて行って、そのとき、ミスター珍さんたちから、『ちょっと部屋掃除しろ』とか。旅館でも個室じゃなく大部屋だよ。五、六人で寝ていたけど、平気だったものね。楽しかった。

　新弟子と一緒にリングサイドでセコンドについたり、練習をしたり。そういうように中に入れたよね。だからまわりも見てくれたし。そういう対応ちゅうのは、俺はできたと思うよ」

「中」に入る。「プロレス」という名の海の中にどっぷり入りこむ覚悟を、すなわち、プロレスの世界で生きていくことへのコミットメントを坂口は「中に入る」という言葉で表現したのだ。

「小川でもそう。『もうこんなん嫌ですよ』って言っていたものね。練習も長州が『テメェ、この野郎！』ってガーガー言っていたよ。柔道の世界王者になったのに、練習して、プロレスやって。長州に『テメェ、この野郎！』って言われりゃよ、その周りに若いのもいるんだから、いい気はしないよ。そういうのが嫌だったんだよね」

「仲人をやっていただきました」――獣神サンダー・ライガー

　坂口が社長をしていた時代、ジュニアヘビー級の中心にいたのは獣神サンダー・ライガーだ。ヘビー級の最強戦士決定戦である「G1 CLIMAX」に対し、ジュニアヘビー級の最強戦士決定戦として「ベスト・オブ・ザ・スーパージュニア」があった。「G1」と「BOSJ」の二つは第一回の開催から二〇年以上を経た今でも続いているブランドである。

「私はJカップとか、いろいろやらせてもらいましたけれども、嘘をついちゃいけない、人を裏切っちゃいけない、言った以上はやらなきゃならない、そういうのを坂口さんから学んでいますね」

ライガーは昔のビデオなどを観て、レスラー坂口の資質を次のように表現した。

「もう本当に天職というか、あの運動神経。昔のビデオとかを観るとわかるんですけれども、あれだけの巨体でトップロープをひゅっと飛んでリングインする。なかなかですよ」

そして、新日本プロレス道場でのエピソードも語ってくれた。

「柔道をやっていたということで引く力というか、あの橋本真也選手と腕相撲をやったことがあるんですよ。橋本選手はその当時、選手のなかでも一番、二番を争うぐらい強かったんで、『橋本、ちょっとやってみ。挑戦してみいよ』って。でも、びくともしない。橋本がいくら力入れても。そのうち坂口さん笑い出して、『おまえ、本気でやってんのか』って。そんでコテッて！一瞬ですよ。みんな、『ウェー！』って。どれだけ強いんだって。橋本が『壁に向かって腕相撲やっているみたいだった』って」

柔道で鍛えた引く力。そして握力。そこから繰り出される大技を見る限り、「すごいとしか言いようがない人ですね」とライガーはしみじみと言った。

そのライガー、坂口が還暦を迎えたパーティーの時、「坂口会長には仲人をしていただきました。今も二人、幸せに暮らしています」と感謝のメッセージを送っている。その時のエピソードを聞いてみた。

「僕がレスラーになるきっかけが、メキシコで山本小鉄さんに拾っていただいたというのがあったので、最初、仲人は山本さんにお願いしていたんですよ。ところがちょっと東京ドーム大会の一回目が僕の結婚式と重なってしまったんですね。それで日程を変更したのを山本さんが知らなくて、『うわ、その日は大事な用事入れちゃったから出られない』って。『ああ、困ったな』って。それで坂口さんにお願いしてみようかとなって。

そうしたら、『そうか、やっちゃる、やっちゃる』って。最初、山本さんにお願いしていたから普通は難色示したりするじゃないですか。でも二つ返事で、『やっちゃる、やっちゃる』って。今でも覚えていますね。『うわー、本当助かった、良かったな』って。

坂口さんの奥さんも『やらせてもらうわ』って。あれは助けていただきましたね」

ちなみに坂口は副社長、社長、会長時代を通じて二十数組の新日本プロレス選手、社員の仲人を務めている。

「あの病気の時は」――西村修

坂口征二還暦お祝いパーティーの際、「あの時、お前が戻って来るのをいつまでも待っているからと声をかけていただいたのは本当に恩に着るというか」とコメントしていたのは西村修だった。西村と坂口の関わりを見ていきたい。

西村は一九七一（昭和四六）年九月、東京都に生まれた。錦城学園高校二年生の時、新日本プロレス学校に第一期生として入学。高校に通いながら放課後は新日本プロレス学校でトレーニングに励むという生活を二年間続けた。

一九九〇（平成二）年四月、高校卒業と同時に新日本プロレスへ入門。入門当時の体重はわずか七四キロだった。西村ははじめて坂口征二と会った時のことを次のように振り返っている。

「一九九〇年の四月二日に入って、その二、三日後に道場にいらっしゃっていて。骨格からして人間じゃないですよね。デカさ、足のデカさ、背から、手から。ちょうど社長になられていた頃で。まあ、とにかくデカいなという感じですよね」

一九九〇年四月といえば、現役最後の試合を三月二三日の後楽園大会で行って、社長専任になったばかりの時期である。

その後、西村は新日本プロレス道場での練習メニューをこなす毎日となる。プロレス学校とは比較にならないほどのきつさであった。しかし、西村はなかなかウェイトアップができず、同年五月に再入門した山本広吉（現・天山広吉）、六月に入門した金本浩二に先を越され、一九九一（平成三）年四月にやっとデビューしている。体重は八五キロになっていた。

入門から約三年後の一九九三（平成五）年、西村にとっての転機がやってくる。三月に開催された「ヤングライオン杯」で決勝進出を果たし、山本広吉に敗れたものの準優勝。その成績が認められ、同年八月、西村はアメリカ武者修行に出発し、フロリダのヒロ・マツダ道場に入門することとなった。ヘビー級の身体づくりをテーマとした渡米であったが、当時はWWFが全米を押さえていた時期。練習に明け暮れるのはよいが、実戦がまったくできなかった。西村の米国デビュー戦は翌一九九五（平成七）年四月二三日。NWA系独立団体CWAのニュージャージー州ウッドベリー大会でのハリウッド・キッド戦であった。

実戦を積むことができない西村が焦っていたところに現場監督の長州から帰国命令が届く。しかし、西村はこれを拒否した。

「坂口さんに）一番お世話になったのは二回あって、一回はその海外遠征。帰国命令を私、拒否したことがあって。フロリダに送られたのはよいのですけれども、マツダさんのところでしっかりした練習ができたのですが、試合がないわけですよ。全米のテリトリーをWWF（現WWE）が押さえてしまったので、タンパなんか、あれだけレスラーが住んでいながら、団体がなくて。時間ばかりが過ぎてしまって、試合の経験が全然できなかったわけですね。それで長州さんと大喧嘩して帰らなかったわけです」

帰国命令を拒否した西村は給料を止められてしまう。そこで、西村は自力でヨーロッパへ飛び、英国のビリー・ライレー・ジムに入門し、一九九五（平成七）年に帰国する。

帰国した西村を坂口は呼んだ。

「日本に帰って来た途端、坂口さんに呼ばれて、『取りあえず、これ取っとけ』って、止められた給料が坂口さんのご配慮で別口座に残っていて。坂口さんが全部やってくれて、それなりの金額でした」

坂口は、選手契約が年俸制になったことを受け、それまで海外遠征時は給料を保障していなかったというシステムを改善し、海外遠征中でも最低限の収入は保障できるようにしていたのであった。

その後、西村は一九九七（平成九）年にドイツ、オーストリアへ二度目の海外修行に出発するが、一九九八（平成一〇）年、癌（後腹膜腫瘍）を発病し、長期欠場に追い込まれてしまう。その時、坂口は西村に配慮し、特別な待遇を提示してくれたという。

「夏に病気をして、当時それなりのギャランティをもらっていたんですよ。『その次の年は同じ条件出すから、療養して帰って来い』って。ただ、手術は保険で適用されましたけど、私は東洋医学療法で治しましたので、インドへ行ったり、イタリアの農家で療養したり、渡航費もかかるし、坂口さんと専務の倍賞さんによく相談にのっていただきました。『医者じゃないから、会社で助けることはできない。何を援助したらよいですか』と。そこで、『世界中でよいと言われている治療をしたい』と言ったところ、坂口さんが『会社で面倒見てやるから、給料はちょっと落とすけど渡航費を全部持ってやるから』と。坂口さんの発想から超特例の外国人契約がはじまったんですよ。『海外に住んでもよい。治療もしなさい。新日本のツアーの時は帰ってきなさい』と。それから給料は半分くらいまで下げられたんですけれども、それは自力で戻すことができました」

現在、文京区議会議員をしている西村にとって、第一次海外遠征でビリー・ライレー・ジムに行ったこと、そして各国を癌の治療で回ったという海外生活がとてつもないキャリアに繋がっているという。西村は言う。

「これだけ海外生活した議員は地方レベルじゃいないんですよね。国会レベルでは違いますけど。そこで得たいろいろな知識と経験はとんでもなく役に立っていますよね。これも坂口さんなくしてはできていないことです。本当に恩人ですよ。私にとって」

社長時代の功績

坂口征二が新日本プロレスリング株式会社の社長を務めていた時代は一九八九年七月から一九九九年六月までの一〇年間である。これまで振り返ってきたように坂口は就任当初、「新日本プロレスを会社らしい会社にする」ことを目標としていた。そのために、まず自分自身が変わることからはじめた。ネクタイにスーツ姿で毎朝一〇時に事務所へ出勤し、毎日夕方六時までデスクで社員たちを見守った。経営のことを勉強するために簿記の学校にも通った。

現場の権限を藤波、長州ら後輩に譲り、一般企業のように組織体制をしっかり作り、現場とフロントの風通しをよくした。選手経験者だからこその視点で専属メディカルトレーナーの導入など、選手を第一に考えた施策は現場のやる気を引き出した。

それに呼応するかのように有能なスタッフたちが時流にのってさまざまなチャレンジを行い、業界の常識に挑戦していった。選手もそれに応えた。

一九九〇年代半ばの円高やドーム球場開業は坂口政権下の新日本プロレスを後押しした。

これらの結果として生まれたのが今日にも続いている、「イッテンヨン東京ドーム」、「G1 CLIMAX」、「ベスト・オブ・ザ・スーパー・ジュニア」、「闘魂ショップ」などである。

一九九五年、UWFインターナショナルからフリーとなり、新日本マットに逆上陸してきた山崎一夫が当時のことを次のように振り返っている。

「フリーになって新日本に戻った時に、『ああ、これが会社だよな』と思いましたね。それぐらいのレベルの違い。ちゃんと経理には経理のプロがいて、レスラーがいて、会社の部署ごとにスペシャリストがいて、それをまとめる坂口さんがいて。そういう構図が『これが会社なんだよな』というくらい。UWFの否定はしたくないですけど、吹けば飛んでしまうようなUという会社と、会社としての組織がきちんとしている新日本プロレスと。戻って来た時に如実に感じてしまいましたよね」

客観的に見て、プロレス業界のなかでは断トツでしっかりした組織づくりを坂口は実現したのであった。

坂口が社長就任時に一〇億円以上あった負債も就任七年後で完済した。坂口政権下で営業部長であった上井はこう振り返る。

「二〇一六年の一〇月に長州さんと飯食ったけど、あの長州さんが『あの時はいろいろなこと言ったけど、今考えたら、坂口さんは大変な経営者だよ。あの最後の借金をゼロにした時な、取引銀行に挨拶行ったら幹部連中が五、六人いて、全部戻さないでいいから、また借りてくださいよって言われたって。あれ見た時、坂口さんたいしたもんだって思った』って。あの時、一〇億円以上あったのを全部戻してチャラにしたんですからね。時の運もあるかもしれないけど、坂口さんは堅実派だから。坂口さんが社長になったから銀行も『坂口さんだったら』って貸してくれた。あの人の信用ですよ。銀行関係は全部、会社の信用じゃない。坂口さんの信用です。あの長州さんが言うんだから、『今になって、坂口さんにムチャクチャ感謝してる』って。坂口さんに聞かせてやろうと電話しようかと思ったくらい。『俺は坂口さん、たいしたもんだと思ってる』って、人を褒めない長州さんが言ったから」
他にもいろいろなレスラー、関係者に話を聞いたが、誰もが経営者としての坂口のことを評価していた。
「本当にきちんとされている、人としてちゃんとされている人ですよね。当時の新日本はどんぶり勘定的な会社でしたからね。それをきちんとした会社に作って行かれたのは坂口さんだと思いますよね」（山崎一夫）
「坂口さんが社長になられて、新日本プロレスを建て直した。基盤がしっかりしたというか。とにかくきちっとされた人ですよ。『俺が、俺が』ってやるよりも、『俺がしっかりと締めないと新日本プロレスが大変なことになっちゃう』っていうところがあったんじゃないかと思うんですよ。経理とか選手管理とか、トレーナー制度も坂口さんが社長になられてからじゃないですかね。そういう選手に対するケア、元選手だったということもありますけど、それをきちんとやってくれた社長でしたよね」（獣神サンダー・ライガー）
「坂口がいたから、銀行も安心して担保ってあったんじゃないかな。地道に返したんでしょ。タイミングに良かったんじゃない。武藤、蝶野、橋本らあの子たちが育ってきた段階で社長やっていたから。時代と合ったんじゃないかな」（門馬忠雄）
「坂口会長が引退されて、社長にならはって、そんでワーッと盛り返したんですよ、新日本プロレスが、その立役者ですよ。派手な世界なんで。坂口会長が表のトップにならはって、『それやったら』って、銀行さんやら、気を良く協力してくれはったと思いますよ」（中西学）
「九〇年代の大ブーム。ドーム興行を成功させて、会社も利益を得ながら今までのさまざまな借金をどんどん返済されて、完全に財政というか利益の健全化は坂口さんなくしてなかったんじゃないですか。猪木さんがいて、支える坂口さんという本当の二大巨頭で今日の新日本プロレスを作ってきましたよね」（西村修）

「ドームツアーとかはじまって、G1とか興行が成功したのは坂口さんの手腕なんですよ。それと同時に坂口さんがものすごく業界の改革をしてくれたのが選手との年間契約。それまではシリーズ契約だった。力道山からはじまった興行の世界を坂口さんが改革してくれた。あと選手会という組織もそのなかに作らせてもらいましたね」（蝶野正洋）

経営的な手腕以外の坂口の魅力を、一九九六年に入門した真壁刀義は次のように語っている。

「いくら下っ端でも一生懸命やっている奴には声をかけてやる。それが一番骨身に沁みるんですよ。俺らは本当に人の温かさとかそんなものとは無縁の世界なので、新弟子の時って、『いつ、こいつ辞めて逃げんのかな』とみんな思っている。そんななかで坂口さんが来られて。『おう、頑張ってんな。これからも頑張れよ』。その一言を言っていただくだけで最高に心が潤ったのと、力が出るというのはこの人じゃないと多分できないんじゃないかと俺は思うんですよ。

はるかに上の方が『お前なんかいつでもいなくなっても誰も困らないよ』という立場の人間に声をかける。これってね、この世界で絶対しないですよ。それを普通にできちゃう坂口さんというのは、やっぱりリスペクトですよね。この一言で俺、すごい救われましたものね。本当に。この一言は本当にすごいと思います」

真壁は「雑草」と言われたほどの苦労人。若手時代に坂口がかけた一言で救われたというのである。

こうして、社員、レスラーに慕われた坂口征二が社長就任した一九八九年の売上高が一七億円、年間集客数が四八万人だったのが、一九九八年には年商三九億三〇〇〇万円、集客七〇万人となってい

アントニオ猪木引退試合の日、モハメド・アリと記念撮影（1998年4月4日、東京ドーム）。

た。

そして、一九九九（平成一一）年六月に開かれた株主総会。坂口は一〇年務めた社長を退任し、会長へ就任することとなる。しかし、それには大株主であるアントニオ猪木の意志が強く反映されていたのであった。

第一四章　坂口会長

会長就任

本章では坂口が会長に就任してから今までのことを記述していく。本書が書かれている二〇一八（平成三〇）年一二月時点では坂口征二は新日本プロレスリング株式会社相談役なのであるが、いまだに選手は誰もが「坂口会長」と呼び続けているからである。

どうして今になっても坂口会長と呼んでいるのかを中西学に聞いた。

「今は相談役ですけど、相談役という気はしていないので。やっぱ、会長ですよね。社長よりも上の会長というか。社長というのは会社をちゃんと見なあかんけど、会長という立場を取られると我々へも目が向くというか、一歩引いて、全体を見られるかたちになっていると、そういう感覚で見ています」

選手の間では、いつまでも坂口征二は全体を見守り続けている大きな柱。すなわち「坂口会長」なのであろう。

一九九九（平成一一）年六月二四日。社長就任から満一〇年が経過していた坂口はこの日午後一時から行われた株主総会で辞意を表明した。その後、続いて行われた取締役会で坂口は代表取締役会長に就任する。社長には藤波辰爾が満場一致で選出された。

同日午後三時から行われた緊急記者会見で坂口はマスコミに向かって次のように語っている。

《私、第28回の定期株主総会におきまして代表取締役社長を辞意し、総会後の取締役会において代表取締役会長に就任しました。私の後任には藤波辰爾氏が満場一致で新たに代表取締役社長に選任されました。私も平成元年、猪木前社長の後任を受け、5期10年間の代表取締役をやってまいりました。ちょうどその時期は東京ドームの完成とか、各地の大きなドームの完成、興行形態の変革、闘魂三銃士や選手たちの頑張りで順調なぐらいの社長業をやってきました。現在、年商40億、選手、社員約100人の大所帯になりました。ちょうど今年、創立27年になりますけど、今年9月には渋谷の方の新社屋にも移ります。そういう中、まだ任期は一年ありますけど、自分自身の最後を逃したらアレだなぁという事で藤波とも相談しまして社長を降りるという事で……。今後は会長として新日本とは言わず、日本プロレス界全体の発展のために頑張っていきたいと思いますので、よろしくお願いします》（『新日本プロレス事件簿』）

この緊急記者会見の時の様子を当時、その場にいたプロレスマスコミの竹内宏介は次のように述懐している。

《坂口社長の辞意は事前にまったく知らされていなかっただけに午後3時からの緊急記者会見の席上は何となく重苦しい雰囲気に包まれていた》（竹内宏介『新日本プロレス事件簿』）

この時のことを坂口は次のように述懐している。

「ちょうど社長を一〇年やったんだよな。軌道に乗ったし、俺が社長になった時の負債も平成七（一九九五）年に完済したんだよね。銀行とかテレビ局から信用をつけたよね。俺もいつまで社長やらされるんかなってその頃考えて。このままうまく行けばいいけどって思ったけどね」

坂口が会長に就任した後は、新日本プロレスは苦しい時代を迎えることとなる。「このままうまく行けばいいけど……」とは残念ながらならなかった。

時代は総合格闘技ブーム。主力選手たちも次々と退団し、二〇〇〇年一一月に橋本が抜け、二〇〇二年一月には武藤敬司、小島聡、ケンドー・カシンの三選手とフロント社員五人が揃って全日本プロレスへ移籍することを発表している。

「橋本が辞めて、武藤が辞めて、この頃からガタガタと来て、俺が社長やっている時は、選手の離脱とかトラブルとかなかったんだよね。長州とかもそうやろ……。

武藤が言っていたよ。『よい時代だったですよね、坂口さんが社長やっていたときは』ってね。

橋本も可愛がっていてね……。しょっちゅう家に呼んで食事とかしてな。ライガーとか船木とかあの時代の連中はね。下でワーワー酒飲んでいるのもいれば、ウチの子どもたちとゲームやるのもいてよ。

橋本、武藤が辞めた頃からK―1とかPRIDEとかにプロレスラーが挑戦して負けて、ダメージがどんどん出てきたよね」

二〇〇二（平成一四）年二月、坂口は還暦を迎えた。プロレス生活も満三五年となっていた。

創業三〇周年のこの年、会長職にあった坂口は自ら座長を務め、創立三五周年に向けた中長期経営計画である「DASH35計画」を策定し、企業としてのさらなるステップアップを考えていた。

「これは猪木さんの知人みたいな人のアイデアだよね。この前に年商三五億円くらいあったんだよね、一番よい時。創立三〇周年だから三五年目で年商五〇億とか目標立てて、自社ビル建てて、株式を上場しようとかそういう話になって、どうしたらよいかを月一回、メンバーでディスカッションして、俺は座長みたいになって、最初は良かったんだけど、途中で雲行きがおかしくなって（笑）」

同年六月の株主総会前の五月末、現場監督を務めていた長州力が退団。そして六月の株主総会ではUFOの川村氏と闘魂三銃士で唯一、新日本プロレスに残留した蝶野のフロント入閣が決まっている。

六一歳での限定復帰

二〇〇三年六月の株主総会でCEOとなっていた坂口は六一歳で再びリングに上がることとなる。

当時、マッチメイクを担当していた上井文彦が水面下で、現役を退いてから一三年が経過し、還暦を過ぎた坂口の限定復帰をもくろんでいたのである。

仕掛け人となった上井文彦に話を聞いた。

「仲間内で異体同心会ってやっていたのよ。俺、最後に入れてもらったんだけど。メンバーは、坂口さん、新間さん、ゴングの竹内さん、櫻井さん。そこに上井も来いって言われて。俺、新間さんとも坂口さんとも仲よいから、五人でやりはじめた」

異体同心会。今となってはメンバーで残っているのは、坂口以外は、新間、上井の新日本プロレスOBだけとなってしまったが、「東京スポーツ」の櫻井康雄、「ゴング」の竹内宏介といった昭和プロレスを創った男と坂口が定期的に集まっていた食事会である。これに、当時新日本プロレスのマッチメーカーをしていた上井が加わったのだという。

上井はマッチメーカーの立場で異体同心会の会合となると、必ず坂口に向かってリング復帰を焚き付けていたと言う。

「会長復帰してくださいよ」

坂口の返事は、決まって「いいよ」と笑うだけであった。

そうすると、新間は竹内に振る。

「坂口さん、やったらよいじゃない。なあ、ぼうや」

すると竹内も同調して、

「坂口さん、やったらよいですよ」と応じるのだった。

この年の七月二一日、札幌の月寒グリーンドームのメインイベントで行われたＩＷＧＰヘビー級選手権、王者・髙山善廣対挑戦者・蝶野正洋の一戦は、蝶野のニーブレス攻撃が髙山を大流血させる結果となり、両者ＫＯという結末となった。試合結果に納得のいかない高山は蝶野に完全決着戦を要求。八月二八日、大阪府立体育会館で金網デスマッチによる再戦が行われることとなった。試合前日の二七日、公開調印式が大阪市内で行われ、坂口もＣＥＯとして出席している。

試合当日、金網のなかには高山と蝶野とレフェリー一名が入ることとなり、坂口は立会人としてリング外に陣取ることとなった。用意された金網は約一・二トンのモンスターサイズ。万が一のアクシデントに備えて、会場内の器物、観客、マスコミに対し合計五億円の保険がかけられるという前代未聞の興行となった。

六〇〇〇人の観衆が見守るなか、試合は高山が蝶野をスリーパーホールドで失神させて決着。三四分六秒、高山のＫＯ勝ちとなった。立会人の坂口は鍵を開けて金網の中へ入り、両者を放そうとするが、高山は勝負が決まった後も執拗にスリーパーホールドを外さない。

その高山に対して、立会人の坂口が怒り、柔道技の払い腰で高山を投げ飛ばしてしまったのである。一方の高山も怒り、現役を引退した坂口に対し、ギロチン・ドロップをさく裂させた。

上井は当時を振り返る。

「高山がギロチン・ドロップやった時、『これは行ける！』って思ったものね。思うつぼだったね、マッチメイクの。その展開が一番よいと思ったから。だから、坂口さんが控え室で『やっちゃるけん！』と言ったとき、プッと笑いそうになったもんね。『よっしゃ！』と思った。『やらない』と言っていたらそれまで。『いいよ、俺は』って。火を点けたのは高山ですよ。

試合の後に、俺が囲み取材受けている時に、高山堂のマネージャーにいきなりどつかれて、『なんですか、これは！』って。喧嘩よ、高山堂のマネージャーと囲みのなかで。向こうサイドからしたら、面白くないだろうからね」

こうして、坂口の復帰戦が連日、新聞紙上を賑わすこととなった。

九月三日付の「東京スポーツ」紙上で、九月一四日の名古屋レインボーホール大会で坂口征二の復帰戦、「坂口征二、蝶野正洋組対髙山善廣、真壁伸也（現・刀義）組」が正式にカード発表となった。

当時のことを坂口は次のように語ってくれた。

「成り行きでね。なんか、周りにおだてられてのせられて。最初はそういう気持ちなかったけどね。決まった以上はやらなくちゃならない。半分嬉しい分があったよ、またやれるというね。練習はじめて、一週間ぐらい巡業について行って、体調整えて。やる以上はちゃんとやらなきゃいけないとね。（息子の）憲二も協力してくれたしね。『話題になるんだったら』ってね。

（試合は）富野さんという、ここまでずっと付き合ってくれてきたプロモーターの三〇周年記念興行だったんよ。あのとき、猪木さんがいなかったんだよね、ブラジルかなんか行っていて。

それなら、そういう（話題になる）カードをやろうってね。ワクワクしたよ、何十年ぶりかでやって。今、（プロレス）辞めた連中がリングに上がるけど、あの気持ちはわかるよ。やった人間にしかわからないね」

この試合では、人気俳優となっていた二男の坂口憲二もセコンドにつくと表明し、ちょっとした荒鷲ブームとなりはじめていた。

坂口がリング復帰を決断したことについて、上井は次のようにコメントしてくれた。

「基本的にレスラーって、やっぱり人前出て、何回か担ぎ出されて、『もう、いいから』って言うのは謙遜なんですよ。本当は皆（練習を）やられているんですよ。道場で安田（忠夫）なんかもデビュー前に稽古とかしてもらっているんです」

実際に、この後、試合で対戦することとなる真壁も「坂口さんと言えば、あの巨体なのに二本腕でロープを上がって行く。あの巨体で上がるというのがすごい」と言っていた。真壁が入門したのは一九九六年である。坂口が現役引退して六年も経ってからである。

西村修も次のように述懐していた。

「巡業に行って、大きな大会で選手権試合の宣言をしますから、試合前にジャージとか着替えて、軽く汗を流されていましたね。柴田（勝久）さんや天山相手にスパーリングをやっていたり、入念にベンチプレスやっていましたね」

やはりアスリートとして汗を流すことの気持ち良さを知っているだけに、現役を引退してからも練習は欠かさずやっていたのであった。これから試合当日まで、坂口にとって充実した日々が続く。

名古屋大会までの日々

高山との対戦が発表されてから、坂口は柔道着を新調し、巡業にも付いていく。七日、青森県弘前市武道館では急遽、付き人となった矢野通とスパーリングを行っている。

当時のことを矢野に聞いてみた。

「ロープを腕だけで登っちゃって、あのデカさのなかで均整のとれた体格しているじゃないですか。足も長いし、全体的な筋肉のバランスもよいし。付き人ということでそれをじかに感じる機会があったので、単純にすごいと思います。全部の体に意識が伝達しているなというのがあって、デカいと言い方悪いですけどノロいじゃないですか。それをまったく感じさせない人ですよね。

想像を絶していましたよ。動けるだけじゃなく力の加減、使い方がうまいというか、『えっ、すごい』というのが率直な感想ですね」

アマチュアレスリングで輝かしい実績を誇る矢野通が二〇代の時、六一歳の坂口征二に触れて感じたことである。

そして、九月七日付の「東京スポーツ」の一面には試合のセコンドにつく次男の坂口憲二に対して、対戦相手の真壁が襲撃予告をしたという記事が掲載されている。当時のことを真壁は次のように語る。

「誰を敵に回せば自分が一番のし上がれるか。単純ですね、世界の荒鷲ですよ。まして坂口憲二が売り出し中も売出し中だったんで、『よし、これおいしいな』と思いましたね。髙山選手という異分子と付党は組んでいるけれども味方じゃないから、敵は三人いるわけですよ。そういうイメージを持って戦いました。あとは坂口憲二、『いいぞ、お前出て来いよ！　坂口の前で血祭りにあげてやるよ！』って。

ある先輩レスラーが会社に言いに来ましたよ。坂口さんにそんな暴言吐くなって。『おいおい、ちょっと待てよ。プロレスだけだろ、上司に暴言吐いていい職業はよ！』って。俺が荒鷲を『おい、荒鷲さんよ！』っておちょくらなければ、あの人にスポットが当たらない。だから俺は頭をフル回転させましたからね」

この後、坂口は九月九日の盛岡大会終了後に帰京し、巡業から離れ、試合当日までは新日本プロレス道場で特訓を続けることとなった。

そして、いよいよ二〇〇三年九月一四日。名古屋レインボーホールには超満員札止めの一一〇〇〇人の観衆が集まった。試合は蝶野が真壁にグラウンドコブラを決めてフォール勝ちしたが、坂口は柔道衣を着て大ハッスル。髙山を払い腰で投げ、真壁にアトミックドロップ、逆エビ固めを決めるなど、ファンを大いに沸かせた。

試合中、実は真壁が坂口のことを体落としで投げている。真壁はこの時のことを坂口にいまだに言われると笑う。

「俺は全日本チャンピオンを投げたんです、体落としで。それをずっと気にしているんです。『おまえ、俺を体落としで投げやがって』って。今でも言われている（笑）。だからね、坂口さんは生粋の柔道家なんですね。

年齢的なハンディ、キャリア的なハンディ、いろいろなことを考えても、投げられたことが悔しいんですよ。面白いじゃないですか。そういうところに荒鷲の格闘家としての血が騒ぐわけですよ」

この日、坂口のタッグパートナーを務めた蝶野は次のように当時を振り返る。

「全然負ける気しなかったですよね。坂口さんたしか、身体作りはじめて道場にチョコチョコ来はじめて。たぶん一週間とか、その間で身体ができあがってきているんですよ。多分、そういう体質なんですよね。合同練習とかでもきっちりやるほうじゃないんですけれども、ある程度で筋肉がパンパン張ってくるんですよ。あの時も『大丈夫だろうか』と言いながら、スパーリングもはじめていて、すぐ現役に近いぐらいの身体に持ってきていました。そういう点では普通のレスラーとレベルが違っていましたね」

当時は事前の予告どおり、坂口の長男の征夫、二男の憲二がセコンドに付いた。

坂口憲二目当てのプロレスファン以外も来場し、会場は大いに盛り上がった。坂口夫人の利子も急遽、車で高速を飛ばして来場し、試合終了後の記者会見には坂口ファミリー全員が揃った。

しかし、久々のリング復帰の代償は大きかった。

「髙山のおかげで肩痛めてね。みんな終わって食事行きましょうって言っているのに、俺、ホテルの部屋で寝ていたんだよね（笑）」

上井はこの試合についてしみじみと振り返った。

13年ぶりの限定復帰戦の試合後。坂口ファミリーが勢ぞろい。（2003年9月14日、名古屋レインボーホール）

「名古屋のレインボーホールが超満員になって、みんなおらんくなった時に、『上井、ありがとうな。この何日間か、試合が決まってからすごい充実したよ』って。その時に、俺がやったことは間違ってなかったな、坂口さんが喜んでくれて、お客さんも喜んでくれて。本人がやりたくなかったら、面白くないですよ。だから、して良かったなって」

坂口のコメントを異体同心会の櫻井康雄、新間寿に後日伝えると、二人ともとても喜んでいたという。

「あれだけ嫌がっていたのに、『いいよ、俺は』って言ったのに、『なあ、上井。レスラーはリング上だよ』って」

坂口のリング復帰はこの名古屋大会の一夜限りと思われていたが、マッチメイカーの上井の狙いは別のところにあった。

《しかし、本番はその後の10・13東京ドーム大会だった。坂口さんを復帰させたのは、そのドーム大会の切り札になり得ると考えていたからだ》（上井文彦『ゼロ年代』）

坂口は一か月後、自身二度目の東京ドームのリングに上がることとなる。

東京ドームのメイン

九月二六日（金）、新日本プロレスは一〇月一三日に東京ドームで開催される「アルティメット・クラッシュ」のカードを発表した。セミファイナルはスーパードリームマッチとして「ハルク・ホーガン対蝶野正洋」、そしてメインイベントにはアルティメット・プロレスリング「新日本軍対真猪木軍」の五対五イリミネーションマッチがラインアップされた。

新日本軍のメンバーは当時まだキャリア二年目の中邑真輔、中西学、永田裕志、天山広吉の四人に加えて、名古屋で一三年ぶりの復帰戦を戦った坂口征二。上井が当初想定したとおり、坂口はドーム興行の切り札となったのである。真猪木軍のメンバーは髙山善廣以外、「X」のままであった。

上井は坂口が新日本軍の総大将を務めるのであれば、やはり真猪木軍の総大将はアントニオ猪木本人に務めてもらいたいと思っていた。上井は渡米し、猪木の説得にあたっている。「自分は坂口派」を自認する上井にとってアントニオ猪木は特別な存在であった。

「どっちかと言うと坂口さんのほうが気楽というとおかしいけど、坂口さんとは緊張感がなく話せたというか。猪木さんは自分がブッカーやって会社辞めるまで、話す時は緊張していましたね。やっぱり、猪木さんと坂口さんは存在感が違っていたし。

オーラというよりも、アントニオ猪木というだけでね、圧迫感ありますよ。存在感というか圧迫感だね。ライオン、猛獣みたいな圧迫感があるんですよ」

そんな猪木がいるニューヨークまで、上井は説得に向かった。上井は総合格闘技におされ、かつての勢いをなくした新日本プロレスを再び復活させるため、なんとしてもドームを満員にしたいと思いの丈を猪木にぶつけた。しかし、猪木は「上井の気持ちはよくわかったが、今回は俺をリングに上げる話はなしにしてくれ」と断った。

連日、スポーツ新聞紙上を賑わせた真猪木軍のメンバー選びは最終的に鈴木みのる、藤田和之、中邑真輔、そしてボブ・サップとなった。当初、新日本軍にラインアップされていた中邑が真猪木軍に誘われたことから、新たに棚橋弘至が新日本軍のメンバーとなっている。

こうして、一〇月一三日の東京ドーム大会のメインイベントは坂口征二を総大将とし、天山、永田、中西、棚橋という陣容の新日本軍と、髙山を総大将とし、サップ、鈴木、藤田、中邑という陣容の真猪木軍の五対五イリミネーションマッチと最終決定した。新日本軍の応援団長として再び坂口の二男である憲二が登場することも併せて発表となった。

試合当日、東京ドームには主催者発表で四万七〇〇〇人の観衆が集まっている。新日本プロレスは「満員」マークをつけたが、残念ながら、一九九〇年代のかつての勢いを感じさせる大入りではなかった。

真猪木軍の五人が入場した後、新日本軍がひとりずつ入場する。大トリを務めたのは坂口征二であった。一九七三（昭和四八）年四月、新日本プロレスに合流してから、アントニオ猪木を売り出すために一歩退いたことから、坂口征二が新日本プロレスのビッグマッチで入場のトリを務めることはなかった。しかし、引退して一三年が経過し、会社の業績が厳しくなったこの時、それが実現したのである。すべては会社のためであった。この時、猪木が出場を承諾していたら、大トリはアントニオ猪木であったのは間違いない。その意味でも、猪木の出場拒否は坂口征二に最初で最後の東京ドームの大トリを務めさせる結果となったのであった。

坂口は先発で登場し、当時、総合格闘技で活躍していたサップを払い腰で二度投げている。その瞬間、会場は大きく沸いた。結局、坂口は中邑にアトミックドロップを決めるなど、気を吐いたが、試合開始三分四五秒、中邑にリング下に落とされてしまい、リングアウト負けで早々に退場している。

しかし、全スポーツ新聞がこの試合を取り上げ、メディアへの露出増に大きく貢献したのだった。新日本プロレスに合流してからは、アントニオ猪木をエースとしてたて続けていたこともあり、ビッグマッチのトリを務めたのは、坂口が決勝戦に進出した一九七六年五月一〇日の第三回ワールドリーグ戦決勝以来ではないだろうか。この時、坂口は六一歳であったが、他の選手の誰よりも大きく、ひと際目立って見えた。まさに昭和プロレスのレジェンドであった。

東京ドームのメインイベントという大舞台を終えた坂口は、試合後に次のようなコメントを残している。

《サップを投げたので出たかいがあった。13年ぶりに東京ドームに上がったことだって感激です。（中略）もう終わり。（何度もできないのは）自分でも分かっているし、みんなも分かっている。（今日が）最後のお勤めです》（「東京スポーツ」二〇〇三年一〇月一五日）

当時現場監督を務めていた蝶野はこの一戦を次のように振り返っている。

「申し訳なかったというのが一つあります。会社のなかで東京ドームってやっぱり、大きな目玉が必要ですというところに坂口さんというビッグネームを使わなきゃという。三銃士は坂口さんに育てられていますから、猪木さんは新日本プロレスという精神的な部分の師匠ではありますけど、人として育てられたのは坂口さんだと思うんですよ。そこのところに対してリタイアしている人を商売に使わなきゃならないというところに自分はあまりよい思いはなかったですね。

坂口さんは自分からしゃしゃり出るタイプじゃない。でも、レスラーですから前に出ることは嫌いじゃないということは我々も知っていましたから、上手に他の社員がお膳立てをして、気持ち良く出てもらえるようにしたんですけどね。

猪木さんと坂口さんの関係は非常に難しくて、パートナーであり、ライバルであり、裏切ったり、裏切られたり……。坂口さんが裏切られるほうなんですけれども、当時も猪木さんがかなり介入してきましたよね。しょっちゅうカード壊されたりとか。それに対して坂口さんは俺らに対して手を差し伸べてくれたという感覚があったと思うんですよ。『こいつら困っている。だったら俺が一肌脱いでやる』とそういう感じでしたよね」

この年、二戦にわたる復帰戦での活躍が評価されて、坂口は東京スポーツ新聞社プロレス大賞で特別賞を受賞した。

この限定復帰から、坂口のメディア登場が増加してきたといえる。二〇〇五年四月からは本田自動車工業のエアウェイブのテレビコマーシャルで、次男の憲二と共演も果たしている。

レスラーを引退してから早一五年。坂口征二は自身のネクストステップを考えはじめていた。

坂口道場オープン

二〇〇五（平成一七）年四月、六三歳になった坂口は、新日本プロレスリング株式会社のCEOを退任し、常勤相談役に就任した。前年の二〇〇四（平成一六）年六月、藤波に代わって草間政一が社長に就任した時点で、自分の役目は終わったと思ったという。

「CEOを退いて、相談役ちゅう立場になった。自分から言い出したんだよね。経営者になって一六年、どっぷり会社につかっていたから（笑）。この頃はちゃんと試合場行ったりしていたよ。

そこで、俺の昔から構想にあった柔道の道場をやりたくなって。憲二がちょうど売れていた頃だし、『オヤジ、（道場）やるんだったら、俺、応援するから』ってね。俺も退職金もらったし、華々しいスタートだったよね」

二〇〇五年一〇月、東京都狛江市に坂口は念願の坂口道場をオープンさせた。地上二階建てで、一階は柔道場とアスレチックジム、二階にはレスリングと総合格闘技ができるジムと事務所を備えていた。坂口は道場設立への想いを次のように述懐している。

《私が子どもの頃には町道場があり、学校が終わったら通っていたものでした。そこでは、学校では教わらないようなことを沢山教わり、経験させてもらえました。もちろん、当時は学校や家庭でもいろいろ躾けてもらえたけど、町道場では身体や魂の触れ合いを通じて経験させてもらえました。

　今の子どもたちを見ていると、可哀そうになってしまいます。学校でも家庭でも「知識」ばっかりで、後は当たらず触らずで、「人間として本当に大切なこと」を教えてもらっていません……。私は、子どもたちが学校や家庭では教われなくなったこと、つまり「人間として本当に大切なこと」を、「身体と魂の触れ合いの経験」から学ぶ、そんな場を作りたいと思ってこの道場を立ち上げたんです》（坂口征二「月刊人事労務」二〇〇八年三月号）

　実際、道場生となった子どもたちの親からはポジティブなフィードバックをもらっている。

「子どもたちも毎日楽しそうにやっていたしね。コネでいろんな大会に子どもたちを出させたんよ。それで、親が見に来たりして。その後、親が菓子折り持ってきてよ、『（道場に）通うようになって、子どもが明るくなりました、元気になりました。ありがとうございました』と言う親が増えてきて、成功だと思ったよね」

　柔道のみならず、レスリング、総合格闘技のコースを備える坂口道場のコーチ陣は錚々たるメンバーであった。

「柔道の師範は岩釣（兼生）に頼んで、レスリングは永田克彦、総合は柳澤（龍志）がやっていたし、錚々たる面々がいたよね。それで終わったら、子どもたちに掃除させて雑巾がけをさせて、親が来てその様子を見ていて、『ちゃんとやっているな』って。家庭ではできないようなしつけを道場でやるっちゅうね。四年ぐらいやったけど、今でもその時の子どもの親たちから年賀状が来たり、『今年、高校にあがりました』とか、『国士館に進学しました』とかね。今でも付き合っている人たちもいるよ」

　また、当時、所属団体を持たないフリーのレスラーたちもトレーニングに利用していた。これも坂口の配慮であった。ヒロ斎藤、後藤達俊、吉江豊ら元新日本プロレス所属選手や現在、WRESTL

E−1で活躍する征矢学が国際武道大学時代に利用していたという。

地元の子どもたちに「人間として本当に大切なこと」を教え、フリーランスのレスラーたちに練習の場を提供してきた坂口道場だったが、実際の経営は赤字続きであった。

「柔道だけじゃなく、ジムやってレスリングやって総合（格闘技）やって規模が大きくなりすぎて。月会費には限度があるじゃない、だから、会費一万円もらって、二〇〇名ぐらい会員さんがいて、月収は二〇〇万円だよね。それに家賃だけで一五〇万円、スタッフを一〇人雇って二〇〇万円。まあ、ちょっと大きくやりすぎて、方針のとおりできなかったけどね。『柔道だけでやっていりゃ良かったけど。でも、多くの皆様や会社の支援を受け、どうにか五年近く運営することができたよね」

結局、坂口道場は二〇〇九年で閉鎖することになったが、坂口道場の名前は長男の坂口征夫が継いでいる。

「坂口道場横浜支部は征夫が引き継いでいる。狛江の頃からやっていて、総合格闘技でプロになった者もいる。チャンピオンが三人ぐらいいるもんな。

征夫もDDTでプロレスやっていて。好きなんだよな、あいつも。プロレスをやりたかったんだよ。高校で柔道やっていたから、新日本プロレスの道場へも練習しに来ていたんだよ。でも武藤から、『お前なんかリングに上がったら、オヤジさんが恥ずかしいぞ』とからかわれて。そうしたら、征夫が『俺はなりますよ！』って食ってかかっていたよ。

一七五センチぐらいで身長が基準に達していなかったから。それで日体大でレスリングやろうと思ったけどだめで専門学校行って、土建会社に就職してな。

今は自分で坂口組という会社作って、仕事して試合出て、大変だよな」

坂口の長男の征夫は小さい頃からプロレスラーに憧れていたという。専門学校を卒業して建設業に

坂口道場の前で。「人間として本当に大切なこと」を子どもたちに教えようと立ち上げた。

携わるが、格闘技への夢が捨てきれず、二〇〇六年秋、パンクラスのアマチュア部門「パンクラスゲート」にエントリーし、二〇〇七年四月、パンクラスでプロデビュー。二〇一二年に「ハードヒット」に参戦したことがきっかけで、DDTに参戦しはじめた。

二〇一五年八月二三日には、両国国技館のメインイベントでKUDOを破り、KO—D無差別級王座を初戴冠、第五四代王者となった。

坂口征二が念願の坂口道場をオープンして間もない二〇〇五年一一月、新日本プロレスのオーナーが変わるという出来事が起きている。

ユークス体制の誕生

坂口が相談役に就任し、坂口道場を設立した一か月半後、新日本プロレスリング株式会社のオーナーがゲームソフト会社の株式会社ユークスに変わった。二〇〇五年一一月一四日のことであった。坂口が代表取締役社長を退任した後、藤波辰爾、草間政一、サイモン・ケリー猪木と社長が交代したが、オーナーのアントニオ猪木は保有していた五一・五％の株式を株式会社ユークスへ売却したのであった。

「相談役になって会社の経営から手引いたちゅうかな、遠ざかったけど。やっぱ、この時代が一番きつい時代だったよね。

六年くらいのあいだに三人も社長が変わって。橋本、武藤の離脱から、ちょっと会社、プロレス界全体が下降線だよね。ほかの選手の離脱とかあったし、そういうなかで俺もCEOとか相談役とかやって、直接経営にはタッチしていたけど、体制も変わって来たしね。そういう会社も大変だった時、ユークスさんがね、手を差し伸べてくれてね……」

株式会社ユークスは一九九三（平成四）年に設立されたゲームソフト会社である。本社を大阪府堺市に置き、二〇〇一（平成一一）年には大阪証券取引所ナスダックジャパン（現ジャスダック）に株式を上場している。

日本でプロレスゲームをメジャーなゲームジャンルに押し上げ、UFCやWWEなどのゲームソフトも開発していた。現在、新日本プロレスリング株式会社執行役員で株式会社ユークス出身の古園隆は話る。

「当時のユークスは、WWEをモチーフにしたゲームを開発していたんですが、一時期、日本の団体にもアプローチしていたんです。私が担当した交渉先に新日本プロレスがあり、その窓口である菅林さん（現・新日本プロレスリング会長）といろいろ話していくなかで、お互い信頼関係が生まれ、けっこう深い話をするまでになったんです。その頃の新日本プロレスは、経営的にも組織的にもかなり切羽詰まっていたようで、もやは企業としての体をなしていないことは、社外の私にもひしひしと伝わってきました。

ユークスはプロレスゲームで上場した会社ですから、ナンバーワン団体の新日本プロレスがなくなるという話は一掃したい。できることならアシストしたい。そこで谷口社長に話をして、実際に新日本プロレスを買収することに踏み切ったわけです」

ユークス社長の谷口行規は「これまでプロレスにお世話になった。日本のプロレス文化を我々が残さねばならない」という使命感から、新日本プロレスを自らの子会社として救済したと言われている。

坂口は言う。

「ユークスはプロレスのゲームで（あそこまでに）なったんだから、その恩義をものすごく感じてくれて、手助けしてくれた。まだまだどんぶり勘定的なところがあったから、会社らしい会社にどんどんしていって、それで三年目か四年目に赤字がなくなって、黒字計上したんだよね」

二〇〇七年三月、サイモン・ケリー猪木社長が辞意を表明すると新日本プロレス生え抜きの菅林直樹が社長に就任する。二〇〇七年の「G1 CLIMAX」で棚橋弘至が初優勝すると、棚橋に加えて中邑真輔、後藤洋央紀、真壁刀義らが中心選手となり、新しい時代を切り拓いた。

古園が振り返る。

「二〇〇八年、二〇〇九年はどん底でしたよね。後楽園ホールも入らないし。でもリング上は違った。面白くなってきた。だから、とにかく観てもらおうと、常に満杯の環境を作って行こうと。そうしたら、徐々に『新日本が面白いね』と、『チケットも取れないいんじゃないの』となって来た」

選手たちも試合のみならず精力的に興行のプロモーション活動を続けていった。その地道な営業活動が実を結び、徐々に観客動員が回復。ユークス体制の最終年度である二〇一一年には一時、二七万人にまで落ち込んだ観客動員が三二万人まで回復してきたのであった。

二〇一一年八月、その年の「G1 CLIMAX」のメインスポンサーとなった株式会社ブシロード会長の木谷高明がG1終了後にユークスの谷口社長に会談を申し入れた。

木谷は「新日本を僕にやらせてもらえませんか」と切り出したと言う。それに対し谷口は「ぜひお願いします」と答えた。

こうして、二〇一二年一月三一日、株式会社ユークスが保有する新日本プロレスリング株式会社の全株式を株式会社ブシロードが引き受けることが発表されたのである。

ブシロード

二〇一二（平成二四）年一月三一日、坂口征二が七〇歳の誕生日を迎える二週間ほど前のことだ。株式会社ブシロードが新日本プロレスの親会社となることが正式に発表された。株式会社ブシロードはトレーディングカードゲーム会社で二〇〇七年に山一證券出身の起業家である木谷高明が設立した。

「残った社員と選手が頑張って、次のブシロードの時代に繋げたんだと思うよ。木谷さんがプロレス好きでね。最後はユークスと話がまとまって、引き受けるってね。

いろんなことあったんだよ。『五年ぐらいでどうにかちゃんとしますよ』って言ったら、木谷さんは『五年は長すぎる。二、三年でなんとかするんだ！』ってすごい鼻息だったよ。

それで、いきなりドームね。一億五千万円か二億円ぐらい宣伝費使って、（ＴＶ）スポット流して、そういうやり方をして。俺たちと違うビジネス感覚があるんだよね。五年で倍にする。年商何百億ってね。将来上場するぐらいのね。新しい社員ブレーンなんかもどんどん入れてくれて。『新日本プロレスワールド』とか、ファンクラブとかね、興行収益以外のところを増やす、そのためにも人材を入れて、全盛期ぐらいまで（年商が）近づくのも時間の問題だと言われるほどになってね」

木谷高明が新日本プロレスのオーナーとなってからの打ち手はスピーディーかつ大胆であった。まず、新日本プロレスを子会社化した翌月の二〇一二年二月二九日、新日本プロレス戦略発表会を開催し、ネットでライブ配信。「最近、プロレスが流行りはじめてるんじゃない？　乗り遅れたらヤバイよね？　そう思ってもらえるような、世間に影響を与えるプロレスリング・カンパニーになるべく頑張っていきます！」と数々の施策展開を発表した。

まずメディア戦略の強化として、ブシロードの商品のＣＭにおける、新日本所属レスラーの起用。

BS朝日での六〇分番組「ワールドプロレスリング・リターンズ」の放送開始、ラジオ日本で新番組「ラジオ新日本プロレス」の放送開始、東京MXテレビでアニメ「タイガーマスク」再放送。

そして、コンテンツを活用した二次収入の強化としてトレーディングカードゲーム「キング・オブ・プロレスリング」発売、レスラーのフィギュア発売などである。

さらに、「G1 CLIMAX」が近づくと、東京都内に「G1」の交通広告を展開し、木谷本人が言うところの「プロレスが流行っている感」を短期的に訴求していったのであった。リング上では一月四日の東京ドーム大会で凱旋帰国マッチを戦い、そのままIWGP王者の棚橋に挑戦状をたたきつけ、二月には初挑戦で王座を獲得した「レインメーカー」ことオカダ・カズチカが活躍し、徐々に観客動員は回復していった。

オカダのことを坂口は次のように評している。

「カズチカも帰って来て五年目ぐらいだろ（二〇一六年夏当時）。会社が上向きになってきて、その流れと合ったよね。

チャンスは会社が与えてやるんだよ。そのチャンスをものにするかしないかは本人の頑張り次第だよ。昔よく言ったよな。『海外はチャンスだから行って来い。チャンスだから頑張れ。これを活かすも殺すもお前の頑張り次第だよ』って。天山や健三なんかもそうだし。チャンスもらっているんだから頑張れよって。カズチカなんか、一〇〇パーセント努力したんだよね。『頑張れ、頑張れ、この野郎!』って怒っても、本人に才能も気持ちもなければ、モノにならないしね」

二〇一六年一月末、新日本プロレスの主力選手の一人であった中邑真輔が退団した。米国のWWEに入団し、次のステージを目指すことを決意したのであった。中邑のみならず、参加していた外国人レスラーのAJスタイルズ、カール・アンダーソンらも新日本マットを去った。

十力選手たちが離脱したのにも関わらず、同年夏の「G1 CLIMAX」の両国国技館三連戦は前年を超える観客動員を記録した。新日マットを守る選手たちを坂口は次のように見ている。

「新日本が駄目になったら、プロレス界もだめになると思うよ。（新日本プロレスは）プロレス界のリーダーとして頑張らないと。選手にプレッシャーかかるんだけど、それぐらい意識してやってもらいたいし、やっていると思うよ。新日本と他団体の試合は違うよね。それは各自が『俺は新日本の選手だ』という気持ちでやっているからだと思うよ。変なことはできないってね。それぐらい努力していると思う」

プロレス生活五〇年と再復活

二〇一七（平成二九）年二月一七日、坂口征二は七五歳の誕生日を迎えた。この日はプロレス生活五〇周年の記念日。一九六七（昭和四二）年二月一七日にプロレス転向を発表し、ジャイアント馬場とともにハワイに飛び立ってから実に半世紀が経過した。

そして、三月六日には今も相談役として所属する新日本プロレスリング株式会社が創立四五周年を迎えた。坂口が新日本プロレス入りしたのは一九七三（昭和四八）年四月一日であるから、新日本プロレスとは四四年間携わっていることとなる。

しかし、この時、坂口は病床にいた。

筆者は二〇一七年二月五日、坂口に取材をしている。その時、坂口は「来週、右ヒジの手術をするんだよ」と言っていた。現役時代から悪かった右ヒジはその時点では字も書けなくなるほど悪化していたのだった。

「二週間もすれば戻れると思うから、その頃連絡くださいよ」と言って別れたのだったが、一か月後に電話した際に返ってきた言葉に筆者は驚いた。

「今、病院のベッドの上なんだよ（笑）」

右ヒジ尺骨の手術を終えて退院して数日後に四〇度の発熱があり、感染症と診断され再入院することとなったのだった。約一か月の入院で一二三キロあった体重は一一〇キロまで落ちてしまい、筋肉もみるみるうちに落ちていった。一時は松葉づえに車椅子の状態にまでなってしまったという。

退院後、坂口はリハビリに取り組んで完全復活することを決意。手術前までも週に三回は欠かさず行っていたジムでのトレーニングに加えて、世田谷区上野毛の新日本プロレス道場へ久々に通うこととしたのだった。実際、筆者が小林邦昭に取材をするために新日本プロレス道場を訪れた際、どしゃぶりの雨の日だったにも関わらず、「坂口さん、さっきまで来ていましたよ」と小林が言っていたほどだった。

二〇一七年六月中旬に坂口に取材した際、久々となる道場でのトレーニングについて次のように語ってくれた。

「（道場に）週三回ぐらい行っている。みんながびっくりするくらい回復したね。筋肉も戻って来ている。トレーナーがメニュー作ってくれてね、つきっきりで一時間半くらいやってくれて。若い選手が練習してんじゃない。昨日なんかもタイガーマスクとか永田とかライガーとか練習していて、そういうなかで練習すると気持ちがよいんだよね。

二〇年ぶりぐらい（笑）に道場行って、一緒に練習して。よい雰囲気だよね。若い連中と練習メニューは全然違うけどね、終わって風呂入って、それでちゃんこ（笑）。

この間、もつ鍋の材料を福岡から送ってもらったんよ。それで二〇人前ぐらい、ウチのやつが野菜から何から段取りつけて、みんなで『旨い、旨い』って食べていたよね。行く以上は一週間に一回ぐらい差し入れしてよ、先週は憲二に頼んで九十九里から蛤を一ケース送ってもらって、昼間から七輪で焼いて（笑）」

二〇一七年六月六日付の「東京スポーツ」が一面で『坂口征二重病だった 世界の荒鷲生還までの激闘舞台裏』と報道した後のことである。

七十五歳になっても完全復活を期して道場やジムで毎日のように汗をかき、己の肉体を鍛え続けるアスリート魂と同時に、後輩たちへの気配りを忘れない坂口らしさが垣間見えるエピソードである。

この後、坂口は八月一一日、「G1 CLIMAX」両国国技館大会のリング上に立った。坂口の手には新日本プロレスの歴史を共につくった仲間の故倍賞鉄夫の遺影が抱えられていた。

「ワールドプロレスリング」とともに

NET（現テレビ朝日）が「ワールドプロレスリング」の放送を開始したのが一九六九（昭和四四）年七月二日。本書を書いている今が二〇一八（平成三〇）年なので来年で半世紀を迎える。坂口征二が米国修行から凱旋帰国した「第一一回ワールドリーグ戦」の開催期間中にプロレス放送開始の発表記者会見が行われ、翌一九七〇（昭和四五）年の四月二〇日の放送から坂口も「ワールドプロレスリング」に登場しはじめている。

先に述べたが、一九七三（昭和四八）年四月六日の放送からは「ワールドプロレスリング」は新日本プロレスの試合を放送することとなった。坂口がアントニオ猪木とドッキングしたからである。このようにテレビ朝日の「ワールドプロレスリング」と坂口の関わりは深い。余談であるが、一九七九

(昭和五四)年にキングレコードから発売された坂口の入場テーマ曲「燃えよ荒鷲」のシングルレコードのB面はテレビ朝日「ワールドプロレスリング」オリジナル・テーマであった。

坂口はしみじみと語ってくれた。それは一九八三(昭和五八)年八月に起きたクーデター事件のことを聞いていた時だった。坂口は「坂口、おまえ、猪木と一緒になれ！」と言ったNET(現テレビ朝日)の三浦甲子二元専務の話をしはじめた。

「それで、『お前、猪木と一緒になれ、一生面倒みてやる』とか言われて、その後も系列の役員がいるじゃない、編集局長とか。そういう人の流れで、放送が落ち目の時でも『面倒見てやる』ってね。視聴率は悪いし人気がない時代あったやない、藤波たちが出て行って。日テレも全日本の中継をやめたんよ。テレ朝も日テレがやっているうちは止めないってそういう時代もあって、俺も相談役に残っていたからっちゅうことで。『坂口さんが新日本に携わっている間は(テレ朝は中継を)止めない』ってそういうことを言ってくれたよね。

そのうち良くなったやない。逆にテレ朝もCSで生放送やるし、『新日本プロレスワールド』ちゅうのもあるし。テレ朝も(新日本を)企業として見直してくれたよね。きつい時、頑張って。一年に一回、テレ朝のスポーツパーティーがあるんよ。それに行くと(テレ朝の)社長に必ず挨拶行くんだけど、『坂口、新日本プロレスワールドとかいいじゃない』って。ちゃんと知っているんだよね。

テレビちゅうのは絶対必要だし、それはみんなが、棚橋たちが、こういう時でも腐らず一生懸命やってきて、何年か前から良くなってきているからね。後楽園なんか切符ないんだよ。どんなに入っているか聞くんよ。カード発表していないんだよ。

『会長、今頃言われても切符ありませんよ』、『もっと早く言ってくださいよ』って営業から言われてよ。

俺たちがやってきた四十何年がね、無駄じゃなかったちゅう。この本の最後の結びとしてな（笑）。まあ、いろいろあったけど、やってきたことは無駄じゃなかった」

テレビ朝日は坂口征二がいる限り、新日本プロレスを放映し続けるということについては、ザ・グレート・カブキも次のように述懐していた。

「やっぱりね、あの人は特殊な人ですよ。坂口征二選手が入ったばかりで、『おまえはNET（現テレ朝）を持って、猪木のところに行ってやれ』って。それで行かされたんですよね。彼は新日本。その時に芳の里さんがNETと坂口さんと一緒にテレビ局へ行って、坂口が辞めない限りは放映を続けるという確約を取ったんですよ。だからいまだにテレ朝やっているでしょ」

二〇一七（平成二九）年、坂口征二はプロレス生活五〇周年を迎えた。プロレス番組「ワールドプロレスリング」と関わり続けて四七年、新日本プロレスと関わり続けて四四年である。なんと永いことか。

ジャイアント馬場もアントニオ猪木も力道山もなしえなかった、プロレス団体から一度も離れず所属し続けて半世紀。プロレス番組と一つのプロレス団体と関わり続けて四〇余年というのをやり遂げ、この先もまだその道を進み続けていくのである。

二〇一九年七月には「ワールドプロレスリング」放送開始五〇周年を見届け、二〇二〇年八月には二度目となる東京オリンピック、そして二〇二二年三月には新日本プロレス創立五〇年を見届けることになるであろう。

アントニオ猪木から見た坂口征二

筆者はここまでさまざまな方のご協力を得て、坂口征二の人生を追いかけてきた。最後に「最強のナンバー2　坂口征二」を創りだしたアントニオ猪木が坂口をどう見ているかを振り返りたい。坂口征二引退記念写真集に記されているコメントから抜粋する。

《坂口征二――この名前は私の格闘技人生そして人生闘争にとって決して欠かせず消せない4文字です。昭和48年、彼が旗揚げ間もない新日本プロレスに入った時から、私はこの4文字の男に支えられてきたのです。およそ実現不可能と思われる構想に私が取り組んだ時、彼はいつも黙って細部の事項を確認しながら理詰めで、構想裏で発生する犠牲を食い止めてくれもしました。新日プロに数々の騒動が起きても彼はいつものように、「社長を信じていろ」と雑音を封印してくれました。

昭和53年4月、私は彼と通算41分12秒の闘いをやったことが今でも脳裏をかすめます。攻めても攻めてもはね返してくる坂口に私はこの男の凄まじい執念とひたむきさを思い知らされました。これが実は坂口征二の〝公私〟の魅力でもあるのです。坂口征二、それは私にとって空気のような存在であり、新日本プロレス社長を移譲した今、坂口征二の現役引退は、あくまでも一つの区切りであり最終点でないでしょう。今後もお互いにエネルギーが通い合う空気であると確信します。最後に、坂口征二率いる新日プロを暖かく見守り、ご指導いただけます様、お願い申し上げます》（アントニオ猪木『黄金の軌跡』）

一方の坂口は猪木のことについて次のように語っている。二〇一七年六月某日、坂口が猪木と会食した時のことだ。猪木は坂口にこう言ったという。

「坂口、お前にはいろいろ苦労かけたな」

それに対し、坂口は次のように返した。

「馬場さんと一緒にならなくて、猪木さんと一緒になって良かったですよ（笑）」

坂口は言う。

「馬場さんと一緒になっていたら、何年かで（指を下に下げる仕草をして）こうなっていた。似たような性格だったし、猪木さんとは性格違うしょ。『猪木さんと一緒になったからのうのうと暮らしていたますよ』と言ったら、猪木さん、笑っていたよ。

ブラジルのハイセルとか永久電気とかよ、『こうしたら何十億円になるから、お前も面倒見てやるからな』『そうですか』って。猪木さん、将来レスラーのためにとか、辞めた人間のためとか、世界の何とかとか……。私利私欲でやったわけやないやない。金使って、夢があったやない。

馬場さんというのはコツコツやって、コツコツ貯めて、それでゴルフ場会員になったり、ハワイに別荘買ったりやっていたやない。猪木さんは馬場さん以上に稼いでもブラジルに投資したりよ、騙されても、『またですか？』ってね。憎むに憎めないところあるんだよね。助けてあげようちゅうね」

アントニオ猪木と坂口征二。二人が最初に会った時はお互い意識しすぎて堅い雰囲気だった。そして自由奔放な坂口に対し、ストイックな猪木。坂口にとって猪木は「近寄り難い先輩」だった。そんな一人がテレビ朝日の仲介もあってドッキング。最初は「そうはいくか」とライバル心があった坂口も、猪木を見て、「自分が一歩退いたほうが会社はうまく行く」と考えた。

破天荒な猪木は誰もが考えもしないことを何度も実現しようとした。坂口はひたすらそんな猪木を支え続けたのだった。

ナンバー2理論

「ナンバー2」とはどうあるべきかについて、西田文郎の著書である『No．2理論』を参照しながら見ていきたい。西田はナンバー1とナンバー2についてそれぞれ次のように述べている。

《ナンバー1に必要な第一の才能は、「夢見る力」です》

西田はホンダの創業者である本田宗一郎の例を挙げている。そして、次のようにも述べている。

《とりわけ夢見る能力の高い、優秀なナンバー1ほど、手元が狂うと夢に振り回されて経営感覚をなくしやすい。長年の夢だった新事業に手を出して、思いっ切り失敗したなどという例は、枚挙にいとまがありません》

一方でナンバー2の仕事については、次のように述べている。

《トップに気を使わせず、心もムダに使わせない。そして、トップとしての仕事に専念してもらう、それがナンバー2のもっとも大事な仕事です》

そして、ナンバー2がトップに次の言葉を言うだけで会社は成功するとも述べている。

《「社長は、自分のやりたいことを思いっ切りやってください。やりたいことが思いきりできるように、私が頑張ります。私に何でも言ってください」》

まさにアントニオ猪木と坂口征二の関係性ではないだろうか。猪木はモハメド・アリ戦、ブラジルへの投資、プロレス界初の東京ドーム進出等、さまざまなことにチャレンジした。これまで触れてきたようにアリ戦やブラジルへの投資では莫大な借金を抱えたりもしている。

一方の坂口はアリ戦の時は契約交渉に同行し、試合直前に猪木が負傷すると「プロレスのほうは私に任せてください」と「第三回ワールドリーグ戦」の決勝をしっかりと締め、試合当日は「何かあったら試合をぶち壊してでも猪木さんを守る」という覚悟でセコンドに付いた。借金を背負えば、異種格闘技戦に自らも参戦し、身体を張って戦った。

ブラジルへの投資の時は家族に内緒で自宅を抵当に入れて金を用立てた。初の東京ドーム興行では陣頭指揮を取り、成功に導いている。

西田は『No．2理論』のなかでナンバー2の仕事である「ミドルマネジメント」の役割について次のように述べている。

《ミドルマネジメントとは、トップの経営方針や経営戦略を実際に遂行し、会社を運営する能力です。具体的に言うとトップの掲げる目標を達成するために、自分の下にいる管理職（課長・係長・主任）を介して現場の社員を統率・誘導し、動かしていく。その中心になるのがヒューマンスキルであり、コミュニケーション能力なのです》

また、ナンバー2選びのポイントとして、次の三つを挙げている。

・ナンバー1とナンバー2の得意分野が異なっていること
・ナンバー2は几帳面な人がよい
・ヒューマンスキルの高い人が向いている

さらに、ナンバー2選びの決定的な要件として、黒子や縁の下の力持ちとしてトップを支えていく「自己犠牲能力」を挙げている。

まず、ミドルマネジメントの役割であるが、坂口はこの部分をしっかり遂行してきたと言えるであろう。坂口は次のように語っている。

「猪木さんが『やるぞ！』と言ったら、皆でやって。何かあったら、俺がちゃんとフォローして。逆に冒険しないと言われたこともあったけどよ。堅実というかな、周りもそういうやり方に対して結果が出てきたからよ、ちゃんと認めてくれた」

対人間関係能力であるヒューマンスキルについても、さまざまな方のコメントを見る限り、長けているると言えるのではないだろうか。

付き人をした経験のある木村健悟も小林邦昭も「付き人ができて幸せだった」とコメントしている。坂口が育成した闘魂三銃士の一角である蝶野正洋は「三銃士は人として坂口征二に育てられた」とコメントしていた。真壁刀義はつらい新弟子時代、坂口がかけてくれた一言で心が潤ったと言っていた。若手時代、「よく自宅に呼んでもらってご馳走になりました」と筆者が取材した誰もが語っていた。坂口夫妻はまさに相撲部屋の親方と女将さんのような存在だったのだと思う。

このようなかたちでコミュニケーションを取ることで、レスラーたち、社員たちは「我々も頑張ろう」と一つにまとまったのでないだろうか。

そして、几帳面さと自己犠牲能力については、これまでご紹介したさまざまなエピソードから衆目一致なのではないかと思う。

新日本プロレス移籍後、アントニオ猪木のために、そして新日本プロレスという会社のためにあえて一歩退き、ナンバー2のポジションをまっとうし続けてきた。そして、引退してから一三年後の二〇〇三年秋、会社のためにリング復帰を果たし、東京ドーム興行のメインイベントを務めた。

自分を犠牲にして、他者に尽くすという姿勢が相談役に退いて一三年以上経過してもなお、新日本プロレスリング株式会社に請われて籍を置き続け、また東京スポーツ新聞社制定のプロレス大賞のパーティーにおける乾杯の発声を一九八〇（昭和五五）年以来、三五年以上も務め続けてきたことに繋がっているのではないかと思う（この乾杯の発声は二〇一八年一月から小橋建太に引き継いでいる）。

まさにプロレス界の重鎮である。

まさに絶対的なビッグナンバー2なのである。

坂口征二をプロレス界の「最強のナンバー2」と呼ぶことにご賛同いただけるのではないかと思う。

エピローグ

「やることちゃんとやっとけば、あとでちゃんとなるじゃないか」

これは一九九二（平成三）年一月七日、坂口征二が自身のプロレス生活を総括して言った言葉である。

私は、二〇一六（平成二八）年五月二八日に行った本書作成のための第一回取材において、坂口征二に同じ質問をした。坂口は次のように答えてくれた。

「ちゃんとやることやったから、今があるんじゃないの？　俺なんか昔から背伸びもしないしよ。与えられたことをちゃんとやってよ、そうやってやってきたしよ」

坂口は普段の会話でもよく、「ちゃんとする」という言葉を使う。

三省堂の新明解国語辞典を見ると、「そのものに期待される基準（在り方）に照らして、外れるところがないと判断される様子」とある。これはつまり、社会の常識に照らして当たり前のことをきちんとこなすことができる状態。また、学業や仕事において与えられた課題を周囲の期待値どおりに達成できる状態であると言えるであろう。

前者については、坂口自身がかつて次男で俳優の坂口憲二が俳優になりたいと言った時に、次のことを「必ず守るように」と教えたという三つ。すなわち「礼儀を守ること」、「時間を守ること」、「先輩や仲間から好かれること」。さらに「約束を守ること」であろうと思う。

坂口への取材は一〇回以上を数えた。いつも坂口は集合時刻の五分前かそれ以前に姿を現してくれた。

こんなこともあった。第一回の取材の時である。先に着いていた私はどの席を取ろうかと迷っていた。「ここがよいんだけどなあ」と思ったその席には「予約席」のプレートが置いてあった。

「ひょっとしてあの席が坂口さんのお決まりの席かも」とふと思った。

すると、坂口が大きな体で扉を開けて入ってきた。集合時刻の五分前だった。

「お待ち合わせは坂口さんですか？」とお店の方が私に言う。

「はい」

「では、こちらへどうぞ」

通された席は「予約席」のプレートが置いてあった席だった。思った通りだった。

「すぐ場所わかった？　事前に電話してよ、席を取っておいてもらったんよ」と坂口は言った。

相手が誰であろうと変わらない心遣い。礼儀を守る、時間を守る、約束を守る、人に好かれるというのを世界の荒鷲はこのように実践しているのである。

後者の「学業や仕事において与えられた課題を周囲の期待値どおりに達成する」ということについては、強いコミットメントと「やりきる力」である。

父雅義がよく言った「男は自分が決めたことをやり遂げることが大切」ということを実践し、中学浪人時代は「柔道で強くなって南筑に入る」、南筑高校時代は「レギュラーになってもっともっと強くなる」、明治大学時代は「レギュラーになる」、「全日本選手権に出場する」、「全日本選手権で結果を残す」、そして旭化成時代は「全日本選手権で優勝する」、そしてプロレス入り後は「プロレスの世界でトップ選手になる」と、その時々の目の前の目標に向かってひたむきに努力し、苦労を楽しみに変え、常に前向きに進んできた。そしてすべての目標をしっかりとクリアしてきたのである。これにはコミットメントとやりきる力だけではなく、坂口に備わっている「変化対応力」のなせる技であると言えるだろう。

受験勉強生活から柔道の町道場生活へ。町道場での柔道修行から南筑高校柔道部へ。以後、出稽古先の福岡県警、天理大学、明治大学の柔道部へとさまざまな環境へ自ら飛び込んで行った。プロレスの世界でもそうである。いきなりアメリカへ飛び、ロサンゼルス、フロリダ、テキサス、ジョージア、ハワイ、五大湖地区、アマリロ、カンザスとさまざまなエリアをサーキットし、自身のレスラーとしての評価を上げてきた。

「郷に入れば郷に従え」。軍人としてさまざまな地域へ赴任し、業務に精励した父雅義と戦後間もなく家庭の事情で陶器販売業を立ち上げた母勝子の「新しいこと」へのチャレンジ精神を受け継いでいるのかもしれない。

坂口はよく「去る者は追わず来るものは拒まず」とも言う。新日本プロレス副社長時代、選手の大量離脱に見舞われた。しかし、自身も柔道界を去り、プロレス界に身を投じた経験がある。だから人一倍、出ていく者の気持ちが理解できる。一方で、プロレス界に転向後に柔道界に改めて受け入れてもらった経験も持っている。その経験が「去る者は追わず来るものは拒まず」という行動ポリシーに繋がっている。

「俺の人生ってね、ずっとそういうふうにね、意外と恵まれてきているんだよね。周りから見るとあまり苦労もしていないし……。まあ、大変なこともあったけど、順調にこう進んで来たみたいだね」

苦労がなかったわけでは決してないはずだが、最後には「順調に来たみたいだね」と言い切ってしまうことができる「世界の荒鷲」坂口征二。

「やることちゃんとやっとけば、あとでちゃんとなるじゃないか」

最強のナンバー2がプロレスを通して教えてくれたことである。

坂口征二の部下として一緒に仕事ができたら良かったなとつくづく思う。

あとがき

「坂口征二を歴史に残したい」

一人のプロレスファンの勝手な夢に、「世界の荒鷲」坂口さんは付き合ってくださった。はじめての取材が二〇一六年五月二八日だったので、二年半以上も本件に付き合わせてしまったことになる。

当初、坂口さんのプロレス生活五〇周年の記念本として、二〇一七年二月一七日に本書を世に出せればと思っていた。しかし、出版社が見つからず、その目標は達成できなかった。二〇一六年一一月中旬に、ある出版社さんから「ウチでは難しいですね」と言われてしまった時、私は「これで坂口さんのプロレス生活五〇周年に間に合わなくなってしまった……」と落胆した。

このことを坂口さんに電話で伝えた時、かけてくださった言葉にどれだけ救われたことか。


「そうか……。まあ、気長にやんなよ」


この時から、本書執筆の第二章がはじまった。出版は断られたが、その編集者の方は「佐々木さんには出版業界の伝手がないだろうから、私でよければなんでも聞いてください。周辺取材をしっかりとやったほうが良いと思います」とアドバイスしてくださった。そこから、二〇名以上におよぶ方々への取材活動がスタートした。

出版社も決まっていない状況にも関わらず、主旨にご賛同いただき、次の方々が取材に応じてくださった。心から感謝申し上げたい。

最所利子さん、上野武則さん、木村健悟さん、ストロング小林さん、三澤威さん、山崎一夫さん、新間寿さん、門馬忠雄さん、関勝治さん、佐山聡さん、悉知裕美子さん、獣神サンダー・ライガーさん、中西学さん、真壁刀義さん、上井文彦さん、蝶野正洋さん、西村修さん、ドリー・ファンク・ジュニアさん、小林邦昭さん、古園隆さん、グレート小鹿さん、矢野通さん、ザ・グレート・カブキさん（取材順）

その他、次の方々のインタビューを収録させていただいた。

最所保徳さん、坂口勝子さん、古館伊知郎さん

以下の方々には取材活動においてご協力をいただいた。心から感謝申し上げたい。

嵯峨山温子さん、吉川義治さん、多田健児さん、登坂栄児さん、平井丈雅さん、柴田惣一さん、今村るかさん、中込勇気さん、加藤慎次郎さん、福原尚虎さん、新日本プロレスリング株式会社様

また、以下の方々には写真提供のご協力をいただいた。心から感謝申し上げたい。

最所利子さん、辻口顕稲さん、北村明臣さん、葉山泉さん

次の方々には世に出るかどうかわからない原稿を読んでいただき、アドバイスとともに勇気づけていただいた。

大房徹さん、倉野隼人さん、佐藤拓磨さん、白石郷さん、高柳健司さん、高柳真樹さん、西川哲哉さん

また本企画を採用し出版へと導いてくださった株式会社イースト・プレスの圓尾公佑さん、完成に至るまで多大なサポートをくださった編集の鈴木佑さんにも深く感謝申し上げたい。

最後に私の活動を物心両面で支えてくれた家族、両親ならびに、本書の主役である坂口征二さんに改めて感謝申し上げたい。

坂口さんには本当に貴重なお時間をいただいた。原稿チェックのために繰り返し繰り返し読んでくださり、詳細にわたって校正を入れてくださったばかりでなく、引っ越し後で探すことが困難な状況であるにも関わらず貴重な写真も数十点ご提供いただいた。

ひとつのプロジェクトを遂行するという大仕事を少年時代に憧れた「世界の荒鷲」坂口征二さんと一緒に経験できたということは、私の人生にとって一生の宝物になった。まさに坂口さんとタッグを組ませていただいたと言えるような、夢のような時間だった。坂口征二さん、本当にありがとうございました。

本書が、プロレスを愛し、応援し続けてくださるすべてのプロレスファンに対して、今後、生きていく上での何らかの示唆となれば幸いです。

二〇一八年一二月一〇日
佐々木英俊

坂口征二 年表
1942-2018

1942	0歳	2月17日●福岡県久留米市螢川町において坂口雅義、勝子夫妻の男2人女3人の末っ子として生まれる。
1948	6歳	4月●久留米市立南薫小学校に入学。
1954	12歳	4月●久留米市立櫛原中学校に入学。
1957	15歳	深谷甚八八段と知り合い、柔道をはじめる。
1958	16歳	4月●久留米市立南筑高等学校に入学し、柔道部入部。
		6月22日●全国九州高校柔道大会の福岡県予選に出場。
1959	17歳	7月29日●金鷲旗高校柔道大会で南筑高校が初優勝。坂口は山鹿高の在原義徳を判定で破る。
		8月9日●南筑高、インターハイで初優勝。
		10月29日●坂口、市岡英人と共に国体に出場し、福岡県の優勝に貢献。
1960	18歳	7月24日●第10回全九州高校柔道大会で南筑高が団体優勝。坂口は個人戦で優勝。
		9月18日●第3回九州高校選手権で、九州学院の土山宝を破り初優勝。
1961	19歳	4月●明治大学法学部に入学し、柔道部に入部。
1962	20歳	3月21日●東京近県体重別選手権で優勝。
		4月29日●全日本柔道選手権に初出場し、ベスト16。
		5月27日●第11回東京学生柔道優勝大会に出場し、明大4年ぶり6度目の優勝に貢献。
		6月16日●第11回全日本学生柔道優勝大会に出場し、明大2連覇に貢献。
		11月4日●第14回全日本学生選手権で、明大先輩の朝田紀明に破れ準優勝。
1963	21歳	4月28日●全日本柔道選手権に出場するも予選落ち。
		6月16日●第12回全日本学生柔道優勝大会に出場し、明大3連覇に貢献。
		6月29日●東京五輪の第4次選考会を通過。
		8月●訪ソ学生柔道でソ連選手相手に3連勝。

1963	21歳	9月29日●第13回全日本東西対抗柔道大会で3人抜きを敢行し優秀選手に。
		10月12日●東京国際スポーツ大会でベスト4。
		10月17日●北九州市発足記念国際親善柔道大会で準優勝。
		11月10日●第15回全日本学生柔道選手権でベスト4。
1964	22歳	4月26日●全日本柔道選手権で神永昭夫に敗れ準優勝。
		5月10日●第13回東京学生柔道選手権で明大が優勝。
		6月21日●第13回全日本学生柔道優勝大会で明大4連覇。
		10月29日●国際親善柔道に出場し、アントン・ヘーシンクとの初対決で優勢負け。
		11月8日●第16回全日本学生柔道選手権で優勝。
1965	23歳	4月1日●旭化成工業株式会社に入社、延岡工場人事勤労課に配属。
		4月4日●東京都選手権で準優勝。
		5月2日●松阪猛を破り、全日本柔道選手権で優勝。
		10月14日●第4回世界選手権でヘーシンクに敗北。敗者復活戦を勝ち上がるも、松永満雄に敗れ第3位。
1966	24歳	5月1日●全日本柔道選手権で松永に敗れ準優勝。
		8月28日●全日本選抜体重別選手権で、準決勝で佐藤宣践に敗れベスト4。
1967	25歳	2月17日●日本プロレス入りを発表し、そのままジャイアント馬場と渡米。
		7月15日●ロサンゼルスでカール・ゴッチ教室に入門。
		8月5日●サンバナディーノ・スポーツアリーナでのスティーブ・コバック戦でデビュー。4分51秒体固めでフォール勝ち。
		8月25日●ロサンゼルス・オリンピック・オーデトリアムで、ジン・ラベールと柔道ジャケットマッチを行い引き分け。
		9月20日●ゴッチと30分1本勝負で対戦し引き分け。
		11月16日●馬場と初タッグを結成し、バロン・シクルナ&ルーク・グラハム組と引き分け。
		12月17日●60戦48勝12分の成績でロサンゼルス地区修行を終える。
1968	26歳	1月6日●フロリダに転戦、ダン・シラノを破る。

1968	26歳	3月3日●マティ鈴木と組み、レロンゾ・パレンティエ&ポール・デマルコ組の保持する南部地区世界タッグ選手権に挑戦するも、王座獲得ならず。
		8月27日●テキサスに転戦、ラモン・バルデスを破る。
		11月16日●ジョージアに転戦、タンク・モーガンを破る。
1969	27歳	3月18日●凱旋帰国。
		4月5日●蔵前国技館で行われた第11回ワールドリーグ開幕戦で吉村道明と組み日本デビュー戦。メディコ2号&3号組に勝利。
		5月15日●第11回ワールドリーグ戦に出場。日本側第5位で終了。
		6月20日●再渡米。ロスでオレゴン・ランバージャックを破る。7月からは五大湖地区へ転戦。
		7月27日●グレート小鹿と組み、ロッキー・ジョンソン&ベン・ジャスティス組を破り、AWA認定USタッグ王座獲得。
		8月●「ビッグ・サカ」と改名。ジョージ・カノンをマネージャーに五大湖地区をトップヒールとして転戦。
		11月30日●トロント・メープルリーフ・ガーデンで、ザ・シークの持つUSヘビー級選手権に挑戦し、引き分け。
1970	28歳	2月23日●カリフォルニア州エルモンテで、ロッキー・ジョンソンの持つUSヘビー級選手権に挑戦し、引き分け。
		5月29日●第12回ワールドリーグ戦に出場。日本側第3位の成績で終了。
		7月21日●吉村道明と初の英国遠征、パット・ローチを破る。
		10月4日●アマリロ遠征で韓国のパク・ソンと組み、ニックとジュリーのコザック兄弟を破る。
		10月15日●アマリロでドリー・ファンク・ジュニアが持つNWA世界ヘビー級選手権に初挑戦。1-2で惜敗。
		11月11日●アマリロでドリー・ファンク・ジュニアが持つNWA世界ヘビー2度目の挑戦。1-1で引き分ける。
		11月19日●パク・ソンと組み、コザック兄弟を破りテキサス地区USタッグ王座獲得。
1971	29歳	3月27日●カンザスでドリー・ファンク・ジュニアが持つNWA世界ヘビー級選手権3度目の挑戦。1-1からノーコンテスト。
		7月19日●サマービッグシリーズに凱旋帰国し、ドン・サベージをショルダーバスターで破る。

1971	29歳	11月1日●東京体育館で行われた第2回NWAタッグリーグ戦決勝で猪木と組み、キラー・コワルスキー&バディ・オースチン組を2-0で破り初優勝。
		12月9日●大阪府立体育会館で、猪木の代打としてドリー・ファンク・ジュニアが持つNWA世界ヘビー級選手権に挑戦するも、1-2で惜敗。
		12月12日●東京体育館で吉村道明と組み、ドリー・ファンク・ジュニア&ディック・マードック組を破りアジアタッグ王者（第26代）となる。
1972	30歳	1月5日●愛知県体育館でザ・ストンパー&アサシンB組を2-1で破りアジアタッグ王座初防衛。
		2月11日●ロサンゼルス・オリンピック・オーデトリアムでキング・クローを2-1で破り、UNヘビー級王者（第8代）となる。
		2月26日●大阪府立体育会館でハーリー・レイス&スプートニック・モンロー組を2-1で破り、アジアタッグ王座2度目の防衛。
		3月13日●宮城県スポーツセンターでハーリー・レイスを破り、UNヘビー級選手権初防衛。
		3月15日●八戸市体育館でボブ・グリフィン&ハーリー・レイス組を2-1で破り、アジアタッグ王座3度目の防衛。
		5月11日●第14回ワールドリーグ戦に出場。日本側第2位で終了。
		5月15日●小松市体育館でカリプス・ハリケーン&アブドーラ・ザ・ブッチャー組を2-1で破り、アジアタッグ王座4度目の防衛。
		5月18日●アマリロ市スポーツアリーナでジャイアント馬場と組み、ザ・ファンクスの持つインターナショナルタッグ王座に挑戦。ノーコンテストで王座獲得ならず。
		5月19日●ロサンゼルス・オリンピック・オーデトリアムでジャイアント馬場と組み、ザ・ファンクスの持つインターナショナルタッグ王座に挑戦。2-1で破り王座獲得。
		6月5日●群馬スポーツセンターでキング・クローを2-0で破り、UNヘビー級選手権2度目の防衛。
		6月8日●宮城県スポーツセンターでボボ・ブラジル&ボビー・ダンカン組を2-1で破り、インタータッグ王座初防衛。
		7月5日●札幌中島スポーツセンターでムース・ショーラック&キラー・コワルスキー組を破り、インタータッグ王座2度目の防衛。後に馬場の日プロ退団で王座返上。
		7月30日●福岡スポーツセンターでベポ・モンゴルを2-0で破り、UNヘビー級選手権3度目の防衛。

1972	30歳	9月6日●田園コロシアムでザ・シークに1-2で敗れ、UNヘビー級王座から陥落。
		9月7日●大阪府立体育会館でザ・シークを2-0で破り、UNヘビー級選手権奪還(第10代王者)。
		9月20日●愛知県体育館でクリス・マルコフ&ブル・ラモス組を2-0で破り、アジアタッグ王座5度目の防衛。
		10月18日●高崎市体育館でワルドー・フォン・エリックを2-0で破り、UNヘビー級選手権初防衛。
		10月31日●大阪府立体育会館で高千穂明久と組み、ハミルトン兄弟を2-1で破り第3回NWAタッグリーグ戦優勝。
		11月2日●木村利子さんとの婚約を発表。
		11月13日●ハワイで挙式。
		11月21日●愛知県体育館でアル・コステロ&ドン・ケント組を2-1で破り、アジアタッグ王座6度目の防衛。
		11月29日●札幌中島スポーツセンターで、ジン・キニスキーと1-1の引き分けでUNヘビー級選手権2度目の防衛。
		12月2日●蔵前国技館で大木金太郎と組み、キニスキー&ブラジル組とインターナショナルタッグ王座決定戦で対戦。2-1で勝利し、王座獲得。
		12月5日●大阪府立体育会館でキニスキー&ブラジル組と1-1の引き分け、インターナショナルタッグ王座初防衛。
		12月8日●静岡駿府会館でキラー・カール・コックス&キニスキー組を2-0で破り、アジアタッグ王座7度目の防衛。
		12月14日●岐阜市民センターでキニスキーを2-1で破り、UNヘビー級選手権3度目の防衛。
1973	31歳	1月5日●後楽園ホールでミスターXを2-1で破りUNヘビー級選手権4度目の防衛。
		1月13日●岩見沢スポーツセンターでマイク・ヤンキース1号&2号を2-0で破り、アジアタッグ王座8度目の防衛。
		1月28日●御坊市体育館でミスターX&ビリー・レッド・ライオン組を2-1で破り、アジアタッグ王座9度目の防衛。この後、吉村道明の引退で王座を返上。
		1月30日●大阪府立体育会館でザ・スポイラー&レッド・デビル組を2-1で破り、インターナショナルタッグ王座2度目の防衛。
		2月8日●京王プラザホテルでアントニオ猪木と記者会見し、新・日本プロレスの設立を発表。後に大木金太郎の反対により本件は消滅。

1973	31歳	2月22日●大阪府立体育会館でキラー・カール・クラップ&ジョニー・バレンタイン組に1-2で敗れ、インターナショナルタッグ王座から陥落。
		3月2日●横浜文化体育館でバレンタインに1-2で敗れ、UNヘビー級選手権から陥落。
		3月8日●佐野市民体育館の試合を最後に日本プロレスを退団。
		4月1日●新日本プロレスリング株式会社に入社。その初戦となる佐賀大会でマヌエル・ソトを破る。
		4月6日●NET「ワールドプロレスリング」が新日本プロレスの放送を開始。坂口はプロフェッサー・バーン・ジールを破る。
		6月●新日本プロレスリング株式会社の専務取締役に就任。
		8月24日●ロサンゼルス・オリンピック・オーデトリアムで猪木と組み、ジョニー・パワーズ&パット・パターソン組の持つNWA北米タッグ選手権に挑戦。2-1で勝利するも、3本目が反則決着のため王座移動はなし。
		10月14日●蔵前国技館でアントニオ猪木と組み、ルー・テーズ&カール・ゴッチ組を2-1で破る（世界最強タッグ戦）。
		12月7日●大阪府立体育会館でアントニオ猪木と組み、、ジョニー・パワーズ&パット・パターソン組の持つNWA北米タッグ選手権に挑戦。2-1で勝利するも3本目が反則決着のため王座移動なし。
1974	32歳	3月19日●蔵前国技館でアンドレ・ザ・ジャイアントと初対決（16分45秒、両者リングアウト）。
		4月26日●広島県立体育館で行われた第1回ワールドリーグの決勝リーグ公式戦で猪木と初対決（30分時間切れ引き分け）。
		5月8日●東京体育館で行われた第1回ワールドリーグ戦決勝巴戦で、1勝1敗となり準優勝。
		6月7日●札幌中島スポーツセンターで猪木と組み、クルト・フォン・ヘス&カール・フォン・ショッツ組の持つNWA北米タッグ選手権に挑戦。1-2で敗れ、王座獲得ならず。
		8月16日●ロサンゼルス・オリンピック・オーデトリアムでアントニオ猪木と組み、クルト・フォン・ヘス&カール・フォン・ショッツ組の持つNWA北米タッグ選手権に挑戦。2-1で勝利し、王座獲得。
		9月10日●愛知県体育館でニコリ・ボルコフ&シーク・オブ・シークス・オブ・バクダッド組を2-0で破り、NWA北米タッグ選手権初防衛。
		10月10日●蔵前国技館のダブルメインイベントでボルコフを破る。
		12月5日●大阪府立体育会館でアンドレ&ロベルト・ソト組を2-1で破り、NWA北米タッグ選手権2度目の防衛。

1974	32歳	12月19日●ブラジルでアンドレ&トニー・チャールス組を2-1で破り、NWA北米タッグ選手権3度目の防衛。
1975	33歳	3月18日●愛知県体育館でタイガー・ジェット・シン&マイティ・ズール組を2-1で破り、NWA北米タッグ選手権4度目の防衛。
		4月4日●蔵前国技館で行われた第2回ワールドリーグ公式戦でストロング小林と初対決。30分時間切れ引き分け。
		5月15日●大阪府立体育会館で行われた第2回ワールドリーグ公式戦で猪木と3度目の対決。28分48秒、エビ固めで敗れる。
		5月16日●日大講堂で行われた第2回ワールドリーグ決勝進出者決定戦で、大木金太郎と両者リングアウトで失格。
		6月16日●宮城県スポーツセンターでアンドレ&ザ・プロフェッショナル組を2-0で破り、NWA北米タッグ選手権5度目の防衛。
		7月30日●大阪府立体育会館でブルート・バーナード&ハンス・シュミット組を2-0で破り、NWA北米タッグ選手権6度目の防衛。
		8月1日●ロサンゼルス・オリンピック・オーデトリアムでハリウッド・ブロンドス(ジェリー・ブラウン、バディ・ロバーツ)と無効試合に終わり、NWA北米タッグ選手権7度目の防衛に失敗。タイトルはコミッション預かりとなる。
		9月22日●愛知県体育館でストロング小林と組みハリウッド・ブロンドスとNWA北米タッグ選手権王座決定戦を行うも、1-2で敗れ王座獲得ならず。
		10月2日●大阪府立体育会館で猪木と組みハリウッド・ブロンドスの持つNWA北米タッグ選手権に挑戦し、2-1で勝利し王座獲得。
		12月4日●大阪府立体育会館でイワン・コロフ&グレッグ・バレンタイン組を2-1で破り、NWA北米タッグ王座初防衛。
		12月19日●ロサンゼルス・オリンピック・オーデトリアムでジ・インフェルノスを2-0で破り、NWA北米タッグ王座2度目の防衛。後に猪木が王座返上。
1976	34歳	2月5日●札幌中島スポーツセンターでストロング小林と組み、シン&ブルータス・ムルンバ組とNWA北米タッグ王座決定戦を行い、2—1で勝利し王座獲得。
		3月4日●広島県立体育館でグレート・ゴリアス&ブラック・ゴールドマン組を2—0で破り、NWA北米タッグ王座初防衛。
		5月11日●東京体育館でペドロ・モラレスを25分38秒リングアウトで破り、第3回ワールドリーグ戦優勝。
		5月13日●大阪府立体育会館でモラレス&ビクター・リベラ組を2—1で破り、NWA北米タッグ王座2度目の防衛。
		7月●新日本プロレスリング株式会社の取締役副社長に就任。

1976	34歳	6月4日●札幌中島スポーツセンターでハリウッド・ブロンドスと1ー1の引き分けで、NWA北米タック王座3度目の防衛。
		7月29日●大阪府立体育会館でシンに1-2で敗れ、アジアヘビー級王座獲得ならず。
		8月4日●宮城県スポーツセンターでストロング小林と組み、タイガー・ジェットシン&ガマ・シン組を2-1で破りアジアタッグ王座獲得。
		9月3日●愛知県体育館でコロフ&ビリー・グラハム組を2-1で破り、NWA北米タッグ選手権4度目の防衛。
		10月30日●南アフリカ・ヨハネスブルグ市でジャン・ウィルキンスを2-1で破り、EWU世界スーパーヘビー級選手権を獲得。
		11月12日●ケープタウンでアルバート・ウォールを2-1で破り、EWU世界スーパーヘビー級王座初防衛。
		11月13日●ヨハネスブルグでウィルキンスに1-2で敗れ、EWU世界スーパーヘビー級王座から陥落。
		12月8日●横浜文化体育館でパット・パターソン&ラリー・ヘニング組を2-1で破り、NWA北米タッグ選手権5度目の防衛。
1977	35歳	1月14日●福岡九電記念体育館で、シン&上田馬之助組と無効試合でNWA北米タッグ選手権6度目の防衛。
		2月2日●大阪府立体育会館でシン&上田組に1-2で敗れ、NWA北米タッグ王座から陥落。
		3月31日●蔵前国技館で行われた第4回ワールドリーグ決勝戦でマスクド・スーパースターを20分5秒逆エビ固めで破り、2年連続優勝。
		4月1日●蔵前国技館で猪木と組み、シン&上田組の持つNWA北米タッグ選手権に挑戦。2-1で勝利するが3本目が反則決着のため王座移動なし。
		6月9日●アメリカ・ノーフォークでストロング小林と組み、シン&上田組の持つNWA北米タッグ選手権に挑戦。反則負けで王座奪還ならず。
		6月29日●大阪府立体育館でシンの持つアジアヘビー級選手権に挑戦。1-2で敗れ王座獲得ならず。
		7月15日●札幌中島スポーツセンターでシン&上田組に1-2で敗れ、アジアタッグ選手権を失う。
		7月28日●福岡九電記念体育館でシン&上田組の持つNWA北米タッグ選手権に挑戦。2-1で勝利し、王座獲得。
		9月29日●大阪府立体育会館でスタン・ハンセン&ザ・ハングマン組に2-1で勝利し、NWA北米タッグ選手権初防衛。

1977	35歳	10月25日●日本武道館でバッファロー・アレン・コージと柔道ジャケットマッチを行い、5ラウンド2分7秒、送り襟絞めで勝利。
		12月8日●蔵前国技館でパット・パターソン&スティーブ・ライト組を2-0で破り、NWA北米タッグ選手権2度目の防衛。
1978	36歳	1月27日●愛知県体育館でシン&上田組と1-1引き分けで、NWA北米タッグ選手権3度目の防衛。
		2月2日●札幌中島スポーツセンターでシン&上田組を2-1で破り、NWA北米タッグ選手権4度目の防衛。
		2月8日●日本武道館でスーパースター・ビリー・グラハムの持つWWWFヘビー級選手権に挑戦し、19分33秒リングアウトで惜敗。
		3月20日●マジソン・スクエア・ガーデンでウィリエム・ルスカと柔道ジャケットマッチを行い、10分45秒反則勝ち。
		4月4日●フィラデルフィア・アリーナでザ・モンスターマンと異種格闘技戦を行い、4ラウンド0分35秒KO負け。
		4月21日●蔵前国技館で行われた第1回MSGシリーズ予選トーナメント1回戦で猪木と対戦し、延長2回、試合時間合計41分12秒の末にリングアウト負け。
		5月29日●第1回MSGシリーズ決勝リーグに参加。第3位の成績で終了。
		6月7日●福岡スポーツセンターでザ・ランバージャック・ジョニー・リーと異種格闘技戦を行い、3ラウンド2分2秒KO勝ち。
		7月24日●広島県立体育館でピーター・メイビア&ヘイスタック・カルホーン組を2-0で破り、NWA北米タッグ選手権5度目の防衛。
		9月13日●熊本市体育館でシン&ジンバ・カーン組を2-1で破り、NWA北米タッグ選手権6度目の防衛。
		10月30日●岡山武道館でキラー・カール・クラップ&ブルート・バーナード組を2-1で破り、NWA北米タッグ選手権7度目の防衛。
		12月5日●福岡九電記念体育館で上田&サンダー杉山組を2-1で破り、NWA北米タッグ選手権8度目の防衛。
		12月14日●大阪府立体育会館でマサ斎藤に反則勝ちし、プレ日本選手権第3位。
1979	37歳	1月26日●岡山武道館でジョニー・パワーズの持つNWA北米ヘビー級選手権に挑戦し、20分1秒、体固めで破り王座獲得。
		2月2日●札幌中島スポーツセンターでボブ・ループ&クルト・フォン・ヘス組を2-1で破りNWA北米タッグ選手権9度目の防衛。

1979	37歳	3月30日●秋田市立体育館で上田を破り、NWA北米ヘビー級選手権初防衛。
		4月5日●東京体育館でヒロ・マツダ&斎藤組に1-2で敗れNWA北米タッグ選手権を失う。
		6月2日●徳島市体育館で上田を破り、NWA北米ヘビー級選手権2度目の防衛。
		6月6日●愛知県体育館で猪木に敗れ、第2回MSGシリーズ決勝リーグ第4位で終了。
		6月15日●ロサンゼルス・オリンピック・オーデトリアムで長州力と組み、マツダ&斎藤組を2-1で破りNWA北米タッグ選手権獲得。
		7月6日●四日市市体育館でストロング小林、木村健悟組を2-1で破りNWA北米タッグ選手権初防衛。
		7月17日●釧路市厚生年金体育館でクレージー・レロイ・ブラウンに反則勝ちで、NWA北米ヘビー級選手権3度目の防衛。
		8月10日●ロサンゼルス・オリンピック・オーデトリアムでバッドニュース・アレンに反則負けで、NWA北米ヘビー級選手権4度目の防衛。
		8月17日●カナダのスタンピート・グランドビクトリア・パビリオンでシンにリングアウト負けで、NWA北米ヘビー級選手権5度目の防衛。
		8月26日●日本武道館で行われた「プロレス夢のオールスター戦」で全日本プロレスのロッキー羽田を破る。
		8月31日●南九州学院短期大学体育館でハリウッド・ブロンドスを2ー1で破り、NWA北米タッグ選手権2度目の防衛。
		9月6日●福岡スポーツセンターでマスクド・スーパースターをリングアウトで破り、NWA北米ヘビー級選手権6度目の防衛。
		9月21日●宮城県スポーツセンターでシンに敗れ、NWA北米ヘビー級選手権を失う。
		9月28日●愛知県体育館でシン&斎藤組を2-1で破り、NWA北米タッグ選手権3度目の防衛。
		11月8日●小樽市総合体育館でパット・パターソンを破り、WWF北米ヘビー級選手権獲得。
		11月16日●奥武山体育館で斎藤&グレッグ・バレンタイン組を2-1で破り、NWA北米タッグ選手権4度目の防衛。
		12月13日●京都府立体育館でルスカと柔道ジャケットマッチを4分5ラウンドで行い、時間切れ引き分け。

1979	37歳	12月17日●MSGでバッドニュース・アレン&ジョジョ・アンドリュース組を1-0で破り、NWA北米タッグ選手権5度目の防衛。
1980	38歳	2月2日●札幌中島スポーツセンターでアレンを破り、WWF北米ヘビー級選手権初防衛。
		2月7日●大阪府立体育会館で斎藤&アレン組を2-1で破り、NWA北米タッグ選手権6度目の防衛。
		3月28日●福岡県立久留米体育館でアレンを破り、WWF北米ヘビー級選手権2度目の防衛。
		4月3日●蔵前国技館でアイアン・シーク&スーパー・デストロイヤー組を2ー0で破り、NWA北米タッグ選手権7度目の防衛。
		6月5日●蔵前国技館で行われた第3回MSGシリーズ決勝戦進出者決定トーナメント1回戦でアンドレ・ザ・ジャイアントに敗れ、第4位の成績で終了。
		6月25日●函館市民体育館でアレン&ゲシュタポ組を2-0で破り、NWA北米タッグ選手権8度目の防衛。
		8月8日●ロサンゼルス・オリンピック・オーデトリアムでロン・スター&アサシン組を破り、NWA北米タッグ選手権9度目の防衛。
		9月22日●米子市民体育館でラリー・シャープを破り、WWF北米ヘビー級選手権3度目の防衛。
		10月24日●奥武山体育館で上田を破り、WWF北米ヘビー級選手権4度目の防衛。
		10月30日●熊本市体育館でシン&上田組を2-1で破り、NWA北米タッグ選手権10度目の防衛。
		12月9日●第1回MSGタッグリーグ戦にストロング小林と組んで出場。第5位の成績で終了。
1981	39歳	1月23日●高知県民体育館でザ・サモアンズと1-1で引き分け、NWA北米タッグ選手権11度目の防衛。
		2月9日●秋田市立体育館でジ・エンフォーサーを破り、WWF北米ヘビー級選手権5度目の防衛。
		2月12日●後楽園ホールでザ・サモアンズを2-0で破り、NWA北米タッグ選手権12度目の防衛。
		3月9日●愛知県体育館でドン・ムラコと両者リングアウトでWWF北米ヘビー級選手権6度目の防衛。
		3月20日●会津市体育館でシン&ドン・ムラコ組を2-1で破り、NWA北米タッグ選手権13度目の防衛。

1981	39歳	4月23日●IWGP参戦のため、WWF北米ヘビー級選手権、NWA北米タッグ選手権を返上。
		6月3日●第4回MSGシリーズに出場。第5位の成績で終了。
		10月●映画『チャック・ノリスの地獄の復讐』に出演。
		12月9日●木村健悟と組み、第2回MSGタッグリーグ戦に出場し、第5位の成績で終了。
1982	40歳	1月28日●東京体育館でラッシャー木村と初対決（IWGPアジアゾーン予選リーグ）。8分58秒、両者リングアウトで引き分け。
		3月31日●第5回MSGシリーズは第8位の成績で終了。
		12月8日●第3回MSGタッグリーグ戦は藤波辰巳と組んで出場。第3位の成績で終了。
1983	41歳	3月21日●鹿屋市体育館で行われたIWGPアジアゾーン予選リーグでキラー・カーンに反則負け。決勝リーグ進出ならず。
		5月6日●凱旋帰国した前田明のタッグパートナーを務める。
		7月7日●大阪府立体育会館でラッシャー木村をリングアウトで破る。
		12月●第4回MSGタッグリーグ戦に木村健悟と組んで出場し、第7位の成績で終了。
1984	42歳	8月15日●ハワイNBCでラーズ・アンダーソンと組み、サカリア&チュイ組の持つポリネシアンタッグ選手権に挑戦。1-0で勝利し同王座獲得。
		10月3日●ハワイNBCでサカリア&チュイ組に0-1で敗れ、ポリネシアンタッグ王座から陥落。
		12月19日●ハワイNBCで藤波と組み、サカリア&チュイ組の持つポリネシアンタッグ選手権に挑戦するも、引き分けで王座獲得ならず。
1985	43歳	2月13日●ハワイNBCでアノアロ・アティサノエと組み、サカリア&チュイ組の持つポリネシアンタッグ選手権に挑戦するも、反則負けで王座獲得ならず。
		6月5日●新潟市体育館で行われたIWGPトーナメント準決勝で藤波に首固めで敗れ敗退。
		7月5日●富士急ハイランドでブルーザー・ブロディと初対決、リングアウトで敗れる。
1985	43歳	12月12日●宮城県スポーツセンターで行われたIWGPタッグリーグ戦決勝戦で、猪木とのタッグで藤波&木村組と対戦。0-1で敗れ準優勝。
1986	44歳	5月1日●両国国技館で行われた新日本対UWF勝抜き戦に次鋒として出場。髙田伸彦、山崎一夫を連破するが木戸修に敗れる。

1986	44歳	5月30日●広島県立体育館で行われたIWGPリーグ戦で猪木にリングアウト勝ち。Aリーグ第3位で終了。
		6月20日●京都府立体育館で行われた佐川急便杯争奪トーナメント1回戦で猪木と対戦。体固めで敗れる。
		11月24日●札幌中島体育センターでブルーザー・ブロディの来日キャンセルに伴い、前田日明とシングル初対決。9分55秒、反則負けに。
1987	45歳	12月6日●'87ジャパンカップ争奪タッグリーグ戦にスコット・ホールと組んで出場。第4位の成績で終了。
1988	46歳	4月●新日本プロレスサービス株式会社の代表取締役社長に就任。
		6月3日●鹿児島県立体育館で藤原と組み、藤波&木村組の持つIWGPタッグ選手権に挑戦。0-1で敗れ、王座獲得ならず。
		12月7日●'88ジャパンカップイリミネーションタッグリーグ戦にマサ斎藤、後藤達俊と組んで出場。優勝戦進出者決定トーナメント1回戦でディック・マードック&ボブ・オートン&スコット・ホール組に敗れ、第4位の成績で終了。
1989	47歳	4月18日●兵庫県立文化体育館の試合を最後に欠場。
		6月15日●新日本プロレスの株主総会で代表取締役社長に選出され、就任。
1990	48歳	2月10日●東京ドームで行われた「スーパーファイトIN闘強導夢」のメインイベントで猪木と組み、蝶野正洋&橋本真也組と対戦。1-0で勝利。
		3月15日●福岡県立久留米体育館で木村健悟と組み、スコット・ホール&コープラル・マイク・カーシュナー組と引退試合を行い、1-0で勝利。
		3月23日●後楽園ホールで斎藤と組み、木村&木戸組と引退記念エキシビジョンマッチを行う。
		4月13日●新日本プロレスがWWF、全日本プロレスと合同興行『日米レスリングサミット』開催。
		12月20日●新日本プロレスがWCWと業務提携。
		12月21日●新日本プロレスがCWAと業務提携。
		12月●東京スポーツ新聞社制定のプロレス大賞で特別功労賞を受賞。
1991	49歳	8月●「G1 CLIMAX」を初開催。
1992	50歳	1月4日●新日本プロレスが「イッテンヨン」の東京ドーム興行を初開催(60,000人動員)。
1992	50歳	3月1日●横浜アリーナでストロング小林と組み、シン&上田組と対戦し、反則勝ち。

1992	50歳	7月6日●第17代NWA会長に就任。
1993	51歳	5月3日●新日本プロレスが初の福岡ドーム興行開催(55,000人動員)。
		6月20日●新日本プロレスが六本木に闘魂ショップオープン。
1998	56歳	4月4日●猪木引退試合で東京ドームに70,000人動員。
1999	57歳	1月31日●新日本プロレスが年商過去最高の39億3000万円達成。
		6月●新日本プロレスの代表取締役会長に就任。
2002	60歳	6月●新日本プロレスの会長兼CEOに就任。
2003	61歳	9月14日●名古屋レインボーホールで蝶野と組み、髙山善廣、真壁伸也組と対戦し、1-0で勝利する。
		10月13日●東京ドームのイリミネーションマッチで天山広吉、永田裕志、中西学、棚橋弘至と組み、髙山&藤田&鈴木みのる&中邑真輔&ボブ・サップ組と対戦。3分45秒、中邑にリングアウトで敗退。
		12月●東京スポーツ新聞社制定のプロレス大賞で特別功労賞を受賞。
2005	63歳	4月●新日本プロレスの相談役に就任。
		10月●東京都狛江市に坂口道場をオープン。
2007	65歳	3月6日●新日本プロレスリング株式会社の「グレートレスラー」に表彰される。
2009	67歳	6月30日●坂口道場を閉鎖。
2013	71歳	12月●東京スポーツ新聞社制定のプロレス大賞の特別功労賞を受賞。
2014	72歳	1月9日●2013年度プロレス大賞授賞式で30年連続の乾杯の音頭を務める。
2017	75歳	2月17日●プロレス生活50周年を迎える。
2018	76歳	4月1日●新日本プロレス移籍45周年を迎える。
2019	77歳	2月17日●喜寿を迎える。
		2月19日●「ジャイアント馬場没20年追善興行〜王者の魂〜」の実行委員を務める。

参考文献

■書籍・ムック

『柔道名鑑』(工藤雷介/柔道名鑑刊行会/1965年)
『根性 吉村道明自伝』(吉村道明/1973年)
『太平洋戦争(上)(下)』(児島襄/中公文庫/1974年)
『柔道100人』(日本スポーツ出版社/1984年)
『ザ・アマリロ』(恒文社/1981年)
『門茂男のザ・プロレス365 Part1』(門茂男/門茂男プロレス全集刊行会/1981年)
『門茂男のザ・プロレス365 Part2』(門茂男/門茂男プロレス全集刊行会/1981年)
『ザ・レスラーベスト100』(日本スポーツ出版社/1981年)
『鈴木庄一の日本プロレス史(上)(下)』(鈴木庄一/恒文社/1983年)
『リングの目激者』(櫻井康雄・竹内宏介・新間寿/都市と生活者/1983年)
『たまにはオレもエンターティナー』(ジャイアント馬場/かんき出版/1983年)
『闘いのワンダーランドワールドプロレスリングの15年』(テレビ朝日/1984年)
『坂口征二引退記念誌』(坂口征二郷土後援会/1990年)
『黄金の軌跡』(新日本プロレス/1990年)
『黄金の荒鷲』(坂口征二ファンクラブ荒鷲/1992年)
『ガンバレ柔道ニッポンー神永昭夫の軌跡』(全日本実業柔道連盟/1995年)
『20年目の検証猪木・アリ戦の真実』(週刊ゴング編集部/日本スポーツ出版社/1996年)
『金鷲旗70年史』(西日本新聞社/1997年)
『猪木寛至自伝』(猪木寛至/新潮社/1998年)
『プロレス「監獄固め」血風録』(マサ斎藤/講談社/1999年)
『激録　馬場と猪木』第5巻~13巻(原康史/東京スポーツ新聞社/1998年~2003年)
『金曜日夜8時伝説』(竹内宏介/日本スポーツ出版社/1998年)
『新日本プロレス事件簿』(竹内宏介/日本スポーツ出版社/1999年)
『プロレス醜聞100連発!!』(竹内宏介/日本スポーツ出版社/1998年)
『旭化成の運動部』(大野誠治/中経出版/2000年)
『魂のラリアット』(スタン・ハンセン/双葉社/2000年)
『日本プロレス50年史』(日本スポーツ出版社/2000年)
『王道十六文』(ジャイアント馬場/日本図書センター/2002年)
『魔術師　三原脩と西鉄ライオンズ』(立石泰則/小学館/2002年)
『新日本プロレス30年史闘魂伝証』(日本スポーツ出版社/2002年)
『アントニオ猪木の伏魔殿』(新間寿/徳間書店/2002年)
『新日本プロレススーパー30年史』(ベースボール・マガジン社/2002年)
『新日本プロレス来日外国人選手PERFECTカタログ』(日本スポーツ出版社/2002年)
『世界名レスラー100人伝説!!』(日本スポーツ出版社/2003年)
『プロレスを創った男たち』(栗山満男/ゼニスプランニング/2003年)
『勝負あり猪熊功の光と陰』(井上斌・神山典士/河出書房新社/2004年)
『やっちゃるけん! 人間・坂口征二全仕事と日本プロレス史断章』(ベースボール・マガジン社/2004年)
『WWEの独裁者』(ショーン・アセール&マイク・ムーニハム/ベースボール・マガジン社/2004年)
『日本歴代プロレスラー名鑑』(ベースボール・マガジン社/2005年)
『レジェンド100アメリカン・プロレス伝説の男たち』(斎藤文彦/ベースボール・マガジン社/2005年)
『明柔　明大柔道部100年の軌跡』(明治大学柔道部/2005年)
『マット界スキャンダル機密文書』(白夜書房/2005年)

『プロレス復興計画』(芸文社/2006年)
『プロレス王公式テキストブック』(流智美/ベースボール・マガジン社/2007年)
『ヤングライオン列伝』(ベースボール・マガジン社/2008年)
『月刊人事労務』(2008年3月号)
『プロレス平成20年史』(ベースボール・マガジン社/2009年)
『ブリヂストン石橋正二郎伝』(林洋海/現代書館/2009年)
『No.2理論』(西田文郎/現代書林/2012年)
『自伝大木金太郎』(大木金太郎/講談社/2011年)
『木村政彦はなぜ力道山を殺さなかったのか』(増田俊也/新潮社/2011年)
『ゼロ年代』(上井文彦/辰巳出版/2012年)
『忘れじの国際プロレス』(ベースボール・マガジン社/2014年)
『語れ!新日本プロレス永久保存版』(ベストセラーズ/2014年)
『詳説新日イズム』(流智美/集英社/2014年)
『闘魂三銃士30年』(武藤敬司・蝶野正洋・橋本かずみ/ベースボール・マガジン社/2014年)
『日本プロレス事件史 Vol.2テレビプロレスの盛衰』(ベースボール・マガジン社/2014年)
『1964年のジャイアント馬場』(柳澤健/双葉社/2014年)
『矢野通自伝　絶対ためにならない本』(矢野通/ベースボール・マガジン社/2015年)
『新日本プロレスV字回復の秘密』(長谷川博一/KADOKAWA/2015年)

■新聞

「東京日日新聞」「毎日新聞」「朝日新聞」「読売新聞」「日本経済新聞」「サンケイ新聞」「西日本新聞」
「柔道新聞」「東京スポーツ」「スポーツニッポン」「日刊スポーツ　」「デイリースポーツ」「西日本スポーツ」
「スポーツ報知」

■雑誌

「プロレス&ボクシング」「プロレス」「デラックスプロレス」「週刊プロレス」(ベースボール・マガジン社)
「月刊ゴング」「別冊ゴング」「週刊ゴング」(日本スポーツ出版社)/「週刊ファイト」(新大阪新聞社)
「ビッグレスラー」(立風書房)/「ゴング」(徳間書店)/「Gスピリッツ」(辰巳出版)/「柔道」(講道館)

■DVD

『不滅の昭和プロレス第1巻　黄金の若鷲坂口征二』(クエスト/2010年)

■大会パンフレット

「第5回ダイナミックシリーズ」パンフレット(日本プロレス/1972年)
「創立1周年ビッグファイトシリーズ」パンフレット(新日本プロレス/1973年)
「闘魂スペシャル」(新日本プロレス/1983年〜)

■ウェブサイト

久留米観光サイト「ほとめきの街久留米」/明治大学柔道部/明治大学レスリング部
東京スポーツ/西村修オフィシャルサイト/公益財団法人日本プロスポーツ協会

■テレビ番組

「ファミリーヒストリー」(NHK)/「ワールドプロレスリング」(テレビ朝日)

本書は書き下ろしです。

最強のナンバー2 坂口征二

2019年1月25日　第1刷発行
2019年3月22日　第2刷発行

著者　佐々木英俊

装丁　金井久幸［TwoThree］
DTP　松井和彌
編集　鈴木佑
圓尾公佑

写真提供　坂口征二
坂口征二ファンクラブ「荒鷲」
新日本プロレスリング株式会社
株式会社東京スポーツ新聞社
株式会社ベースボール・マガジン社
原悦生

協力　坂口征二
新日本プロレスリング株式会社

発行人　堅田浩二
発行所　株式会社イースト・プレス
東京都千代田区神田神保町2-4-7久月神田ビル
TEL.03-5213-4700　FAX.03-5213-4701
http://www.eastpress.co.jp/

印刷所　中央精版印刷株式会社

ISBN978-4-7816-1740-4